社會科學方法論

郭秋永 著

五南圖書出版公司 印行

自 序

　　自從踏入學術界以來，一直在做一個白日夢。這個不休不止的白日夢，就是試圖透過社會科學方法論、統計分析、以及政治理論等三個研究領域中一些融通會合的重要議題，解析社會科學的立論基礎，從而希望能夠進一步拓展社會科學的理論建構。

　　誠然，就國內學術界來說，歷來的多數社會科學家，確實十分重視社會科學方法論的研究。不論在入門的教科書中，或在專門著作的導言中，他們總是不忘提醒學界重視社會科學方法論的鑽研工作。然而，環顧台灣的出版界，有關社會科學方法論的著作，在社會科學家長達數十年的耳提面命之下，竟然少如鳳毛麟角。兩相對照之下，不免令人覺得，這些信誓旦旦的重視言詞，似乎僅是儀式性的一時口惠，非常欠缺劍及履及的實際研究行動。

　　或許，「葉公好龍」的故事，可將口惠而實不至的這種實況，刻劃得淋漓盡致。相傳春秋時期楚國有一位縣尹葉公，愛龍成癖。家中的樑、柱、門、窗上都雕著龍，牆上也畫著龍，甚至日用器物上也都是龍紋。天上真龍得知之後，決定下凡去向葉公表示謝意。可是，當天上真龍下降到葉公家宅而從窗外伸進龍頭時，竟將葉公嚇得魂飛魄散，奪門而逃。在沒命奔逃中，葉公撞到屋中一條碩大無比的龍尾，終於面色如土，倒在地上不省人事。

　　依據筆者的淺見，在國內社會科學方法論的研究領域中，一直未能排除「葉公好龍」現象的原因，固然是多方面的，但相關議題之治絲益棼而難收研究績效的特性，則是其中一個主要理由。數十年來，就在「葉公好龍」的氛圍中，筆者不揣簡陋、不計研究績效，一頭栽進社會科學方法論的研究領域，踽

踽獨行，固執地做著一個不休不止的白日夢。

　　在迷迷糊糊的白日夢中，「獨上高樓，望盡天涯路」的落寞感，始終揮之不去。時至今日，雖然寫出幾篇敝帚自珍的相關論文，但是總覺「到處尋春不見春」。轉眼之間，即屆法定退休年齡，只好重新改寫這幾篇舊作，使之成為一本前後呼應的書籍，從而希望能夠留下「衣帶漸寬終不悔」的一個標記。

郭秋永
2010年5月26日

目　錄

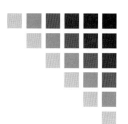

第一章
導　論

　　在學術研究的領域內，曾經流行著一則諷刺社會科學方法論家的寓言。依據這則嘲諷性的寓言，某一天，一位學者向一隻百足蟲問道：「閣下擁有無數多隻的腳，當您舉足爬行時，首先跨出去的，究竟是哪一隻腳呢？隨後跟進的，又是哪些腳呢？」出乎意料之外的，經此一問，這隻健步如飛的百足蟲，不但立即陷入苦思之中而無從回答，並且在百思不得其解的焦慮下竟然永遠喪失了舉足爬行的能力（Lazarsfeld and Rosenberg, 1972: 1）。

　　對於這則寓言的譏笑意味，社會科學方法論家當然難以苟同。在矢口否認之下，社會科學方法論家或許會指出，百足蟲可以舉足爬行的能力，不同於百足蟲如何舉足爬行的反思；正如社會生活的運行，有別於社會生活的研究。當然，社會科學方法論家更可能進一步指出，百足蟲如何舉足爬行的反思，非但無害於百足蟲的舉足爬行，反而有助於百足蟲爬行能力的改善；正如社會生活的研究，非但無害於社會生活的運行，反而有益於社會生活的改進。

　　社會科學方法論家的上述回應，固然「言之有理」，但是這則寓言所蘊含的一些根本教訓，仍然值得他們一再的反躬省思與躬行實踐，否則擺脫不了嗆鼻刺眼的嘲諷意味。依據筆者的淺見，社會科學方法論家至少需從這則寓言，記取兩個最根本的教訓。第一個最根本的教訓，就是使用一致的基本術語。第二個最根本的教訓，則是運用社會生活實例作為論述基礎，而非本末倒置地一味引述自然科學的知識成果。

　　先就第一個最根本的教訓來說。長久以來，社會科學方法論家一直標榜著一個巨大的效益。這個巨大的效益，就是「方法的理論探討，確實大幅推進了實際的研究」。然而，在不會斷然否認這種效益之下，社會研究者時常抱怨說，社會科學方法論研究領域上一詞多義或多詞一義的專門術語，或多或少阻礙了實際研究的大幅推進。事實上，連最基本的「方法」（method）、「研究法」（approach）、以及「方法論」（methodology）等專門術語，竟也缺乏一致的用法。這對許多社會研究者來說，社會科學方法論家在

含糊或分歧術語之下所進行的各種「方法的理論思維」，不至於陷
入各說各話或無謂爭議的困境，已屬萬分僥倖，遑論大幅推進實際
研究的引導效益了。

值得注意的是，基本術語欠缺一致用法的情形，不但顯現在
社會科學方法論的整個研究領域上，而且屢屢見諸於同一位社會
科學方法論家的同一篇論文或同一本書籍中。例如，一位久享盛
名的社會科學方法論家John Creswell，在2009年出版一本社會科
學方法論的教科書，書名是《研究設計：質的、量的、以及混和
方法的研究法》（*Research Design: Qualitative, Quantitative, and
Mixed Methods Approaches*）。在這本榮登暢銷排行榜的方法論教
科書中，Creswell任意混用「方法」、「研究法」、「方法論」、
「研究方法」（research method）、「設計」（design）、「研究」
（research）、「探究」（study）、「手段」（means）、「模型」
（model）、「策略」（strategy）、「程序」（procedure）、「研
究程序」（procedure of inquiry）等基本術語，既不加以區分，又
不給予說明。

就以該書短短十幾頁的第一章來說，先後就出現了下述數十個
似同非同、似異非異的基本術語：「質的研究法，量的研究法，混
和方法的研究法」（qualitative approach, quantitative approach, mixed
methods approach）（頁3-6、13、17表1.4、18）、「質的設計，量
的設計，混和方法的設計」（qualitative designs, quantitative designs,
mixed methods designs）（頁3、11）、「質的研究，量的研究，
混和方法的研究」（qualitative research, quantitative research, mixed
methods research）（頁3、4、9）、「質的策略，量的策略，混和
方法的策略」（qualitative strategies, quantitative strategies, mixed
methods strategies）（頁12-14）。[1]除此之外，在該書第4頁的敘述

---

[1] 在台灣的社會科學界中，「quantitative research」術語的中文翻譯，計有「量
化研究」與「定量研究」兩種，但其中最常用的翻譯則為「量化研究」。儘

上，Creswell一方面運用「手段」一詞，來描述「質的研究」與「量的研究」；另一方面卻使用「研究法」一詞，來描述「混和方法的研究」。進一步說，在敘述「混和方法」上，Creswell有時將它稱爲「探究」（頁10、11），有時稱之爲「設計」（頁11），有時稱之爲「模型」（頁11），有時又稱之爲「策略」（頁5圖1.1、14）。更進一步說，在敘述「方法」上，Creswell有時將它稱之爲「研究方法」（頁5圖1.1、15），有時稱之爲「程序」（頁5），有時卻稱之爲「研究法」（頁14、15）。

依據筆者的淺見，在一本入門的暢銷教科書中，基本術語的如此任意混用，如何使得社會科學方法論擺脫百足蟲寓言中嗆鼻刺眼的嘲諷意味呢？

再如，兩位社會科學方法論家Ginny Garcia與Dudley Poston Jr.，在2008年出版的《社會科學國際百科全書》（*International Encyclopedia of the Social Sciences*）的「方法論」詞條中指出，社會科學家運用下述三種方式來界定「方法論」一詞：(1)研究者所運用的一套規則與設準（postulates）；(2)研究者所運用的特定程序或成套程序；(3)針對研究者所用研究程序之原則的分析。在說明第(1)種界定方式上，Garcia與Poston進一步指出，社會科學方法論具有下述三個特徵：界定所要分析的資訊、提供分析所需的概念工具與程序、指明分析的限制性。在界定「方法論」一詞、從而指

管此一英文術語中的「quantitative」，僅有「量的」而無「量化」的意思。本書大部分上仍然按照學界習慣而沿用「量化研究」一詞，但有時也用「量的研究」一詞。「qualitative research」術語的中文翻譯，則計有「質化研究」與「定性研究」等兩種，其中最常用的中文翻譯則爲「質化研究」。類似的，這一英文術語中的「qualitative」，僅有「質的」而無「質化」的意思。基於一些概念思維，本書將以「質性研究」或「質的研究」來翻譯「qualitative research」，從而捨棄學界最常使用的「質化研究」。中文翻譯上的一些概念思維，請見本書第二章第六節（「改造運動」）中的第（二）小節（「量化研究與質性研究」）。

出社會科學方法論的特徵之後，這兩位社會科學方法論家仍然隨意
使用「方法」與「研究法」這兩個基本術語。他們說：

> 許多社會科學研究者使用兩種「**方法**」去提供更豐富的
> 與更完全的解釋。誠然，二十世紀八十年代以後，這
> 兩種「**研究法**」有了會合，並且許多分析都使用這兩種
> 「**方法**」。（Garcia and Poston, 2008: 109）（引號中的粗體
> 字形，乃是筆者的添加強調。）

　　這段簡短的兩句話，確實足以引出長串的疑義：假使「方法」
就是「研究法」，那麼爲何要使用不同術語來指謂相同意義呢？假
使「方法」有別於「研究法」，那麼八十年代以後發生會合的，究
竟是「方法」還是「研究法」呢？確實令人出乎意料之外，在專門
澄清基本術語的社會科學百科全書中，撰寫詞條的學者，竟然也隨
意混用基本術語而不加以區分。這不免令人再次追問：社會科學方
法論家如何擺脫百足蟲寓言中嗆鼻刺眼的嘲諷意味呢？

　　其次就第二個最根本的教訓來說。第二個最根本的教訓，就
是要用社會生活實例作爲論述基礎，而不要本末倒置地一味引述自
然科學的知識成果。一般而言，社會科學方法論的發展或成長，向
來深受「科學哲學」（philosophy of science）的廣泛影響，因而在
社會科學方法論的許多論著中，社會科學方法論家有時不顧自己本
身與多數讀者之自然科學的知識水準，有意無意地大量引用自然科
學中的各種專門術語、概念、定律、及理論等來強調本身的特定
立場，從而忘卻社會生活實例在論證上的關鍵角色。[2]一些自命不

---

[2] 英文語詞上的「philosophy of science」與「scientific philosophy」這兩個術
　語，都可翻譯爲「科學哲學」或「科學的哲學」。大體而言，這兩個術語雖
　然都指「有關科學知識」的哲學研究而具有相似的意思，但卻隱含學術關注
　上的微妙差異。有些學者特別關注「科學性質的哲學」，從而追求哲學研

凡的社會科學方法論家，甚至喜好拼湊自然科學知識上的各種新發現，而來炫耀其立場的先見之明或眞知灼見，並攻訐不同立場的見解。這種唯靠自然知識而忘卻社會世界的論述習慣，即使不是「隨處可見」，依然是「所在多有」。其中最令人矚目的著名例子，莫過於1996年的「詐文事件」。

二十世紀九十年代，一些高舉「後現代主義」（post-modernism）大旗的文化研究者，對於自然科學的知識，雖然一知半解，但卻常濫用自然科學的研究成果，來支持本身的左派見解。這種裝腔作勢的論述風格，惹惱了美國紐約大學一位物理學教授Alan Sokal（1955-）。Sokal故意如法炮製，寫了一篇浮華誇大的「詐文」（〈超越界線：邁向量子引力之轉換性的詮釋學〉 "Transgressing the Boundaries: Towards a Transformative Hermeneutics

---

究的「科學化」，或力圖使其本身的哲學成爲「科學的」。在這樣的學術關注下，或在刻意標誌其哲學完全不同於「不科學的」哲學之下，這些學者偏愛使用「scientific philosophy」術語。例如，Hans Reichenbach, *The Rise of Scientific Philosophy* (Berkeley: University of California Press, 1951); Joseph Agassi and Robert Cohen, Eds., *Scientific Philosophy Today: Essays in Honor of Mario Bunge* (Boston: D. Reidel, 1982)。然而，多數學者則將關切焦點，集中在科學領域中的哲學問題，或主張某種「科學觀」，而不刻意追求其本身哲學的「科學化」，也不太在意其本身哲學是否爲「科學的」。在這樣的學術關注下，多數學者喜歡使用「philosophy of science」術語。現行各種「有關科學知識」的哲學著作、哲學讀本、或哲學百科全書，都使用「philosophy of science」術語。例如，Peter Clark and Katherine Hawley, Eds., *Philosophy of Science Today* (Oxford: Oxford University Press, 2003); Marc Lange, Ed., *Philosophy of Science: an Anthology* (MA: Blackwell, 2007); Sahotra Sarkar and Jessica Pfeifer, Eds., *The Philosophy of Science: An Encyclopedia* (New York: Rutledge, 2006)。簡單說，除了是否特別強調「科學化」的學術關注之外，「philosophy of science」與「scientific philosophy」兩個術語都指「有關科學知識」的哲學研究。本書使用「philosophy of science」術語，並將它翻譯爲「科學哲學」。

of Quantum Gravity"）。在這篇牽強附會的「詐文」中，Sokal故意胡亂套用自然科學的既有理論與新興觀點，從而將自然科學的研究成果與「後現代主義」的左派見解，「巧詐地」拼湊在一起。乍看之下，這些巧詐的拼湊，似乎蘊藏著無窮的奧義，但實際上卻是牛頭不對馬嘴的瞎掰。例如「不徹底修正傳統數學的標準，就不可能完成解放意義的科學了……數學上的選擇公理，在在支持著墮胎自由」，或如「量子物理學與後現代認識論之間存在著十分深刻的一致性」，再如「量子引力學已經證實了後現代主義的心理分析理論」，又如「物理學上新近發展出來的量子引力，綜合並取代了量子力學與廣義相對論，從而使得時空的流動，終止了物理真實的客觀存在」。Sokal特將此篇毫無科學根據的、但卻精心設計而頗能迎合左派見解的「詐文」，寄給最具權威的一個著名左派期刊《社會文本》（*Social Text*）。不久，這篇「詐文」刊登在1996年《社會文本》一個宣稱為「科學大戰」的特別專刊中（*Social Text*, No. 46/47, Science Wars, Spring-Summer, 1996, pp. 217-252）。

然而，「詐文」刊登一個月後，Sokal竟在另外一個期刊《大眾語言》（*Lingua Franca*），發表一篇自行揭露「詐文」真相的文章（〈一位物理學家的文化研究實驗〉，"A Physicist Experiments with Cultural Studies," *Lingua Franca*, May/June, 1996, pp. 62-64）。在這篇揭露文章中，Sokal一一解析「詐文」中似乎言之成理、但實際上故意曲解以期迎合《社會文本》編輯委員的各種深奧胡說。Sokal甚至指出「詐文」的題目（〈超越界線：邁向量子引力之轉換性的詮釋學〉），也是矯揉造作的胡扯題目：如何進行量子引力的「轉換性詮釋」呢？「轉換性詮釋」究竟是什麼呢？在文章的最末段，Sokal質問：「為何如此放縱的胡說八道，竟可博得高度學術成就的美譽呢？」總之，Sokal透過這篇揭露文章，企圖證明其所謂「後現代主義」之某些新穎的科學論證，通常睜眼說瞎話而有如「國王新衣」的翻版。

總括上述，筆者認為我們需從百足蟲寓言中記取兩個最根本的

教訓。或許，這樣的解讀，未必獲得社會科學方法論家的贊同，但在本書的撰寫上，筆者謹記這兩個最根本的教訓。因此，本書各章節的撰寫方式，首在於明辨一些重要專門術語的意義，並保持它們用法的一致性；其次則是儘量使用社會生活的實例，以資作爲論述的例證。事實上，筆者的自然科學知識，確實十分有限，因而本書的所有論述，不會裝模作樣地賣弄自然科學的研究成果。除非處在萬不得已的語境之下，筆者才會引述自然科學上的某些論述例子。

進一步說，本書書名雖爲《社會科學方法論》，但本書各個章節的論述材料，大體上取自政治學，而未包羅整個社會科學中的各個學門。誠然，除了筆者才疏學淺而不足以掌握社會科學的所有學門之外，本書環繞政治學而論述的理由，主要有兩個。第一個主要理由是，社會科學究竟包含哪些學門，至今仍是一個見仁見智的問題。社會科學的涵蓋範圍，既然是一個眾說紛紜的問題，那麼有關社會科學的整體論述，不是易於陷入浮光掠影式的籠統概述，就是易於流入掛一漏萬式的瑣碎細說。因此，與其失諸籠統概述或流於瑣碎細說，毋寧選擇一個具有代表性的學門，來加以深入論述。第二個主要理由是，在政治研究的領域上，有關「科學知識」之性質的論戰，特別是其中的方法論爭議，向來遠比社會科學中的其他學門來得更激烈、更深刻、更廣泛，甚至一波未平一波又起，大有層出不窮的態勢。這種歷時久遠的、前仆後繼的激烈論戰，確實足以代表整個社會科學中的方法論爭議。因此，掌握了政治學上的方法論爭議，就可以提綱挈領地瞭解社會科學方法論的精義所在。

有鑑於此，除了下述「方法、研究法、方法論」一節的術語分辨之外，下文分從「社會科學與行爲科學」、「政治學與政治科學」、「哲學大師與哲學小工」等小節，進一步論述這兩個主要理由的憑據所在，以及本書處理這類爭議的基本方式。

（一） 方法、研究法、方法論

　　大體而言，「方法論」的研究，來自「社會科學的哲學」（philosophy of social science）的研究；而「社會科學的哲學」的研究，則源自「科學哲學」的研究。或者，「方法論」的研究領域，乃是「社會科學的哲學」的一個次級研究領域；而「社會科學的哲學」，則是「科學哲學」的一個次級研究領域。誠如各種學門或學問的界說一樣，如何界定「科學哲學」或「社會科學的哲學」，也是眾說紛紜而缺乏一致見解。不過，一般說來，「科學哲學」乃是研究「科學知識」之性質的一門學問（Danto, 2006; Trout, 2008）。此處所謂的「科學知識」，包含物理學的、化學的、生物學的、植物學的、以及社會科學的科學知識等等。據此而言，「社會科學的哲學」便是研究「社會科學知識」之性質的一門學問（Rudner, 1966: 1; Outhwaite, 1987: 1）。

　　誠然，關於「科學知識」或「社會科學知識」的性質，不同學者各有不盡相同的見解，從而展現在自成一家之言的不同學說或學派之中。依據J. Trout的說明，在二十世紀的不同時期中，先後出現了三種「有系統的」不同學說：邏輯經驗主義（logical empiricism，或譯為「邏輯經驗論」）、科學實存主義（scientific realism）、社會建構主義（social constructivism）（Trout, 2008: 259）。一般而言，所謂「科學知識」或「社會科學知識」之性質的探究，通常包含本體論（ontology）、認識論（epistemology）、以及方法論的研究。因此，在「本體論」、「認識論」、以及「方法論」的研究上，至少也有三種「有系統的」不同學說。

　　一般所謂的「本體論」，乃指「存在的理論」（theory of being），旨在研究「存在」的性質。「本體論」所在關切的關鍵議題，乃是整個世界中是否具有一個獨立在我們知識之外的「實存世界」（real world）。一般所謂的「認識論」，乃指「知識的理論」（theory of knowledge），旨在探究「我們如何認識世界」。

「認識論」關切兩個關鍵議題：(1)研究者能夠指認出現象之間的「實存關係」（real relations）嗎？(2)假使能夠，那麼如何指認呢？是憑藉感官還是其他方式來指認？[3]

　　所謂的「方法論」，乃指獲取科學知識的基本邏輯。我們或許可將一些比較清楚易懂的類似界說，引述如下：

> 方法論所在探討的對象，乃是研究的基本假定、研究的運用程序、以及滿意的解釋形式。（Lazarsfeld and Rosenberg, 1955: 4）
>
> 方法論乃是驗證邏輯（logic of justification）。（Rudner, 1966: 5）
>
> 方法論乃指科學程序背後的邏輯。（Easton, 1971: 48）
>
> 方法論乃是引導方法選擇之原則與理論的一種研究。（Burnham, et al., 2004: 4）
>
> 方法論乃是獲取知識所需遵循的研究策略。（McNabb, 2004: 341）
>
> 方法論……乃是使用方法的邏輯……可將方法視為工具，而將方法論看作配備齊全的工具箱……方法論指涉獲取知識的方式。（Moses and Knutsen, 2007: 4-5）

　　從上述各種類似的界說，我們或許可以指出，「方法論」所在關切的重要議題，乃是觀察性質、價值中立（value neutrality）、因果關係、概念製作、假設檢定、定律建立、理論建構、解釋模型、預測模型等等。誠然，在這些重要議題上，上述三種「有系統的」不同學說，可能各有不同的主張。例如，在解釋模型的主張上，邏輯經驗主義主張「涵蓋定律模型」（covering-law model）與「歸納統計模型」（inductive-statistical model），社會建構主義主

---

[3] 參見本書第八章第五節。

張「闡釋模型」（interpretive model），科學實存主義則主張「機制模型」（mechanism model）。[4]

　　顯而易見的，「本體論」、「認識論」、以及「方法論」之間，具有十分密切的關係。兩位社會科學方法論家David Marsh與Paul Furlong曾經指出，社會研究者本身抱持的「本體論」與「認識論」立場，左右了其所要研究的題材、其所要採取的理論、以及其所在主張的方法論（Marsh and Furlong, 2002: 17-22）。這兩位學者進一步指出，社會研究者本身抱持的「本體論」與「認識論」立場，通常是「內隱」而未外顯，不論社會研究者本人是否承認。這兩種「內隱」的立場，如同研究者本人的「皮膚」，而非如同研究者本人的「毛線衣」。這就是說，社會研究者不能在討論「社會科學知識」的性質時「穿上」它們，而在實地進行研究時「脫下」它們；它們一直附著在社會研究者身上，不能隨著不同論述脈絡而隨意「穿上脫下」（Marsh and Furlong, 2002: 17, 21）。

　　至於所謂的「方法」，乃指蒐集資料與處理資料的技術。蒐集資料的技術，包含抽樣方法、問卷法、訪問法、實驗法、參與觀察法等等；而處理資料的技術，則包括各種統計方法與電腦模擬法。

　　有別於「方法論」與「方法」，「研究法」乃指選擇問題與資料的準則。這種意義之下的「研究法」，旨在建立一個組織性的概念（an organizing concept）或一套概念架構（conceptual framework），以期確定研究方向，並彙整各種資料（參見Isaak, 1985: 185-192）。例如，採取「歷史研究法」（historical approach）的政治學者，通常堅信「歷史是過去的政治、政治是現在的歷史」，或者通常深信「政治學而無歷史學，猶有樹而無根；歷史學而無政治學，猶有花而無果」，因而會將「歷史」當作政治研究的一個組織性的概念，以期蒐集並彙整各種史料，並致力

---

[4] 關於「涵蓋定律模型」、「歸納統計模型」、「闡釋模型」、以及「機制模型」的內容，參見本書第六、七、及八章。

於特定時期之政治制度或政治思想的歷史研究，比如美國憲法史或中世紀政治思想史的探究。次如，採取制度研究法（institutional approach）的政治學者，往往相信「若要改善政治生活，則必先改變政治制度」，或者往往認定「政治學即是憲法與制度之學」，因而會將「制度」當作政治研究的一個組織性的概念，從而根據憲法條文與官方紀錄，去分析政府機關的組織原理及其行政程序，進而提出一些改善建議，比如三權分立或聯邦政府的制度解析。再如，採取規範研究法（normative approach）的政治學者，通常深信政治生活中一定存在著「最佳政府體制」，而足以實現國家的目的，並且能將普遍性的道德原則體現在政治生活中，正如數學上一定存在著三角形的絕對標準，而足以校正實際上手畫之不盡完美的三角形（例如手畫三角形的三條邊線，往往不會很直，而其三角之和，通常也不會正好等於一百八十度）；因此，歷來的政治思想家，常將某種「普遍道德」當作政治研究的一個組織性的概念，從而探討權利、義務、自由、平等、正義等議題，以期關注某一「最佳政府體制」。又如，採取「系統研究法」（system approach）的政治學者，會將「環境」、「政治系統」、「投入」（input）、「產出」（output）、「反饋」（feedback）、「需求與支持」、「決策與行動」等等的概念，組成一套相互關聯的概念架構，以期安排並彙整各種政治資料，比如會將政黨與壓力團體視作為「政治系統」的「投入」部分。

　　總而言之，關於「科學知識」或「社會科學知識」的性質，在二十世紀之後，先後約略出現了三種「有系統的」學說，因而在社會科學方法論的研究領域中，便有三種互為消長的不同主張。誠然，不同的「方法論」主張，蘊含不同「研究法」與「方法」的採取，即使採取同一種「方法論」的主張，也常因選擇問題與資料的不同準則，而衍生出各種不同的「研究法」與「方法」。

二 社會科學與行為科學

　　一般說來，「社會科學」這一語詞，約可界定如下：社會科學乃是研究人類行為、人際關係、以及人類生存環境的科學；或者，社會科學乃是研究社會生活的科學（Kerr, 2008: 614）。這樣的一個界說，即使得不到多數學者的欣然贊同，至少可以獲得他們的「尚可接受」，而不至於引起激烈的爭議。然而，關於社會科學究竟包含哪些學門的問題，卻是一個眾說紛紜的議題。我們至少可以分從台灣學術界與美國學術界中各種仁智之見，略窺「社會科學」之含糊界線的景況。

　　自1970年至1971年，台灣商務印書館出版了十二大冊的《雲五社會科學大辭典》。在這個百科全書式的大辭典中，所謂的「社會科學」，包含人類學、心理學、社會學、教育學、政治學、經濟學、法律學、行政學、統計學、歷史學、地理學、以及國際關係等十二個學門。魏鏞教授（1937-2004）曾將這十二個學門，進一步分成五大類別：基本社會科學、應用社會科學、規範性社會科學、分析性社會科學、以及記載性社會科學（魏鏞，1971：69-71）。依據魏教授的說明，基本社會科學包含人類學、心理學、社會學、政治學、經濟學、以及地理學等六個學門；應用社會科學包括教育學、行政學、以及國際關係等三個學門；規範性社會科學乃指法律學；分析性社會科學是指統計學；記載性社會科學則指歷史學。

　　根據筆者的淺見，魏教授的這個分類，雖然別出心裁，但至少其中所謂的規範性社會科學（亦即法律學），實際上牴觸了魏教授一再強調之社會科學的各種「科學性質」（魏鏞，1971：11-19），例如它實際上牴觸了「解釋性」的科學性質。魏教授指出：「科學知識的第三種特性是解釋性……以冰浮於水面的例子，可以使用阿基米德定律……也可以使用作用力等於反作用力定律及有關密度的定律來加以解釋。」（魏鏞，1971：13）據此而言，魏教授所謂的「科學知識的解釋性」，端在於運用某種「科學定律」來解釋某些

現象。事實上，眾所周知的，在各種法條或法律教科書中，找不出魏教授所要求之阿基米德定律之類的「科學定律」，因而法律事件或法律條文的解釋，確實不要求法律學家如同物理學家一樣，必須憑藉各種事先建立起來的「科學定律」，才能進行個別法律事件或法律條文的解釋。換句話說，即使法律學者找不出法律事件或法律條文的「科學定律」，法律事件或法律條文的解釋，每天依然在進行著。無論如何，不管法律學是否牴觸了魏教授自己所謂的「解釋性」，筆者相信，在這十二個學門中，法律學、統計學、以及歷史學是否應該包括在社會科學的範圍內，至今仍是一個見仁見智的議題。

值得注意的是，在同一本著作的不同章節中，魏教授一方面批判國人混淆「社會科學」與「人文學」之間的重要區別，從而批評國人時常運用「人文社會科學」、「法政」、「文法科」、「文史」、「文科」等十分曖昧的詞彙，另一方面則強調社會科學的「科學性質」，進而將十六個學門，劃歸在社會科學的範圍之內（魏鏞，1971：66-70，尤其對照67頁的表一與70頁的圖三）。在這個突然膨脹之社會科學的涵蓋範圍內，除了魏教授原先所提出的十二個學門之外，另外加入了企業管理、大眾傳播、社會工作、精神治療等四個學門；原先提出的十二個學門與另外加入的四個學門，共計十六個學門。如此一來，我們不禁要問，社會科學究竟包含十二個學門，還是十六個學門？

魏教授的這本大作（《社會科學的性質及發展趨勢》），原本刊載於《雲五社會科學大辭典》第一冊的篇首，試圖作為社會科學的「一般性與全盤性的介紹」（魏鏞，1971：序）。然而，在這個重要無比的全盤性介紹文章中，社會科學所包含的學門數目，不但前後不一，並且隱含爭端。事實上，《雲五社會科學大辭典》的撰寫，動用了近百位的台灣學術菁英，可以說是古往今來的轟動鉅著，從而堪稱為台灣社會科學界的典範作品。然而，從上文簡述就足以看出，在這個典範作品中，社會科學究竟包含哪些學門，仍然

屬於曖昧不清而無明確答案的一個議題。

　　進一步說，在美國學術界中，關於社會科學究竟包括哪些學門的問題，更是一個聚訟紛紜的議題。在1930年出版的《社會科學百科全書》（*Encyclopedia of the Social Sciences*. New York: Macmillan）中，主編Edwin Seligman（1861-1939）曾將社會科學分成三大類別：純粹社會科學（包含政治學、經濟學、歷史學、法律學、人類學、刑罰學、社會學等七個學門），半社會科學（包括倫理學、教育學、哲學、心理學等四個學門），有社會涵義的科學（包含生物學、地理學、醫學、語言學、美術學等五個學門）（魏鏞，1971：95，註80）。這三大類的社會科學，總共包含十六個學門；而「醫學」與「美術學」這兩個學門，赫然在列！筆者深信，時至今日，無人會將「醫學」或「美術學」包括在社會科學的範圍之內。筆者也相信，即使就在二十世紀四十年代，「醫學」與「美術學」應否包括在社會科學的範圍之內，仍是一個爭論議題。

　　然而，在二十世紀五十年代中，正當學者議論如此廣泛範圍的「社會科學」時，美國學界卻在特定的時空背景下，引入一個似同非同的術語，從而使得「社會科學」的涵蓋範圍更加模糊不清。這個新興的時髦術語，便是「行為科學」（behavioral sciences）。

　　第二次世界大戰之後，美國政界與金融界的保守人士，十分厭惡那些掀起戰火的社會主義（socialism）及其相關活動，從而常將社會科學視作「社會主義的科學」，或將社會科學等同於「社會主義」。在這樣的時代背景之下，美國社會科學家為了爭取政府機關與各種基金會的資助，便逐漸使用「行為科學」一詞，而不太提起「社會科學」這一個舊詞。

　　「行為科學」這一新詞，原由一群致力於「跨領域研究」的科學家所創造。1949年，一群生物學家與社會科學家在芝加哥大學舉辦一個科際研討會，探討學界是否已經具有充分的事實證據、而足以發展出一個經驗上可檢證之普遍有效的「行為理論」。在討論之餘，他們決定採用「行為科學」這個新詞，來指稱生物學與社會

科學。根據他們的看法，「行為科學」乃是一個中立性質的詞彙，「從而使得生物學家與社會科學家雙方都能輕易接受它，並且又可排除研究經費上不必要的申請障礙」（Miller, 1956: 29）。如此說來，首先創用的「行為科學」，包含生物學與涵蓋範圍不太明確的社會科學。依據這樣的用法，「社會科學」乃是「行為科學」的次級類別，或者，「行為科學」的涵蓋範圍大於「社會科學」。不過，這樣的用法意涵，似乎不是行為科學家之間的一個共識。

依據美國一位著名行為科學家Bernard Berelson（1912-1979）的說明，一般所理解的「社會科學」，包含人類學、經濟學、歷史學、政治學、心理學、以及社會學等六個學門；而「美國式的」人類學、心理學、社會學等三個學門，則構成「行為科學」的三個核心學門（Berelson, 1963: 1-2）。據此而言，「社會科學」的涵蓋範圍，似乎大於「行為科學」，至少大於「行為科學」的核心部分。

然而，誠如Berelson自己指出：「人類事物如此複雜，以至於任何學術上的類別，無論如何謹慎地建構，都無法適切地將它們包含在內……行為科學集中在社會科學的三個學門上，也不是一個純粹的分類。」（Berelson, 1963: 1-2）「行為科學」既然不是一個適切的類別，那麼它就缺乏「窮盡」與「互斥」的分類特性，從而難以劃定它的界線。因此，Berelson提出兩個「基本判準」，藉以判定一個學門是否夠格成為「行為科學」中的成員。這就是說，假使一個學門滿足了這兩個「基本判準」，那麼該學門便是「行為科學」中的一個學門。第一個「基本判準」是，它必須研究人類行為；第二個「基本判準」是，它必須運用「科學方式」去研究問題。此處所謂的「科學方式」，乃指研究的目標，端在於建立人類行為的定律或「通則」（generalization），而支持定律或「通則」的證據，則需透過客觀方法蒐集得來，並經得起相關學者的檢證；至於建立定律或「通則」的研究程序，必須完全可做公開審查，並可重複進行以期反覆試驗（Berelson, 1963: 2）。根據這兩個「基本判準」，Berelson認為，除了上述三個核心學門外，「行為科學」

也包含經濟學、政治學、精神病學，以及某些學門中的一些次級領域，例如致力於探究行為通則的部分法律學領域與部分歷史學領域，又如研究自然環境與人類行為之間的關係的部分地理學領域，再如探討人類行為之生理基礎的部分生物學領域。值得注意的是，無論我們是否接受這樣的分類，在二十世紀中葉，Berelson所謂的「行為科學」，乃是美國學術界的一代顯學，甚至自1956年起，便有專屬的著名期刊，例如《行為科學》（*Behavioral Sciences*）與《美國行為科學家》（*American Behavioral Scientist*）。

儘管Berelson（1963：4）一再強調「行為科學與社會科學之間具有本質上的差異」，但自二十世紀中葉以後，「行為科學」這個如日中天的時髦術語，逐漸失去光芒，從而漸跟「社會科學」這一舊詞，平分秋色而一起連用。例如，在美國「國家科學院」與「社會科學研究會」的贊助之下，美國學界成立一個「行為及社會科學調查委員會」（Behavioral and Social Sciences Survey Committee），針對美國行為及社會科學的研究現況，進行全面性的調查工作，從而在1970年出版《行為及社會科學：展望與需求》（*Behavioral and Social Sciences: Outlook and Needs*）一書。有鑑於此，魏鏞教授曾在1971年引述《行為及社會科學：展望與需求》一書，進而指出「行為科學」與「社會科學」已有一體兩面的合體情勢。魏教授說：「時至今日，行為科學已成為社會科學研究的主流，甚至行為科學與社會科學根本有成為一而二、二而一的情勢。」（魏鏞，1971：50）可是，「行為科學」與「社會科學」雖有二而為一的合體情勢，但「行為科學」一詞的光彩，卻隨著時間增長而逐漸褪色，甚至在2008年出版的《社會科學國際百科全書》中（William A. Darity Jr., *Editor in Chief, International Encyclopedia of the Social Sciences*, 2nd edition），已無它的蹤跡。值得注意的是，在《社會科學國際百科全書》中，雖無「行為科學」的條目，但有「社會科學」的條目。

依據《社會科學國際百科全書》的「社會科學」條目，「社會

科學」乃是一個兼容並蓄但偶有爭議的語詞。它有如一把大傘，兼容並蓄地包含著許多不同的學門，但究竟應該包含哪些學門在內，則是一個見仁見智的問題。然而，儘管不同學者各有仁智之見，「一般接受的見解是，社會科學包含社會學、人類學、政治學、心理學、以及經濟學等五個學門……至於歷史學與語言學兩個學門，雖然也在研究社會生活，但甚少包含在社會科學之內。」（Kerr, 2008: 614）這就是說，在二十一世紀初葉，眾所接受的「社會科學」，大體上包含社會學、人類學、政治學、心理學、以及經濟學等五個學門。

從上文的概述，我們至少可以看出兩個要點。第一，社會科學乃是一門不斷演化的科學，因而其所包含的學門，也就變動不居。社會科學的涵蓋範圍，既然變動不居，那麼有關整體社會科學方法論的論述，不是易於陷入浮光掠影式的籠統概述，就是易於流入挂一漏萬式的瑣碎細說。因此，與其失諸籠統概述或流於瑣碎細說，不如選擇一個具有代表性的學門，來加以深入論述。第二，儘管社會科學是一門範圍廣闊而缺乏固定界線的科學，但是政治學、經濟學、社會學、社會心理學、以及人類學等學門，歷來一直廣被視爲社會科學中的主要學門。因此，在社會科學方法論的整體論述上，這幾個主要學門或許足以作爲代表。依據筆者的淺見，在這幾個具有代表性的主要學門中，政治學最具代表性。這就是說，掌握了政治學方法論的爭論，就可把捉到社會科學方法論的問題所在。下文進一步論述筆者這一淺見。

三 政治學與政治科學

從「社會科學」這一術語中的「科學」語詞，我們可以清楚看出社會科學之「科學知識的性質」的最大特色，端在於社會研究

者運用「科學方法」去研究社會現象，或者，社會現象的研究乃是一種「科學的」研究。然而，社會科學的這個最大特色，卻蘊含最激烈的論戰。可以運用「科學方法」來研究社會現象嗎？「科學方法」究竟是什麼呢？什麼是「科學」呢？對於這一類的根本問題，即使時至今日，社會科學家之間仍無一致的答案，甚至陷入爭論不休的窘境之中。

這種似乎毫無休止的紛擾爭論，在政治研究的領域上，尤其呈現出針鋒相對的激烈景況。美國政治學家Rogers Smith（1953-）曾經指出：「在政治學的歷史中，最久遠、最激烈、最不休止的爭論課題，莫過於政治研究能否完全成為一門『科學』的問題。假使能夠完全成為一門『科學』，那麼適於政治研究的方法，究竟是什麼呢？」（Smith, 2005: 525）

事實上，單從「政治學」的英文字彙，就可略見激烈爭論的一些端倪。在英文字彙中，社會科學的幾個主要學門，亦即社會學（sociology）、人類學（anthropology）、政治學（political science）、心理學（psychology）、以及經濟學（economics）等學門，僅有「政治學」的英文（political science），含有「科學」一詞（science）。這個特殊的術語，似在強烈宣示政治研究的科學性質。因此，除了「政治學」這一中文語詞外，「political science」也常被翻譯為「政治科學」，藉以彰顯政治研究的科學性質或「科學化」。反觀「sociology」、「anthropology」、「psychology」、以及「economics」等學門，則很少被翻譯成社會「科學」、人類「科學」、心理「科學」、以及經濟「科學」。這當然不是說政治科學（或政治學）遠比社會學、人類學、心理學、以及經濟學等學門，更為「科學」。依據筆者的淺見，這似乎意涵政治科學中的「科學論題」，最能突顯社會科學中的「科學爭議」。

無論如何，不管「political science」中「science」字彙是否強烈宣示著什麼，也不論「political science」應該翻譯成「政治學」

還是「政治科學」，政治研究最能突顯出社會科學之「科學爭議」
的見解，可從美國政治學的演化趨勢，或多或少得到一定程度的印
證。基於這個見識之上，下文扣緊「科學議題」，簡述一百餘年來
美國政治研究的起承轉合。

　　自十九世紀末葉至二十世紀初葉，美國政治學者大體上採取
「歷史研究法」、「制度研究法」、以及「規範研究法」等三種研
究法，從而將其研究焦點，集中在政治思想、政府體制、倫理學、
以及政治制度的歷史演變與法律規定。誠然，這三種風行一時的研
究法，非但不是彼此互斥的，反而是相輔相成的。因此，在這個時
期中，同一篇文章或同一本書的政治學著作，未必只是採取某一種
研究法的成果表現，很有可能是採用多種研究法的績效呈現。

　　無論如何，這個時期的政治研究，不管採取哪一種或哪幾種
研究法，基本上顯現出兩大特色。第一，這三種研究法根本上就
是「圖書館式的」研究法。政治研究者只要長期「窩在」書房內
（或圖書館中）遍覽群書、翻閱歷史檔案、熟讀法令條文、檢視
政府公文、查閱民間文件，就可選定題材，以期進行精細的探索
研究，而不必透過調查法之類的經驗方法，去檢視真實的政治生
活。第二，這三種「圖書館式的」研究法，截然不同於自然科學的
「科學方法」，無論當時政治學者如何詮釋自然科學的「科學方
法」。因此，這段時期的大部分政治學者，對於政治研究的「科學
化」，疑惑橫生，甚至公然駁斥。例如「美國政治學會」第四任
會長（1907-1908）James Bryce（1838-1922），不但懷疑政治研究
可以近似氣象研究的見解，而且斷定政治研究永無「科學化」的
可能性。他說：「政治學可以達成的『確定性』，永遠不會大過
歷史學，而歷史學永不能成為科學。因為人類現象可被描述，但
不能像自然現象那樣被計算與度量。」[5]再如「美國政治學會」第

5　本節簡述Woodrow Wilson、James Bryce、Abbott Lowell、Jesse Macy、Henry
　　Ford、Arthur Bentley、George Catlin、Charles Merriam、William Elliott、

六任會長（1909-1910）Woodrow Wilson（1856-1924），深信政治
關係乃是理解的題材，而非科學的材料，因此公開反對「政治科
學」（political science）這一名詞，進而呼籲學界改用「政治學」
（politics）一詞。

　　誠然，在這段時期中，仍然有一些政治學者力圖政治研究的
「科學化」。例如「美國政治學會」第五任會長（1908-1909）
Abbott Lowell（1856-1943）就曾呼籲政治研究者不應全神貫注於
「應該發生什麼」而完全不顧「實際上究竟發生什麼」，進而要求
政治研究者廣泛使用統計方法，因爲統計分法乃是「發現新事實」
與「檢定事實」的無價工具。再如「美國政治學會」第十二任會
長（1915-1916）Jesse Macy（1842-1919）更是要求政治研究者放
棄「尖酸刻薄的言辭辯論」，轉而運用自然科學的實驗方法，來探
究實際運行的美國聯邦制度。次如「美國政治學會」第十四任會長
（1917-1918）Henry Ford（1851-1925），雖然認爲政治研究在本
質上屬於「歷史性的與描述性的」，但卻認爲政治研究能夠發展出
一些具有預測力的「普遍應用原則」，終而將會變成「眞正的科
學」。又如著名政治學者Arthur Bentley（1870-1957），不但鼓吹
政治現象的量化研究，而且深信政治研究可以達到自然科學那樣的
科學程度。大體而言，不論這些「科學化主張」是否言之成理，在
乏人問津的大勢之下，終歸曲高和寡而難成氣候。

　　然而，值得注意的是，第一次世界大戰（1914-1918）之後，
政治研究的「科學化」，漸從不了了之的個別呼籲，慢慢轉變成群
策群力的集體反思，從而埋下兩軍對壘的地雷。這種集體的反思，
不但顯現在三次的全國性學術研討會，而且呈現在一些廣被閱讀的
政治名著中。

　　在「美國政治學會」第二十任會長（1924-1925）Charles

Edward Corwin、Charles Beard等著名政治學家的見解，基本上參見Somit and
Tanenhaus, 1967: 29, 73-74, 78-79, 87-88, 114-115, 117-122。

Merriam（1874-1953）的籌備下，美國政治學界曾以「政治的科學」（science of politics）為題，針對政治研究的基本目的與方法，分別於1923年、1924年及1925年，舉行三次的全國性學術研討會，從而使得「科學化」議題逐漸落地生根。Merriam 並於1925年出版《政治學的新面向》（*New Aspects of Politics*）一書，一方面呼籲政治學者放棄老舊的研究法，另一方面則建議「政治的新科學」（new science of politics），暢談「科學化」乃是政治研究的新方向。除此之外，自詡為「政治實驗科學家」（political experimental scientist）的著名政治學者George Catlin（1896-1979），更於1927年出版一本廣被閱讀的著作《政治的科學與方法》（*Science and Method of Politics*），不但力主一種不受價值左右而又具有預測力的「科學的政治學」（scientific politics），而且針對各種反對「科學化」的流行見解，運用相當篇幅一一加以駁斥。

　　然而，這些「科學化」的主張，尤其是「價值中立」的呼籲，立即招致一些嚴厲的批評。例如，著名政治學者William Elliott（1896-1979）就曾反擊說，所謂的「政治的科學研究」（scientific studies in politics），雖然號稱研究者可以排除價值而不受價值的左右，但在其研究過程中卻常毫無批判性地偷偷引入價值，甚至硬將價值當作事實。再如，「美國政治學會」第二十一任會長（1925-1926）Charles Beard（1874-1948），不但排除「價值中立」的可能性，而且認定「價值中立」乃是荒誕不經的觀念，進而鐵口直斷說：「沒有價值，哪有偉大的政治著作呢？」

　　綜合上述，在第一次世界大戰之後的數十年中，美國政治學界中的「科學化主張」，雖然激起陣陣的漣漪，但絕非學術主流，而正、反雙方的「科學化」論戰，也是零星的交火，而非全面性的火拼。筆者的這個論點，事實上可從「美國政治學會」發行之《美國政治學評論》（*American Political Science Review*）所登載的論文，多多少少獲得某一程度的印證。根據Somit and Tanenhaus（1967:

122, 128）的統計，於《美國政治學評論》登載的論文數目中，被歸類為「科學取向」的論文，在1921-1925年有7.3%篇的論文，在1926-1930年有13.7%篇的論文，在1931-1935年則有9.5%；而被歸類為「科學主義」的正、反雙方的辯論文章，在1921-1932年，幾乎每期都有一些零星討論，但在1933-1940年，雙方都偃旗息鼓而使得此類辯論文章完全銷聲匿跡。顯然的，從這三個百分比及正、反雙方的辯論文章數字看來，在第一次世界大戰之後的數十年中，美國政治學界中的「科學化主張」，絕非學術主流。

　　然而，這樣的趨勢，隨著時間推移而逐漸產生變化。在第二次世界大戰期間（1939-1945），許多美國政治學者曾被政府徵召，擔任政府要職而參與不少的重要決策。可是，這些「學而優則仕」的政治學者，在參與戰時決策的過程中，卻發現他們分從歷史研究法、制度研究法、規範研究法等三種「圖書館式的研究法」所獲得的政治知識，根本脫離了世界各國的實際政治生活而無濟於事：既不足以精確掌握「西方諸國」的政治現況，又不能真確描述「非西方各國」的政治生活，遑論更重要的解釋與預測的課題了。因此，第二次世界大戰之後，研究法的改弦更張，也就成為當務之急。

　　1945年，美國「社會科學研究會」（Social Science Research Council）特別設立「政治行為委員會」（Committee on Political Behavior），大力推動政治行為的科學研究。這個推動惹起了一些爭議。1946年，在《美國政治學評論》上，政治學者之間再次掀起一場「科學化」的筆戰，雙方針對「非規範性的政治科學」（a non-normative political science）的議題，各就「是否可能」與「是否可欲」的角度，進行激烈的辯論。在這個辯論之後，政治行為的科學研究逐漸獲得重視，而「圖書館式的研究法」的光彩則日漸消散。1948年，美國密西根大學「調查研究中心」（Survey Research Center）開辦一個暑期訓練班，專門教導統計分析與調查方法。這個暑期訓練班甫成立，立即獲得美國政治研究者（美國各大學的政治學系所教師與研究生）的熱烈響應，從此年年舉辦直至今日，十

分有助於推進政治研究的「科學化」。

在「政治行爲委員會」以及民間基金會的財務資助之下，日益熟諳統計分析與調查方法的政治學者，毅然放棄傳統的「圖書館式的研究法」，從而改採新的研究法。這個新興的研究法，便是政治研究者耳熟能詳的行爲研究法（behavioral approach）。在行爲研究法的引導下，政治學者選擇問題與蒐集資料的準則，已從歷史、制度、法律、以及道德規範等層面，轉向政治行爲者及其行爲；而其分析資料的技術，則從單純的敘述、類比及比較等文字敘述，轉成統計分析的數量描述與數學推論。

值得注意的是，第二次世界大戰前後，歐陸一些著名的哲學家與社會科學家，紛紛逃離納粹勢力，遠渡重洋避居美國。這些久享盛名的學者，在移居美國後，便將歐陸的一些重要學說，一一引入美國學術界。在這些新近引入的歐陸學說中，最能契合美國政治學界之行爲研究法的，莫過於一向強調「科學研究」的邏輯實證論（logical positivism）。[6]在結合美國本土的實用主義（pragmatism）與運作主義（operationalism）之後，邏輯實證論便爲新興的行爲研究法，奠定一個鞏固的哲學基礎。因此，美國政治學術界中的行爲研究法，實際上已非單純的研究法；它包含著許多「科學化」的觀點，從而常被稱爲行爲主義（behavioralism）。

如同其他各種的「主義」，「行爲主義」這一術語也缺乏人人贊同的一致內涵。不過，在眾說紛紜的各種說明之中，最常被引用的詮釋，約略計有政治學者Evron Kirkpatrick（1911-1995）、著名行爲主義者David Easton（1917-），以及兩位美國政治學史專家Albert Somit與Joseph Yanehaus等三種論述。Evron Kirkpatrick認爲行爲主義具有下述四大特徵：(1)政治分析的基本單元，乃是「個人行爲」，而非傳統上的政治制度；(2)政治科學應該藉助統一的

---

[6] 上文曾經提及「邏輯經驗論」。關於「邏輯實證論」與「邏輯經驗論」之間的差別，請見本書第二章。

標準與方法，而跟行爲科學中的其他學門進行科際整合；(3)發展出更精確的觀察、分類及測量的技術，儘可能使用統計與量化的方法；(4)政治科學的首要目標，端在於建立有系統性的、經驗性的政治理論（Kirkpatrick, 1962）。榮任「美國政治學會」第六十四任會長（1968-1969）的著名行爲主義者David Easton，曾經列出行爲主義的八大信條：行爲規律性、檢證原則、發展技術、精確量化、區分倫理性的評價與經驗性的解釋、系統化的知識、純科學、科際整合等八大信條（Easton, 1965: 7）。兩位美國政治學史專家Albert Somit 與 Joseph Yanehaus，也曾列出不盡相同的八大信條：力圖成爲可預測與可解釋的科學，主要探究可觀察的政治現象，資料的量化要求，理論引導研究，放棄應用研究，不研究價值的眞僞，科際整合，更加運用多變數分析、抽樣調查、數學模型及模擬等工具（Somit and Tanenhaus, 1967: 177-179）。據此而言，不論是四大特徵或是八大信條，「科學化主張」乃是行爲主義的根本宗旨。

1950s年代，追求「科學化」的行爲主義者，尤其是「芝加哥學派」的政治學者，出版了一系列令人眼睛爲之一亮的政治論著。在這些眾人爭相閱讀的論著中，David Truman（1913-2003）的《政府過程》（*The Governmental Process*, 1951）一書，更被政治學者推崇爲一把開啓「眞正的政治科學」（a real "science of politics"）的鑰匙。David Easton的《政治系統：政治學現狀的一個研究》（*The Political System: An Inquiry into the State of Political Science*, 1953）一書，則痛陳美國傳統研究法的諸多弊病，進而呼籲政治研究者迎頭趕上行爲科學中其他學門的方法水準。Easton的沉痛陳述與誠摯呼籲，博得政治學者的熱烈響應。

進一步說，在1950s年代，一些著名的行爲主義者，分別當選「美國政治學會」的會長，從而展現出行爲主義已經躍居當代顯學的不爭事實：Pendleton Herring、Harold Lasswell（1902-1978）、以及Valdimer Key, Jr.（1908-1963），分別榮任「美國政治學會」第四十八任會長（1952-1953）、五十一任會長（1955-1956）、

以及五十三任會長（1957-1958）。顯然的，時至二十世紀五十年代，美國政治學界中的行為主義，已經不再如同「零零落落的遠處雷聲與閃電」，而是近在咫尺的耀眼光芒了。[7]

行為主義既然躍居美國政治學界的顯學地位，那麼當然意味原先主宰政治研究的傳統政治學（或傳統的「圖書館式的研究法」）已經喪失支配優勢。在1950年代中期至1960年代初期，這些喪失優勢的傳統政治學者，針對行為主義的「科學化主張」，發動了一連串的猛烈反撲，從而被稱為「反行為主義者」（anti-behavioralist）。

在這一連串的反撲中，比較值得注意的，乃是1962年幾位著名「反行為主義者」集結出版的《縱論政治科學研究》（Herbert Storing, Ed., *Essays on the Scientific Study of Politics*, New York: Holt, Rinehart and Winston, Inc., 1962）。在這本充滿高度批判性的論文集中，「反行為主義者」針對行為主義者洋洋得意的、風行一時的幾個科學研究成果，亦即投票研究、行政研究、團體研究、宣傳研究等四個次級領域的科學研究成果，進行徹頭徹尾的詳細檢視。在逐一檢視之後，這些「反行為主義者」所得到的一個共同批判論點，便是這四種「科學研究成果」實屬本末倒置而荒腔走板的著作。換句話說，自這些「反行為主義者」看來，行為主義者的科學研究，實際上是以自然科學的方法來研究政治行為，也就是以研究「非人」的方式來研究人類，或是以研究「非政治」的方式來研究政治；據此而得的研究成果，當然注定「本末倒置而荒腔走板」。

「反行為主義者」的這個共同批判論點，充分展現在其主帥Leo Strauss（1899-1973）的一個比喻上。「反行為主義者」的主帥Leo Strauss，在《縱論政治科學研究》一書第五章（「結論」）的結尾，引用古羅馬帝國暴君尼祿（Nero, 37-68）焚燒羅馬城的故事，大大地奚落了行為主義一番。西元64年7月17日，羅馬帝國的

---

[7] 本段的敘述，參見Somit and Tanenhaus, 1967: 185, 188-189。

羅馬城，發生一場竄燒六天七夜的大火，使得雄偉壯觀的羅馬古城
化成了一片焦土。這場大火的眞正原因，雖是千古的歷史懸案，
但眾人深信就是尼祿本人暗地裡親自縱火。Strauss借用這個故事
說：「新政治科學（new political science）……不是尼祿式的政治
科學。然而，我們可以這樣說它：當羅馬陷入火海時，它還在拉提
琴。我們可藉兩件事實來寬恕它：它不知道它在拉提琴，它也不知
道羅馬正在焚燒。」（Strauss, 1962: 327）對於這個比喻式的尖銳
評論，行爲主義者痛斥爲「狂熱式的邪惡批評」；而Strauss也以
「狂熱主義」與「惡意曲解」的刻薄言論，不甘示弱地再加以迎頭
痛擊（Bond, 2007: 897; Barber, 2006: 541-3）。

　　然而，無論誰是誰非，「反行爲主義者」的猛烈反撲，實際
上未能稍稍減緩行爲主義者勇往直前的飛奔速度。時至六十年代，
行爲主義已是如日中天的主宰學說。這種君臨天下的浩大聲勢，充
分呈現在六十年代的三項事實上。第一，行爲主義者的著作書籍，
不但多如雨後春筍，而且本本擲地有聲。其中幾本名著，更是眾人
津津樂道的經典之作，即使時至今日，依然是學者必須拜讀的研究
典範。例如，《美國選民》（Angus Compbell, et al., *The American
Voter*, 1960）、《何人治理？一個美國城市中的民主與權力》
（Robert Dahl, *Who Governs? Democracy and Power in an American
City*, 1961）、以及《公民文化：五國中的政治態度與民主政
治》（Gabriel Almond and Sidney Verba, *The Civic Culture: Political
Attitudes and Democracy in Five Nations*, 1963）。第二，行爲主義
者所發表的期刊論文，不但品質優良，而且數量龐大。根據Somit
與Tanenhaus（1967: 191-192）的統計，在1963年至1965年，《美
國政治學評論》總共刊載104篇論文，其中屬於行爲主義性質的論
文，計有61篇，約占全部論文的58.6%；而屬於傳統性質的、非行
爲主義性質的及反行爲主義性質的「他類」論文，則共有43篇，
約占全部論文的41.3%。第三，領導群倫的傑出政治學者，絕大多
數皆是行爲主義者。根據1963年舉行的一項調查報告，「1945年

以後對於政治研究貢獻最多」的前十名傑出學者中，行為主義者便占有七位（Somit and Tanenhaus, 1964: 66）。依據1975年舉行的另一項類似的調查報告，「在1945年至1960年，貢獻最大的前三名政學家」，都是著名的行為主義者；此外，「在1960年至1970年，貢獻最大的前三名政治學家」，仍然都是著名的行為主義者（Lowi, 1985: xii）。[8]

可是，時至1960s年代末期，美國社會掀起一系列的反越戰、反貧窮、反核戰、反核廢料、反種族歧視、以及反性別歧視等所謂的「反文化革命運動」。這個風起雲湧的反對運動，不但在衣著樣式、婦女地位、環境保護、性行為觀念、弱勢團體及有色種族等方面上，展現出嶄新的要求或態度，而且針對既有的政治制度、社會制度及經濟制度，進行一系列的廣泛挑戰，從而惹起一些重大的社會問題。這對一向高唱「科學解釋」與「科學預測」的行為主義來說，如火如荼的「反文化革命運動」，不啻是當頭一大棒喝：對於陷入泥沼中的越戰、致命性的環境污染、破壞性的人口膨脹、毀滅性的核戰威脅、以及日益惡化的社經弊病等重大問題，行為主義者為何預測不到？為何解釋不了？為何目瞪口呆而束手無策呢？一連串的質問，突顯出政治學者對於行為主義的高度不滿，後行為主義（post-behavioralism）也就隨之而起。[9]

---

[8] 關於「1945年以後對於政治研究貢獻最多」的前十名學者名單、「在1945年至1960年，貢獻最大的前三名政學家」名單，以及「在1960年至1970年，貢獻最大的前三名政治學家」名單，請見本書第二章。

[9] 國內兩位著名的政治學家郭仁孚教授與華力進教授，都曾將「post-behavioralism」翻譯為「超行為主義」。郭仁孚教授如此翻譯的理由，主要在於其所謂的「post-behavioralism」，超越「行為主義與反行為主義之間的爭論」，而另外獨樹一幟（郭仁孚，1973：83）。可惜，郭仁孚教授並未論述「post-behavioralism」為何能夠超越「行為主義與反行為主義之間的爭論」的道理。華力進教授不但將「post-behavioralism」翻譯為「超行為主義」，而且特別指出「後行為主義」的翻譯，乃是不適當的翻譯。他說：

　　「行爲主義」的內涵，雖然眾說紛紜，但大體上都環繞著「科學化主張」而展開不盡相同的論述。然而，「後行爲主義」的內涵，除了也是眾說紛紜之外，更有背道分馳的兩種迥異詮釋。依據筆者的淺見，最足以代表第一種詮釋的論述，乃是David Easton就任「美國政治學會」第六十四任會長的「演說詞」（〈政治學中的新革命〉，1969）及其後續之進一步澄清的兩篇文章（1971；1991）。[10]最能夠代表第二種詮釋的著作，則是Eugene Miller

---

「有人譯爲『後行爲主義』，筆者認爲『post』譯爲『後』易誤爲『後期』之意，故譯爲『超』。」（華力進，1980：126）依據筆者的詳細拜讀，華力進教授一方面完全根據Easton〈政治學中的新革命〉一文中的七項「相干信條」，而來說明「post-behavioralism」的基本主張（1980: 110-136）；另一方面卻質疑Easton文中的一些引申或補充說明，甚至逕行斷定「實在不無問題」或「實在有欠中肯」或「即使不能視爲矛盾，至少是未能自圓其說」（1980: 119, 120, 131）。這就是說，華教授一方面將其所謂的「超行爲主義」的說明奠基在Easton的論述上，另一方面卻反過來一再指摘Easton論述的不當，因而使得華教授的評述，多少顯露出一些任意性質。綜合上述，在「post-behavioralism」的翻譯上，筆者不尾隨這兩位學術先進。筆者將「post-behavioralism」翻譯爲「後行爲主義」的主要道理，請見本書第二章的論述。

[10] David Easton的「會長就職演說詞」（〈政治學中的新革命〉，"The New Revolution in Political Science"）發表於《美國政治學評論》（*The American Political Science Review*. Vol. LXIII, No.4, 1969, pp.1051-1061），後來收錄在其所著之第二版的《政治系統：政治學現狀的一個研究》一書中（*The Political System: An Inquiry into the State of Political Science*, 2nd edition, 1971）。然而，這篇「會長就職演說詞」雖屬人人爭相閱讀的大作，但也惹起不盡相同的解讀。爲了澄清其中的眞正意涵，Easton再寫一篇後續性質的論文（〈政治分析的延續性〉，"Continuities in Political Analysis: Behavioralism and Post-Behavioralism"），期能進一步說明其「會長就職演說詞」中所蘊含的重要主張。這一篇後續論文，也收錄在第二版的《政治系統：政治學現狀的一個研究》一書中。關於Easton所詮釋之「後行爲主義」的詳細評述，請見本書第二章。

（1935-）的論文及其答辯文章（1972a；1972b）。

根據Easton的詮釋，後行爲主義者雖然高度不滿行爲主義的研究績效，但卻未放棄行爲主義一再強調的「科學化主張」，只是額外提出「相干與行動」的七項信條，以期針對行爲主義的研究績效，進行自我反省的工作。這就是說，在Easton看來，後行爲主義僅是一種「知識趨勢」，而不是在「科學方法」上另起爐灶，以便對抗行爲主義的一個嶄新學派。

然而，按照Miller的詮釋，後行爲主義實際上深受歷史主義（historicism）的影響，從而極力反對行爲主義的「科學化主張」。Miller所謂的「歷史主義」，基本上包含下述三項主張：(1)知識眞理的相對性；(2)人類心智的歷史性；(3)毫無「純粹感官資料」的直接理解。基於這三項主張，Miller認爲Easton對於後行爲主義的詮釋，違犯了兩大錯誤。第一個大錯誤乃指，Easton將行爲主義與後行爲主義之間的差異，錯誤地詮釋爲「僅是心態上的差別」或「只是相同科學觀念的不同強調」。第二個大錯誤則指，Easton低估了當代政治學者力圖恢復政治哲學的重要性與活力。簡單說，在Miller看來，後行爲主義的宗旨，端在於反對行爲主義的「科學化主張」。

由於Miller的詮釋理路，完全脫離「科學化」的進程，從而直接攻訐行爲主義的核心主張，因此立即引起行爲主義者的一連串反擊，尤其是一些著名社會科學方法論家的猛烈駁斥。這些贊成行爲主義的著名社會科學方法論家，分從客觀性、理論性質、定律效力、意義論述、以及科學哲學的發展狀況等不同層面，駁斥Miller的歷史主義。面對四面八方的反擊，Miller也不甘示弱地一一加以回應。這些互相攻防的尖銳論述，都收錄在1972年9月出版的《美國政治學評論》中，從而構成政治研究領域上「科學大戰」的一個重要專刊。

在這個「科學大戰」之後，有些政治學者試圖立足高處而提出一種整合雙方歧見的見解，期望突破壁壘分明的對峙局面。在這

些稍嫌零散的各種整合見解中，最有系統而備受矚目的，莫過於 J. Donald Moon於1975年發表的論文〈政治研究的邏輯：對立見解的綜合觀〉（"The Logic of Political Inquiry: A Synthesis of Opposed Perspectives," in Fred Greenstein and Nelson Polsby, Eds., *Handbook of Political Science* Vol. I, *Science: Scope and Theory*, pp.131-228）。在這篇長達近百頁的大作中，Moon首先依據不同的「解釋」概念，將雙方的論述，區分成為「科學模型」（scientific model）與「闡釋模型」（interpretive model）；其次提出一個「人之模型」（model of man），試圖在「科學模型」與「闡釋模型」之間進行一個整合工作。[11]

依據Moon的說明，「科學模型」的主旨，乃在根據自然科學的方法論原則，來引導社會現象的經驗研究，從而主張「涵蓋定律模型」（covering-law model）的解釋形式，亦即主張某一社會現象的正確解釋，必須憑藉某些或某一個先行建立起來的「全稱定律」（universal law）或「普遍定律」（general law）。「闡釋模型」的主旨，則力主社會科學的研究方法迥異於自然科學，進而主張闡釋性的解釋形式，也就是主張某一社會現象的正確解釋，必須訴諸社會行動的意義及其社會觀念。在深入解析這兩個模型的精義與困境之後，Moon提出一個「人之模型」，試圖使得「科學模型」中一向強調的行動規律性（regularity）與「闡釋模型」中素所著重的構成意義（constitutive meaning），在理性選擇的共同架構內進行一個密切的整合工程。

Moon的整合工程，雖然備受矚目，但卻乏人響應；十五年之

---

[11] 在Moon（1975）的用語中，「科學模型」、「自然主義模型」（naturalist model）、以及「實證主義模型」（positivist model）等三個術語，乃是不同名稱的同義詞。在1982年的著作中，Moon將「科學模型」與「闡釋模型」，改稱為「理論模型」（theoretical model）與「意圖模型」（intentional model）（Moon, 1982）；在1994年的著作中，則改稱為「自然主義」與「人文主義」（humanism）（Fay and Moon, 1994）。

後，更被著名的政治學家Gabriel Almond（1911-2002）全盤否定。
曾任「美國政治學會」第六十一任會長（1965-1966）的Almond，
在一本著作中不客氣地批評說：「其所承諾的綜合，全然跳票。」
（Almond, 1990: 49）事實上，早在1982年，Moon本人已經不再高
唱「整合」或「綜合」之說，而悄悄改採「同時保留兩者」的策略
（Moon, 1982: 151）。

　　歷經七十年代的「科學大戰」以及一些零散的整合論述之後，
八十年代的美國政治學界，逐漸呈現出群雄並立的多元局面：行為
主義、理性選擇理論、文化分析、新國家主義、新制度論等，各盡
其妙而各有千秋（Dryzek, 2006: 491）。在這樣多元的局面下，行
為主義的幾個主張的影響力道，確實已經大不如前。例如研究焦點
集中在「政治行為」的主張，再如要以「政治系統」作為一個組織
性概念的主張，都已呈現疲態之勢。然而，值得注意的是，儘管行
為主義的幾個主張已經逐漸喪失吸引力，但其「科學化主張」依然
屹立如昔。這個並未遭受重大挑戰的「科學化主張」，在九十年
代，透過「量的研究」（quantitative research，或譯「量化研究」）
與「質的研究」（qualitative research，或譯「質性研究」）之間的
整合論述，再度引吭高歌而備受矚目。

　　在社會科學的研究領域上，尤其在政治學的研究領域中，向來
就有「量化研究」與「質性研究」之間的區別。這個歷來就已存在
的區別，常在「應否或能否科學化」的對立主張下，屢被擴大而成
為「勢不兩立」的兩種祕思：量化祕思（mystique of quantity）與
質性祕思（mystique of quality）（Kaplan, 1964: 172, 206）。在「量
化祕思」的見解下，精確測量出研究對象的「數值」，乃是科學的
首要條件，因此測量所得數字的精密計算，便是科學的內在價值，
而科學的推進，往往就在於「最後小數點的精確改進」。在「質性
祕思」的見解下，正確掌握到研究對象的「本質」，乃是社會研究
的前提；精確計算屬於「物」的研究，而不屬於「人」的研究，
因此「一旦社會研究者開始計算之時，便是開始犯錯之時」，或

者「使用愈複雜、愈難瞭解的數學計算，便愈不相干、愈離題萬里」。

　　二十世紀末期，這兩種祕思終於面臨有系統的嚴峻挑戰。三位著名的政治學者在1994年出版一本合著（《設計社會研究：質性研究中的科學推論》）（Gary King, Robert Keohane, and Sidney Verba, *Designing Social Inquiry: Scientific Inference in Qualitative Research*），試圖在「量化研究」與「質性研究」之間進行一個全面性的整合工作。這本全面性的整合大作，引起了一系列的熱烈迴響、討論及批評，而三位共同作者也做了一些回應。這些正、反兩面的評論與三位作者的回應，於2004年集結出版（《再思考社會研究：分歧的工具與共享的標準》）（Henry Brady, David Collier, Eds., *Rethinking Social Inquiry: Diverse Tools, Shared Standards*）。[12]

　　在1994年的著作中，這三位作者明確主張，「量化研究」與「質性研究」之間，雖有風格與技術上的表面差異，但是實質上卻分享一種共同的基本推論邏輯。其所謂的「風格與技術上的表面差異」，乃指「量化研究」的進行，通常使用統計數字、數學符號、普遍性的描述、統計的假設檢定、易於重複的測量程序與分析程序等；而「質性研究」的進行，則重視個案研究、深度訪問、歷史材料、口述資料、文字論述等。至於所謂的「共同的基本推論邏輯」，則指「量化研究」與「質性研究」的進行，都在運用相同的推論規則，從而在研究設計的各個階段上，共享相同的程序或規則，例如選擇現實生活中眾所重視而又富理論意義的研究題目、選擇最容易被否證的理論、記錄並報告資料的蒐集過程、儘可能蒐集

---

[12] 1996年，政治學家Hayward Alker（1937-2007）曾經提出一個「廣泛的科學概念」，企圖在其所謂的「闡釋與解釋之間、政策定向與科學之間、建構主義與自然主義之間」，進行一個全面性的整合工作（Alker, 1996: 796-797）。然而，這個曾以一個三角形圖案來表明的整合工作，略嫌簡略，也乏人問津。

可以觀察的資料、儘可能提高測量的效度與信度、儘可能運用資料中的全部相干信息等相同的規則或程序。

這本全面性的整合大作，雖然博得「最具影響力書籍之一」的美譽，甚至也贏得質性研究者的一些肯定，但仍然遭受到為數不少的質疑（Brady, Collier, and Seawright, 2004: 5-7）。最常見的質疑，乃是它漠視「量化研究」的一些固有限制，從而硬將「量化研究的工具，應用到質性研究的問題上，因而低估了質性研究者的方法論洞見與程序價值」（Munck, 2004: 106）；或者，從而誤將「社會科學中的所有經驗研究，擠壓成為一個量化模型」（Mckeown, 2004: 140）。

不過，最值得提起的，乃是當代一些闡釋主義者直指其立論核心的根本質疑。這些闡釋主義者指出，這三位作者所謂的「質性研究」，僅指研究者應將大樣本的研究工具，應用到個案研究或少數個案研究上，根本不能涵蓋實際上所在使用的「非量化研究」。換句話說，在晚近的闡釋主義者看來，「傳統的質性方法」（traditional qualitative methods）的研究焦點，端在於「行動意義」，因而是奠基在不同本體論與不同認識論之上的「非量化方法」，根本不是這三位作者所謂的「質性方法」。這些闡釋主義者指出，「傳統的質性方法」，就是眾所周知的「闡釋方法」（interpretive methods）或「建構主義的方法」（constructivist methods）或「建構主義的闡釋方法」（constructivist-interpretive methods）。因此，「量化方法」與「質性方法」之間的二分方式，乃是不適當的分類方式；比較適當的分類方式，則是「量化方法」、「實證主義的質性方法」（positivist-qualitative methods）、以及「傳統的質性方法」（或「闡釋方法」或「建構主義的方法」或「建構主義的闡釋方法」）的三分方式（Yanow and Schwartz-Shea, 2006: xviii）。顯然的，一旦採取這樣的三分方式，就會徹底摧毀該三位作者的整合基礎；或者，就會使得該三位作者的整合工作，侷限在「實證主義」本身之內。

　　這些質疑的力道，隨著二十世紀末葉美國社會科學上的各種「轉向」議題，而日益增強。依據Yanow與Schwartz-Shea（2006: xi-xiii）的列舉，二十世紀末葉美國社會科學上的「轉向議題」，包括「語言轉向」（linguistic turn）、「敘述轉向」（narrative turn）、「隱喻轉向」（metaphorical turn）、「文化轉向」（cultural turn）、「歷史轉向」（historic turn）、「論證轉向」（argumentative turn）、「修辭轉向」（rhetorical turn）、「實踐轉向」（practice turn）等。時至二十一世紀，這些「轉向」議題，在美國政治學上結合著「規範轉向」（normative turn）（Gerring and Yesnowitz, 2006），而有助於「改造運動」（perestroika movement）的興起。

　　一些美國政治學者於2000年開始推動「改造運動」，從而引起「未來十年希望美國政治學成為怎樣的一個學科」的廣泛討論（參見*PS: Political Science and Politics*, June 2002）。「改造運動」的主旨，端在於反對「操弄數學符號而漠視實質內涵」的美國政治研究現況，從而力主「恢復政治哲學在政治研究中固有的核心地位」。

　　根據一位改造運動者Gregory Kasza（2001）的說明，美國政治學界中的理性選擇理論、形式模型建構、以及量化研究等操弄數學符號的「硬科學」（hard science），乃是宰制美國政治學界的霸權。[13]為了糾正這種不當的「硬科學」，改造運動者提出「周全

---

[13] 此處所謂的「硬科學」，不同於《國際社會科學百科全書》內「社會科學」這一詞條中之「硬科學」的用法。依據該詞條的說明，自然科學已經成功地運用了「科學方法」而產生許多「全稱定律」，從而具有高度準確的預測力。社會科學雖然也在運用「科學方法」，但在「全稱定律」的探究上，顯得步履維艱。兩相對照之下，自然科學是「硬科學」，而社會科學則是「軟科學」（soft science）：社會現象的科學研究，至今仍是一種軟趴趴而尚待奮起的科學活動（Kerr, 2008: 614）。據此而言，社會科學常被稱為「軟科學」的理由，大體上約有下述兩個。第一個理由是，比起自然科學，社會科

科學」（ecumenical science）的呼籲。他們所謂的「周全科學」，
乃是希望政治研究者根據「問題驅策的研究」（problem-driven
research）、「方法論的多元主義」（methodological pluralism）、
以及「科際研究」等三個原則而來進行研究。為了具體實現這三個
原則，改造運動者分別在專業組織、專業期刊、課程設計、以及
研究生的方法論訓練等層面上，提出七項具體建議。[14]其中備受矚
目的首要建議，便是「恢復政治哲學在政治研究中固有的核心地
位」，也就是突顯「規範轉向」的一個主要主張。另外也贏得廣泛
注意的具體建議，則是課程安排上各種方法與研究法的兼容並蓄。

　　著名民主理論家John Dryzek（2006）曾經指出，美國的政治
學乃是一門「先天性動盪不安的」學科（a congenitally unsettled
discipline）。依據他的見解，自從成為一門獨立的學科以來，
美國的政治學總共歷經了下述五次的革命性運動（revolutionary
movements），而呈現出「先天性動盪不安的」特質：十九世紀
末葉的國家主義、二十世紀初葉的多元論、二十世紀中葉的行
為主義、二十世紀七十年代的新政治組合（The Caucus for a New
Political Science）、二十一世紀初葉的改造運動。[15]當以「再設定

學的研究對象，乃是一種會隨不同時空而變動的「軟體」，而不是一成不變
的、可以輕易操控的、能夠精確測量的「硬體」。第二個理由是，比起自然
科學，社會科學的研究成果，缺乏鐵證如山而硬梆梆的「全稱定律」或「統
計定律」。

[14] 關於這七項具體建議，請見本書第二章。

[15] 在〈沒有敵人的革命：政治學中的各種關鍵轉變〉一文中，Dryzek交互使用
「運動」、「革命」、「革命性運動」等術語而不加以區別。依據筆者的解
讀，這些術語都指政治學之「定向概念」（concept of orientation）的更動趨
勢。「定向概念」的主要作用，端在於選擇適當的研究範圍，因而政治研究
之「革命性運動」的目的，便在於「重新」劃定政治研究的適當範圍。如此
說來，Dryzek所謂之「革命」的意思，異於「政治革命」。一般瞭解的「政
治革命」，至少具有下述兩個特徵。第一，既有政治系統中的少數成員，不
滿現行政治系統的各種能力，因而揭竿而起，企圖全盤推翻現行政治系統。

學科議程」作爲成敗的判斷標準時，在這五次革命性的運動中，只有國家主義與行爲主義，才是成功的革命性運動，其餘皆屬失敗的運動。在這兩個成功的革命性運動中，十九世紀的國家主義者，運用「國家」概念，設定了當時政治學的研究範圍與大學課程；二十世紀中葉的行爲主義，則憑藉下述四個宗旨，在學科議程的設定上展現出龐大力量：(1)研究焦點集中在政治行爲上；(2)力求科學的方法論；(3)在政治立場上擁護自由主義的多元論（liberal pluralism）；(4)以「政治系統」作爲一個組織性的概念。

依據筆者的淺見，這一門「先天性動盪不安的」學科，與其說是隨著五次革命性運動而呈現出波濤起伏的特質，不如說是隨著「科學化主張」的強弱程度而顯現出起伏不定的波動特質。十九世紀的國家主義者，將「業餘的」政治論述，成功地轉成「專業的」政治分析，使得政治研究成爲一門獨立的學科，從而起步邁向「科學研究」的道路。二十世紀初葉的多元論，旨在對抗「一元論國家」（monistic state），其所關注的課題，乃是規範性的研究，而非經驗性的科學研究。二十世紀中葉行爲主義之「力求科學的方法論」的宗旨，在設定學科議程上，確實發揮極大的主宰作用。即使時至今日，當「政治行爲」、「自由主義的多元論」、以及「政治系統」等宗旨的影響力道，已經呈現出力疲之勢時，「力求科學的方法論」這一宗旨的影響力，依然如同往昔，儘管異議之聲也時

第二，在革命過程中，政治系統中的菁英份子，分成兩個敵對陣營；其中一個陣營的宗旨，乃在維護既有的政治系統，另外一個陣營的宗旨，則在於推翻既有的政治系統；而推翻既有政治系統所使用的手段，乃是既有政治系統所禁止的各種非法方式。至於Dryzek所謂的「革命」，則指「劃定政治學科的研究範圍」的運動，或指「設定學科的議題」的運動。因此，Dryzek方才一再宣稱「成功的革命性運動」的關鍵因素，端在於該革命性運動「在學科之內沒有敵人」，或者「敵人是在成功之後方才出現」（Dryzek, 2006: 487）。顯而易見的，在革命過程中「沒有敵人」或「敵人是在革命成功之後方才出現」的說法，異於一般瞭解的「政治革命」意思。

有所聞。二十世紀七十年代的新政治組合，基本上屬於Miller詮釋
之後行為主義中的一個陣營，旨在反對政治研究的「科學化」。
二十一世紀初葉的改造運動，更是高聲反對「硬科學」。因此，
Dryzek所謂之五次革命性運動的波濤起伏，可以比較單純地視作
「科學化主張」的消長變動。

　　事實上，從本節上文的整個綜述看來，在一百餘年的演化中，
「先天性動盪不安的」美國政治學，確實隨著「科學化主張」的強
弱程度，而顯現出起起伏伏的波動特質。大體而言，這一連串的起
伏波動，約可分成兩種交替性之互為消長的波動。第一種波動內的
各個繼起波浪，分別是行為主義、Easton詮釋下的後行為主義、量
化研究與質性研究之間的整合論述、理性選擇理論、以及形式模
型建構等。第二種波動內的各個繼起波浪，分別是歷史研究法、
制度研究法、規範研究法、反行為主義、Miller詮釋下的後行為主
義（包含新政治組合）、以及改造運動。就是這兩種波動的交替更
迭，構成了一門環繞著「科學化主張」而起伏不定的美國政治學。
顯而易見的，在「科學論題」的爭議上，美國政治科學中的紛紛擾
擾，最能顯現政治科學中「科學化主張」的爭執所在，進而最能突
顯社會科學中的「科學爭議」，尤其是社會科學方法論上的爭端。

（四）哲學大師與哲學小工

　　上文根據美國政治科學一百餘年來「科學化主張」的起伏波
動，將正、反兩面的科學化主張，看成兩種交替性之互為消長的波
動。誠然，在這樣的視野之下，所謂的「科學化主張」，未必能夠
窮盡百餘年來各色各樣的科學化主張，也未必可以毫無疑義地將它
們一一劃歸入這個類別之中。同樣的，所謂的「反科學化主張」，
未必能夠窮盡百餘年來各色各樣的反科學化主張，也未必可以毫無

疑義地將它們一一劃歸入這個類別之中。

　　然而，值得注意的是，「科學化主張」這個類別內各個次級主張所具有的性質，乃是著名英國哲學家Ludwig Wittgenstein（1889-1951）所謂的「家族類似性」（family resemblance），而不是「同質性」（homogeneousness）。同樣的，「反科學化主張」這個類別內各色各樣的次級主張，也是具有「家族類似性」，但不具有「同質性」。

　　一般而言，各種相關事物或人事的適當分類，必須符合「互斥」與「窮盡」兩個標準。例如，若將公民的教育程度，分成高、中、低等三種程度，那麼「互斥」的標準，是指某一位公民（例如張三）之教育程度的歸類，不得同時跨越不同類別（例如張三的教育程度，不得既屬於高教育程度又屬於低教育程度）；「窮盡」的標準，則指全部公民皆可劃歸於這三種教育程度中的某一教育程度，全然不會發生無法歸類之事（例如，不會發生「張三的教育程度既不屬於高教育程度、也不屬於中教育程度、又不屬於低教育程度」之事）。在這樣的分類觀念下，同一個次級類別（例如高教育程度）內的各個組成分子（例如張三、李四、以及王五等）都具有「同質性」（例如都有大學以上的文憑）。

　　「家族類似性」的觀念，來自Wittgenstein的語言哲學。Wittgenstein曾將語言比喻為球類、牌類、棋類、賽車、田徑運動……等等的遊戲（game）。在這些遊戲中，我們只能看到相似點（similarities）與關聯性（relationship），而找不到「全體的共同點」（common to all）。這就是說，有些遊戲（如籃球比賽）角逐勝負，但有些遊戲（如兒童拿球往牆上擲，然後接住，再往牆上擲）則不計輸贏；有些遊戲（如馬拉松賽跑）憑靠體力，但有些遊戲（如下象棋）則端賴思維；有些遊戲（如橋牌）要求高度的技巧，但有些遊戲（如撿紅點的牌戲）則靠運氣；有些遊戲（如排球賽）有對手，但有些遊戲（如單人紙牌戲）則無對手。所有的遊戲，雖有「相似點」與「關聯性」，例如有勝負、有對手、靠體

力、要求技巧……等，但卻找不出遊戲的「全體的共同點」。簡
單說，「遊戲」這一類別內的各個次級遊戲，在某幾點上相似，但
在其他點上可能不相似，從而構成一個重疊交錯的相似群。這種重
疊交錯的相似群，正如「家族類似性」一樣。家族成員間的各種特
徵，例如體形、面貌、脾氣等，也以相似方式而交錯重疊。

　　按照上一節的考察，一百餘年來，美國政治學中正、反兩面
的「科學化主張」，確實展現出兩種「家族」的兩種「家族類似
性」。第一種的「家族」，旨在主張政治研究的「科學化」，而歷
年來所宣揚的各種科學化主張，則呈現出不盡相同、但又不盡相異
的「家族類似性」。下述各色各樣的說法，就是上節曾經敘述過而
呈現出「家族類似性」的各種科學化主張：「應該發生什麼」的判
斷，完全不同於「實際上究竟發生什麼」的判斷；統計分法乃是
「發現新事實」與「檢定事實」的無價工具；應該進行一種不受價
值左右而又具有預測力的政治研究；必須區分倫理性的評價與經驗
性的解釋；力圖成為可預測與可解釋的政治科學；探究可觀察的政
治現象；儘量使用量化資料；不去斷定價值判斷的真偽；運用多變
數分析、抽樣調查、數學模型及電腦模擬等工具。事實上，第一種
「家族」的「家族類似性」，也顯現在上一節引述過之各種不盡
相同、但又不盡相異之「政治科學」（political science）的名稱：
「政治的科學」（science of politics）、「政治的新科學」（new
science of politics）、「科學的政治學」（scientific politics）、
「政治的科學研究」（scientific studies in politics）、「科學的政
治研究」（scientific study of politics）、「真正的政治科學」（real
science of politics）、「新政治科學」（new political science）……
等等。

　　至於第二種的「家族」，旨在反對科學化主張，而歷年來針對
不同時期之科學化主張所分別提出的各種批判論述，也呈現出不盡
相同、但又不盡相異的「家族類似性」。下述各色各樣的說法，就
是上節曾經敘述過而呈現出「家族類似性」的各種反科學化主張：

政治研究不可能近似氣象研究；政治研究毫無科學化的可能性；政
治學可以達成的「確定性」永遠不會大過歷史學；人類現象可被描
述，但不能像自然現象那樣被計算與度量；政治關係乃是理解的題
材，而非科學的材料；「價值中立」乃是荒誕不經的觀念；表面上
號稱「價值中立」，暗地裡卻偷偷引入價值判斷；以研究「非人」
的方式而來研究人類；以研究「非政治」的方式而來研究政治；低
估當代政治學者力圖恢復政治哲學的重要性；漠視「量化研究」的
固有限制；操弄數學符號而忽視實質內涵；恢復政治哲學在政治研
究中固有的核心地位，以「周全科學」來取代「硬科學」……等
等。

　　基於這樣的分辨理路，本書將以「經驗主義」（empiricism）
來稱呼第一種的「家族」，而以「闡釋主義」（interpretivism）來
稱呼第二種的「家族」。經驗主義堅持「科學化主張」，闡釋主義
則抱持「反科學化主張」。換句話說，經驗主義主張各種科學研究
（不論是自然科學或是社會科學的科學研究）都具有相同的推論邏輯
與證據標準，從而在下述幾個論點上，抱持或強或弱的相似見解而
呈現出「家族類似性」：「價值中立」的原則，概念製作的要件，
假設檢定的邏輯，因果關係的條件，「普遍定律」或「統計定律」
的形式，以及「涵蓋定律模型」或「歸納統計模型」（inductive-
statistical model）的正確性與正當性。至於本書所謂的闡釋主義，
則主張社會現象（包含政治現象）的研究，端在於理解行動意義並
掌握其社會觀念或文化觀念，進而在排斥「價值中立」、「普遍定
律」、「涵蓋定律模型」、「歸納統計模型」、統計方法、數學演
算、實驗方法等論點上，抱持或強或弱的相似見解而呈現出「家族
類似性」。

　　大體而言，「經驗主義」與「闡釋主義」之間的攻防論述，基
本上呈現出一種交替性的波動趨勢：經驗主義者先行提出科學化的
一些主張，然後闡釋主義者針對這些科學化主張提出反對的論述。
值得提起的是，在這些科學化的主張中，最容易淪為「稻草人」而

備受抨擊的，莫過於「社會科學應該運用自然科學的科學方法」的主張。因此，雙方的攻防論述，時常環繞著「科學方法」而展開一系列糾纏不清的混戰。

事實上，「科學」與「科學方法」這兩個詞彙，通常隨著不同的時代與不同學者而有不同的意義。在古代，科學是指「知識」（或「所得到的知識」或「致知的結果」）；十七世紀以後，科學是指「一種奠基在有系統觀察之上的學習方法」，也就是一種「致知的過程」（Bond, 2007: 897）。當科學指涉一種學習方法（或致知過程）時，所謂的「科學方法」，也隨著不同時代或不同學者而有不同的意義。十七世紀英國哲學家Thomas Hobbes（1588-1679）認為「科學方法」就是幾何學的公理演繹方法，十九世紀英國哲學家John Mill（1806-1873）則強調歸納方法就是「科學方法」（Moon, 1975: 135）；二十世紀奧地利哲學家Karl Popper（1902-1994）認為「可否證性」（falsifiability）就是「科學」與「偽科學」的區別判準，因而否證法就是「科學方法」（Popper, 1972: 40-42）；二十一世紀的一些闡釋主義者認為「科學」就是「本著懷疑的態度去做有系統的觀察與解釋」，因而闡釋方法也就是一種「科學方法」（Yanow and Schartz-Shea, 2006: 386）；曾任2007年美國「南方政治學會」會長的經驗主義者Jon Bond指出，「科學方法」至少必須包含「事實與價值的二元分立」、「經驗事實的有系統觀察」、「量化」、以及「假設檢定與理論建構」等四個關鍵元素（Bond, 2007: 899-900）；依據最新版的《國際社會百科全書》，「科學方法」乃指「規律現象的無偏觀察，蒐集可重複現象的資訊，並將之作為理論化的一個健全基礎」（Agassi, 2008: 362）。

值得注意的是，不論如何詮釋「科學」與「科學方法」，經驗主義所謂的「科學方法」，或所謂的「自然科學的科學方法」，並不專指自然科學中實驗法之類的「方法」，也不侷限於某一學科的「研究法」，而是泛指「方法論」（methodology）。據此而言，儘管不同學門使用著不同的「方法」或「研究法」，或者，儘管同

一學門中也常因選擇問題與資料的不同準則，而衍生出各種不同的「研究法」與「方法」，但成為「科學」的任何學門，實際上皆本著相同的「方法論」以進行研究，從而在價值中立、因果關係、概念製作、假設檢定、定律性質、理論作用、解釋模型、預測模型、證據性質、真理條件、知識成長、以及推理形式等層面上，展現出相同的要求標準。這些相同的要求標準，既不會隨著不同的「科學學門」而有所差別，也不會隨著不同的「科學研究者」而有所出入。因此，在經驗主義者看來，「社會科學能夠應用自然科學的科學方法」主張中的「科學方法」一詞，或者，「自然科學與社會科學能夠運用相同科學方法」主張中的「科學方法」一詞，乃指經驗主義的「方法論」主張，而非專指「方法」或「研究法」。

　　然而，根據闡釋主義的見解，自然科學所使用的「科學方法」，完全不適於研究社會現象。自然科學家的研究對象，乃是原子、分子、電子之類的物理運動；而社會科學家的研究對象，則是充滿社會意義的人類行動。物理運動根本迥異於人類行動，因此不能以研究「非人」的科學方法，而來研究「人」及其社會。這就是說，社會科學家所在運用的科學方法，乃是自成一格的「科學方法」。這種自成一格的「科學方法」，就是「闡釋方法」（interpretive methods）或「闡釋分析」（interpretive analysis）或「闡釋研究」（interpretive research）。基於「科學方法」這一術語的如此解讀，二十世紀末葉的闡釋主義者，特別強調社會科學研究上的「雙重轉向」：第一重的轉向，乃指社會科學家掉頭離開自然科學式的或物理學式的科學研究；第二重的轉向，則指社會科學家轉身邁向意義闡釋的科學研究大道（Yanow and Schwartz-Shea, 2006: xi-xii）。顯而易見的，經驗主義與闡釋主義雖然使用相同的「科學方法」或「自然科學的科學方法」這種語詞，但卻以不同涵義來使用它。

　　姑且不論如何詮釋「科學方法」，也不管如何解讀「自然科學的科學方法」，一些闡釋主義者曾經坦承說，在雙方陣營的攻

防論戰中，闡釋主義者的注意焦點，大都集中在批判經驗主義的
「科學化主張」，從而意外獲得一個「負面意象」：唯有攻擊性
的破壞論述，而缺乏建設性的積極主張（Yanow and Schwartz-Shea,
2006: xii）。基於這個情況，本書各個章節的鋪陳，大體上是以經
驗主義的各種「科學化主張」為主，再輔以闡釋主義的批判。因
此，經驗研究的哲學基礎、價值中立的面面觀、概念的製作、權力
概念的價值色彩、假設的檢定、因果的解析、科學的解釋等經驗主
義的見解，便構成本書各個章節的討論議題。在討論這些議題上，
本書將要採取的處理方式，屬於「哲學小工觀」（underlabourer
conception of philosophy），而非「哲學大師觀」（master conception
of philosophy）。

　　英國著名學者Peter Winch（1926-1977）曾經引述前人的一些
高見，將處理哲學問題的觀念，區分為兩種：其中之一乃是「哲學
大師觀」，另外一個則是「哲學小工觀」（Winch, 1990: 3-7）。[16]
所謂的「哲學大師觀」，乃指哲學家針對核心的哲學議題，提出一
個涵蓋廣泛的哲學體系，從而解決了一些既有的重要哲學難題，並
孕育出新穎的研究領域。這樣的哲學體系，不但推進了整個哲學研
究，而且留下了代代相傳的不朽功業。

　　就本書所要處理的方法論議題而言，所謂的「哲學大師」的任
務，端在於跳脫「經驗主義」與「闡釋主義」之間的對立見解，從

---

[16] 「哲學大師觀」乃是筆者斟酌Winch見解而取的名稱。筆者所稱呼的「哲
學大師觀」，在Winch的大作中，稱為「建築大師」（master-builder）或
「哲學泰斗」（pontiffs of philosophy）或「哲學家的科學大師觀」（master-
scientist view of philosopher）。「建築大師」乃是十七世紀英國著名哲學家
John Locke（1632-1704）的用語；「哲學泰斗」則是二十世紀英國著名哲學
家Alfred Ayer（1910-1989）的用語。在Winch的著作中，「哲學小工觀」也
稱為「哲學工匠觀」（journeymen of philosophy）。「哲學小工」乃是Locke
的用語，「哲學小工觀」則是Winch本人的用語，「哲學工匠觀」則為Ayer
的用語。參見Winch, 1990: 3-4, 7。

而提出一個全盤性的整合理論，藉以化除雙方的歧見，並推進整個社會科學的研究。筆者完全欠缺這樣的整合能力，因此本書處理社會科學方法論之重要議題的方式，當然不敢也無能力採取「哲學大師觀」。

上文曾經提起的「人之模型」，以及「量化研究」與「質性研究」之間的整合論述，基本上勉強可以算是屬於「哲學大師觀」的一種理論建構。然而，除了這兩者都曾遭遇嚴重的質疑之外，「人之模型」的整合工作，僅限於解釋層次上的「科學模型」與「闡釋模型」；「量化研究」與「質性研究」之間的整合論述，則限於「研究設計」；兩者的整合工作，不但不是全盤性的整合工作，也未處理本書將要探究的根本議題。不過，值得注意的是，在「科學哲學」的當代研究領域中，事實上存在著一種既屬於全盤性整合、又觸及「社會科學知識」之性質的理論建構。這個尚未獲得社會科學家足夠重視的理論建構，就是二十世紀八十年代左右，英國著名哲學家Roy Bhaskar（1944-）所提出的「批判實存主義」（critical realism）。因此，本書在論述經驗主義與闡釋主義之間的對立見解之外，也將以專門章節評述「批判實存主義」。

所謂的「哲學小工觀」，乃指研究者針對學術道路上的一些障礙或垃圾，進行清掃的工作。十七世紀英國著名哲學家John Locke（1632-1704）自稱說，生在一個造就偉大科學家牛頓（Isaac Newton,1642-1727）的時代中，立志成為一個掃除知識道路上一些垃圾的小工，已經算是胸懷大志了。然而，Winch卻深深不以為然。Winch指出，「哲學小工觀」的特點，端在於扮演打掃的消極角色，而非扮演一個推進知識成長的積極角色，從而使得哲學寄生在其他學科之中，而淪為一種只是解決「非哲學研究過程」中所產生問題的方法或技術罷了。Winch所謂之「打掃的消極角色」，基本上乃指哲學研究者充當「語言衛生管理人」（Lerner, 2002: 8），從而針對其他學科中的語言問題，進行掃除的工作，例如澄清一些曖昧含糊的術語、化除一些自相矛盾的論述，以及釐清一些

模稜兩可的見解。而其所謂之「推進知識成長的積極角色」則指，哲學研究者針對眞實世界的一般性質（general nature of reality）進行研究。在扮演這樣的積極角色之下，僅當關聯到此種一般性質時，語言問題方才成爲哲學家的研究對象；或者，在處理語言問題上，哲學研究者所要解決的不是特定的語言混亂，而是一般語言性質的混亂問題。

依據筆者的淺見，在經驗主義與闡釋主義之間的長期爭論中，有一大部分的論戰，肇因於概念的模糊不清與論述的模稜兩可，而非基本立場的勢不兩立。美國著名政治學家Robert Dahl（1915-）在參與行爲主義與反行爲主義之間的論戰後，曾經感嘆說：「論戰中時常發生的情況是，扭曲對方立場，並將誣告當作實情。然而，在所有氣話的底部，潛藏著大部分的相同見解與小部分的歧見爭執。相同見解的一致程度，遠大於來自激烈論戰的表面臆測；而其歧見的爭執程度，則遠小於來自激烈論戰的表面推測。」（Dahl, 1963: 101）Dahl的感嘆，眞確地揭露出百餘年來「科學化論戰」中的部分實情。有鑑於此，本書處理社會科學方法論上各種議題的方式，採取「哲學小工觀」，而不顧Winch的鄙視。

事實上，在學術研究的領域上，筆者一直抱持的雄心壯志，就是扮演一個盡責的「哲學小工」。多年來，雖然力有未逮而難以實現這個雄心壯志，但也在高懸的「哲學小工觀」之下，進行了一些研究工作，而有一些敝帚自珍的研究成果。這些敝帚自珍的研究成果，雖然難登大雅之堂，但是都曾發表在一些審查嚴格的學術期刊上。即將屆法定退休之年，筆者將以或多或少的更動幅度，針對這些敝帚自珍的嘔心作品，重新加以改寫，從而構成本書的各個章節。

參考書目

郭仁孚

1973-4 〈美國政治學研究上的行爲主義〉，《人與社會》，第一卷至第六卷，頁46-59，21-26，72-88，59-69，48-56，68-78。

華力進

1980 《行爲主義評介》。台北：經世書局。

魏鏞

1971 《社會科學的性質及發展趨勢》。台北：台灣商務印書館。

Agassi, Joseph

2008 "Scientific Method," William A. Darity Jr., Editor in Chief, *International Encyclopedia of the Social Sciences*, 2nd edition, Volum7 (New York: Thomson Gale), pp. 362-364.

Alker, Hayward

1996 "Political Methodology, Old and New," Robert Goodin and Hans-Dieter Klingemann, Eds., *A New Handbook of Political Science* (Oxford: Oxford University Press), pp. 787-799.

Almond, Gabriel

1990 *A Discipline Divided: Schools and Sects in Political Science* (London: Sage publication).

Barber, Benjamin

2006 "The Politics of Political Science: Value-free Theory and the Wolin-Strauss Dust-up of 1963," *The American Political Science Review*, Vol.100, No. 4, pp. 539-545.

Berelson, Bernard

1963 "Introduction to the Behavioral Sciences," Bernard Berelson, Ed., *The Behavioral Sciences Today* (New York: Basic Books), pp. 1-11.

Bond, Jon

2007 "The Scientification of the Study of Politics: Some Observations on

Behavioral Evolution in Political Science," *The Journal of Politics*, Vol.69, No.4, November, pp. 897-907.

Brady, Henry, David Collier, and Jason Seawright

2004 "Refocusing the Discussion of Methodology," in Henry Brady and David Collier, Eds. *Rethinking Social Inquiry: Diverse Tools, Shared Standards* (New York: Rowman and Littlefield), pp. 3-20.

Brady, Henry, and David Collier, Eds.

2004 *Rethinking Social Inquiry: Diverse Tools, Shared Standards* (New York: Rowman and Littlefield).

Burnham, Peter, Karin Gilland, Wyn Grant, and Zig Layton-Henry

2004 *Research Methods in Politics* (New York: Palgrave).

Creswell, John

2009 *Research Design: Qualitative, Quantitative, and Mixed Methods Approaches*, 3rd edition (Los Angeles and London: Sage).

Dahl, Robert

1963 *Modern Political Analysis* (N. J.: Prentice-Hall).

Danto, Arthur

2006 "Philosophy of Science, Problems of," Donald Borchert, Editor in chief, *Encyclopedia of Philosophy*, 2nd edition, Volume 7, (New York: Thomson Gale), pp. 516-521.

Dryzek, John

2006 "Revolutions without Enemies: Key Transformations in Political Science," *The American Political Science Review*, Vol.100, No. 4, pp. 487-492.

Easton, David

1965 *A Framework for Political Analysis* (N. J.: Prentice-Hall).

1971 *The Political System: An Inquiry into the State of Political Science.* 2nd edition. (New York: The Free Press). First edition in 1953.

1991 "Political Science in the United States: Past and Present," David Easton, John Gunnell, and Luigi Graziano, Eds. *The Development of Political*

Science: A Comparative Survey (London and New York: Routledge), pp. 275-291.

Fay, Brian, and J. Donald Moon

　1994　"What Would an Adequate Philosophy of Social Science Look Like?" Michael Martin and Lee C. McIntyre, Eds., *Readings in the Philosophy of Social Science* (Cambridge: The MIT Press, 1994), pp. 21-35.

Garcia, Ginny, and Dudley Poston Jr.

　2008　"Methodology," William A. Darity Jr., Editor in Chief, *International Encyclopedia of the Social Sciences*, 2nd edition, Volum5, (New York: Thomson Gale), pp. 107-110.

Gerring, John, and Joshua Yesnowitz

　2006　"A Normative Turn in Political Science," *Polity* 38: 101-33.

Isaak, Alan

　1985　*Scope and Methods of Political Science*, 4th edition (Illinois: The Dorsey Press).

Kaplan, Abraham

　1964　*The Conduct of Inquiry: Methodology for Behavioral Science* (San Francisco: Chandler Publishing Company).

Kasza, Gregory

　2001　"Peretroika: For an Ecumenical Science," *PS: Political Science and Politics*, Vol. 34, No.3, pp. 597-599.

Kerr, Keith

　2008　"Social Sciences," William A. Darity Jr., Editor in Chief, *International Encyclopedia of the Social Sciences*, 2nd edition Volum7, (New York: Thomson Gale), pp. 614-618.

King, Gary, Robert Keohane, and Sidney Verba

　1994　*Designing Social Inquiry: Scientific Inference in Qualitative Research* (Princeton: Princeton University Press).

　2004　"The Importance of Research Design," in Henry Brady, David Collier,

Eds., *Rethinking Social Inquiry: Diverse Tools, Shared Standards* (New York: Rowman and Littlefield), pp. 181-192.

Kirkpatrick, Evron

1962　"The Impact of the Behavioral approach on Traditional Political Science," Austin Ranny, Ed., *Essays on the Behavioral Study of Politics* (Illinois: University of Illinois Press), pp. 1-29.

Lazarsfeld, Paul, and Morris Rosenberg

1955　"General Introduction," Paul Lazarsfeld and Morris Rosenberg, Eds., *The Language of Social Research* (New York: The Free Press).

1972　"From the Language of Social Research," Paul Lazarsfeld, Ann Pasanella, and Morris Rosenberg, Eds., *Continuities in the Language of Social Research* (New York: The Free Press), pp. 1-7.

Lerner, Berel

2002　*Rules, Magic, and Instrumental Reason: A Critical Interpretation of Peter Winch's Philosophy of the Social Sciences* (London and New York: Routledge).

Lowi, Theodore

1985　"Foreword," Raymond Seidelman and Edward Harpham, Eds. *Disenchanted Realists: Political Science and the American Crisis, 1884-1984* (Albany: State University of New York Press), pp. vii-xvii.

Marsh, David, and Paul Furlong

2002　"A Skin, not a Sweater: Ontology and Epistemology in Political Science," David Marsh and Gerry Stoker, Eds. *Theory and Methods in Political Science*, 2nd edition (New York: Palgrave), pp. 17-41.

Mckeown, Timothy

2004　"Case Studies and the Limits of the Quantitative Worldview," in Henry Brady and David Collier, Eds. *Rethinking Social Inquiry: Diverse Tools, Shared Standards* (New York: Rowman and Littlefield), pp. 138-167.

McNabb, David

2004 *Research Methods for Political Science: Quantitative and Qualitative Methods* (New York: Sharpe).

Miller, Eugene

1972a "Positivism, Historicism, and Political Inquiry," *The American Political Science Review*. Vol. 66, pp. 796-817.

1972b "Rejoinder to 'Comments' by David Braybrooke and Alexander Rosenberg, Richard Rudner, and Martin Landau," *The American Political Science Review*. Vol. 66, pp. 857-873.

Miller, James

1956 "Toward a General Theory for the Behavioral Science," Leonard White, Ed., *The State of the Social Sciences* (Chicago: The University of Chicago Press), pp. 29-65.

Moon, J. Donald

1975 "The Logic of Political Inquiry: A Synthesis of Opposed Perspectives," in Fred Greenstein and Nelson Polsby, Eds., *Handbook of Political Science Vol. I, Science: Scope and Theory* (Mass.: Addition-Wesley), pp. 131-228.

1982 "Interpretation, Theory, and Human Emancipation," Elinor Ostrom, Eds., *Strategies of Political Inquiry* (Beverly Hills: Sage Publications), pp. 149-178.

Moses, Jonathon, and Torbjorn Knutsen

2007 *Ways of Knowing: Competing Methodologies in Social and Political Research* (New York: Palgrave Macmillan).

Munck, Gerardo

2004 "Tools for Qualitative Research," in Henry Brady and David Collier, Eds. *Rethinking Social Inquiry: Diverse Tools, Shared Standards* (New York: Rowman and Littlefield), pp. 105-121.

Outhwaite, William

1987 *New Philosophies of Social Science: Realism, Hermeneutics, and Critical*

Theory (London: Macmillan).

Popper, Karl

1972　*The Logic of Scientific Discovery*, 6th Impression (London: Hutchinson).

Rudner, Richard

1966　*Philosophy of Social Science* (N. J.: Prentice Hall).

Smith, Rogers

2005　"Of Means and Meaning: The Challenge of Doing Good Political Science," Kristen Monoroe, Ed. *Perestroika!: The Raucous Rebellion in Political Science* (New Haven: Yale University Press), pp. 525-533.

Sokal, Alan

1996a　"Transgressing the Boundaries: Towards a Transformative Hermeneutics of Quantum Gravity," *Social Text*, No. 46/47, Science Wars (spring-summer), pp. 217-252.

1996b　"A Physicist Experiments with Cultural Studies," *Lingua Franca*, May/June, pp. 62-64.

Somit, Albert, and Joseph Tanenhaus

1964　*American Political Science: A Profile of a Discipline* (New York: Atherton Press).

1967　*The Development of American Political Science* (New York: Irvington Publishers).

1982　*The Development of Political Science: From Burgess to Behavioralism.* Enlarged edition (New York: Irvington Publishers).

Strauss, Leo

1962　"Epilogue," Herbert Storing, Ed., *Essays on the Scientific Study of Politics* (New York: Holt, Rinehart and Winston, Inc.), pp. 307-327.

Truot, J. D.

2008　"Philosophy of Science," William A. Darity Jr., Editor in Chief, *International Encyclopedia of the Social Sciences*, 2nd edition, Volum6, (New York: Thomson Gale), pp. 259-260.

Winch, Peter

    1990   *The Idea of a Social Science and Its Relation to Philosophy*, 2nd edition (N. J.: Humanities Press), First edition in 1958.

Yanow, Dvora, and Peregrine Schwartz-Shea

    2006   "Introduction," Dvora Yanow and Peregrine Schwartz-Shea, Eds., *Interpretation and Method: Empirical Research Methods and Interpretive Turn* (New York: M. E. Sharpe), pp. xi-xxvii.

第二章
經驗研究的哲學基礎

一 引言

在本書第一章中，筆者曾經指出，約在第二次世界大戰前後，歐陸一些著名的哲學家與社會科學家，紛紛逃離納粹勢力，遠渡重洋避居美國。這群久享盛名的學者，在移居美國後，便將歐陸的一些重要學說，一一引入美國學術界。在這些新近引入的歐陸學說中，最能契合行為主義（behavioralism）之「科學化主張」的，莫過於一向著重「科學研究」的邏輯實證論（logical positivism）。行為主義的「科學化主張」，向來引導政治行為的經驗研究。因此，追根究柢來說，透過行為主義的引導，邏輯實證論便為政治行為的經驗研究，奠定一個鞏固的哲學基礎。

然而，讀者或許會問，風行於二十世紀二、三十年的邏輯實證論，不是早在五十年代已經日薄西山，甚至壽終正寢了嗎？這種過時的哲學學說，怎能充當經驗研究的一個鞏固的哲學基礎呢？同樣的，盛行於二十世紀五、六十年代的行為主義，不是也早被「後行為主義」（post-behavioralism）取代而煙消雲散了嗎？而「後行為主義」不是已被現今風起雲湧的「改造運動」（perestroika movement）取而代之了嗎？這種早已過氣的行為主義，怎能引領政治行為的經驗研究呢？

依據筆者的淺見，就一種哲學運動而言，或許如同政治學者Eugene Miller所說，邏輯實證論早已灰飛煙滅了（Miller, 1972a: 796）。但就探討課題而言，則誠如一位邏輯實證論者洪謙教授所舉證的，邏輯實證論至今依然活躍於歐、美各種哲學派別中，從而「繼續而深入地發展下去」（洪謙，1990: 44-45, 49, 255）。筆者相信，本書下述幾個章節的一些論述，將足以佐證洪謙教授的若干舉證。因此，過時的邏輯實證論，在科學研究的探討課題上，仍然是一個不容忽視的重要學說，從而值得我們進一步的探究。

同樣的，就一種學術運動而言，行為主義已經式微的事實，早已眾所周知；但就探討課題來說，行為主義的各項主張，尤其是它

的「科學化主張」，在政治行爲的經驗研究上，依然扮演著一個引導角色而指揮若定。本書第一章曾經引述民主理論家John Dryzek（1953-）的一個歷史性分析。依據他的解析，百餘年來的美國政治學，前前後後總共歷經了五次的革命性運動：十九世紀末葉的國家主義、二十世紀初葉的多元主義、二十世紀中葉的行爲主義、二十世紀七十年代的新政治組合、二十一世紀初葉的改造運動。當以「再設定學科議程」作爲成敗的判斷標準時，在這五次革命性的運動中，只有國家主義與行爲主義，才能算是成功的革命性運動（Dryzek, 2006）。可是，自筆者看來，十九世紀末葉國家主義的主要作用，端在於促使政治研究成爲一門獨立的學科。因此，我們可以據此斷定，自從成爲一門獨立學科以來，唯有行爲主義才是成功的革命性運動；或者，唯有行爲主義成功地設定了政治學科的研究議程。進一步說，基於同樣的歷史考察理路，政治學家Jon Bond（2007: 898）也指出，行爲主義乃是「政治之科學研究發展上的一個分水嶺」。顯然的，行爲主義雖然過時，但對於它的各項主張，尤其是它的「科學化主張」，我們千萬不可小覷。

根據上述，當我們僅從學術運動角度來檢視時，邏輯實證論與行爲主義的萬千氣象，確實皆屬過眼雲煙。然而，當從學術課題角度來檢視時，邏輯實證論與行爲主義的「科學化主張」，仍是支撐經驗研究的主要基石。事實上，單從政治行爲的經驗研究過程，就可窺見邏輯實證論足以成爲經驗研究之哲學基礎的道理所在。

一般而言，政治行爲的經驗研究過程，大體上可以分成下述三個階段：理論模型（或概念架構）的建構、經驗資料的蒐集、以及經驗資料的分析。理論模型（或概念架構）的建構工作，乃在設定所要檢證的各個假設，進而推演出它們之間的各種邏輯關係；經驗資料的蒐集工作，端在於透過調查訪問之類的方法，去摘取實際的經驗資訊；經驗資料的分析，則在運用蒐集而來的經驗資訊，去印證（或拒斥）某一個假設以及各個假設之間的邏輯關係，或者，乃在比對「實際觀察資料」與「理論預期結果」之間的符合程度。如

此說來，經驗研究過程中三個主要研究階段的工作，明明白白地展現在「邏輯實證論」這一術語中的「邏輯」與「實證」兩個語詞：設定各個假設之間的「邏輯關係」，從理論架構中「邏輯推演」出某些尚待檢定的假設，蒐集「實際」的經驗資訊，運用經驗資訊「檢證」理論預期的正確與否。

姑且不論「邏輯實證論」這一術語的蘊含意義，近數十年來，多數政治學者通常認定，邏輯實證論正是行為主義的理論源頭，從而也就是經驗研究的哲學基礎，不論他們是否反對邏輯實證論（或行為主義）。政治理論家Daryl Glaser指出：「在能夠披露世界的客觀真理上，政治研究領域中的兩個學派，獲得邏輯實證論的十足認證。這兩個業經認證的學派，就是行為的政治科學與政治概念的語言分析。追隨著邏輯實證論，它們責備『玄學』，進而堅持事實的真命題（或邏輯的真命題）截然不同於『價值』。在它們的見解之中，『價值』源自情緒、感情、以及態度。」（Glaser, 1995: 30）進一步說，在不區分「邏輯實證論」與「實證論」（positivism）之間的差異下，政治學家David Sanders說道：「行為運動的哲學源頭，乃是……1920s年代的邏輯實證論。透過Alfred Ayer的引介，實證論風行於英國；經由Carl Hempel的努力，實證論盛行於德國。」（Sanders, 1995: 59; 2002: 46）政治理論家Raymond Plant也指出：「在實證論的論據上，政治研究的行為科學……乃是正當的。政治理論應該是經驗性的而非規範性的、應該是解釋性的而非推薦性的、應該是道德中立的而非囿於某種善概念。」（Plant, 1991: 15）[1]

然而，儘管如此逕行認定，政治學者卻從未追根究柢地實際追溯它們之間的密切關係。政治理論家John Gunnell（1983:

---

[1] 除了此處的引述之外，政治學者認定邏輯實證論就是行為主義的理論源頭的一些言論，也請參見下述著作Easton, 1991: 228; Gunnell, 1983: 23-24; Richter, 1980: 6; Waldo, 1975: 59; Miller, 1972b: 869, n.5；袁頌西，2003: 34, 170。

14）就曾指出：「（行爲主義之）新科學觀的證成，乃憑藉一個徹頭徹尾的經驗主義（empiricism）。這個徹頭徹尾的經驗主義，植基在邏輯實證論、運作論（operationalism）、以及工具論（instrumentalism）之上……然而，至今無人直接探究這些哲學學說如何精確關聯到社會科學的研究工作。」同樣的，美國政治學史專家James Farr（1995: 222-3, n.5）也說：「行爲主義者的旨趣，確實在於促使政治學成爲更『科學』。有時，某些自詡的行爲主義者，的確訴諸『實證論』而來描述這個旨趣的主要特徵……可是，此一哲學究竟具有多少實際影響作用（假使有的話）的問題，卻被擱置一旁而從未進行探究。」

在從未實際追溯經驗研究、行爲主義、以及邏輯實證論之間的密切關係下，不免產生一些令人難以釋懷的困惑。一位政治學者Mary Hawkesworth就曾抱怨說，邏輯實證論的「錯誤」，早已臭名滿天下，但是政治科學家非但充耳不聞，反而一直依草附木。Hawkesworth（2006: 40）說：「雖然質疑實證論（邏輯實證論）的各種哲學論證，哲學家們早已耳熟能詳，但對政治學門卻幾乎毫無影響作用。這是特別不幸的，因爲批判實證論的各種哲學論證，對於政治研究領域具有十分廣泛而深遠的重要意涵。」

顯而易見的，缺乏直接的追溯檢視，容易使得行爲主義與邏輯實證論之間的理論關聯，淪爲人云亦云的漫談；或者，容易使得政治研究者忽視經驗研究的哲學基礎，從而漠視經驗研究本身固有的一些限制。有鑑於此，本章試圖針對這個眾人規避的艱辛課題，分從「維也納學派」、「明尼蘇達學派」、「行爲主義」、「後行爲主義」、「改造運動」等層面，進行直接的剖析工作。

⼆ 維也納學派

在⼆⼗世紀初葉，邏輯實證論乃是掀起「新哲學思潮」的⼀種哲學運動。它興起於⼆⼗年代奧地利的維也納⼤學，號稱「維也納學派」（Vienna Circle）。1938年納粹吞併奧地利後，學派成員分別逃亡英、美等國，這個學派的重要主張，也就散播到明尼蘇達、芝加哥、劍橋及牛津等地了。

「邏輯實證論」這⼀名稱，始於1931年Herbert Feigl（1902-1988）與Albert Blumberg（1906-1997）合著的⼀篇論⽂，此後逐漸流傳⽽廣被使⽤。[2]然⽽，維也納學派創始⼈Moritz Schlick（1882-1936）寧可使⽤「徹底的經驗論」或「激進的經驗論」，⽽不太喜歡「邏輯實證論」⼀詞。學派健將Rudolf Carnap（1891-1970）則偏好「邏輯經驗論」（logical empiricism）⼀語。在政治研究的領域上，有些學者則使⽤「新實證論」（neopositivism）或「徹頭徹尾的經驗論」來指稱邏輯實證論。[3]

---

[2] Herbert Feigl and Albert Blumberg, "Logical Positivism: A New Movement in European Philosophy" *Journal of Philosophy*, Volume 28, 1931, pp. 281-296.

[3] 參⾒洪謙，1990: 92, 121, 207, 222; Hempel, 2000: 253; Brecht, 1959: 174, 182; Lasswell and Kaplan, 1950: xiv; Bowen and Balch, 1981: 2; Gunnell, 1983: 23-4。⾄於「實證論」（positivism，或譯「實證主義」）⼀詞，則為法國社會學家Auguste Comte（1789-1857）所創。Comte將⼈類知識的發展史，分成三個階段：神學階段（1300年以前）、玄學階段（1300-1800）、實證階段（1800-）。在神學階段中，⼀切的⼈類知識，完全訴諸上帝。在玄學階段中，「⾃然」或「⾃然法」之類的哲學思維，取代了上帝。在實證階段中，科學取代了宗教與哲學，從⽽使得⼈類的知識，建⽴在感官觀察之上，⽽不是建⽴在信仰與玄談之上。在這樣的知識發展史觀下，Comte創⽤「實證論」這個新詞，來描述科學化的研究⽅向。然⽽，有些哲學家或社會科學家雖然也強調感官觀察的重要性，但並不主張這種知識發展史觀，因⽽不願意沿⽤「實證論」⼀詞，從⽽改⽤「經驗主義」（empiricism，或譯「經驗論」）⼀詞。不過，當今多數的社會科學家，不太注意「經驗主義」與「實

　　大體而言，邏輯實證論者全都著重「邏輯」與「實證」，但主要成員之間的見解，或多或少仍然互有出入。事實上，歷時半個世紀以上的演化，彼此之間的一些差異，也就愈來愈明顯。據此而言，在評述整體的邏輯實證論時，實需掌握其中的演化趨勢。我們或可仿照Bowen與Balch（1981）的分類方式，依據「致知策略」的重心所在，而將邏輯實證論分成「維也納學派」與「明尼蘇達學派」（Minnesota School）兩個階段。前一階段著重「觀察」的策略，主要代表人物是Moritz Schlick、Rudolf Carnap及Alfred Ayer（1910-1989）。後一階段強調「假設」的策略，以Carl Hempel（1905-1997）、Herbert Feigl及May Brodbeck為重要的代表人物；其中尤以Hempel的見解，最受到政治學者的廣泛稱頌。[4]

　　依據「維也納學派」的基本見解，科學活動可以區分為二：其一為發現系絡（context of discovery），另一為驗證系絡（context of justification）。這就是說，當研究者構成一個或一組可以判定真偽的述句（statement）後，我們可以提出兩種不同的問題：(1)如何想出這種述句？(2)支持這種述句的理由是什麼？前一課題所涉及的範圍，乃屬「發現系絡」，基本上關切研究者如何獲得良好述句。後一課題所涵蓋的範圍，乃屬「驗證系絡」，主要是關切述句的保留或拒斥。

　　在「發現系絡」中，研究者如何獲得良好述句，幾無定則可尋；它可能來自上帝的啟示、或別人的沉思結晶、或個人的偶現靈感等等。在「驗證系絡」中，支持述句的理由，端在於經驗檢定與邏輯考驗。我們試以一件流傳已久的軼事，略加說明此種區別。

　　據說十七、八世紀英國大科學家牛頓（Sir Isaac Newton,

證論」之間的區別。

[4] 有些學者常將「維也納學派」稱為「邏輯實證論」（或「邏輯實證主義」），而將「明尼蘇達學派」稱為「邏輯經驗論」（或「邏輯經驗主義」）。

1642-1727），某天坐在花園裡的一棵蘋果樹下，看到一個蘋果掉落地上，突然之間靈光一現，頓悟行星所以依循軌道、物體所以掉落地面、潮汐所以漲落等等，皆受萬有引力的支配。這是一件有關「發現」引力定律的迷人軼事，但卻跟該定律的「驗證」毫無關係。引力定律的成立與否（或其真偽），端在於經驗檢定與邏輯考驗，而不在於研究者本身的靈感或其他心理的、社會的、文化的、及天啓的條件等。

　　「維也納學派」區別這兩種系絡的主要目的，乃在將述句的產生活動或發現活動，排除在哲學研究範圍之外，從而將其注意焦點，集中在研究結果或理論成品的評估活動上。

　　依據他們的見解，在各種語句（sentence）中，只有「述句」（statement）才有真偽可言或才具有認知意義，其他諸如感嘆語句、祈使語句、疑問句之類的語句，則無真偽可言或不具認知意義，儘管它們具有「感嘆」、「疑問」、「祈使」之類的意義。進一步說，認知上具有意義的述句，只有下述兩種：分析述句（analytic statement）與經驗述句（empirical statement），或分析判斷（analytic judgment）與經驗判斷（empirical judgment），或「分析命題」（analytic proposition）與「經驗命題」（empirical proposition）。[5]我們試以下述幾個十分簡單的例子來加以說明：

(1)昨天下雨或沒下雨

(2)昨天下雨

(3)昨天應該下雨

---

[5] 「語句」是指表達完整思想的一組語言，包含述句、疑問句、祈使句、及感嘆句等；「述句」乃指具有真偽可言的語句；「命題」係指述句所含的內容；「判斷」則指認識活動。為了避免行文上的治絲而棼，筆者不在正文中細究「述句」、「命題」及「判斷」之間的差別，因而「經驗述句」、「經驗命題」、「經驗判斷」之類的語詞，在本書中皆是同義詞；同樣的，「分析述句」、「分析命題」、「分析判斷」之類的語詞，也是同義詞。

(4)下雨真好

(5)一點雨滴上至少可供十位天使跳舞

(6)張三說：「昨天應該下雨」

語句(1)（「昨天下雨或沒下雨」）乃是一種具有認知意義的分析述句。若且唯若一個語句的真值，端賴所含符號的意義，則該語句便是分析述句。分析述句未對經驗作任何斷言，獨立在經驗之外而缺乏事實內容；既不能藉經驗來加以印證、也不能藉經驗來予以駁斥，只靠符號意義的分析，就能確定它的真偽。由於它容納或排斥所有可能的情況，因而它的真偽，乃是必然的真偽，違反它便陷於自我矛盾。這就是說，它在任何可能的情況下，皆為真或偽。例如，若要確定語句(1)的真偽，則只要知道「昨天」、「下雨」、「沒下雨」及「或」等的意義就可，而不用調查昨天是否下雨。進一步說，如果昨天下雨，語句(1)為真；如果昨天沒下雨，則語句(1)仍然為真，因此在任何情況下，語句(1)必然為真。同理，「昨天下雨且沒下雨」，則為必然為偽的矛盾句；它也獨立在經驗之外，只藉字彙意義的分析，便可斷定它為偽。

所謂分析述句獨立在經驗之外，不是意指我們可以生而知之，而是指謂其效力並不繫於經驗。同樣的，所謂分析述句缺乏事實內容，乃指我們無法從它獲得任何事實情況，而非指謂我們不能從它推論出某些有關語言的事實。分析述句雖然獨立在經驗之外而缺乏事實內容，但這並非說它毫無用處。由於分析述句是記錄符號用法的決定，所以可以提示符號用法的涵義，從而提供「新」知識。例如為了確定「7189」是「91×79」的同義語，我們必須演算。在演算過程中，我們改變表式的形式，但未改變其意義。這就是說，演算只是分析述句的轉換過程。顯然的，「91×79 = 7189」這一分析述句，在披露符號用法的意思上，提供了「新」知識。誠然，根據「維也納學派」的見解，數學與邏輯都由分析述句構成。

語句(2)（「昨天下雨」）乃是一種具有認知意義的經驗述句。

若且唯若一個語句的眞值，在原則上受到經驗的決定，則該語句便爲「經驗述句」、或「事實述句」（fact statement）、或「實然述句」（statement of what is）。由於經驗述句涉及經驗世界，因此，除了知道字彙的意義外，還須藉經驗的考察，才能確定它的眞僞。因爲它述及經驗世界，從而容納某些情況又排斥另外一些情況，所以經驗述句的眞僞，僅是適然的（contingent）眞僞。[6]例如，若要確定「昨天下雨」的眞僞，則不能僅靠「昨天」與「下雨」之符號的意義來加以確定，還需實地考察昨天是否下雨，才能確定它的眞僞。否定語句(2)，只不過得到另外一個經驗述句（「昨天沒下雨」），而不會陷於自我矛盾。進一步說，語句(2)容納了某些情況（昨天下雨），又排斥了另外一些情況（昨天沒下雨），從而提供一些特定的訊息，因此，它的眞僞乃是適然的眞僞。這就是說，如果它是眞的，則只是「事實眞」，而不是「必然眞」；如果它是僞的，則僅是「事實僞」，而不是「必然僞」；其眞僞的範圍，介於「必然性」與「不可能性」之間。

值得注意的是，依據「維也納學派」的主張，諸如語句(2)的經驗述句，乃是一種具有直接指涉項的述句，基本上描述客觀的事件，而可特別稱爲觀察述句（observational statement）。至於抽象程度較高或普遍性較廣的其他經驗述句，則需「化約」（reduce）或「轉譯」成爲這種觀察述句，才能間接地具有經驗意義，否則就是毫無認知意義的胡言亂語。[7]

---

[6] 戰國時代政治思想家韓非子在〈顯學篇〉中曾經指出：「故有術之君，不隨適然之善，而行必然之道。」依據翼毳的註釋，其中的「適然」，乃指「有時而然」，也就是「可以然而不必然」。基於這樣的註釋，筆者便將「contingent」翻譯成「適然的」，從而使得「適然性」（contingency）的眞僞意義，介於「必然性」與「不可能性」之間。

[7] 邏輯實證論者所謂的「化約」（reduction），包含「概念化約」與「理論化約」兩種。「概念化約」乃指語句（或概念或語詞）的轉換，也就是將某一語句（或概念或語詞）轉譯成直接經驗之觀察結果的等值語句（或概念

　　這就是說，由於經驗科學的主要特色，乃在運用「普遍語詞」（或機率語詞）陳述事件的發生條件，所以科學知識系統中包含著形形色色的經驗述句，以及其相互間的各種組合述句，從而分別呈現出層次有別的抽象程度，或顯現出各色各樣的涵蓋範圍。然而，在組成科學知識系統的無數經驗述句中，一定有一種最根本的、最原始的經驗述句（也就是一定含有觀察述句），才能奠定科學知識的客觀基礎。這種最基本的觀察述句，大體上包括直接指涉經驗對象的名詞，從而至少滿足了兩個條件：(a)它們的經驗意義，乃是直接賦予的，而非透過其他經驗述句的化約或轉譯；(b)它們指涉那些直接知道與確定知道的感官知覺，從而直接關聯著經驗世界。對於這種觀察述句，Schlick稱爲「斷定」（affirmation），Ayer稱爲「基本命題」（basic proposition），Otto Neurath（1882-1945）稱爲「記錄語句」或「記錄命題」（protocol sentence or protocol proposition），Carnap則稱爲「事物語言」（thing-language）（洪謙，1990: 99; Ayer, 1946: 10; Neurath,1959; Carnap,1949: 416）。無論如何稱呼，任何論斷眞實世界的語句（或假設或高度抽象的語句），都可以透過直接經驗（或直接觀察的觀察述句）來進行直接的檢驗，或經由化約而來進行間接的檢驗。顯然的，只在能夠運用觀察述句進行直接或間接檢驗之下，一個語句（或假設或高度抽象的語句）才在論斷眞實世界，才能具有經驗上的認知意義。換句話說，只要科學理論（或假設或高度抽象的語句）能夠化約成最基本的觀察述句，那麼觀察結果的客觀性，便會經由觀察述句傳至科學理論，而使之成爲「適然眞」。據此而言，觀察述句及其所含的語詞或概念，便是「非理論的」（atheoretical），也就是不受理論的

　　或語詞）；或者，運用直接可觀察的具體項目，來界定不可直接觀察的語詞（或概念）。「理論化約」則指不同學科之間的理論轉譯，例如將生物學的理論，轉譯成物理學的理論（參見Nagel, 1961: 336-397; Hempel, 1966: 101-110）。此處所謂的「化約」，係指「概念化約」。

影響，遑論受到價值判斷的左右了。

　　語句(3)（「昨天應該下雨」）與語句(4)（「下雨眞好」）乃是一種不具認知意義的價值語句（value sentence）。[8]價值語句不是用來指派字彙的意義，也非用來澄清語言的意義。不能憑藉其所含的符號意義，來斷定它的眞僞。例如不能憑藉語句(3)中「昨天」、「應該」及「下雨」等符號的意義，來斷定語句(3)的眞僞；同樣的，也不能依據語句(4)中「下雨」與「眞好」的符號意義，來判定語句(4)的眞僞。否定價值語句，例如否定語句(3)或(4)，只不過得到另外一個價值語句（「昨天不應該下雨」或「下雨不好」），並不會陷入自我矛盾。進一步說，價值語句中的價值語詞，例如「應該」或「眞好」，並不指涉特定對象或物理過程，也非可見、可聞、可觸、或可摸的性質，因此它們的出現，並未添加任何事實內容；探究它們的眞僞，也就徒勞無功。Ayer指出，價值語句只是用來表達說者的情緒，進而激起聽者的情緒而已。他說：「它們是純粹的情緒表示，因而不可歸入眞僞的類別中。由於不是眞正的命題，所以它們是不可檢證的，正如呻吟或命令一樣。」（Ayer, 1946: 108-9）

　　同樣的，語句(5)（「一點雨滴上至少可供十位天使跳舞」）

8　根據邏輯實證論的觀點，任何有關「價值本身」的說詞，皆無認知意義，從而將之稱爲「價值語句」，而不稱爲「價值判斷」、或「價值述句」、或「價值命題」。然而，一些不贊成邏輯實證論的學者卻指出，任何有關「價值本身」的說詞，具有（或多少具有）某種程度的認知意義，因而也可以稱爲「價值判斷」、或「價值述句」、或「價值命題」。進一步說，價值語句約可分爲廣義與狹義兩種。狹義的價值語句，乃在陳述某種對象或事態的好壞、美醜及可欲與否等。廣義的價值語句則包含狹義的價值語句與道德語句（或倫理語句、或規範語句、或應然語句）。道德語句乃在陳述某一個或某一種行動之對錯或公道與否，或在陳述人們採取某種行動的義務（Oppenheim, 1968: 8-9; Glaser, 1995: 21）。在價值語句之意義問題的討論上，一般學者所謂的「價值」或「價值語句」，都泛指廣義的價值語句。本書所謂的「價值語句」，也是泛指廣義的價值語句。

也是一種不具認知意義的語句。它們雖跟經驗述句同具「直述形式」，但只是用來表達「個人的一般生活態度」（Carnap, 1959: 78）；既非眞亦非僞，概屬「玄學的贗語句」（metaphysical pseudo-sentence）。

　　不過，值得注意的是，語句(6)（「張三說：『昨天應該下雨』」則是價值語句的「引號用法」，而爲一種「價值性的事實」（value-fact）（Hare, 1990: 111-126）。乍看之下，它似乎是一個價值語句，但實際上乃是一個經驗述句。當張三說「昨天應該下雨」時，就張三而言，他正在陳述心目中的一個價值；但就探討張三心目中之價值的研究者來說，這是有關張三之價值觀念的一項經驗事實。簡單說，「昨天應該下雨」雖是一個價值語句，但「張三說：『昨天應該下雨』」則是一個經驗述句；或者，張三是否說過「昨天應該下雨」，乃是一件可以判定眞僞的經驗事實。

　　總而言之，「維也納學派」諸成員間的見解，雖然不盡相同，但皆主張認知上有意義的語句，只有兩種：其一爲分析述句，另一則爲經驗述句。分析述句所具有的認知意義，屬於邏輯意義；經驗述句所具有的認知意義，則爲經驗意義。價值語句與玄學語句都不是分析述句，也都不是經驗述句，因而既不能靠符號意義的分析來確定它們的眞僞，又不能藉經驗的考察來斷定它們的眞僞。玄學語句只是用來表達個人的生活態度而已，價值語句則僅是用來表達個人的情緒罷了。探究玄學語句與價值語句的眞僞，純屬緣木求魚之舉。誠然，從這種基本見解，我們至少可以引伸出下述三個值得注意的論點。

　　第一，除了情緒作用外，價值語句當眞毫無其他意義嗎？對於維也納學派所主張的這種「情緒說」（emotivism），當代許多哲學家甚不以爲然。爲了肯定並詮釋價值語句的「其他意義」，哲學家Charles Stevenson（1908-1979）提出「修正的情緒說」（modified emotivism），另一位哲學家Richard Hare（1919-2002）則提議「規約說」（prescriptivism）（詳見郭秋永，1988：

208-224）。

　　不論「修正的情緒說」與「規約說」之間的差異，這兩位學者均主張，價值語句不但具有誘導、推薦、贊許、忠告及勸導等情緒意義（或評價意義），而且隱含著涉及真實世界的經驗意義（或描述意義）。例如，當張三說「我們應該實行民主政治」時，張三表達出十分明確的情緒意義，但也隱含著某些經驗意義（比如多數決或競爭性的定期選舉），儘管張三並未明言。這就是說，在一個價值語句中，儘管情緒意義與經驗意義分占「主要地位」與「從屬地位」，但絕非僅止於位居「主要地位」的情緒意義而已，此外尚有一個位居「從屬地位」的經驗意義，也就是尚有一個隱含而未明言的經驗意義（或描述意義）。當聽者繼續追問張三為何應該實行民主政治時，張三理應說出一個「所以然」，而這個「所以然」就會包含一些經驗事實，不論這些經驗事實是否就是他人所謂的「民主政治」的內涵。

　　然而，依據筆者的淺見，「修正的情緒說」與「規約說」，雖比「情緒說」精緻，但尚不足以駁斥「情緒說」所蘊含的兩個要點，即使Ayer本人在九十年代已經接受「規約說」的一些論點（Ayer, 1992: 306）。首先，既然價值語句所隱含的經驗事實（或描述意義）乃屬次要地位，則可能因人而變動，甚至「一人一義、十人十義」。例如，資本主義者與共產主義者雖然皆宣稱「我們應該實行民主政治」，但雙方所隱含的民主政治的內涵（或外延）可能大相逕庭。前者可能引用「定期更換治者」的經驗意義，作為其宣稱的佐證；後者可能訴諸「人民專制」的事實證據，從而使得雙方陷入難解的對峙困局，遂使「我們應該實行民主政治」成為無法驗證的語句。顯然的，在承認價值語句隱含經驗意義之下，價值語句的優越性，仍在驗證範圍之外。例如，資本主義者所謂的「自由民主是最佳的政府體制」的優越性，或共產主義者所謂的「人民民主是最佳的政府體制」的優越性，皆在驗證範圍之外。換句話說，即使接受「修正的情緒說」與「規約說」，價值語句或價值系統之

優越性的判斷，仍在驗證的範圍之外。就是由於這個主要理由，才使得一些擁護民主政治的理論家，從二十世紀的五十年代、經八十年代、直到九十年代，一直都有「政治研究注定悲劇收場」的感嘆（參見Brecht, 1959: 4-9; Ricci, 1984: 20-25; Zolo, 1995: 257-258）。其次，根據演繹推論上的一個規則，除非我們能夠增加語句的界說力量，否則在一個有效的演繹推論裡，諸前提所未曾明示或暗示的事物，不得出現在結論之中。據此而言，在「情緒說」之下，由於價值語句僅具情緒意義，因此單從事實前提（或經驗述句），當然推論不出價值結論（或價值語句）。這就是著名的「休氏障礙」（Hume's Hurdle）。值得注意的是，在承認「修正的情緒說」與「規約說」之下，價值語句雖然包含情緒與經驗兩種意義（或評價與描述兩種意義），但依據推論規則，只從事實前提當然也推不出價值結論。誠然，若從價值前提推論出價值結論，並不會違背推論規則。無論如何，縱然接受「修正的情緒說」與「規約說」，「休氏障礙」依然屹立不搖（參見本書第三章）。

　　第二，依據「維也納學派」的主張，高度抽象的語句，必須可以化約成觀察述句，才能具有經驗上的認知意義。可是，高度抽象語句與觀察述句之間的邏輯關係，並非一清二楚，因而前者實在不容易「毫無增損」地化約成後者；或者，化約前的高度抽象語句，未必完全等值於化約後的觀察語句（或各個觀察語句之和）。在無法進行「等值的」化約之下，有時難免會將高度抽象語句當作無意義的語句，從而將它排除在認知意義之外。顯然的，釐清認知意義與檢驗性之間的複雜關係，乃是一個尚待克服的難題。事實上，「維也納學派」成員先後提出「可檢證性」（verifiability）、「可印證性」（confirmability）、「可否證性」（falsifiability）[9]、「可

---

[9]　「可否證性」乃是著名學者Karl Popper（1902-1994）的主張。Popper雖然堅稱他的見解十分不同於邏輯實證論，但邏輯實證論者卻常將其不同見解，視作學派內部的雜音而已，甚至認為「他的堅稱，令人厭倦」（Magee, 1985:

檢定性」（testability）、以及「強式與弱式可檢證性」（strong and weak verifiability）等等的原則，但至今仍是一個「未決問題」。或許Hempel的一段坦承，可以作爲此一問題的暫時答案。他說：「我認爲經驗論者之意義判準的宗旨，基本上乃是健全的。在使用上，雖然過分簡略，但是有益而具啓發性。然而，以精確形式和普遍判準方式來建立明確的界線，我們尚乏足夠的信心。」（Hempel, 1965: 102）

第三，假使不在意「等值化約」的嚴格要求，那麼1946年榮獲諾貝爾物理學獎Percy Bridgman（1882-1961）所主張的「運作界說」（operational definition，或譯「操作界說」），或社會科學家耳熟能詳的「運作論」（operationalism，或譯「操作論」），便是意義檢驗的另一項詮釋。基於這樣的詮釋，「運作界說」（或「運作論」）便被視爲「維也納學派」內的一個特殊變體，也就是被看作「維也納學派」內的一個分支（Bowen & Balch, 1981: 4）。

根據Bridgman的主張，科學概念的經驗意義，必須透過運作（或操作）來檢驗，因而說明科學概念的經驗意義，端在於敘述其運作方式。他指出：「任何概念無非一套運作，概念與其相應的一套運作同義。」（Bridgman, 1954: 5）這就是說，任何一個科學概念的意義，皆等同於對應的一套試驗程序；凡是尚未施行或不能履行試驗程序的概念，全屬認知上無意義。例如，當「酸」這一概念要用於某一液體時，我們可用一片藍色石蕊試紙插入該液體；假使此一試紙變紅，則該液體便是一種酸。據此而言，所謂的「運作」，乃指觀察、測量及實驗等試驗程序，而「運作界說」的一般形式大約如下：

14）。某些政治學者則稱他爲「特立獨行的實證論者」、或「後期的實證論者」、或「邏輯經驗論者」（Sanders, 1995: 65; Gunnell, 1983: 23; Bowen & Balch, 1981: 3）。

$$P \rightarrow (R \longleftrightarrow C)$$

P是試驗程序的「運作」，例如插入一片藍色石蕊試紙於某一液體。R指特定結果的「反應」，例如此一石蕊試紙變紅。C代表所要界定的概念，例如「酸」。換言之，研究者必須完成試驗程序P，然後觀察它是否產生特定結果R，而來斷定某一事物是否具有概念C所指的性質。當然，任何運作界說所標示的試驗程序，必須是一般研究者皆可執行的程序；而其產生的特定結果，也需是一般研究者都能判定的結果。換言之，試驗程序的執行與產生結果的判定，基本上不依賴在特殊個人身上，期能確定科學概念的經驗意義，並保證經驗述句的客觀性。

根據Bridgman的說明，「運作論」大體上包含下述三個主要論點：(1)為了瞭解一個概念的意義，必須知道某一試驗程序，因此「每一」科學概念皆需運作地界定；(2)為了避免一詞多義，「每一」科學概念必由「唯一」的試驗程序來運作地界定，即使兩種不同的運作產生了相同的試驗結果，它們依然是在界定不同的概念；(3)尚未或不能執行試驗程序的概念（或語句），皆屬認知上無意義，必須排除在科學研究領域之外（Bridgman, 1954: 5-7）。

總而言之，「維也納學派」諸成員間的見解，雖然不盡相同，但皆主張認知上有意義的語句，只有分析述句與經驗述句兩種；至於價值語句與玄學語句，概屬認知上無意義。從這一基本的共同見解，可以引伸出幾個值得注意的論點：(1)價值語句截然有別於經驗述句，或價值截然不同於事實，或價值與事實之間具有一個不可跨越的鴻溝；(2)價值語句或價值系統之優越性的判斷，乃在驗證範圍之外；(3)單從事實前提不能推出價值結論；(4)釐清認知意義與檢驗性之間的複雜關係，乃是一個尚待克服的難題；(5)「運作界說」乃是界定概念（或語詞）之經驗意義的試驗程序，因而「運作論」也可以算是「維也納學派」內的一個特殊論點。

明尼蘇達學派

　　依據上一節的解析，「維也納學派」在致知策略上十分著重「觀察」，因而特別強調一種不受理論（或價值）影響而能直接關聯真實世界的「觀察述句」，以期奠定科學知識的客觀基礎。然而，這種毫無理論成分（或毫無價值色彩）之「觀察述句」的見解，惹起學派內、外一連串的熱烈討論，從而使得「明尼蘇達學派」轉向「假設為主」的致知策略。

　　毫無理論成分的「觀察」見解，實際上依賴在兩個假定上：(1)理論與觀察（或理論述句與觀察述句）之間具有一個截然劃分的界線，兩者涇渭分明；(2)觀察（或觀察述句）對應著直接可以判定真偽的經驗事實。在理論結構的討論上，這兩個假定代表一種理想化的「夾層觀」。所謂理論的「夾層觀」，乃指一個科學理論是由各種高、低層次的述句所組成；在這些層次分明的種種述句中，最高層次的述句，透過演繹論證，連結並解釋次高層次的述句；次高層次的述句，也經由演繹論證，連結並解釋較低層次的述句；如此層層疊疊，直到最低層次的觀察述句；這些直接指涉經驗事實的觀察述句，支撐並賦予各個上層述句的經驗意義，而為整個理論的磐石。

　　大體而言，一般學者質疑這兩個假定的方式，約略計有溫和與激烈兩種。自採取溫和方式的學者看來，理論與觀察（或理論述句與觀察述句）之間，不但缺乏嚴格的分界線，而且毫無「絕對的」層級關係。在甲理論中屬於高層次的語詞或述句，在乙理論內可能屬於低層次的、甚至最低層次的語詞或述句。基於這個緣故，於成熟的經驗科學中，研究者方才常需藉助乙理論，而從甲理論中推出觀察述句，以期進行檢定工作。進一步說，一個研究對象的「能見度」，有時繫於當時的理論。例如，「基因」的觀察，往昔仍屬不可能，現在卻屬可行。簡單說，自採取溫和方式的學者看來，理論與觀察之間的區分，不是一刀兩斷的截然分割。

　　自採取激烈方式的學者看來，理論與觀察之間不但缺乏嚴格的分界線，而且一切觀察含有理論成分或帶有價值色彩，而可稱爲「裝載理論的」或「裝載價值的」（theory-laden or value-laden）觀察。這就是說，即使單純的直接觀察，仍須預設描述詞、相似性、分類、任務、興趣、或價值判斷等等，絕無「純粹的」觀察。一位著名的經驗主義者Karl Popper（1902-1994）曾經提出的兩個例子，正可分別說明「裝載價值的」觀察與「裝載理論的」觀察（Popper, 1969: 46-47）。

　　依據第一個例子，一隻飢腸轆轆的動物，會將環境事物分成「可食」與「不可食」；而一隻急於逃竄的動物，會把環境分成「藏身之處」與「奔馳之道」。Popper指出，同樣的，科學家也根據理論興趣、或價值判斷、或問題意識、或猜測與期望等來分類對象，因而在正式進行觀察之先，已經預定了觀察對象與觀察方向。第二個例子乃是Popper本身的實例。當他在維也納教書時，某天曾向課堂學生指示說：「拿起紙筆來，仔細觀察，然後記下觀察結果。」然而，這班學生聞訊後，個個茫茫然而無所適從。究竟要報告教室內的人數？或是要記下課堂中的狐疑氣氛？還是要記錄教室窗外飄過的一朵雲？或者……？顯然的，一連串的問號，彰顯出「觀察總是具有選擇性」；事先需要明確的任務、或興趣、或觀點、或問題、或假設、或理論，才能進行觀察。Popper（1972: 107n）鄭重指出：「現在，我認爲應於此處特別強調一個觀點……觀察、觀察述句、以及實驗結果的陳述，乃是根據理論而來進行詮釋。」

　　然而，假使一切觀察都是「裝載理論」（或「裝載價值」）而未能獨立在理論（或價值）之外，那麼立即產生一系列不易克服的問題：如何進行理論或假設的檢定工作，而不致陷入循環論證呢？當觀察述句由於「裝載理論」（或「裝載價值」）而支持理論（或價值）時，便印證了理論（或價值）嗎？一旦兩者相互牴觸時，究竟是要「保留理論而拒斥觀察」，還是要「保留觀察而拒斥理論」呢？當語詞意義隨著不同理論而變動時，如何進行理論之間的比較

工作呢？所謂的「理論」，可以泛指問題意識、理論興趣、觀點及任務等等，而無須加以區別嗎？所說的「裝載」，不必區分「裝載程度」（或「裝載量」）嗎？不可能透過一個理論的語詞（或述句）而來學習另外一個理論嗎？在這一連串的疑問之下，兩位著名的科學哲學家鄭重指出，一切觀察都含理論成分的見解，蘊含「諸理論是不可共量的（incommensurable）、諸典範是不可架橋相通的（unbridgeable）、諸科學宣稱蓋屬非理性爭議的、真理全然相對的」；然而，這些「蘊含」全部欠缺實質的論據，而不足以採信（Braybrooke & Rosenberg, 1972: 821）。

對於「觀察」、「裝載理論的觀察」、「理論」之間的一系列糾葛問題，「明尼蘇達學派」的學者，不但著墨較少，而且語多含蓄，因而留下一些可做不同詮釋的空間。下文試以政治學者最常引述的Hempel的基本主張，論述「明尼蘇達學派」邁向「假設為主」之致知策略的精義所在。

在「觀察是否預設理論」的基本課題上，洪謙（1990: 237-8）認為Hempel不太同意「非理論的觀察」的見解。因為Hempel曾經舉例說，當物理學家看到「閃電」時，無須進行任何理論性的推理，就可判定它是電磁場強烈變化所致，所以觀察至少必須預設科學教育或科學理論。然而，兩位政治學者Elinor Bowen與George Balch卻作相反的詮釋。依據他們的詮釋，Hempel主張科學家的研究旨趣，乃在解釋「非理論性的事實」或「既定的事實」（established fact），而科學家的觀察，始於一種「未解釋的觀察」（unexplained observation），而非「裝載理論的觀察」，因此，觀察述句也就被視作「毫無疑義而可重複」的觀察結果（Bowen & Balch, 1981: 9, 14-5）。

然而，不論Hempel在「觀察是否預設理論」上的立場如何，殆無疑義的，乃是Hempel的致知策略，特別著重「假設」這一論點。這種「假設為主」的致知策略，精巧地展現在「產褥熱」的發現與驗證的例釋過程中。

依據Hempel（1966: 3-8）的例釋，十九世紀「維也納總醫院」一位婦產科醫師，在某段時期中一直困惑於一項經驗事實：在該醫院第一婦產區分娩的婦女，三年來死於產褥熱的人數，高達9%左右；但在毗鄰的第二婦產區分娩的婦女，雖然分娩人數相去不遠，但死於產褥熱的比例卻僅約2%。

為解心中困惑，這位醫師仔細探究當時流傳的各種民間解釋。在形形色色的各種民間解釋中，凡是明顯牴觸「既定事實」的民間解釋，他便立即拒斥，其餘的民間解釋，則付諸檢定。被他立即拒斥的民間解釋，計有「傳染說」、「擁擠說」、「飲食說」、以及「粗率檢查說」。「傳染說」違反傳染病不具選擇性的事實，「擁擠說」違背第二婦產區人數較多的事實，「飲食說」不符合兩區提供相同食物與服務的事實，「粗率檢查說」牴觸兩區運用相同程序進行產檢的事實，因而立即拒斥這四個明顯牴觸「既定事實」的民間解釋。

被他付諸檢定的民間解釋，計有兩個。第一個付諸檢定的民間解釋，乃是「產房安排說」。根據這個說法，第一婦產區的產房安排，使得教士要對瀕死病患舉行臨終洗禮時，必須通過該區中的五個病房區；教士及其隨從的出現與搖鈴，勢對產婦造成恐怖與虛弱的作用，因而促使她們易於感染產褥熱。至於第二婦產區，就無此項不利因素。該醫師決定將這個民間解釋當作一項假設，以期進行檢定。他費盡口舌，說服教士改道且不搖鈴。可是，第一婦產區感染產褥熱而死的比例，並未因而下降。第二個付諸檢定的民間解釋，乃是「姿勢說」。按照這個說法，採取仰臥分娩者易於感染疾病；第一婦產區正好皆採仰臥分娩，第二婦產區則全採側臥臨盆。為了檢定分娩過程的差異，該醫師想盡辦法，使得第一婦產區改採側臥臨盆，但情況依然，絲毫未見改善。

正當束手無策之際，一項意外事件提供了一個可貴的線索。某天，一位同事在驗屍解剖時，不小心被解剖刀割傷指頭，數日後竟然死亡。這位同事的病痛症狀與死亡過程，十分類似產褥熱致死的

婦女。該醫師靈機一動，大膽提出「血液中毒說」：此位同事與其他婦女，皆因死屍物質引起「血液中毒」而死。因為「維也納總醫院」婦科醫生習慣於從驗屍間解剖後，經過潦草洗手便去進行檢查陣痛中的婦女。因此，該醫師要求所有婦科醫生在進行產檢工作之前，必須使用氯石灰溶液洗手。結果，產褥熱死亡率急遽下降。實際上，這個假設也解釋了第二婦產區較低的死亡率，因為在此區進行產檢工作的，大都屬於不必接受屍體解剖訓練的助產士。然而，某天，該醫師在檢查一位患有子宮頸癌的陣痛孕婦後，只經過一般洗手而無消毒，便去檢查同病房內的十二位孕婦，結果其中十一位死於產褥熱。因此，該醫師下結論，除了死屍物質外，活體生物衍生出來的腐爛物質，也會引起血液中毒而死於產褥熱。

從上述例釋，我們可以清楚看出，假設檢定的程序，包含直接與間接兩種。直接的檢定程序，乃指假設直接跟「既定事實」進行比較。然而，通常進行的檢定程序，不會如此直截了當，而是採取間接的迂迴方式。例如，在檢定「產房安排說」的假設上，醫師便採取間接的檢定方式：若「產房安排說」為真，則適當改變教士行動程序應當會使死亡率大降；但實際上，死亡率並沒有下降，因此拒斥「產房安排說」。同理，若「姿勢說」成立，則第一婦產區改採側臥分娩法會使死亡率急遽下降；但實際上，死亡率仍然高居不下，因此拒斥「姿勢說」。據此而言，拒斥假設之間接檢定的論證形式便是：若假設H（例如，「產房安排說」）為真，則在特定情況下（例如，適當改變教士的行動程序），理應發生某種可觀察事件I（例如，死亡率大降）；可是，可觀察事件I實際上並未發生（例如，死亡率沒有下降），因此拒斥假設H。Hempel（1966: 7）將這種推論中的I，稱為「檢定蘊含」（test implication）。[10]顯然

---

[10] 此處設定研究者可從假設H推論出檢定蘊含I，但在實際的科學研究中，常需藉助「補助假設」（auxiliary hypothesis）才能推論出檢定蘊含I（Hempel, 1966: 22-25）。不過，在討論假設檢定上，未引入「補助假設」，似可省略一些不必要的複雜化，而無礙其論證形式的說明。

的，這種論證形式就是邏輯上的「逆斷律」：

若H為真，則I亦為真

（如證據顯示）I非真

___

故H非真

除了拒斥假設之外，間接檢定方式尚有接受假設的論證形式。上述「血液中毒說」的檢定程序，便是這種論證形式。若「血液中毒說」H（產褥熱是由死屍物質所引起的血液中毒）為真，則在特定情況下（適當消毒），理應發生某種可觀察事件I（死亡率大降）；實際上果然發生可觀察事件I（死亡率大降），因此接受假設H。顯然的，這種論證形式就是邏輯上「肯定後項的謬誤」：若H為真，則I為真；I為真，故H為真。

然而，這是無效的論證；儘管前提為真，結論也可能為妄。這正如該醫師後來的發現，除了死屍物質外，活體生物衍生出來的腐爛物質，也會引起血液中毒而死於產褥熱。簡單說，「檢定蘊含I」在實際上為真，並不能證明假設H也為真。即使從假設H推出另外一個「檢定蘊含I_1」（例如，緊急在街上分娩而被接納於第一婦產區的婦女，其產褥熱死亡率理應遠低於該區平均死亡率），而在實際上此一「檢定蘊含I_1」果然為真（例如，其產褥熱死亡率果然遠低於該區平均死亡率），仍然不能證明假設H也為真。這就是說，無論實際上為真的「檢定蘊含」究竟有多少個，下述論證形式依然違犯「肯定後項的謬誤」：

若H為真，則$I_1, I_2, \ldots\ldots, I_n$亦為真

（如證據顯示）$I_1, I_2, \ldots\ldots, I_n$皆為真

___

故H為真

　　誠然，即使無數個「檢定蘊含I_1, I_2, ……, I_n」皆支持某一假設H時，我們仍然不能結論性地證明該假設H爲眞。不過，值得注意的是，這並不是說，已經通過檢定之假設的效力，完全等同於一個尚未付諸檢定的假設。就每次檢定來說，都有可能發生某種不利於假設的觀察事實，而使得假設遭到拒斥，因此，當進行一連串檢定而獲得有利於假設的觀察事實時，儘管未對假設提供一個「完全證明」（complete proof），但至少也提出某種程度的「印證」（confirmation）。那麼，所得證據究竟要累積到多少，才算是夠多的一連串證據呢？一連串證據究竟可對特定假設提供多少強度的「印證」呢？依據Hempel（1966: 33-40）的見解，除了獲得一個涵蓋更廣的理論的支持外，特定假設的印證程度，依賴在證據的幾個特徵上：(1)印證程度隨著證據數量的增加而提高；(2)印證程度隨著證據種類的多樣性而增強；(3)印證程度隨著證據的精確度而增加；(4)印證程度隨著新證據的出現而加強。

　　誠然，Hempel雖然明確列舉出幾個左右假設之「印證程度」的要件，但是從未提出一個精確公式來表示這些要件之間的連動關係。不過，大體上可說，當某一假設得到某種程度的「印證」而廣被學界接受時，該假設就可以成爲一個「定律」，而能被用來解釋或預測某一特定的經驗現象。依據Hempel的見解，某一經驗現象的科學解釋或科學預測，基本上訴諸兩種模型。當運用「全稱定律」或「普遍定律」作爲解釋或預測前提時，正確的科學解釋模型或科學預測模型，便是「涵蓋定律模型」（covering-law model）。當使用「統計定律」作爲解釋或預測前提時，正確的科學解釋或科學預測的模型，便是「歸納統計模型」（inductive-statistical model）。[11]

　　從上述說明看來，Hempel實際上延續邏輯實證論的傳承，也

---

[11] 關於「涵蓋定律模型」與「歸納統計模型」的詳細評述，請見本書第六章〈經驗主義的因果解析〉。

將假設檢定的問題，區分成「發現系絡」與「驗證系絡」兩個部分。經驗證據的特徵、論證形式的邏輯、科學解釋的模型、科學預測的模型，顯然屬於「驗證系絡」的課題，基本上關切假設（或理論）的接受與拒斥。至於如何獲得假設（或理論），則屬「發現系絡」的問題。不論假設（或理論）是否來自當時流傳的各種民間解釋、或是出自一件意外事件的啟發，良好假設（或理論）的提出，毫無定則可尋。

為了彰顯研究者如何想出假設的無規則性，Hempel特別批判一種「狹義歸納觀」。依據這種歸納觀，研究者可以透過歸納程序，而從事先蒐集的資料中，推論出一個具有普遍性質的適當假設，以期進行檢定。這種歸納推論的程序，包含下述四個步驟（Hempel, 1966: 11）：

> 首先，觀察並記錄所有事實，既不猜測它們的相對重要性，也不從中試作篩選工作。第二，針對觀察過且記錄下的所有事實，進行分析、比較及分類的工作……。第三，從這種事實分析，運用歸納程序推出通則，以期說明諸事實之間的因果關係與歸類關係。第四，從既建通則所得的推論，應用演繹程序與歸納程序，進行更進一步的研究。

Hempel指出，這種歸納推論的程序，根本無從展開，即使是第一個步驟，仍然永遠無法實現，遑論據以進行其餘的步驟了。因為想要蒐集「所有事實」，勢需等到世界末日。退一步說，縱然所要蒐集的「所有事實」僅止於目前為止的「所有事實」，也會由於數目無限與種類無窮，而成為緣木求魚之舉。再退一步說，或許第一個步驟中的「所有事實」，乃指「相干事實」或「相干資料」。果真如此，那麼究竟相干於什麼呢？依據Hempel的見解，事實或資料的相干性，取決於研究者所提出的假設。例如，假使按照「產

房安排說」去蒐集教士改道的資料，那麼「教士改道的資料」乃是相干的事實；然而，「教士改道的資料」卻完全不相干於「血液中毒說」。顯然的，事實資料的相干與否，唯賴假設；無假設，則無相干資料。Hempel（1966: 12）說：「經驗事實……夠格稱為邏輯上相干或不相干，唯有參照特定假設，而非某一問題。」

針對「狹義歸納觀」之第一個步驟的評論，可以適用於其第二個步驟。因為一套經驗事實能夠依據無數的標準，分成無窮的類別，例如可按髮型、臉蛋、住處、穿著、眼睛、星座、生肖、胸圍、年齡、婚姻……等等的標準，來分類婦產區中的孕婦。然而，依據髮型（或臉蛋、住處、穿著、眼睛、星座、生肖、胸圍、年齡、婚姻……等標準）所做的分類及其據以進行的比較與分析，顯然無關於產褥熱的感染。Hempel（1966: 13）指出：「倘若分析並歸類一些經驗現象的特殊方式，可以導致所關切現象的一個解釋，那麼它必須奠基在這些現象如何相互關聯的假設上；缺乏假設，分析與歸類都是盲目的。」

至於「狹義歸納觀」之第三與第四個步驟，也令人無所適從。歸納與演繹雖是有用的分析工具，但卻無法提供假設或通則的「發現規則」。假使歸納與演繹能夠供給機械性的「發現規則」，那麼科學知識中就無「新」概念或「新」理論了。Hempel（1966: 15）說：「資料轉成理論，需要創造性的想像力。科學的假設與理論，並非從觀察事實『推演出來』，而是為了解釋它們才被『發明出來』。」

從Hempel批判「狹義歸納觀」看來，「明尼蘇達學派」的致知策略，不但著重「假設」，而且傳承邏輯實證論的主要論點：研究者在「發現系絡」中運用一些毫無定則可尋的方式，針對所感興趣的經驗事實，發明出假設，從而在「驗證系絡」中憑藉經驗檢定的證據特徵與邏輯推理的論證形式，而來拒斥或接受假設。當已被接受的假設，獲得一定程度的「印證」而成為定律時，便可訴諸「涵蓋定律模型」或「歸納統計模型」，去針對特定的經驗現象，

做出正確的科學解釋或科學預測。誠然，從這種基本見解，我們尚可引伸出兩個相關的重要論點。

第一，依據上一節的分析，運作論十分強調「觀察」的致知策略，從而著眼於科學概念的試驗程序。就特別著重「假設」之致知策略的Hempel看來，運作論雖然「對於心理學與社會科學的方法論思維，產生了相當可觀的影響」（Hempel, 1966: 90），但基於下述幾個理由（Hempel, 1965: 124-133, 141-144; 1966: 88-100; 1970: 691-696），實際上卻顯得窒礙難行。首先，它排除某些僅需直接觀察而不必運用任何試驗程序的概念。其次，它排斥科學上最有用的、但不能執行試驗程序的「理論建構體」（theoretical constructs）。Bridgman雖在後來另外提出所謂的「心智運作」、「紙筆運作」及「語文運作」等，企圖容納「理論建構體」，但如此一來卻摧毀了原先主張的基本宗旨。再次，科學概念並未要求唯一而完全的「運作界說」，僅作部分的經驗闡釋便已足夠。例如使用水銀溫度計的度數來界定「溫度」，雖未對沸點以上賦予溫度，但卻可應用得精確而有效。最後，所有科學概念必須運作地界定的要求，終會導致界說的無窮後退，而顯得十分不合理。總之，在確保科學概念的經驗意義上，Hempel雖然多少也肯定了「運作論」的立場，但總嫌它操之過急。

第二，概念乃是經驗研究的基石；任何研究者均會同意，經驗研究的首要工作，端在於探求適當的概念。然而，怎樣的概念才算「適當」呢？不同的研究者或許會有不同的答案。自Hempel看來，一個「適當的」科學概念，必須具有經驗意涵（empirical import）與系統意涵（systematic import）。前一條件乃在提示，一個適當的科學概念「必須關聯著經驗世界，不得與之隔絕」（Hempel, 1970: 691）。當然，在確定科學概念的經驗意涵上，「運作論雖然十分正確地加以強調」（Hempel, 1966: 96），但我們應該放棄「完全運作界定」的要求，從而改採「部分經驗闡釋」的提議。後一條件則在提議，一個適當的科學概念，必須有助於理論

（或定律）的製作，而不能脫離理論思維之外，因此「系統意涵」又稱爲「理論意涵」（theoretical import）。Hempel（1965: 146）說：「一個概念要成爲科學上有用的概念，它必須有助於普遍定律或理論原理的製作。這種普遍定律（或理論原理）反映出研究題材的齊一性，從而奠定了解釋、預測及一般科學理解的基礎。一套科學概念的這種面向，將稱爲它的『系統意涵』，因爲它透過定律（或理論）而有助於特定領域中知識的系統化。」

總而言之，「明尼蘇達學派」的致知策略，乃從「觀察居優」轉爲「假設爲主」。在這種轉向之中，「明尼蘇達學派」依然延續邏輯實證論的傳承，專注於「驗證系絡」的探究，而不在意「發現系絡」的問題。「驗證系絡」內的課題，或許爲數甚多，但基本上環繞著經驗證據與邏輯論證兩大主軸。除了定律形式、理論結構及解釋模型等著名的邏輯分析外，「明尼蘇達學派」特別重視假設的檢定，從而使得邏輯論證的分析，密切結合著經驗證據的剖析。值得注意的是，在「假設爲主」的致知策略中，引伸出一個重要論點：於確定科學概念的經驗意涵上，「運作論」雖然有所貢獻，但卻失諸躁進。

四　行爲主義

多數政治學者既然認爲邏輯實證論就是行爲主義的理論源頭，而邏輯實證論可按「致知策略」的重心所在，分成「維也納學派」與「明尼蘇達學派」，那麼行爲主義的理論源頭，究竟是「維也納學派」，或是「明尼蘇達學派」，還是兩者兼而有之呢？誠然，在答覆這個問題之前，勢需先對行爲主義及其主張，提出一些說明。

邏輯實證論雖是行爲主義的理論源頭，但促使行爲主義風起雲湧而蔚爲大觀的因素，當然不一而足。依據一般的見解，科學化的

需要、技術上的突破、經費上的充裕、純粹研究的社會氣氛、傳統
政治研究的停滯、以及其他社會科學的突飛猛進等幾項原因，使得
行為主義在第二次世界大戰之後，躍居美國政治學界的主流地位，
從而逐漸遍及世界其他各國（Somit and Tanenhaus, 1982: 183-190;
Easton, 1991: 280-281; Cribb, 1991: 26-29; Ball, 1993）。

　　一般而言，美國行為主義的興起，大致上可以分成三個階段。
第一個階段約從1940年至1949年，乃是行為主義的「序曲」時
期；它的出現，「就像遠處參差不齊的雷聲與閃電一樣，只有零零
落落的降臨跡象。」（Somit and Tanenhaus, 1982: 185）第二個階段
約從1950年至1959年，乃屬行為主義的「進行曲」時期；在響徹
雲霄的進攻號角下，全面衝撞美國政治學界的各個研究領域。第
三個階段約從1960年至1970年，乃是行為主義躍居「正統」的時
期；在勝利號角的吹奏中，逐一回應「異端」的各項挑戰。

　　事實上，不論如何劃分行為主義的興衰階段，一般政治學者
大都深信，五、六十年代乃是行為主義的全盛時期。Albert Somit
與Joseph Tanenhaus兩位學者曾於1963年針對美國政治學者進行
一項「傑出學者排行榜」的調查研究。依據該項研究，在「1945
年以後哪位政治學家貢獻最多」的問卷項目上，統計出來的前十
大美國政治學家，依序如下：(1)V. O. Key；(2)David Truman；
(3)Hans Morgenthau；(4)Robert Dahl；(5)Harold Lasswell；
(6)Herbert Simon；(7)Gabriel Almond；(8)David Easton；(9)Leo
Strauss；(10)Carl Friedrich。除了第三、第九、第十等三位之外，
其餘七位皆是行為主義者（Somit and Tanenhaus, 1964: 66）。根據
筆者的查閱，在這七位行為主義者之中，共有六位曾經當選「美
國政治學會」的會長：Key（1957-8）、Truman（1964-5）、Dahl
（1966-7）、Lasswell（1955-6）、Almond（1965-6）、Easton
（1968-9）。並未當過會長的Simon，則在「促使戰後政治學者認
識經驗理論的角色上，厥功甚偉」（Easton, 1965: 20; 1967: 28），
更於1978年榮獲諾貝爾經濟學獎。值得注意的是，Walter Roettger

也在1975年進行類似的調查研究，結果發現1945年至1960年貢獻最大的前三位政治學家，依序為Key、Lasswell及Dahl；而1960年至1970年貢獻最大的前三名則為Dahl、Easton及密西根大學「調查研究中心的研究團隊」（"SRC Group"，包含Angus Campbell、Philip Converse、Warren Miller、Donald Stokes）（Lowi, 1985: xii）。顯而易見的，僅是這幾項事實，就足以彰顯行為主義在五、六十年代如日中天的盛況了。

　　誠然，在長達三十年左右的演化中，行為主義確實「匯成一股抽象的知識潮流，也呈現出一種具體的學術運動」（Easton, 1965: 4; 1967: 13）。然而，行為主義既然屬於一種「潮流」或「運動」，則其內涵與外延便不易明白確定，甚至其指稱也是此起彼落而眩人耳目。依據筆者的粗略統計，雷同於行為主義的各式各樣名稱，前後約略計有下述幾個：「行為研究」、「政治行為」、「行為分析」、「行為革命」、「行為運動」、「政治行為主義」、「政治行為研究」、「政治行為運動」、「行為政治學」、「行為研究法」、「行為見解」（behavioral perspectives）及「行為誘導」（behavioral persuasion）等等。難怪Easton（1965: 6）曾經感嘆說：「究竟哪些學者才是真正的行為主義者，實在不易認定。」Dahl（1961: 763）甚至指出，行為主義有如蘇格蘭北部尼斯湖中的水怪，我們可以信心十足地說它不是什麼，但卻難以說它是什麼。

　　不幸，即使Dahl可以信心十足地說它不是什麼，但是仍然免除不了異議者之有意無意的張冠李戴。例如，行為主義者曾經一再澄清行為主義不是心理學上的「行為論」（behaviorism），而一般教科書與辭書也都明確接受「行為主義」與「行為論」之間的區別（Easton, 1967: 11-3; 1991: 278; Eulau, 1967: 35-6; Isaak, 1985: 39；魏鏞，1971）。可是時至二十世紀九十年代，仍有一些政治學者還在宣稱行為主義是由「行為論」轉化而成，例如Cribb（1991: 26）；或者仍願選用「行為論」術語而捨棄「行為主義」一詞，例如Plant（1991: 14-7）；甚至在選用「行為論」這一術語時，還特

別標明它含有心理學上「行為論」的涵義，亦即還特別明確宣稱它帶有行為主義者特意拒斥的涵義，例如Zolo（1995: 252）。

　　不論如何難以明確判定行為主義的內涵，也不管異議者如何有意無意地張冠李戴，美國政治學史專家James Farr曾經評論說，Somit與Tanenhaus兩位學者的條列式說明，乃是一個「特別清楚而有益的列舉」（Farr, 1995: 222）。因此，我們或可依據他們的列舉來說明行為主義的主張。這兩位學者指出，行為主義者之間的見解雖然互有出入，但具有下列八項的共同信條：（Somit and Tanenhaus, 1982: 177-179）

(1)政治學終能成為可以預測與解釋的科學。這種科學的性質，一般認為可能更近於生物學而非物理學或化學。指定這個可能性之後，政治學者必須絲毫不懈地探究政治行為的規律性，並且堅定不移地探討那跟規律性相關聯的各種變項。因此，他們必須致力於嚴格的分析研究，而避免純粹的描述工作。這種嚴格的分析研究，乃政治知識之有系統發展的基石。

(2)政治學基本上（若非完全）關涉實際上能被觀察的現象。這就是說，政治學關切政治行為者的所言所行。這種政治行為既可以是個體的行為，也可以是政治總體的行為。行為主義者惋惜「制度研究法」，因為捨棄那些發揮制度功能之人的言行表現而去研究制度行為，是不可能適當的。

(3)資料必須是量化的，而研究發現必須奠基在可量化的資料上。行為主義者指出，只有量化，才能發現規律性與各種關係，方能獲得規律性與相互關係的精確述句。跟此有關的熱望（有時是企圖），乃是以數學命題陳述這些關係，以及透過約定的數學演算而去探討它們的蘊涵。

(4)研究必受理論的指引，並遵循理論所定的方向。在理想上，研究的推進，當自審慎發展的「理論定式」出發。這就是說，研究的進行，必須依據明確的、有系統的述句，而來產生「可運作化的」假設——能以經驗資料加以檢證的假設。由於理論必須考慮研究現象的性質、範圍及其變異，所以行為主義者談及「低層次理論」、「中程理論」、以及「普遍理論」，而其最後目的，乃在發展「全面性的通則」，進而以同一方式，精確地描述政治現象，正確地關聯政治現象。借用一個老生常談的例子來說，這種方式，就像我們運用牛頓定律來說明物理世界一樣。

(5)為了「純粹的」研究，政治學必須放棄下述兩種應用研究。第一種應用研究，係針對特定的、立即的社會難題，提供解決方法；第二種應用研究，旨在改良的、計畫的冒險，而力求民主政治的公民權責或較佳政治的較好心態。因為這兩種應用研究的努力，非但很難產生有效的科學知識，反而使得精力、資源及注意力，呈現出毫無效果的分散。

(6)價值（民主、平等、自由等）的真偽，在科學上無法成立，因而落在正當的研究範圍外。由此而導致的結論是，政治學家必當放棄「重大的爭論問題」，除非這些問題所引發的行為（或跟這些問題相關的行為）能被當作經驗事件而加以處理。例如，信仰民主政治的範圍，以及此種信仰反映在投票行為上的方式，便可成為適當的研究題材。不用說，政治學與道德問題（或倫理問題）之間並無適當關係的看法，更是行為主義的重要主張。

(7)政治學家必須更為「科際性」。政治行為不過是社會行為的一種形式，政治學家效法其他社會科學的技

巧、技術及概念，將會獲得巨大的功效。某些行為主義者實際上否認政治學本身構成一個真正的學科。

(8)政治學對其方法論必須更加自覺與批判。政治學家應當更熟諳、更加利用多變數分析、抽樣調查、數學模型及模擬等工具。當然，在計畫、執行、評估研究時，他們應該盡最大的努力，去察覺並減少他們本身的「價值偏好」。

這八大項目的共同信條，或許可以分從「科學解釋與科學預測」、「政治行為與政治態度」、「原初運作論與再建運作論」、「事實與理論」、以及「事實與價值」等層面加以進一步的解析。

（一）科學解釋與科學預測

從項目(1)可知，行為主義者希望政治學成為一門可以預測或解釋的學科，即使不像物理學或化學，至少也須類似生物學。項目(1)雖未提及「解釋」與「預測」的意義，但從其強調政治行為的「規律性」，以及項目(2)揭櫫的「能被觀察的現象」，與項目(4)提出的「就像我們運用牛頓定律來說明物理世界一樣」，行為主義者所謂的「解釋」與「預測」，應指「明尼蘇達學派」特別倡導的「涵蓋定律模型」與「歸納統計模型」。誠然，在行為主義鼎盛時期，進行政治行為之經驗研究的政治學者，幾乎都是行為主義者，因此經驗研究上所謂的科學解釋與科學預測，也都是「明尼蘇達學派」特別倡導的科學解釋觀念及其兩個模型。

筆者這個斷言，事實上可從現行之政治學方法論的一些教科書或一些專論著作中，得到強而有力的佐證。例如，呂亞力教授在《政治學方法論》一書中的第四章（〈解釋與預測〉），引述Hempel的科學解釋觀念及其「涵蓋定律模型」與「歸納統計模型」兩個模型（呂亞力，1979：55-67）。再如，易君博教授在一篇專門論著中，也爰引Hempel的科學解釋觀念及其「涵蓋定律模

型」（易君博，1984：170-177）。又如，袁頌西教授在論述其所謂之「實證論」與「詮釋派」的解釋爭論時，更詳細評述Hempel的科學解釋觀念及其「涵蓋定律模型」與「歸納統計模型」（袁頌西，2003：119-168）。

尤須注意的是，在一本風行於國內、外政治學界的教科書中，除了引述Hempel的科學解釋觀念及其兩個解釋模型之外，作者Alan Isaak更明白指出，經驗研究者不但認爲「涵蓋定律模型」與「歸納及統計模型」才能說明「爲什麼」的問題，並且以爲我們可以運用因果的論證形式來說明「涵蓋定律模型」與「歸納及統計模型」的邏輯結構，以及其中所含的必然性（Isaak, 1985: 133-145, 145）。

（二）政治行爲與政治態度

從項目(2)可知，行爲主義的分析焦點，集中在個體與總體層次的政治行爲。項目(2)中所謂的「政治總體」，乃指有關於政治的團體、組織、機構及制度等。自行爲主義者看來，「傳統的制度研究法」僅從法律條文去對政府機構進行平鋪直敘的文件研究，完全忽視「那些發揮制度功能之人的言行表現」。一旦忽視制度中最重要的「人及其言行」，那麼正式機構的法條研究，非但不能披露出機構的活動眞相，反而大有魚目混珠之嫌。例如，南美多數國家也學美國採取總統制，但除了法律形式的類似外，這些國家實際上所運行的總統制，皆跟美國大相逕庭。顯然的，即使研究制度之類的政治總體，也需將其研究焦點集中在政治行爲者身上。

基於這樣的理解，經驗研究者方才斷定「制度不過是行爲模式的組合」（Isaak, 1985: 40）。著名行爲主義者Heinz Eulau（1915-2004）則說：「離開了制度內的人們，制度便不存在，並且不能存在……正如脫離了人際關係網絡，政治行爲就不能存在一樣。制度的安排、規範或功能，呈現出歷經一段時間方才穩定下來的行爲模式。」（Eulau, 1963: 15, 16, 18）這就是說，團體、組

織、機構及制度等的政治行為，乃是其各個成員相互之間的互動所組成，而為諸個體行為的集體表現，或者，「總體的性質可以完全化約成諸個體的性質」；除此之外，總體不具任何獨特的地位，或者，「總體不會多過於諸部分之和」（Isaak, 1985: 40）。例如，美國最高法院的行為，實際上乃是九位個別大法官的集體表現；而一個利益團體反對某一法案，實際上就是其多數成員反對該法案。

　　然而，行為主義者所謂的「化約」或「完全化約」，究竟意指什麼呢？可惜，行為主義者幾乎全都「存而不論」。依據筆者的理解，其所謂的「化約」，應指邏輯實證論的「概念化約」，而其「完全化約」的說詞，則是「個體主義」與「全體主義」之間的爭論課題（參見郭秋永，1988: 121-160）。

　　不過，值得注意的是，行為主義者所謂的政治行為者的「行為」或「政治行為」，不僅僅止於「外顯的」行為，而且還包含「內隱的」態度、信念及價值觀等等。著名行為主義者Eulau就曾鄭重指出：

　　　　根源是人。不探究人的政治行為——其行動、目標、驅
　　　　力、情感、信念、服膺及價值——而想對統治現象作些
　　　　有意義的論述，乃是不可能之事（Eulau, 1963: 2）。
　　　　現代行為科學的主要關切，不但是人的行為，而且是人
　　　　之認知的、情感的及評價的過程。那麼政治行為中的
　　　　「行為」，不僅直接或間接指涉可觀察的政治行為，並
　　　　且也指行為中那些知覺的、動機的及態度的成分（Eulau,
　　　　1967: 35）。

據此而言，漠視廣義的「行為」而拘泥於狹義的「外顯行為」，正是一些反行為主義者抨擊行為主義、從而逕行認定行為主義就是「行為論」的主要論據。

　　根據Easton的說明（1967: 11-13），「行為論」一詞通常用來

指涉1920s年代心理學上的一個特定學派。這個特定學派的基本主張是，唯有經由外在刺激而產生某些可用感覺觀察或儀器測量的反應，才是科學研究的適當對象。個體的「外顯行為」，正是刺激與反應之間的客觀資料而為適當的研究對象；至於個體的動機、態度、目的、意圖及欲望等「純心靈現象或主觀心態」，則須排除在科學研究範圍之外。換句話說，只有可觀察的物理現象，方可包含在「行為論」的科學語言中；而態度之類的心智語詞，則屬無意義而須拋棄的概念。

如此說來，行為主義確實有別於「行為論」。Easton曾經分從政治學者與政治學科兩個面向，截然斷定行為主義不是「行為論」。Easton指出，就政治學者而言，「無人自認為行為論者，也沒人願被如此稱呼，不論其想像多麼富有彈性」；就政治學科來說，「即使在行為主義蔚為風潮的高峰時期，政治學依然不是行為論的政治研究。」（Easton, 1967: 12; 1991: 278）然而，儘管行為主義者一再澄清，一些反行為主義者卻常運用「行為論」來指稱行為主義。自Easton看來，這不是「用詞草率」，就是「故意栽贓」。

（三）原初運作論與再建運作論

根據上述，行為主義者使用「廣義的行為概念」，從而認為態度之類的心智概念，仍然連接著經驗指涉項而可以成為科學研究的對象。然而，「內隱的態度」終究有別於「外顯的行為」，那麼這些態度之類的心智概念，究竟如何連接經驗指涉項，以期滿足項目(3)中「資料必須量化的」要求，或符合項目(4)中「產生可運作化的假設」的主張呢？

大體而言，在政治行為的調查研究上，這些心智概念與各種行為概念，幾乎全都透過「運作界說」而來連接經驗指涉項。然而，筆者必須鄭重指出的是，行為主義者與現行調查研究者所謂的「運作界說」，已經不是Bridgman原先提出的強烈主張。為了區別

起見，我們可將Bridgman原先的強烈主張，稱爲「原初運作論」（original operationalism）；而把行爲主義者與現行調查研究者所採取的立場，稱爲「再建運作論」（reconstructed operationalism）（McGaw and Watson, 1976: 126; Smith, et al., 1976: 98-99）。

「再建運作論」基本上接受Hempel的見解，從而贊成下述三個主要論點。第一，政治學中必須運作界定的概念，乃是其中「某些」而非「全部」的概念。假使整個學科中的「每一」科學概念皆要運作地界定，則無論界定了多少概念，那用在「最後」一個界定項中的概念，依然需要再加以運作地界定，從而使得界定工作一直進行下去，永無止境，終而陷入無窮後退的窘境。第二，一個特定概念的一個運作界說，只是部分地詮釋了該概念的意義，而非唯一地、完全地決定了該概念的意義。例如，「長度」概念的一個運作界說，乃是「使用一根堅硬計量桿，測量直線距離」。這個運作界說，雖然不能決定一個圓柱體的周長、水中物體的距離、天空飛行物的離地距離、以及地球外的物體距離等等，從而未對「長度」概念提供唯一的、完全的界說，但卻對「長度」概念的意義，提供了一個十分精確而有用的部分詮釋。顯然的，一個特定概念的意義，很可能具有多種可供選用的試驗程序，而非僅有唯一的、完全的運作界說。這些可供選用的試驗程序，各對特定概念的意義，提供不盡相同的經驗詮釋，藉以連接經驗世界。第三，理解一個特定概念，不但要從它的運作界說得知其經驗基礎，而且需就它跟其他概念的相互關係，獲知其在理論系統中的角色。

誠然，在政治現象的經驗研究上，行爲主義者（或經驗研究者）皆採取「再建運作論」，而不採取「原初運作論」。可是，運作界說的特色，端在於「運作」，而在政治研究上，研究者往往不能執行所須的「運作」。例如，化學家可在實驗室中運作化學元素，但政治家卻無從運作政治行爲者。因此，行爲主義者所謂的運作界說，實際上並不侷限於嚴格的試驗程序，而是泛指測量程序。在這種寬鬆的見解下，所謂的運作界說，便是「藉提出一組表明如

何進行測量的指令，而來界定概念」（Jones, 1984: 33; Smith, et al., 1976: 98; McGaw and Watson, 1976: 125）。此處所謂的測量，泛指各種層次的測量，即使如同男、女性別的分類方式，依然包含在內，而稱之爲類別測量（nominal measurement）。據此而言，「性別」這一概念的一個運作界說便如下述：訪問員觀察被訪問者的身體特徵，從而歸納爲「男」或「女」（McGaw and Watson, 1976: 125）。

　　值得注意的是，在政治行爲或態度的調查研究中，研究者常將被訪問者（或被測者）的答覆問卷，視爲一種運作地界定某一概念的測量程序。支持這種看法的主要理由，乃在於此類測量程序的「基本結構」，雷同於自然科學家所能運作的試驗程序。我們試以「政治興趣」爲例，略加說明。假定問卷中的某四道題目，乃是用來測量「政治興趣」這一概念的四個項目，那麼我們可以進行下述推想。倘若被測者具有某種無法直接測量的心理特徵（例如，政治興趣），則在特定刺激下（例如，特定問卷所提供的四道題目），將會呈現出某種直接可測量或可觀察的語文反應行爲（例如，被測者以特定方式回答了或塡寫了問卷中的某四道題目）。只要被測者誠實回答，則從這種「刺激」和「反應」，研究者便可推斷被測者的特定心理特徵。如此說來，這種推斷性的測量方式，似乎也具有如下的、雷同於嚴格試驗程序的「基本結構」，從而被認爲是一種運作界說：

$$P \rightarrow O \rightarrow (R \longleftrightarrow C)$$

　　對照Bridgman原先提出之嚴格試驗程序的「基本結構」，亦即$P \rightarrow (R \longleftrightarrow C)$，上式$P \rightarrow O \rightarrow (R \longleftrightarrow C)$似乎仍然維持運作界說的基本結構。我們嘗試運用「政治興趣」與「酸」這兩個概念的運作界說，來進行一個簡單的對照說明。假使我們對於某一被測者O施行某種「運作」P（例如，研究者向被測者提出一份含有上述四

道題目的問卷，請求被測者予以答覆；此如同我們在某液體中插入石蕊試紙），而產生了某個特定結果R（例如，被測者以特定語文方式回答了問題，而研究者則依事先擬定的給分辦法，給予一定數值的分數；此如同試紙變紅），則我們可說該被測者O具有某種特徵C（例如，被測者具有強烈的政治興趣；此如同該液體是一種酸）。對於這種測量程序，Eugene Meehan（1965: 198-206）戲稱為「黑箱技術」（black box techniques）：為了探究「黑箱」內那些看不見、摸不著的性質（答卷者的心理特徵），運用「投入」黑箱內的一些刺激（問卷題目）與黑箱中「產出」的某些反應（答卷者的言行反應），而來推測「黑箱」內的性質。

（四）事實與理論

依據項目(4)，由於行為主義者主張「研究必受理論的指引」，所以他們對「事實」的見解，顯然不是「誇大的事實主義」（hyperfactualism）。上文曾經指出，「維也納學派」力求一種足以奠定客觀基礎的「觀察述句」或經驗事實。然而，這種毫無理論成分之「觀察述句」的見解，卻引起一連串的熱烈討論，迄今似乎尚乏定論。行為主義者雖然不曾介入正、反雙方的細緻論證，但卻倡導「裝載理論的觀察」（或「裝載理論的事實」）的觀點，進而贊同「明尼蘇達學派」批判「狹義歸納觀」（或「誇大的事實主義」）的立場。

早在五十年代，Easton就已指出，二十世紀初期某些熱中政治研究「科學化」的政治學者，根本不瞭解「事實與政治理論之間的真正關係，以及理論在此一關係中的重要角色」，從而誤以為科學的本質，端在於脫離理論而「本著極大熱誠去累積事實」（Easton, 1971: 4, 65）。如同Popper「拿起紙筆來，仔細觀察，然後記下觀察結果」的例子，Easton也曾舉出「交通警察開紅單」的類似例子，藉以說明事實的理論成分，從而斷定「毫無純粹的事實」。

依據Easton（1971: 53-58）的說明，若將真實世界中所發生的

現象看成「事件」（event），並把「事實」（fact）視為那些組成事件的各種「面向」（aspects），則事件遂為「無法完全描述」的現象。即使是發生在十分有限時空上的事件，依然具有無限的面向與細節，因此，不論所作的描述，多麼細緻、多麼細長，研究者總是無法完全描述它。例如，對於交通警察開出一張罰單給闖紅燈者這一「事件」，研究者既不能「完全描述其全體」，甚至也無法「完全描述其部分」。若要完全描述其全體，則是否要描述雙方的衣著、雙方的健康狀況、雙方的表情、雙方之間的距離、路邊行人的多寡、天空雲彩的變化、交通警察的書寫文具及空氣污染的程度……等等？若要完全描述其部分，例如單要完全描述雙方的衣著，則是否要描述雙方衣著的廠牌、尺寸、重量、厚薄、式樣、扣子及化學成分……等等呢？Easton指出，顯而易見的，研究者既不能「完全描述其全體」，又無法「完全描述其部分」，研究者只能「不完全地描述其部分」。這就是說，研究者只能根據「指涉架構」（a frame of reference），從「事件」中選出「事實」來加以描述或解釋。這種固定事實秩序與相干性的「指涉架構」，在政治研究領域上，即指「有關政治性質的理論」、或「理論旨趣」、或「概念架構」（conceptual framework）。

在這樣的見解下，「事實」的界定，便脫離不了理論的指引。因此，行為主義者所謂的「理論旨趣」（或「理論架構」、或「概念架構」、或「指涉架構」），乃是用來分辨與選擇事實的「篩子」；而他們所謂的「事實」（或「事實」的界說），便是「根據理論興趣對於真實所做的一個特殊安排」（Easton, 1971: 53）。基於同樣理路，行為主義者Eulau也將一般所謂的「資料」，界定為「觀察者在觀察過程中賦予意義的一件事實。若觀察不具意義，則無資料；資料並不構成一個不證自明的事實」（Eulau, 1963: 112）。

顯然的，依據行為主義的主張，在缺乏理論架構或假設的引導之下，研究者便無法進行事實的蒐集工作，遑論從所蒐集的全

部事實中歸納推出通則了。Easton（1971: 66）特將盲目蒐集事實並誤以為可以從中推出通則的「狹義歸納觀」，稱為「誇大的事實主義」。據此而言，某些教科書（或專論）中一再強調的一個見解，也就是一再斷言「直到九十年代的後行為主義時期，政治學者方才承認『裝載理論的觀察』」的見解（例如，Stoker, 1995: 2, 15; Marsh and Furlong, 2002: 25; Sanders, 1995: 74; 2002: 62），乃是一個大錯特錯而顯具誤導作用的見解！

值得注意的是，在所謂「裝載理論的事實」的一般論述中，「事實」這一語詞通常隱藏著一些歧義：有時作為獨立在人類知識之外的某種「真實本身」（或「事實本身」），例如地球的形狀；有時則作為某種「真實本身」的某一人類描述，例如「地圓說」或「地平說」。「真實本身」（或「事實本身」），乃是「不變的實存對象」；而「真實本身」（或「事實本身」）的人類描述，則屬「變動的認知對象」。例如，地球本身的存在，獨立在諸如「地平說」或「地圓說」之類的人類描述之外，乃屬「不變的實存對象」；或者，地球本身的存在，既不依賴「地圓說」，又不依靠「地平說」。至於特定時空中人類堅信的「地平說」或「地圓說」，則是描述地球的人為產物，乃屬「變動的認知對象」，而其變動性充分展現在「地圓說」取代「地平說」的變化上（參見郭秋永，2005）。據此而言，「事實」這一語詞隱含著「事實本身」與「事實述句」兩種用法；前者指涉「真實本身」，後者指涉特定陳述者對於「真實本身」的「特定見解」。尤其需要注意的是，在所謂「裝載理論的事實」之類的一般論述中，或在批判「價值中立」的主張中，批評者通常並未分辨「事實」的這兩種不同意義，從而常將後者視同於前者，使得「特定見解」的訴求，巧妙地轉成「真實本身」的披露。

（五）事實與價值

由項目(6)可知，行為主義者不但指出「價值問題的重大爭

議」有別於其所引發的行為，從而確認「價值」不同於「價值性的事實」，而且力主價值（民主、平等、自由等）的真偽落在科學的研究範圍之外，不是政治學者所應關注的課題。基於項目(6)的主張，我們可以清楚得知，行為主義者明確接受「情緒說」。不過，假使我們細察行為主義者的著作，例如，兩位著名代表人物Dahl與Easton的論述，則又看到某種程度的鬆動立場。

　　行為主義健將Dahl雖然從未明白使用過「情緒說」這一術語，但是確實說過一些明顯屬於「情緒說」的論點。例如，在1947年〈公共行政的科學〉一文中，Dahl極力主張，若要建立一門公共行政的「科學」，首先必將「價值問題」（或「倫理問題」）排除在公共行政的研究範圍之外，不能讓它們「隱藏在事實與推論的草叢中去伺機殺戮粗心大意之人」，不然的話，「公共行政的科學，永不可能」（Dahl, 1947: 4）。又如，在1958年〈政治理論：真理與後果〉一文中，Dahl力陳傳統政治理論大體上是由價值語句組成，因而僅具「非學術性」的一些功能，理應完全拋棄，以免妨礙政治行為的科學研究。Dahl甚至宣稱傳統政治理論（或政治哲學）「在英語系世界中已經死亡，在共產國家中業被監禁，在別處則氣息奄奄」（1958: 89）。在1961年〈政治科學中的行為研究法：成功抗議的紀念碑文〉一文中，Dahl聲稱「政治科學家關注實然……而非應然」（Dahl, 1961: 770-771）。

　　對於反行為主義者來說，Dahl這些論點已嫌礙眼刺耳，但是Easton高懸「情緒說」大旗的一些言論，卻更令他們氣憤不已。Easton不但宣稱「情緒說」就是政治研究的基本前提，而且更進一步聲稱它正是當今所有社會科學研究的首要前提：

　　　　為了避免任何可能引起的懷疑，我必須詳述我的工作假
　　　　定……這個工作假定正是今日社會科學界普遍採行的
　　　　一個假定；它指出，價值在終極上可被化約成情緒反
　　　　應……在邏輯上，價值與事實是異質的。（Easton，1971:

221）

　　不論是否針對政治研究來說，也不管是否針對整個社會科學而言，既然事實在邏輯上異於價值，而價值偏好終究屬於情緒反應，那麼科學研究便需力守「價值中立」的立場，極力排除研究者的情緒反應。這種意義的「價值中立」，再次展現在第(8)項目的共同信條中。

　　從第(8)項目可知，在「價值偏好終屬情緒反應」的主張下，行為主義要求研究者應盡最大努力去排除個人的價值偏好，勿使個人價值左右了研究的「計畫、執行及評估」。誠然，第(8)項目的共同信條，如同「切勿捏造資料」之類的箴言，乃是放諸四海皆準的警語，從而顯露出此一信條本身也是一項價值判斷。因此，第(8)項目的文字，運用了「『應該盡最大努力』去察覺，並減少他們在計畫、執行、評估研究時的『價值偏好』」之類的應然語句。

　　不過，值得注意的是，「應盡最大努力去排除個人的價值偏好」的應然語句，並不意指研究者實際上可在「計畫、執行、評估」中完全排除個人的價值偏好。事實上，行為主義健將Dahl早在1963年的著作中就已經明白指出，儘管行為主義與反行為主義之間的戰火猛烈，但在「價值中立」的議題上，雙方都會同意下述六個論點：

　　(a)研究者本身的價值、興趣及好奇，左右了研究題材的選擇；

　　(b)拋棄價值而唯靠經驗知識，便不可能提供政治現象之重要性與相干性的判準；

　　(c)客觀的政治分析，預設真理值得追求，從而相信真偽之辨，乃是有價值的；

　　(d)所有經驗科學預設一些不能憑藉經驗科學方法建立起來的假定，例如，宇宙具有法則性，而非完全的隨機

　　運行；

(e)在實際的研究過程中，研究者的價值偏好，可能使得
　　他本人誤作觀察與誤判證據；

(f)缺乏某些社會的或政治的必要條件，例如，言論自由
　　或研究自由，科學研究便不可能具有超然性或中立性
　　（Dahl, 1963: 102）。

　　這就是說，在題材選擇、重要性判準、眞理追求、宇宙秩序、觀察
證據、研究自由等六個層面上，行爲主義者不會斷定研究者可以完
全排除價值判斷。就是因爲漠視「雙方實際上皆會同意」的這六個
論點，雙方的論戰也就容易淪爲「故意曲解、惡意醜化、無的放
矢」的一團混戰（Dahl, 1963: 103）。

　　除了指出行爲主義不在上述這六個層面上倡導「價值中立」
之外，筆者還要特別指出，在「情緒說」的接受上，行爲主義者的
立場，實際上顯得搖擺不定——不是隱約鬆動，就是明確更動。
Easton與Dahl分別代表隱約鬆動與明顯更動的兩種變動情況。

　　Easton雖然宣稱「情緒說」乃是當今所有社會科學的工作假定
或首要前提，但在下述兩個見解上浮現出前後不一的隱約鬆動。首
先，在肯定「情緒說」之下，理應主張價值語句純具情緒作用，從
而完全缺乏邏輯上或經驗上的認知意義。可是，Easton卻認爲政治
生活中不但缺乏純粹的價值語句，並且也沒有完全的經驗述句。這
就是說，政治研究上的任何命題，全都含有「事實面向」與「道
德面向」（或情緒面向）兩種成分，而無純粹的事實命題或價值命
題。Easton指出：「在實踐上，沒有一個命題表達出純粹的事實或
純粹的價值……一個命題的事實面向，指涉眞實世界中的一個部
分，因而可藉事實來加以檢定……一個命題的道德面向，只是傳
達個體對於眞正事態或推想事態的情緒反應。」（Easton, 1971：
221）此種論述使得Easton高唱的「情緒說」，顯得搖擺不定。其
次，在接受「情緒說」之下，應如上述第(6)項所示，要將價值問

題排除在正當研究範圍之外。然而，Easton卻一再提倡「價值的建構研究」（constructive inquiry into values），主張政治研究者必須「想像地」建構我們應該生存的社會類型，以期突破既有「價值架構」的束縛（Easton, 1971: 228-232, 237, 264, 339-342）。總之，上述兩個見解確實突顯出Easton之「情緒說」立場的隱約鬆動。或許，由於這個緣故，Easton方才必須「一再澄清」其價值主張（Easton, 1991）。

在1961年之前，Dahl確實是一位不折不扣的情緒說者。然而，自此之後，在他的各種著作中，非但不見此類過激言論，反而明文批判「情緒說」，並認為政治學者早已放棄這個「言過其實」的過時學說。Dahl說：

> 某些早期的邏輯實證論者，曾將價值陳述僅是偏好表示的論點，推得過遠，從而主張價值陳述是「無意義的」。但是，在今日，許多邏輯實證論者皆同意，我們雖對價值不能提供任何「終極驗證」（ultimate justification）的方法，但這並不意指價值陳述是「無意義的」。（Dahl, 1963: 100-101）
>
> 某些早期的邏輯實證論者，主張所有價值皆屬「無意義」。然而，政治科學上的多數理論家，現今還在抱持這種極端的、有點過時的觀點嗎？這不免令人懷疑。（Dahl, 1963: 106）

據此而言，至少在1963年之後，Dahl已將邏輯實證論分為前、後兩期。前期的邏輯實證論者，主張價值語句是「無意義的」；後期的邏輯實證論者，則認為價值語句是「有意義的」。Dahl本人贊成後者。可是，一旦價值語句具有「認知意義」，那麼價值是否也如事實一樣具有真偽可言嗎？假使價值語句不具有真偽可言，那麼它所具有的「認知意義」，究竟是什麼意義呢？可惜，

對於這些更進一步的基本問題，Dahl皆存而不論。不過，無論如何，在接受「情緒說」上，Dahl的立場明確改變了（參見郭秋永，2001b: 21-41）。

總括本節的分析，我們可以明確掌握幾個要點。第一，在「觀察述句」或「事實」的見解上，行為主義接受「裝載理論的觀察」（或「裝載理論的事實」）的觀點，從而有別於「維也納學派」。第二，在調查研究中有關政治行為或政治態度的界定，行為主義遵循「明尼蘇達學派」的見解，放棄「原初運作論」而改採「再建運作論」。第三，在「解釋」與「預測」的理解上，行為主義全然接受「明尼蘇達學派」的觀點，從而倡導「涵蓋定律模型」與「歸納及統計模型」。第四，在價值語句的意義問題上，行為主義接受「維也納學派」的「情緒說」，認為「價值的真偽」問題落在科學研究的範圍之外。可是，行為主義接受「情緒說」的立場，也非全然堅定不移。第五，在題材選擇、重要性判準、真理追求、宇宙秩序、觀察證據、研究自由等六個層面上，行為主義者不會斷定研究者可以完全排除價值判斷。

（五） 後行為主義

儘管政治學者David Sanders一再宣稱「所有政治學者都是後行為主義者」（Sanders, 2002: 63; 1995: 75），從而意指當前的政治研究，仍然處於後行為主義時期。然而，後行為主義究竟是什麼主義呢？當前政治研究是否屬於後行為主義時期呢？對於這兩個問題，不同政治學者各有不同的答案，也各有不盡相同的詮釋，甚至竟有大相逕庭的解讀。

有些學者以為後行為主義試圖回歸「前行為政治學」（pre-behavioral political science）（Seidelman and Harphan, 1985: 186,

220），甚至改宗「歷史主義」（historicism）（Miller, 1972a）。有些學者認為當今雖屬後行為主義時期，但研究現狀仍然停滯在「前行為主義」（pre-behavioralism）階段，絲毫未見行為主義的適當開展（Wahlke, 1979）。有些學者以為當今只是行為主義「之後」的原地踏步，並無「後於」行為主義的「任何主義」（Farr, 1995: 220）。有些學者則認為後行為主義乃是「現代的行為主義」（modern behavioralism）（Sanders, 2002; Stoker and Marsh, 2002: 14），但國內學者華力進教授卻基於後行為主義不是行為主義之「後期」的理由，力主國人應以「超行為主義」取代「後行為主義」的譯名（華力進，1980: 126, n2）。

顯而易見的，從上述形形色色的不同解讀，我們就可看出，後行為主義的內涵，也是眾說紛紜而莫衷一是。不過，值得注意的是，在這些眾說紛紜之中，廣受矚目而曾引起熱烈討論的，莫過於Easton與Eugene Miller兩位學者的見解。然而，Miller（1972a）的論述，遭受強烈的質疑。[12]Easton的解說，分見於三篇論文。〈政治學中的新革命〉（1969）一文，乃是Easton就任「美國政治學會」會長的演說詞；〈政治分析的持續性：行為主義與後行為主義〉（1971）一文，即是其會長演說詞的補充說明；〈美國的政治學：過去與現在〉（1984）一文，則被譽為「一篇重要的歷史文獻」（Farr, 1995: 220）。[13]對照Easton與Miller的見解及其相關評

---

[12] 參見*American Political Science Review*, Vol. 66 (December 1972), pp. 796-873.

[13] 前兩篇文章收錄在Easton, *The Political System: An Inquiry into the State of Political Science* (New York: Knopf, 1971, 2nd edition)一書的附錄中。第三篇論文也是一篇演講稿，原以中文發表在「上海社會科學院」發行的《政治學與法律》雜誌（1984），次年再以英文刊載於*International Political Science Review*, Vol. 6(1985)，此後廣被收錄在各式各樣的文集中。本文的引述，摘自David Easton, John Gunnell, and Luigi Graziano, Eds., *The Development of Political Science: A Comparative Survey* (London and New York: Routledge, 1991)。

論，有關後行為主義的內涵，顯然應該憑藉Easton的解說。

按照Easton（1991: 281-282）的分析，後行為主義大體上伴隨著「反文化革命」而興起。約在1960s年代末期，美國社會掀起一系列的反越戰、反貧窮、反核戰、反核廢料、反種族歧視、反性別歧視等運動，從而在衣著樣式、婦女地位、環境保護、性行為觀念、弱勢團體及有色種族等方面上，展現出嶄新的要求或態度，但也造成形形色色的社會問題。Easton（1971: 368）指出：

> 美國所面臨的，乃是悽慘的越戰、餓扁的兒童、憤怒的黑人、驚嚇的白人、學生的暴動、游擊戰的謠言、五年內的三大政治暗殺。

僅從這段引文就可明白看出，當時的美國社會，瀰漫著抗議的風潮、揭發醜聞的衝動及剷除不平等的心態。這些翻滾的社會脈動，自然而然地針對既有的政治制度、社會制度及經濟制度，進行一系列的廣泛挑戰：既反對權力集中在聯邦政府的行政部門，又關懷少數民族與婦女的參政權利，更高懸平等原則以痛批權勢或財富過多者。此一響徹雲霄的反動聲浪，不但震撼了當時的整個美國社會，而且鼓動世界其他各國的社會運動。

「反文化革命」所惹起的重大社會問題，對一向高唱科學「解釋」與「預測」的行為主義來說，不啻是當頭一大棒喝：對於陷入泥沼中的越戰、致命性的環境污染、破壞性的人口膨脹、毀滅性的核戰威脅、以及日益惡化的社經弊病等重大問題，行為主義者為何預測不到呢？為何解釋不了呢？為何目瞪口呆而束手無策呢？一連串的質問，突顯出高度的不滿，後行為主義也就隨之而起。[14]

---

[14] 反行為主義者運用1960s末期美國社會的重大弊病，詰問行為主義者倡導的「科學解釋」與「科學預測」。反行為主義的詰問，雖然咄咄逼人，但並未以同樣的質疑，反身自問、自省。同樣的，闡釋主義者運用二十世紀末葉歐

　　然而，值得注意的是，根據Easton（1991: 281）的解說，後行為主義雖然代表一種「對於行為主義的高度不滿」，但卻未放棄行為主義一再強調的「科學方法」，只是「對於科學性質的理解，作些實質的修正」罷了。這就是說，後行為主義僅是一種「知識運動」與「知識趨勢」，而非另起爐灶以期對抗行為主義的一個嶄新學派。

　　就屬於一個「知識運動」而言，後行為主義不是美國政治學界內、或外的一個有組織的、有特殊政治立場的團體，而是一種具有「散亂、不穩定、甚至多刺」等性質的知識運動。這種「散亂、不穩定、甚至多刺」的性質，呈現在下述幾個層面中：它不拘泥於特殊的研究方法，從腳踏實地的行為科學家至埋首書堆的古典主義者，都有它的支持者；它無特定的政治色彩，從墨守成規的保守主義至不甘蟄伏的活躍左派，皆有它的支持者；它不訴諸特別的年齡層，從年輕的研究生至年長的專家學者，全有它的支持者。這些研究方法上的、政治色彩上的、及年齡大小上的差異，都在一個共同感覺之下，成為無關緊要的區別。這個共同的感覺，就是不滿當代的政治研究方向（Easton, 1971: 324-325）。

　　就屬於一種「知識趨勢」來說，後行為主義的口號，乃是「相干與行動」，而其「相干信條」（credo of relevance），基本上包含下述七項：

(1)實質優先於技術。倘若必須犧牲兩者之中的任何一個（實際上不經常如此），那麼，使得政治研究相干於當前迫切的社會問題，而成為具有意義，自比各種研究工作的琢磨，來得重要。科學上的警語是，錯誤勝於

　　陸許多共產政權的頓時瓦解，攻擊經驗主義者在事前並未「科學預測」到，在事後也未提出「科學解釋」（Hawkesworth, 2006: 28）。闡釋主義者的攻擊，雖然也是氣勢凌人，但是依然未以同樣的質疑，反身自問、自省。

含混；後行為主義則代之以新的格言──含混勝於無關的精確。

(2)行為科學隱藏著「經驗保守主義」的意識型態。把自己完全侷限於事實的描述與分析中，等於阻礙了以最廣泛系絡來理解這些事實的機會。如此，經驗的政治學，由於必須支持其所探究的事實環境，因而無意中培養了一種社會保守主義的意識型態。

(3)行為研究不觸及真實。行為研究的核心，乃是抽象與分析，而這有利於殘酷政治現狀的隱藏。因此，後行為主義的任務，乃在突破沉默的柵欄（此係行為主義所必定產生的柵欄），並促使政治研究伸展及於危機時期中人類的真正需要。

(4)價值的研究及其建構發展，乃是政治研究中不可缺少的部分。科學不能且永不曾在評價上中立的，儘管有人作相反的宣稱。因此，為理解知識的限度，我們必須瞭解價值前提。這些價值前提，不但是知識的憑藉，而且是使用知識的選項。

(5)任何學科的成員，都負有知識份子的責任。知識份子的歷史角色，向來就是保護人類文明的價值，並且是必須保護人類文明的價值。這是他們獨特的工作與義務。若不如此，則他們將淪為技術人員，而成為只是笨拙地修補社會的工匠。如此一來，他們便拋棄學術上所宣稱的種種特權，例如，研究自由、免受社會迫害之準治外法權的保障等等。

(6)致知即是負起行動的責任，而行動乃在改造社會。身為科學家的知識份子，負有運用其知識的特殊義務。沉思性的科學（contemplative science）乃是十九世紀的產物，在當時，大家共享一個廣泛的道德一致性。然而，目前的社會正處於各種理想的衝突中，因此，行

動性的科學（action science）必須反映這種衝突，進而
滲入整個研究事業中，藉以顯現整個研究事業的特
色。

(7)若知識份子負有運用其知識的義務，則知識份子組成
的各種組織（專業團體）以及各個大學，就不能置身
於今日的各種衝突之外。專業的政治化，不但是不可
避免的，同時也是可欲的。（Easton, 1971: 325-327）

上述的七項「相干信條」，雖然呈現出後行為主義不滿行為
主義之處，但也披露出後行為主義實際上有別於其他各種的「反行
為主義」。其他各種的「反行為主義」，通常訴諸傳統研究來駁斥
行為主義，進而排斥科學方法。後行為主義雖也反對行為主義，但
它卻是「未來取向的革命」（Easton, 1971: 324），既不試圖回復
過往研究上的某一黃金時代，也不排除特定的研究方法，又不否認
政治學者發現「通則」或「定律」的可能性。此一「未來取向的革
命」，驅策各種政治學者本著七項「相干信條」昂首向前邁進，從
而匯成一股嶄新的「知識趨勢」。依據筆者的淺見，這七項「相干
信條」，可以簡化為「應用研究與基礎研究」以及「價值研究與價
值中立」兩大課題，而來進行提綱挈領式的分析工作。

（一）應用研究與基礎研究

根據上一節的引述，從行為主義的第(5)項共同信條，我們可
以確知，行為主義者基於「難以產生有效的科學知識」以及「分
散研究精力與資源」兩大理由，主張全力發展純粹研究（基礎研
究），從而放棄兩大類別的應用研究。第一大類別的應用研究，乃
指政治學者針對當前的重大社會問題，提出立即的解決方案。第二
大類別的應用研究，則指政治學者要從公民權責（或改善政治）的
角度，提供民主政治的改進之道。在行為主義者看來，先有科學知
識，才有應用課題；基礎研究的可靠成果，乃是應用研究的先決條

件。這就是說，基礎研究實爲獲取科學知識的不二法門，缺乏基礎研究，便無從累積科學知識，遑論實際應用了。由於基礎研究的目標，乃在描述、解釋、及預測政治現象，而非設定某種倫理目標，因此全力發展基礎研究，必須重視量化、技術、理論、抽樣、統計、數學、及價值中立等自然科學上甚具成效的學術標準。若在累積科學知識之前，就急於提出社會危機的解決方案，則無異於要求研究者放棄這些業已證明有效的學術標準，從而投入紛擾的社會議題或價值爭議之中。顯然的，按照行爲主義的見解，揠苗助長式的應用研究，不但「難以產生有效的科學知識」，而且會「分散研究精力與資源」。

　　然而，在行爲主義者的鼓吹之下，數十年來的基礎研究雖然有所進展，但面臨前所未見的社會危機時，卻顯露出「不敷使用」或「緩不濟急」的窘境。如果因循苟且而不思變革，則步履闌珊的基礎研究，如何因應迫切的社會需求呢？爲了化解燃眉之急，後行爲主義者才在上述的各項信條中，一再強調「相干與行動」，例如「實質優先於技術」、「含混勝於無關的精確」、「使得政治研究相干於當前迫切的社會問題」、「促使政治研究伸展及於危機時期中人類的眞正需要」、「負有知識份子的責任」、「致知即是負起行動的責任」、以及「行動乃在改造社會」等。

　　可是，如果爲了應急，便將所有研究資源完全投入危機處理而終止基礎研究，那麼這豈非爲了一時的解決方案，而犧牲了長久的知識累積目標嗎？退一步說，假使安然度過當前的社會危機，我們就可高枕無憂了嗎？在終止基礎研究下，將來一旦面臨更大的社會危機，我們不是要陷入更大的窘境而更加手足無措嗎？在缺乏可靠的科學知識之下，今日的應急方案，不會淪爲明天的過時廢物嗎？顯而易見的，因應當前社會危機固然重要無比，但持續基礎研究也是舉足輕重。

　　那麼，後行爲主義者是否具有一個兩全策略，既可推進短程的應用研究，又不排斥長程的基礎研究？Easton（1971: 332-348）指

出，後行爲主義者所採取的兩全策略，乃是適當分配應用研究與基礎研究的一種策略。這種兼顧兩者的策略，可以分從「政治學科」與「政治學界」兩個層面加以說明。

首先，在「政治學科」的關注層面上，政治學者應該繼續確認基礎研究的重要性，但要將大部分的研究經費與人力，投入當前重大社會問題的探討，進而運用「目前可以取用的知識」，力求一個暫時性的解決方案，儘管這些「目前可以取用的知識」尚非顛撲不破的科學知識，或者，尚屬十分有限而難以直接應用的科學知識。誠然，歷年來，美國政治學者也常針對社會議題，而向聯邦政府、州政府、地方機構、政黨及其候選人，提供研究報告或提出建言。因此，在「政治學科」的關注層面上，後行爲主義者所採的策略，端在於意識型態上修正行爲主義的「理想的科學意象」，也就是將「一旦基礎研究尚乏成果，切勿輕言應用研究」的科學意象，修改爲「略少基礎研究，更多應用研究」的科學意象。簡單說，後行爲主義校正了基礎與應用兩種研究之先後順序的「觀念」（Easton, 1971: 353）。

其次，在「政治學界」的關注層面上，後行爲主義者力主「經世濟民」的行動意象。依據Easton的說明，行爲主義曾經強調知識與行動的區隔，進而認爲政治知識的擁有，並不蘊含「付諸行動」的義務。應否憑藉知識以期造福桑梓，端在於政治學者個人的自由選擇，而非其勢必履行的一個特殊義務。除了知識與行動的區隔外，行爲主義也著重「目的」與「手段」的分割，從而主張身懷專業知識的政治學者，僅在達成目標的「手段」上提供建言，而不在「目的」的正當上提出忠告。在行爲主義這樣的見解下，政治學界逐漸孕育出「不關心政事」的冷漠意象。

對後行爲主義來說，應用研究的重要性，既然不下於基礎研究，那麼知識與服務之間的界線也就日益模糊，甚至消失殆盡。知識與服務之間的區隔一旦消失無蹤，身具專業知識的政治學者自當運用知識服務桑梓；若懷寶遁世，則有逾越道德尺度之嫌。Easton

（1971: 367）指出：「原子彈在廣島爆炸後，自然科學家本著專業知識，組成遊說團體去催促政府採取一些避免原子戰爭的政策……1970s年代的國內動盪與國際危機，如同投入社會科學家良心深處的一顆原子彈，驚天動地的震醒他們去體會新穎的、廣泛的政治責任的意義。」據此而言，應用知識的判準，乃是造福人群的公益觀，而非服務政治菁英的私利觀。顯然的，後行為主義特別標明社會義務的觀念，因而在「相干信條」中的第(5)項，要求政治學者負起知識份子的責任，「保護人類文明的價值」，並在第(6)項中，倡導「致知即是負起行動責任」與「行動乃在改造社會」。總之，時代的危機，促使後行為主義在實踐上與道德上皆難以袖手旁觀，因而拋棄「不關心政事」的冷漠意象，改採「經世濟民」的行動意象，從而要求政治學者，不論在個體上或在專業團體上，皆應扮演三種角色：教學研究的學者、提供建言的顧問、及實際行動的政治人物。

（二）價值研究與價值中立

在後行為主義的七項「相干信條」中，最引人注目的，莫過於第(4)項目了。依據筆者的解讀，第(4)項目至少可以包含三種斷言：「價值的研究」、「價值的建構研究」、及「價值不曾中立」。下文分就這三個斷言，提出進一步分析。

事實上，第(4)項目中的「價值的研究」，可以再次分成「價值性的事實」（value-fact）與「價值的真偽」兩種研究。本章第二節曾經指出，「價值性的事實」基本上乃是一種經驗述句，因而當然落在科學研究的範圍之內。這就是說，即使完全接受「情緒說」，從而斷定「價值只是情緒反應」，「價值性的事實」依然是政治研究領域中不可或缺的一個主要部分。因此，在「價值性的事實」是否（或應否）研究的課題上，後行為主義仍然遵循行為主義的立場，毫無些微改變。進一步說，依據第四節的分析，行為主義主張「價值的真偽」問題，落在科學研究的範圍之外。那麼，在這

個重要的課題上，不滿意行為主義的後行為主義，究竟抱持何種立場呢？十分顯然的，後行為主義既然高舉「相干與行動」的大旗，進而呼籲「保護人類文明的價值」、倡導「致知即是負起行動責任」、及「行動乃在改造社會」等主張，當然明確放棄「情緒說」，不再接受「價值只是情緒反應」的見解。可是，除了繼續「價值性的事實」之研究外，後行為主義是否要將「價值的真偽」問題納入研究範圍之內呢？可惜，如同行為主義時期的Dahl，對於這個更進一步的基本問題，後行為主義者也都存而不論。一般而言，在第(4)項目的主張上，後行為主義者的主要論述，乃在於「價值不曾中立」與「價值的建構研究」。

　　本章第四節曾經指出，在「價值偏好終屬情緒反應」的主張下，行為主義要求研究者應盡最大努力去排除個人的價值偏好，勿使個人價值左右了研究的「計畫、執行、及評估」。然而，筆者曾經特別指出，這種「應該盡力去做」之類的要求，實際上也是一項價值判斷，因而引述Dahl的著作，指出行為主義與反行為主義「雙方實際上皆會同意」的六個論點。換言之，行為主義不在題材選擇、重要性判準、真理追求、宇宙秩序、觀察證據、研究自由等六個層面上，斷定研究者可以完全排除價值判斷。那麼，不滿意行為主義的後行為主義，在這個議題上究竟抱持何種立場呢？

　　大體而言，後行為主義者繼續沿用行為主義的主張，只不過將上述六個要點，濃縮合併成為「研究者的個人價值」、「科學的預設價值」、以及「社會的既有價值」等三個層面，從而在第(4)項中明白宣示「科學不能且永不曾在評價上中立，儘管有人作相反宣稱」。

　　後行為主義所謂之無法免除「研究者的個人價值」，乃指研究者在研究題材的選擇、研究現象之重要性或相干性的判斷、研究變項的篩選、及研究資料的蒐集等方面，皆會受到研究者個人價值的影響，因而不能維持價值中立。Easton（1971: 338）指出：「所有的研究，不論是應用研究或是基礎研究，都要依賴在某些價值前提

上。然而，研究能夠成為價值中立的、或能夠排除價值的迷思，卻不易根絕……這種不易根除的迷思，意指我們所選擇的研究題材、所設定的研究變項、所蒐集的資料、及所提出的闡釋等，皆具超凡的、原初的純淨性，而不受我們有意識或無意識依附的價值前提的左右。」

後行為主義所謂之無法去除「科學的預設價值」，則指科學研究本身必須預設某些價值判斷，例如，「真理值得追求」、「真偽之辨是有價值的」、「宇宙具有法則性」、「言論自由」、及「研究自由」等。

進一步說，除了「研究者的個人價值」與「科學的預設價值」之外，後行為主義還特別強調任何研究皆會受到「社會的既有價值」的影響。實際上，上述有關「應用研究」的各項討論，早已預設「任何研究皆受社會價值之影響」的見解。Easton（1971: 357）說：「科學義務的觀念與研究資源的分配概念，終竟上依賴在我們想要科學成為什麼與去作什麼的價值判斷之上。科學應該成為什麼的意象，關聯著時空的壓力大小。」如此說來，任何研究既然受到社會價值的左右，那麼在這個層面上宣稱價值中立的一些行為主義者，自然成為一個易被攻擊的對象。

後行為主義者指出，美國行為主義者大體上皆在美國社會的價值架構內進行實證研究，無形中便接受了美國社會的主流價值，不會針對這些價值前提，進行深刻的省察或提出尖銳的挑戰，因而或多或少滿意美國政治系統的實際運行，至多僅會認為「稍作改良即可」。Easton（1971: 337-338）說：「就作為一個學科來說，我們證明了大家無法自拔於我們自己的政治系統。後行為主義者指出，這種研究上的近視，在發現那些構成權威性決策之制訂與執行的基本力量上，使得我們提不出正確的問題……在相當程度上，我們集體戴上眼罩，以至於妨礙我們確認那些迫在眉睫的其他主要問題。」基於這種緣故，後行為主義者才在第(2)項目中批評行為主義「隱藏著經驗保守主義，或培養一種社會保守主義的意識型

態」，進而在第(3)項目中宣示「突破沉默的柵欄」的任務。

那麼，後行為主義者如何掙脫既有之價值前提（或價值體系）的束縛呢？或者，如何擺脫社會保守主義的桎梏呢？大體而言，突破「沉默的柵欄」的一般方式，至少計有三種。

第一種方式，乃是研究者本人在其論著中公開表明個人的價值前提（或價值體系），以資作為經驗研究的「價值前奏」。這種方式的基本設想乃是，若研究者不能排除價值前提（或價值體系），則應在其論著的「前言」中，明文陳述本身的價值前提（或價值體系），以供公開評估其可能產生的後果，然後再於論著的「正文」中，敘述事實命題的檢定結果。依據筆者的淺見，這種純屬形式要求的方式，雖然有其優點，但卻奠基在一個不太契合實際的假定之上：研究者通曉本身的價值前提（或價值體系）。實際上，研究者通常不太能夠精確掌握本身之價值前提（或價值體系）的精義；去精確掌握本身之價值前提（或價值體系）的精義，並非一件「折枝反掌」的輕易之事，而需某種程度的創造力與長期的深入研究。簡單說，價值前提（或價值體系）的自我澄清，要求研究者在「道德研究的概念與程序」上，具有一定程度的訓練與經驗（Easton, 1971: 229）。

為了滿足價值前提（或價值體系）之自我澄清的要求，去突破「沉默的柵欄」的第二種方式，便是價值前提（或價值體系）的長期省察。由於研究者未必明確理解其價值前提（或價值體系），也不易掌握價值體系內各個價值的層級次序，所以應該透過一個足以展現該價值體系的實際情境，而來進行長期的省察，以期爬梳其中的複雜關係。然而，設想一個足以展現價值體系的實際情境，雖是一個引人的構想，但卻是一個難以付諸實現的高遠理想。

除了上述兩種突破「沉默的柵欄」的方式之外，後行為主義最重視的突破方式，乃是第三種方式，也就是所謂的「價值的建構研究」。這種突破方式是指，研究者基於行為主義的一些研究成果，去追溯本身之價值前提的可能後果，並檢視各種型態的政治系統，

進而設想一些可能的、新的、好的政治關係或制度安排，以期領會本身政治系統的缺失，並探究必要的更新之道。值得注意的是，Easton（1971: 363-364）指出，這種創造性的價值研究，不是「回復古代哲學的直覺玄思」，也不是「印象式的分析」，而是要在「最廣泛系絡內，運用既有知識，陳構新的政治安排」。簡單說，突破「沉默的柵欄」的第三種方式，乃指研究者應該奠基在行為研究既得的科學知識之上，去進行各種可行的價值判斷。

綜合上述，我們可以清楚看出，後行為主義不同於行為主義之處，計有下述三個方面。第一，後行為主義將行為主義的「理想的科學意象」，修改為「略少基礎研究更多應用研究的科學意象」。第二，後行為主義拋棄行為主義之「不關心政事」的冷漠意象，改採「經世濟民」的行動意象，從而要求政治學者都應扮演三種角色：教學研究的學者、提供建言的顧問、及實際行動的政治人物。第三，後行為主義放棄「情緒說」，從而彰顯「價值的建構研究」的重要性。不過，在放棄「情緒說」之下，後行為主義卻對「價值的真偽」是否落在科學研究範圍之外的問題，抱持著存而不論的緘默態度。無論如何，這三個不同之處，顯然都是屬於知識責任之類的信念更動，而非方法論的根本變動。

除了依循行為主義的方法論之外，後行為主義承襲行為主義之處，至少計有下述兩個。第一，「價值性的事實」乃是政治研究領域中不可或缺的一個主要部分。第二，行為主義者在題材選擇、重要性判準、真理追求、宇宙秩序、觀察證據、研究自由等六個層面上，不會斷定研究者可以完全排除價值判斷。後行為主義者繼續沿用行為主義的這種主張，只不過將六個層面上的要點，濃縮合併成為「研究者的個人價值」、「科學的預設價值」、以及「社會的既有價值」等三個層面，從而明確宣示，在這三個層面上，「科學不能且永不曾在評價上中立」。

總括後行為主義與行為主義之間的相同及不同主張，我們可以斷定，後行為主義的一些修正，旨在因應短程的時代需求，但未

放棄長程的科學目標。誠然，Easton說過的一段話，確可作爲本節的一個適當結語。Easton說：「後行爲主義不是行爲研究的一項威脅，而是它的一條延長路線。這條延長線乃用來回應當前時代的重大問題……爲了能在實質意涵上更加扣緊我們的時代問題，後行爲主義支持並擴展行爲主義的方法與技術。」（Easton, 1971: 333, 348）

六 改造運動

後行爲主義盛行於二十世紀七十年代的美國政治學界。八十年代之後，這個承襲行爲主義之方法論主張的後行爲主義，逐漸失去耀眼的光彩，美國政治學界也就漸漸呈現出群雄並立的多元局面。根據著名民主理論家John Dryzek（1953-）的敘述，在八、九十年代的美國政治學界中，行爲主義、理性選擇理論、文化分析、新國家主義、新制度論等，各盡其妙而呈現出多元局面（Dryzek, 2006: 491）。

值得注意的是，依據Dryzek的剖析，在各盡其妙的多元局面中，理性選擇理論、文化分析、新國家主義、新制度論等，都不夠格成爲美國政治學界中的「革命性運動」；唯有行爲主義才是「革命性運動」，並且更是二十世紀以來「唯一成功的革命性運動」。[15]Dryzek鄭重指出：「行爲主義的方法、技術、以及研究題材的遺產，一直持續到今日。」（Dryzek, 2006: 492）據此而言，二十世紀五、六十年代如日中天的行爲主義，雖在七、八十年代後逐漸喪失奪目的光彩，但其「科學化主張」的影響力道依然綿綿不絕，直到二十一世紀之初，方才再度遭受到稍有規模的明顯質疑。

---

[15] 關於「革命」、「革命性運動」、以及「成功的革命性運動」等語詞的意思，參見本書第一章的註14。

這個稍有規模的明顯質疑，便是方興未艾的「改造運動」。

2000年10月15日，一封署名「改造先生」（Mr. Perestroika）的電子郵件，針對美國的政治研究現況，提出十一個十分尖銳的問題，公開質問《美國政治學評論》與《政治學與政治》的編輯。[16] 這封隱匿真實姓名的電子郵件，原先傳送給十位政治學者，並請這十位政治學者儘可能轉寄相關人士；不久之後，改造運動的呼籲，「就像野火燎原般地迅速傳開來」（Monoroe, 2005: 1）。

誠然，改造運動既然屬於一種「潮流」或「運動」，則其內涵與外延，便不易明白確定，甚至眾說紛紜而無定論。不過，改造運動者Gregory Kasza的說明文章（Kasza, 2001），或許不失為一個頗具代表性的概觀。一位對於改造運動頗有微詞的政治學家Peter Steinberger，曾對Kasza（2001）的說明文章，提出這樣的評述：「沒有理由讓我相信，這篇文章具有任何的特殊權威……我也不期望其水準會同於一般評審通過的論文。然而，大體上它沒有電子郵件（包括「改造先生」的原先郵件）中常見的鬆散與草率……縱然它是一篇簡短形式的文章，但對於改造運動的核心要旨，確實提供了一個代表性的與周全性的合理概觀。」（Steinberger, 2005: 548-9）

根據Kasza（2001）的說明，「改造運動」的主旨，端在於反

---

[16] 「Perestroika」一詞，原是俄文。蘇聯政治領袖Mikhail Gorbachev（1931-）於1985年任職蘇聯共產黨總書記時，運用此一語詞，提出一系列的根本改革方針。美國政治學界的「改造先生」，深受Gorbachev改革蘇聯的鼓舞，因而選用「Perestroika」作為電子郵件的署名。根據Kristen Monoroe的說明，在Gorbachev的用法中，「Perestroika」一詞至少計有七個不盡相同的界說。在這七個不盡相同的界說中，其中兩個界說可以十分貼切地彰顯出美國政治學界中的兩個改革熱望，因而美國改造運動者運用「Perestroika movement」來標誌美國政治學的改造要求。Monoroe說：「俄文名稱反映出改造運動的兩個核心理想：致力於重建美國政治學，以及將新觀念、新參與者引入政治過程。」（Monoroe, 2005: 1, see also 3-4, n.2）

對「操弄數學符號而漠視實質內涵」的美國政治研究現況，從而力主「恢復政治哲學在政治研究中固有的核心地位」。在Kasza（2001）的說明中，美國政治學界中的理性選擇理論、形式模型建構、以及量化研究等操弄數學符號的「硬科學」（hard science），乃是宰制美國政治學界的霸權。這個主宰美國政治學界的霸權，在研究生的訓練課程、獎助金的來源、工作市場的就業狀況、領導地位的學術期刊等方面，持續不斷地傳送出一個十分強烈的信息：政治研究的核心，就是數學推理與統計推論（see also Smith, 2005: 526）。

　　Kasza指出，「硬科學」的霸權，已在美國政治研究領域中產生三大弊病。第一，它威脅到學術自由。Kasza（2001: 597）說：「為了迫使我們順從，有些硬科學家在僱用、升遷、及出版等的決策上肆意操縱。……在今天，硬科學竟然使得許多年輕學子深信，為了進入這個專業領域，首先必須犧牲知識的完整性。」一位自詡為改造運動者、但又自稱會被他人歸類為被改造對象的政治學者Kristen Monoroe也坦誠指出，許多參與改造運動的年輕學者，由於害怕霸權者的報復，而不敢顯露真正的身分姓名（Monoroe, 2005: 1, 4; see also Kaufman, 2005: 89）。第二，它致力於數學符號的複雜操弄，從而使得政治研究成為「壞科學」（bad science）。Kasza（2001: 597）指出，由於硬科學家操弄複雜的數學符號，所以其研究結果的審查工作，自然而然地落在「自家人」身上，十分欠缺「外部的評審」。第三，它脫離真實的政治生活，從而不過問規範性的與實踐性的研究課題。Kasza（2001: 597）說：「就規範面而言，硬科學家忽視道德問題。他們逐將古典政治哲學遠推到『課程的邊緣』之處。就實踐面來說，硬科學家表面上似在處理經驗問題，但不可避免地墮落到非經驗性的數學練習。……真實的、活生生的人類政治行動，實在不易契合理性的選擇均衡或任何其他相當嚴密的理論公式。因此，發展硬科學之政治理論的唯一出路，便是隔絕經驗世界。」

　　鑑於這三大弊病，Kasza諷刺說：「理性選擇理論家William Riker喜好把政治學比喻成一條沉船，而自詡理論選擇理論就是將它拖到港口的唯一拖船。事實上，Riker及其門徒的行為，無異於將政治學劫持到一個相當貧瘠的荒島上。因此，說其言行如同海盜，乃是一個較為真實的說法。」（Kasza, 2001: 599）

　　為了糾正這種不當的「硬科學」，改造運動者提出「周全科學」（ecumenical science）的呼籲。改造運動者所謂的「周全科學」，乃是希望政治學者根據「問題驅策的研究」（problem-driven research）、「方法論的多元主義」（methodological pluralism）、以及「科際研究」等三項原則，而來進行研究。為了具體實現這三項原則，改造運動者分別在專業組織、專業期刊、課程設計、以及研究生的方法論訓練等層面上，提出下述七項具體建議（Kasza, 2001: 598-599）：

(1)必須恢復政治哲學在政治研究中的核心地位，以至於使得政治生活的目標，再度成為我們共同關注的焦點。在現行的課程安排上，硬科學的方法論，竟然取代政治哲學而成為研究生的核心課程。這樣的課程安排，非但沒有增加我們的政治知識，反而導致一種狹隘的「科學觀」。在這種狹隘的「科學觀」之下，研究數量雖然增多，但其研究目的，總在於某種方法或研究法的「測試」（test-drive），而不在於提高我們的政治知識。（無庸置疑的，大學生的註冊人數，已經隨著硬科學的獨霸而同步暴跌。）政治哲學的復興，將使我們環繞著共同的規範論述而結合在一起，並且方法論將會再次變成我們的研究手段，而非研究目的。

(2)我們需將方法論的訓練，擴展到演繹理論與量化研究之外，以便包含質性研究的方法。

(3)我們必須追求各種的革新策略，從而環繞著實質問題

去重組我們的研究。這可能包括教職員隨著題材（而非次領域或臨時研究組織）去組成研究陣線。我們應將學科中之標準的次領域，視為行政上的權宜做法，而非看作「創造性的研究組織」的一個固有障礙。例如，在性別與政治、移民與民權、政治與基因等重要的新穎題材上，要求研究者去組成一個「創造性的研究組織」。

(4)我們必須力圖挽回政策研究的式微趨勢，以期作為邁向「重新鼓舞『問題驅策的研究』」的一大步。假使政策研究繼續以一種方式（實踐經濟研究飛離經濟系的方式）移向各種公共行政學派，那麼將是政治學的一場災難。假使比較今日學界中經濟系與商學院的規模，那麼我們可以得知，那將社會科學化約到貧瘠的理論努力，顯然代價不小。

(5)必須改革我們的專業結社與專業期刊，以期強調政治的實質，並著重各種方法與研究法的兼容並蓄。在專業期刊上，最具聲望的《美國政治學評論》，需要加以改革。在專業結社上，必須促進婦女、少數族裔團體、外國學者、以及文藝教職員等的完全參與；對於我們希望孕育的「周全性」，所有這些人的完全參與，將有各種的特別貢獻。

(6)必須更新我們對於世界各個不同區域的研究旨趣。就經驗性的政治理論來說，跨文化的比較研究（cross-cultural comparisons），可能是理想的基準，但它不是「非文化的研究」（acultural research）。假使仿效經濟學去排斥國外的區域研究，那麼比較政治研究也就成為一件不可能之事了。在研究生的學程上，切勿容許統計課程取代外國語文。我們尤其需要提高教職員之非西方世界的專門知識。切勿容許「非西方的區域

研究」隨著外在基金的消長而起伏不定，以免返回政
治研究的黑暗時代。在政治研究的黑暗時代中，所謂
的「政治」，僅指少數富裕之西方國家的政治。

(7)我們必須推進科際研究，這不僅僅止於去吟詠科際研
究的讚詞，而是需要透過教育下一代學者而來力行
之。……我們必須推進研究生的訓練。在研究生的訓
練上，不但需要促使政治學結合其他人文社會科學，
而且也需要促成政治學與物理學之間的結合。我們贊
成「共同學位學程」的擴展，並鼓勵博士生去獲得其
他學科的碩士學位。在「周全科學」的詞彙中，「科
系」與「學科」將是最不被看重的兩個字彙了。我
們贊成一門「非學科訓練的政治學」（an undisciplined
political science）。

上述七項具體建議，迅速獲得美國政治學界的一些回應，從
而至少具有兩個具體成果。第一，政治社會史家Theda Skocpol
（1947-）當選「美國政治學會」第九十八任會長（2002-3），
而比較政治研究家Susanne Rudolph則當選「美國政治學會」第
九十九任會長（2003-4）。這兩位女性政治學家的連續榮任會長，
廣被視為「對於改造運動的許多目標（雖非全部目標）的一種迴
響，即使她們已經成為美國政治學會之既有體制或權力結構的領導
人物」（Monoroe, 2005: 5）。第二，「美國政治學會」於2003年
另外創立一份學術期刊《政治見解》（*Perspectives on Politics*）。[17]

---

[17] 一位反對行為主義的政治學者C. W. Harrington也曾在1966年基於「厭惡數學
符號的操弄」，致函《美國政治學評論》的編輯，建議編輯委員會將《美國
政治學評論》分成兩種期刊：其中之一是《美國電腦玩家評論》，另外之一
則是維持原有的《美國政治學評論》。Harrington說：「在貴刊九月份刊登
的各篇文章中，除了一篇文章外，其餘文章好像都是電腦所寫……充滿著稀
奇古怪的希臘字母、數學符號、以及各色各樣的黑話。本人是否可做一個或

依據該期刊主編Jennifer Hochschild的說明，《政治見解》所要刊載的文章，旨在澄清區域研究、政策研究、規範衝突研究、重要制度研究、重要過程研究等的政治意義（political significance），並且彰顯各種政治評估中潛藏的種種洞見，因而各篇文章必須運用「最少的專門術語」來清楚撰寫（Hochschild, 2003: 1）。不過，這兩項具體成果，雖然難能可貴，但在致知議題上卻屬枝節瑣事，甚至被視爲「可能是轉移焦點的一些伎倆」（Lowi, 2005: 51）。

　　無庸諱言的，除了這些枝枝節節的具體成果之外，「改造運動」所提出的七項具體建議，大部分屬於「新瓶裝舊酒」的主張。例如，第(7)項的「我們必須推進科際研究」，就是行爲主義之八大信條中的第(7)項信條（「政治學家必須更爲『科際性』」）的舊調重彈。再如，第(3)項的「環繞著實質問題去重組我們的研究」與第(4)項的「力圖挽回政策研究的式微趨勢，以期邁向『問題驅策的研究』」，則是後行爲主義之七大信條中的第(1)項信條（「實質優先於技術」）的翻版，同時多多少少也反映出後行爲主義之第(5)、(6)、(7)項信條（「知識份子的歷史角色、責任、以及義務等」）的主張。又如，第(1)項的「必須恢復政治哲學在政治研究中的核心地位」，也類似後行爲主義之七大信條中的第(4)項信條（「價值的研究及其建構發展，乃是政治研究中不可缺少的部分」）。至於第(2)項的「我們需將方法論的訓練，擴展到演繹理論與量化研究之外，以便包含質性研究的方法」，則是無人會加以公開反對的一個箴言。據此而言，「改造運動」雖然極力排斥「操弄數學符號的硬科學」，但實際上並未針對行爲主義以降的「科學

許已算太遲的建議？本人建議，以後的《美國政治學評論》可以分成兩種期刊發行。其中一種刊登那些探討政治學的文章，繼續稱做《美國政治學評論》；另外一種則專門刊載貴刊九月份那類文章，而之稱爲《美國電腦玩家評論》。」（cited by McCoy and Playford, 1967: 8, n.17）。然而，Harrington的建議，在當時並未被採納。

化主張」，進行有系統的批判；或者，並未在霸權者的「科學化主張」之外，提出可供選擇的另外一種「科學主張」。

　　或許就是基於這樣的緣故，John Dryzek方才評論說：「始於2000年的改造運動，雖然震動了美國政治學，但卻缺乏方法論的豐富論證。這意味其所在爭論的，已經變成政治性的，而非知識性的……運動可能改變專業內的權力均衡，但卻使政治研究依然保留現狀而不變。」（Dryzek, 2005: 509）Peter Steinberger（2005）甚至提出四點頗爲尖銳的批判。第一，改造運動者倡議的制度改革，令人困擾不已。因爲他們竟然針對「學術性的與科學性的」問題，提出一些「政治性的」解決方案。第二，他們對於統計分析之無效力、不相干的指責，絲毫不具說服力。第三，政治學界內存在著霸權的指控，乃是無的放矢。第四，「質」與「量」之間的區分，乃是誇大之詞。

　　誠然，「改造運動」乃是一個方興未艾的是運動，目前就去論斷其成敗或功過，或許言之過早。然而，除了專業組織、專業期刊、以及課程設計等制度改造之外，我們或許可以憑藉長久以來的兩大學術潮流，進一步詮釋它的重要蘊含。下文專就「學術性的科學問題」，分從「政治哲學與政治科學」以及「量化研究與質性研究」兩個層面，進一步論述「改造運動」的重要意涵。

（一）政治哲學與政治科學

　　著名學者Peter Laslett（1915-2001）曾在1956年傷感地指出：「無論如何，就目前而言，政治哲學已經壽終正寢。」（Laslett, 1956: vii）行爲主義健將Robert Dahl（1915-）則在1958年愉悅地指出，政治哲學「在英語系國家中已經死亡，在共產國家中業被監禁，而在別處則氣息奄奄」（Dahl, 1958: 89）。然而，七十年代以後，政治哲學的研究趨勢逐漸翻轉，終至煥然一新。不但獻身於政治哲學研究的人才輩出，而且有關政治哲學的學術期刊、專著、叢書、及學術交流等，皆在穩定成長。時至八、九十年代，有些學

者甚至聲稱，「政治哲學的研究，已經蔚爲風尙」（Ceaser, 1990:
114; Richter, 1980: 13-15）。那麼，我們不禁要問，既然「已經蔚
爲風尙」，爲何改造運動者還要高聲呼籲「恢復政治哲學在政治研
究中固有的核心地位」呢？

　　誠然，對於這個基本問題，我們在原則上可以提出幾個可能答
案。例如，八、九十年代政治哲學「蔚爲風尙」的研究盛況，也許
只是一個自我稱許的勉勵之詞，而非名副其實的客觀描述；或者，
政治哲學雖在八、九十年代蔚爲風尙，但現在已經風華不再，從而
退居次要地位；或者，八、九十年代政治哲學的研究盛況，僅是曇
花一現的短暫現象，早已灰飛煙滅而消逝無蹤了。誠然，對改造運
動者來說，儘管無法判定這些可能答案的正確性，但是政治哲學已
被排除在核心地位之外，則屬千眞萬確之事，因而才有「恢復」的
高聲呼籲。

　　然而，從上述第(1)個項目看來，改造運動者並未建構出一套
恢復「固有核心地位」的理論性論述，僅是針對大學的「課程安
排」，提出一個具體建議，從而指出一個可能成效。這個具體的建
議就是，我們應將訓練研究生的核心課程，從現行的「硬科學的方
法論」，改成「政治哲學」。依據改造運動者的見解，這樣的課程
轉變，可以達成「所有政治研究者環繞著共同的規範論述而結合在
一起」的成效。十分可惜，核心課程的這種轉變及其可能帶來的成
效，並未建立在一套理論性的論述之上，從而突顯出改造力道的單
薄。不過，在討論這種理論性的論述上，我們或許可從一個呼應
「改造運動」的視角，來作進一步評述。這個呼應「改造運動」的
視角，就是力主政治研究轉向政治哲學之「規範轉向」的角度。

　　如同改造運動者，呼籲「規範轉向」的政治學者，也十分不滿
政治研究的現況。John Gerring與Joshua Yesnowitz兩位政治學者指
出，一種重視實質問題而比較令人滿意的政治研究，或一門「相干
而有用的」政治學，必須包含三種議題。第一，所在研究的題材，
是否具有相干性呢？亦即，所在研究的題材，是否就是眾所關心而

影響深遠的題材呢？第二，研究者如何在經驗上證明其主要的研究假定呢？第三，不同視角如何改變政策的「好壞觀念」呢？這兩位政治學者進一步指出，對於上述三種不可或缺的議題，當前的政治研究竟然掉以輕心，從而顯露出「不相干」、「不驗證」、「不推敲」等三種特徵。

首先，檢視當代政治研究的「不相干」特徵。John Gerring與Joshua Yesnowitz指出，在當代的政治研究領域中，無關緊要的著作，為數甚為可觀。這些為數可觀但無足輕重的著作，不但包含經驗性的研究，而且包括政治哲學的研究。為數眾多的經驗性研究，「在方法論上可能十分精巧、在宣稱上可能機率地為真、在某一理論架構內可能富有意義、在既有經驗問題中可能意義非凡。然而，在公共政策上或在一般公民關注之處，它們缺乏明顯的意義。」（Gerring and Yesnowitz, 2006: 104）事實上，這種風馬牛不相干的研究特徵，不但呈現在經驗性的政治研究中，而且顯現在哲學性的政治研究上。這兩位政治學者指出，當今為數不少的政治哲學研究，「僅是注意古典政治哲學家曾經說過什麼或在說些什麼，而將『去做什麼才是好的（good）』之規範性的理論工作，放逐到邊緣之處」，因而也欠缺相干性（Gerring and Yesnowitz, 2006: 105）。

其次，檢視當代政治研究的「不驗證」特徵。John Gerring與Joshua Yesnowitz指出，許多經驗性的研究，通常奠基在一些重要的假定之上。這些重要的假定，雖然應被明確驗證，但卻常被當作「不證自明」的前提，從而大大減損經驗研究的相干性質。例如，有關聯邦主義的多數研究，通常假定「對民主政治而言，聯邦主義是好的（good）」，但研究者甚少以一種可以否證的明確形式來表明它，遑論訴諸任何的經驗檢定了。再如，有關社會資本、市民社會、自願結社、參與民主等的研究，時常假定豐沛的社會資本、活絡的市民社會、蓬勃的自願結社、積極的參與民主等，乃是彌足珍貴而值得推薦的社會現象，但卻很少訴諸經驗檢定。又如，一般的政黨研究，通常假定「對治理來說，強而有力的政黨，乃是

好的（good）」，但當需要提供經驗證明時，研究者卻常沉默不語（Gerring and Yesnowitz, 2006: 106）。

最後，檢視當代政治研究的「不推敲」特徵。John Gerring與Joshua Yesnowitz指出，研究者通常會對其研究發現，賦予某一規範性的結論，但很少會從不同視角，來進行此種規範性結論之「好壞」的推敲。例如，在論斷某一「不平等的」政策（或制度）是否合乎公道上，基本上至少計有三個原則：差異原則、功效原則、以及權利原則。依據差異原則，一個損害到社會中處於最不利地位者的政策，乃是不公道的政策。根據功效原則，一個損害到社會中最大多數人的政策，乃是不公道的政策。按照權利原則，一個違反基本人權的政策，乃是不公道的政策。然而，在將某一規範意涵賦予其研究發現上，研究者通常僅是依據某一特定原則（例如功效原則）來辯護某一「不平等的」政策，而不會進一步推敲其他原則（例如差異原則與權利原則）的規範意涵。因此，這兩位政治學者說：「正如計量經濟學已被指控爲站立在搖擺不定的高蹺上，涵蓋更加廣泛領域的社會科學，可能會被指控爲站立在搖擺不定的規範性高蹺上。我們信心滿滿提到一些『理想』，例如民主、平等、不歧視、功效等，但這些『理想』究竟意指什麼呢？並且相對於其他規範性目標以及它們彼此之間，這些『理想』的相對重要性，又是如何呢？……顯而易見的，規範理論必須處理事實，正如經驗研究必須處理價值一樣，兩者並非座落在不同世界之中。經驗理論與規範理論之間的學科分離，不但造成重大損害，而且也是不誠實的分割，因爲它們各自依賴在彼此之間的理解上。」（Gerring and Yesnowitz, 2006: 108）

從上述「不相干」、「不驗證」、以及「不推敲」等當代政治研究特徵的仔細檢視，我們可以清楚看出，其所謂的「相干而有用的政治學」，必須同時包含經驗性與規範性兩種研究。然而，究竟如何「同時包含」這兩種研究呢？或者，究竟如何「整合」經驗性研究與規範性研究呢？

事實上，呼籲「規範轉向」的政治學者，僅僅止於諸如「要將經驗性的科學研究，牢牢地拴在規範性的研究上」之類的宣示，而未提出具體的「整合」步驟。他們說：「去如此做的最佳方式，不是放棄科學，而是要將科學拴在規範關懷上……我們的立場是，經驗研究雖然有別於道德研究，但這兩者必然相互關聯在一起……誠然，政治學中的規範轉向，大部分依賴在經驗研究上。記住，我們所在要求的，不是去排斥『實證科學』，而是將它應用到規範上珍視的題材、將它應用到政治……良好的社會科學，必須整合兩種元素；它必須在經驗上有憑有據，並且必須相干於人類關懷。」（Gerring and Yesnowitz, 2006: 114, 119, 130, 133）

那麼，究竟如何整合「政治哲學」與「實證科學」呢？雖然改造運動者與規範轉向者都存而不論，但是我們或許可從規範轉向者之「兩者並非座落在不同世界」的原則性宣示，以及學界人士耳熟能詳的「科際整合」，獲得一些啟發性的見解。

依據筆者的淺見，社會科學的研究旨趣，雖然隨著不同學科而略有差異，但基本上都是環繞著「人及其行為」。換句話說，社會科學中的不同學科，採取不盡相同的理論建構、研究法、方法、以及專門術語等，分就「人及其行為」的不同層面，各自進行深入的鑽研工作。這種學術的分工或專門化，雖然促進各個學科的縱向深度，從而造就了術業有專攻的學者，但也易於斲喪橫向的擴展，進而導致畫地自限的心態，甚至造成隔行如隔山的窘境，終而妨礙「人及其行為」的通盤理解。有鑑於此，「科際整合」的呼籲，也就此起彼落，不絕於耳了。然而，什麼是「科際整合」呢？

早在二十世紀六十年代，行為主義健將David Easton（1917-）就曾指出，學界人士大體上分從應用的層次、學程設計的層次、人員訓練的層次、以及分析單元的層次等，而來提倡「科際整合」。在應用的層次上，所謂的「科際整合」乃指，為了解決社會的某種整體性問題，不同學科的專家學者組成一個研究團隊，從而針對該一社會整體性的問題，各自提出分析結果，進而結合各個分

析結果，共同討論出一個可行的解決方案。Easton（1965: 14）說：「專家團隊為了實踐目的而一起工作，提供了一種科際整合方式。」在學程設計的層次上，所謂的「科際整合」乃指，透過特定學程的研究訓練，促使研究人員學得相干而適當的任何知識與分析方式，以期突破單一的學科思維，進而打破學科之間的壁壘。Easton（1965: 14）說：「在這種學程中，單一學科的正式名稱，乃是不得提起的禁忌話題。」在人員訓練的層次上，所謂的「科際整合」乃指，一個研究生接受兩個或三個學科的訓練，從而使得不同學科「整合在單一個體」上。因此，單一學科的正式名稱，不是一個不得提起的禁忌。Easton（1965: 14）說：「此處，訓練是學科性的，但訓練結果則是兩個或三個學科的整合。」在分析單元的層次上，所謂的「科際整合」乃指，人類行為中具有某種根本的分析單元，從而可以發展出某些共同的行為通則，藉以建立基本的、共同的社會理論。例如「行動」、「決策」、「選擇」、「系統」、「功能」等，也許能為「宏觀理論」（macrotheory）或「微觀理論」（microtheory），提供一個適於各個不同學科的、基本的、共同的分析單元。Easton（1965: 15）說：「共同的分析單元，易於契合每一學科的特殊題材。在理想上，共同的分析單元，乃是可以重複的、無所不在的、分子式的……在這種方式之下，它們構成一切社會行為所賴以形成的分子，從而透過不同的制度、結構、以及過程而表現出來。」

　　從上述四種「科際整合」的具體方式，以及政治哲學與實證科學「兩者並非座落在不同世界」的提示，我們或許可以提出一個簡易可行的整合程序。

　　首先，身為一位政治研究者，我們當然受過「政治哲學」與「硬科學的方法論」的兩種訓練，從而足以落實「兩者並非座落在不同世界」的原則性宣示。其次，從分析單元的整合提示，我們或許可以提出另外一個具體的整合方式。這個另外可行的簡易整合方式，就是「相同的研究題材」的整合。例如，「公民身

分」（citizenship）這一研究題材。在當今的政治哲學的研究領域上，「公民身分」的概念，不但密切關聯著自由主義的個人權利觀念，而且緊密關係到社群主義的社群觀念，從而成爲一個衆所矚目的核心課題（Kymlicka, 2002: 284）。在當今的實證科學（經驗主義）的政治研究領域上，「公民身分」的研究，一直在環保、社會福利、低政治參與率、低民主態度、少數族裔團體、獨立運動、移民、歐洲聯盟、以及全球化等議題的推波助瀾之下，成爲大規模的全國性與國際性的調查研究課題（Heisler, 2005; Pattie, Seyd, Whiteley, 2004）。因此，爲了通盤理解「公民身分」及其理論建構，政治學者可以憑藉規範性與實證性兩種研究領域內既有的研究成果，解析「公民身分」的概念製作與測量項目，進而提出一個廣全性的經驗理論或規範理論。再次，不論在應用的層次、或在學程設計的層次、還是在人員訓練的層次，我們都可透過研究團隊或個人訓練的方式，針對「相同的研究題材」，進行整合研究。筆者不揣簡陋，曾經嘗試運用「公民身分」的概念，具體例釋經驗研究與規範研究之間的一個整合方式，請見郭秋永（2009）。

（二）量化研究與質性研究

改造運動者既然齊聲反對「操弄數學符號而漠視實質內涵」的美國政治研究現況，那麼對於蔚爲風氣的「量化研究」（quantitative research，或譯爲「量的研究」），當然抱持十分強烈的質疑態度。因此，他們一方面提出「問題驅策的研究」，企圖取代所謂的「方法驅策的研究」（method-driven research）；另一方面則主張「方法論的多元主義」，試圖指明「量化研究」與「質性研究」（qualitative research，或譯爲「質的研究」）不是互斥的兩種研究，或者，「量化方法」（quantitative method，或譯爲「量的方法」）與「質性方法」（qualitative method，或譯爲「質的方法」）不是互斥的兩種方法。[18]

---

[18] 有些學者將「方法驅策的研究」，稱爲「方法崇拜」（methodolatry）

　　「量化研究」與「質性研究」不是互斥的兩種研究嗎？或者，「量的方法」與「質的方法」不是互斥的兩種方法嗎？假使不是，那麼它們之間究竟呈現出何種關係？顯而易見的，這種問題涉及政治研究上爭論不休的一些難題。為了爬梳其中的重重糾纏，我們首先必須針對一些最基本的觀念，例如「質」（quality）、「量」（quantity，或譯為「數量」）、「數」（number，或譯為「數字」）、測量（measurement）、「量的方法」、「質的方法」、「量化研究」、「質性研究」等，進行一些澄清工作。

　　「質」是指某種事物（或某種人）有別於其他事物（或其他人）的屬性（attribute）。我們能夠分辨某種事物（或某種人）的差別，端在於其「質」的差異。任何事物（或任何人）之「質」中所含的屬性，可以說是「不可勝數」。當我們將兩種事物（或兩種人）描述為「相同」之時，乃指這兩種事物（或這兩種人）在某一特定屬性或某些特定屬性上「近乎一樣」。大體而言，「近乎一樣」的程度，可以透過「數」來表示。「數」屬於分析命題中的抽象概念，並不指涉經驗世界，例如「3」本身，並不指涉經驗世界。當經驗世界中某種事物（或某種人）的屬性，例如「可吃的」（或「可敬的」），結合著「數」之時，例如結合著「3」，便構成了某事物的「量」（或「數量」），從而指涉經驗世界中特定的經驗訊息（empirical information），例如「3種可吃的食物」或「3個可敬的人物」。因此，「量」不是事物（或人物）本身固有的屬性，而是事物（或人物）之「質」的延伸（Golembiewski, et al., 1969: 439）。[19]

（Punch, 1998: 5, 21）。「方法崇拜」一詞，是由「方法」（method）與「盲目崇拜」（idolatry）兩個單字所組成，用來描述那些著重方法而不顧實質問題的研究，或用來描述那些硬以實質問題來配合方法的研究。

[19] 基於這個思維，「量化」（quantification）是一件言之成理之事，而「質化」則稍嫌彆扭。誠然，我們可將已經「量化」的資料，轉成「質的資料」。這就是說，我們可以針對「量的資料」，進行「質化」的轉換過程，

　　所謂「經驗世界中特定的經驗訊息」，就是一般所說的經驗材料（empirical material）或資料（data）。當然，有關經驗世界中特定的經驗訊息（或經驗材料或資料），未必都是運用「數字」來表達。當資料是用數字形式來表達時，稱為「量的資料」（quantitative data）；反之，則稱為「質的資料」（qualitative data）。因此，在一般教科書中，「量的資料」的界說，便是「數字形式的經驗訊息」；而「質的資料」的界說，則為「不是數字形式的經驗訊息」（Punch, 1998: 59）。

　　誠然，「量的資料」不是「自然而有的」或「上天賜予的」，而是「人為的」。這就是說，那將數字加諸資料的，乃是研究者。因此，所謂的「測量」，就是「研究者按照一套特定規則，而將數字指派到事物、人物、事件、或任何東西」（Punch, 1998: 58）。然而，「測量」雖指研究者將資料轉成數字的過程，但轉化而成的「數字」，卻未必都是適合於加、減、乘、除的運算。因此，在一般教科書中，便依據轉換而成的「數字」是否適於加、減、乘、除，而將「測量」分成四種尺度（scale）：類別尺度（nominal scale）、順序尺度（ordinal scale）、等距尺度（interval scale）、等比尺度（ratio scale）。[20]

而使「量的資料」轉成「質的資料」。然而，自量化研究者看來，在進行統計分析或數學運算上，「量的資料」遠遠優於「質的資料」。因此，除非萬不得已，他們不會進行這種轉換，亦即不會進行「質化」的轉換程序。進一步說，「qualitative research」這一術語中的「qualitative」，僅有「質的」而無「質化」的意思。因此，「qualitative research」這一術語似乎不宜翻譯成「質化研究」，儘管「質化研究」乃是台灣學術界中最常用的一個譯名。同樣的道理，「qualitative data」也不宜翻譯成「質化資料」。不過，「quantitative research」這一術語中的「quantitative」，雖然也是僅有「量的」而無「量化」的意思，但是「量化研究」或「量化」的中文譯名，似可把握「量是質的延伸」的基本觀念，因而本書沿用台灣學界的翻譯習慣，也使用「量化」與「量化研究」的中文譯名。

[20] 類別尺度乃指分類，也就是研究者根據觀察對象的屬性，而將之歸入不同的

　　值得注意的是，「量的資料」既然出自人為，那麼研究者在將數字加諸於資料時，或研究者在將事物屬性轉換成為數字時，是否就會喪失了事物中某些重要的「質」呢？經驗主義與闡釋主義之間的一個關鍵性爭議，就在於社會資料是否適於「量化」（quantification）的議題，也就是社會資料中的「質」是否適於轉換成為數字的議題。換句話說，所在爭議的對象，不是「量化方法」（或統計方法）本身的優劣，而是「量化方法」是否適於處理並分析「質的資料」。

　　我們或許可以使用上述四種測量尺度中最單純的「類別尺度」，略加說明其中的爭議所在。所謂的類別尺度，實際上就是「分類」，例如，包含「白領階級」與「藍領階級」的階級分類。在資料的分析上，經驗主義者通常運用數字「0」與「1」來

類別中。例如，「男」與「女」的性別分類。在量化研究中，諸如「男」與「女」之類的類別尺度，常被轉成「1」與「0」，裨益於進行統計分析。順序尺度不同於類別尺度之處，端在於其各個類別之間的屬性，具有程度上的差別，從而可以做出一個等第性的排列（例如，1, 2, 3,⋯⋯的排列）。賽跑名次就是一種順序尺度。我們雖然難以斷定其先後順序之間的精確差距（亦即不易斷定第一、第二、第三名之間的精確差距），但是可以看出其先後順序。從數學觀點看來，類別尺度與順序尺度中所標示的「數字」，不能運用加、減、乘、除的算術運算。例如，不能將代表「男」與「女」的「1」與「0」，或不能將表示名次的「1」、「2」、「3」等，進行加、減、乘、除的算術運算。等距尺度不同於順序尺度之處，就在於其各個類別之間的屬性差別程度，不但可以等第排列，並且具有精確的距離。智力測驗所得的智商，就是一種等距尺度：智商「50分」恰在智商「60分」與智商「40分」之間，或者「60−50 = 50−40」。可是，等距尺度並無「真正的零點」。例如，張三在某次智力測驗中得到「0分」，不能就說張三毫無智力。等比尺度不同於等距尺度之處，端在於它具有「真正的零點」，從而可以表示出「倍數」的屬性差別程度。例如，重量就是一種等比尺度。我們可說體重100公斤是體重50公斤的兩倍重（100 = 2×50），但不可說智商100分是智商50分的兩倍聰明。

代表這種類別尺度,從而進行必要的統計分析。那麼,在「0」與「1」的數字轉換過程中,「白領階級」與「藍領階級」的社會意義,是否就會喪失殆盡呢?

經驗主義者提出「不會」的答案。[21]有些極端的經驗主義者甚至宣稱:「每一事物不是『1』就是『0』,毫無『質的資料』這種事物。」(cited by Read and March, 2002: 236)然而,闡釋主義者則提出「會」的答案。有些極端的闡釋主義者甚至聲稱量化研究只不過是GIGO(garbage in garbage out)式的研究:將扭曲變形的、如同垃圾的、錯誤的「量的資料」,投入電腦中進行套裝的統計分析,所得出的結果,仍然是扭曲變形的、如同垃圾的、錯誤的「量的結果」(cited by Miller, 1995: 166)。

提出「會」答案的闡釋主義者,致力於「質的資料」的細緻分析,當然不願將其資料進行「量化」的數字轉換。因此,闡釋主義者的研究常被稱為「質性研究」,而其所採用的方法則被稱為「質的方法」或「質性方法」。提出「不會」答案的經驗主義者,專注於「質的資料」的量化轉換,以期進行統計分析或數學演算。因此,經驗主義者的研究常被稱為「量化研究」,而其所採用的方法則被稱為「量的方法」或「量化方法」。在一般的教科書中,常將兩者之間的差異,對照表列如下:

---

[21] 此處僅以類別尺度說明經驗主義的「量化」立場,因此,經驗主義者可以明確提出「不會」的答案。然而,當涉及「順序尺度」(或「等距尺度」或「等比尺度」)時,在將質資料轉化成量資料之際,例如,在將「政治興趣」這一概念轉成「政治興趣量表四道問卷項目的得分」時,原先概念(例如,「政治興趣」)的社會意義,未必等於已被量化概念(例如,「政治興趣量表四道問卷項目的得分」)的意義。因此,當涉及「順序尺度」以上的測量時,經驗主義者不會斬釘截鐵地提出「不會」答案,而會致力於強化原先概念與已被量化概念之間的密切關係。關於原先概念與已被量化概念之間的關係,或原本概念的運作界定,參見本書第四章(「概念製作與假設檢定」)。

量化研究	質性研究
使用標準化的抽樣方法、訪問方法	使用沒有標準化的參與觀察法、深度訪問法、焦點團體法
運用統計分析	運用敘述分析
在蒐集所有資料之後才開始進行分析	在蒐集所有資料之前就已開始進行分析
使用大量資料	使用少數個案
植基在經驗主義	植基在闡釋主義
旨在建立定律以便進行科學解釋與科學預測	旨在詮釋行動意義以期進行理解工作
進行假設檢定	創造新的概念或理論

＊摘自Pierce, 2008: 178。但也參考McNabb（2005: 342-356）、Read and Marsh（2002）、以及Devine（2002）的敘述，而略加增減調整。

在這樣的對照表列之下，通常引起一些相互指控的尖銳批評（參見Miller, 1995: 166-170; Devine, 2002: 204-207），從而造成兩者之間存有一個不能跨越的鴻溝意象。

　　然而，近幾年來，這種鴻溝式的截然二分，逐漸受到質疑。詮釋「質性方法」的政治學者Fiona Devine指出：「實際上，社會科學家逐漸混和使用質性方法與量化方法。」（Devine, 2002: 202）詮釋「量化方法」的政治學者William Miller也說：「量化研究與質性研究之間的差異，基本上只是樣本大小與樣本代表性而已。」（Miller,1995: 169）詮釋「量化方法與質性方法之結合」的兩位政治學者Melvyn Read與David Marsh則指出，當今多數的經驗研究者都承認，「量化方法」與「質性方法」兩者各有其效用；固守其中一種方法，無異於自我設限，兩種方法的結合使用，則效果非凡（Read and Marsh, 2002: 231）。教育心理學家John Creswell更具體提出「量化方法」與「質性方法」的三種結合形式的研究設計：兩階段形式、主從形式、混和形式（Creswell, 1994: 177）。[22]兩階段

---

[22] Creswell所謂三種形式的英文術語分別如下：「two-phase design

形式的研究設計，是指研究者在一個經驗研究中，先行採取量化方法（或質性方法），然後再採取質性方法（或量化方法）的研究設計。主從形式的研究設計，是指研究者在一個經驗研究中，大部分上採取量化方法（或質性方法）、小部分採取質性方法（或量化方法）的研究設計。混和形式的研究設計，則指研究者在一個經驗研究中混和使用量化方法與質性方法。

　　如此說來，「量的方法」與「質的方法」之間的區分，是否就是一個「虛假的二分」（false dichotomy），從而使得雙方的爭論「淪為膚淺的無謂辯論」呢？（John, 2002: 216）當然，「兩者之間的區分，確有啟發性的作用，但不應誇大兩者之間的差異」之類的答案，乃是四平八穩的言論。

　　然而，值得注意的是，Melvyn Read與David Marsh這兩位政治學者雖然聲稱「實際研究情況的證據顯示出，量化方法與質性方法之間的傳統哲學區分，逐漸被人看成一種虛假的區分」，但是仍然高度質疑兩種方法的結合形式，尤其是Creswell提出的「兩階段形式」與「混和形式」（Read and Marsh, 2002: 235, 241）。其所質疑的憑據，除了一些技術性的細節問題外，端在於經驗主義與闡釋主義之間的根本差異。依據他們的見解，經驗主義的研究旨趣，乃在於發現各種具有普遍效力的「科學定律」，從而特別著重「可重複性」與「可通則化」，因此密切連結著量化方法；而闡釋主義的研究旨趣，則在於詮釋社會行動中潛藏的重要意義，從而特別重視「相干性」，因此密切連結著質性方法。這兩位政治學者鄭重指出：

---

approach」、「dominant-less dominant design」、「mixed-methodology design」。由於這三個英文術語實在不易直接翻譯成中文，以及Creswell交互使用「approach」與「design」兩個字彙而不加以區別，因而此處所謂之「兩階段形式」、「主從形式」、及「混和形式」，皆屬意譯而非直譯。

我們不可能在蒐集並分析量化資料時是一位實證主義者，而在分析質性資料時則轉而成為一位非實證主義者⋯⋯所有的研究者必須嚴肅看待本體論與認識論的議題。對許多研究者來說，這意指方法的結合，只能在一種認識論之內進行。可是，我們見解中最為重要的論點是，當可能分辨「好的」與「壞的」研究之時，「好」與「壞」的判斷標準，將會隨著不同的方法或不同的結合方法而發生變動⋯⋯例如，從事量化研究的實證主義者，將會基於研究結果的可重複性與可通則化，而來做「好」與「壞」的判斷。實證主義者的這種「好壞」的判斷標準，不相干於或少相干於相對主義者。相對主義者從事質性分析，並承認相同資料會有互相競爭的不同詮釋。不主張社會科學僅有一種研究方法，以及不主張我們可以建立起單一的一套判斷標準去判斷「好的研究」，乃是十分重要之事。（Read and Marsh, 2002: 241, 247-248）

　　似乎有點弔詭，在這樣的主張之下，言之鑿鑿的「虛假的二分」，好像又再回復到有憑有據的「真實的二分」。那麼，「量化方法」與「質性方法」之間的區別，究竟是「虛假的二分」，還是「真實的二分」呢？對於這個根本問題，改造運動者至今依然抱持「存而不論」的態度，雖然他們一直強調研究生必須同時接受兩種方法的訓練。依據筆者的淺見，我們可以分從闡釋主義與經驗主義兩個立場，來答覆這個根本問題。

　　首先，在本書第一章中，筆者實際上已經引述過闡釋主義者的一個解答。根據闡釋主義者的見解，一般所謂的「非量化研究」（non-quantitative research），實際上包含「經驗主義的質性研究」與「傳統的質性研究」兩種。經驗主義的質性研究，僅指研究者將大樣本的研究方法，應用到個案研究或少數個案研究。傳統的質性

研究則首重於「行動意義」的理解，完全有別於經驗主義的質性研究。因此，「質性方法」與「量化方法」之間的二分，乃是不適當的分類。比較適當的區分，則是下述的三分方式：「經驗主義的質性方法」（或「實證主義的質性方法」）、「量化方法」、「傳統的質性方法」。[23]

在這種三分之下，闡釋主義與經驗主義之間的差異，除了各種不同的分析方法之外，也顯現在最基本的「資料」見解。依據闡釋主義的說法，「傳統的質性方法」的運用，首先在於「產生」資料，而「實證主義的質性方法」與「量化方法」的使用，則在於「蒐集」資料。闡釋主義者說：「『蒐集』資料乃是實驗室的語言。在這種語言中，蝴蝶、陶器碎片、或其他人造物品等，被物理地蒐集起來，帶回實驗室進行分析。然而，在人文科學所進行之非實驗室的田野研究中，原本的『資料』及其來源，仍然留在原處。被帶回的乃是研究者的豐富訪問紀錄、觀察紀錄、文件摘要……『資料』不是所與事物（things given），而是觀察的、瞭解的、詮釋的事物。所在接近的，乃是資料的來源；資料本身是被產生的。」（Yanow and Schwartz-Shea, 2006: xviii-xix）

在闡釋主義的這種詮釋之下，改造運動所在要求的「方法論的多元主義」（methodological pluralism），就不是「任何事物皆可的多元主義」（"anything goes" pluralism），而是去確認「另外一種的科學研究方法」的正當性。換句話說，若將科學研究比喻為一座大廈、並把方法比喻為房間，那麼「科學大廈」內的「方法房間」，絕對不僅僅止於一間，而是所在多有。Dvora Yanow指出：「改造運動不在要求『任何事物皆可』的多元主義，而是要求去確認一種以上的科學研究方式，當我們仍要保留『科學』這一語詞時。這個論證的蘊含是……在探討某些研究問題上，當發現到一些

---

[23] Pushkala Prasad曾將主張「實證主義的質性方法」的見解，稱為「質的實證主義」（qualitative positivism）（Prasad, 2005: 4）。

比起迴歸分析、路徑分析、理性選擇等更佳的其他方法時，我們便要運用這些更佳的其他方法。那麼，改造運動者並不企圖運用『質的方法』來整批取代『量的方法』，而是要求進一步擴展當代政治研究中具有正當性的方法領域，期能包含其他的、同樣也算是科學的方法。」（Yanow, 2005: 201）

　　其次，對於這兩種方法究竟是「虛假的二分」還是「眞實的二分」的基本問題，經驗主義者可以透過「發現系絡」與「驗證系絡」之間的區別，來加以解決。換句話說，經驗主義者能夠提出下述的答覆，而來規避「眞假二分」的難題：研究者可在「發現系絡」內使用質性方法，而在「驗證系絡」中運用量化方法。

　　事實上，早在二十世紀五、六十年代，行爲主義健將Robert Dahl研究美國New Haven城市的社群權力時，便是採用這種研究策略。Dahl及其研究團隊將這個研究策略，稱爲「兼容法」（eclectic methods）。他們所謂的「兼容法」，乃指研究者在兩個階段上，也就是在「發現系絡」與「驗證系絡」中，分別使用質性方法與量化方法。在第一個研究階段上，也就是在「發現系絡」中，他們使用各種質性方法。例如，針對城中50位活躍人士進行深度訪談，指派一位研究者進駐市政府從事一年的參與觀察，以及閱讀歷史材料、文件、文獻。透過這些質性方法的運用，他們試圖想出適當的問卷題材、良好的問卷項目、以及各種相互關聯的假設。在第二個階段上，也就是在「驗證系絡」中，他們則使用各種量化方法。例如，奠基在深度訪談、參與觀察、歷史文獻等所得到的資訊之上，他們便將「何人治理」的廣泛課題，分成「權力資源如何分配」、「重要決策如何制訂」、「公民如何運用政治資源」等等的特定議題，從而正式做成問卷題目、舉行了三次調查訪問、進行了必要的統計分析，終而印證各個假設而獲得眾所矚目的「多元理論」（Dahl, 1961: vi, 330; Polsby, 1980: 154-156）。

　　總而言之，在反對「操弄數學符號而漠視實質內涵」的旗幟之下，改造運動者一方面力主「恢復政治哲學在政治研究中固有的核

心地位」，從而隱含規範研究與實證研究之間的整合要求；一方面則提倡「量化方法」與「質性方法」的兼容並蓄，從而隱含「任何事物皆可的方法論多元主義」。然而，在前一議題上，改造運動者並未建構出一套理論性的論述，僅是針對「研究生的課程安排」提出一個建議而已；在後一議題上，改造運動者並未正視兩種方法的混和問題。

值得注意的是，關於前一議題，筆者奠基在前人的高見上，提出一個簡易可行的整合方式，這個簡易可行的整合方式，就是「相同的研究題材」的整合；關於後一議題，筆者分別指出闡釋主義與經驗主義的解決之道。就闡釋主義來說，我們應該運用「經驗主義的質性方法」、「量化方法」、以及「傳統的質性方法」的適當區別，來取代「量化方法」與「質性方法」之間的不當二分。在這樣的重新區別之下，改造運動所在要求的「方法論的多元主義」，就不是「任何事物皆可的多元主義」，而是去確認「另外一種科學研究方法」的正當性。就經驗主義來說，「量化方法」與「質性方法」之間的「虛假二分」或「真實二分」的難題，可以透過「發現系絡」與「驗證系絡」之間的區別，來加以解決。這就是說，我們可以在「發現系絡」中運用「質性方法」，而在「驗證系絡」中使用「量化方法」。

七 結語

美國政治學會第六十一任會長（1965-6）Gabriel Almond（1911-2002），曾經引用愛爾蘭一位劇作家的名劇《分桌》，描繪二十世紀八十年代美國政治學界的研究狀況（Almond, 1990:13-31）。這個比喻或許稍嫌牽強，但稍做修改後，頗能彰顯本章的旨意。

　　《分桌》一劇，敘述一間二流旅館的餐廳中，一群過客分桌用餐的情況，藉以刻劃飲食男女的孤寂情懷。依據Almond的比喻，所有美國政治學者皆在進行政治研究，這如同一群過客都在一間餐廳中用餐。其中一些惹人側目的政治學者，按照意識型態與方法論上的懸殊性質，可以分成各行其是而不相往來的四大陣營，例如，史氏註釋派（Straussian exegesis）、數學計量派、批判理論派、及新保守主義派；這如同一些光鮮亮麗的過客，分據四張光線聚集的外側餐桌，而各自埋頭進食。除了這些各不相謀的陣營外，大多數的政治學者，懷抱著「自由而溫和」的意識型態，也採取「折衷而開放」的方法論，雖然不引人注目，但展現出相互借鏡的研究情況；這如同餐廳中間一長排自助餐的用餐者，各取所需後便陸續分坐在一些不起眼的、光線不足的、但可以更換餐件的餐桌，從而在低聲交談中享用餐點。透過這個比喻，Almond一方面感嘆美國政治研究的「氣氛與聲響」，竟然大受「餐廳四側」少數極端派別的影響，而呈現出偏頗的研究意象（1990:16），一方面則在另外一篇論文（1996）中，提出一個所謂「進步而折衷」的見解，試圖突顯「餐廳中間」大多數政治學者潛具的相似觀念。

　　依據筆者的淺見，借用餐廳進食光景的這個比喻，或許可以圖像式地突顯本章的基本旨意。

　　本書第一章曾經指出，一百餘年來，美國政治學中正、反兩面的「科學化主張」，展現出兩種「家族」的交替特徵，從而分別顯現出互為消長的兩種「家族類似性」。第一種的「家族」，旨在主張政治研究的「科學化」，而歷年來所宣揚的各種科學化主張，則呈現出不盡相同、但又不盡相異的「家族類似性」。第二種的「家族」，旨在反對科學化主張，而歷年來針對不同時期之科學化主張所分別提出的各種批判論述，也呈現出不盡相同、但又不盡相異的「家族類似性」。

　　假使歷年來的美國政治研究狀況，如同一間進食的餐廳，那麼，此一餐廳大體上分成兩大塊用餐區。傳承久遠的兩種「家

族」，分別占用不同用餐區而各自進食。兩種「家族」之互爲消長的波動，如同餐廳中光線的明暗轉換。在特定時期中，當餐廳中的光線聚焦在某一用餐區塊時，表示其中某一「家族」的一些主張，蔚爲風潮而備受矚目；另外一種「家族」的主張，則黯淡無光而乏人問津。

大體而言，按照本章的解析，二十世紀以降的行爲主義、Easton詮釋下的後行爲主義，乃是追隨邏輯實證論的「家族」。在溯源探本的追溯之下，這個主張科學化的「家族」，奠基在邏輯實證論中維也納學派與明尼蘇達學派的一些哲學見解上。這個構成經驗性政治研究之哲學基礎的見解，主要是由下述幾個要點所組成：

第一，按照維也納學派的觀點，科學活動可以分爲「發現系絡」與「驗證系絡」，而歷年來的經驗性政治研究也都接受此一區別，從而將研究焦點集中在「驗證系絡」。「驗證系絡」中的探究，首重「經驗檢定與邏輯考驗」。

第二，在調查研究上，有關政治行爲與態度的界定，政治學者一向自詡的「運作界說」，實際上憑藉「再建運作論」，而非原本的「運作論」。在奠定「再建運作論」的理論基礎上，明尼蘇達學派厥功甚偉。進一步說，政治學者素來一再強調的概念製作的兩大要件，亦即經驗意涵與系統意涵，當然也是承襲明尼蘇達學派的卓見。

第三，維也納學派主張「情緒說」，也就是認爲價值（或價值語句）終屬一種情緒反應。後行爲主義雖然明白反對「情緒說」，但卻未提出理論性的論述，從而未能駁斥三個可從「情緒說」引伸出來的重要蘊含：(1)雖然價值（或價值語句）可能含有事實意義（或經驗意義），但在邏輯上，兩者仍然有所差別。(2)儘管價值（或價值語句）與事實（或經驗述句）具有某種尚待釐清的關係，但價值語句本身的眞僞問題，依然落在科學證明的範圍之外。(3)在邏輯推論上，單從事實前提推論不出價值結論。

第四，在邏輯分析上，價值顯然有別於事實；但在研究活動

中，兩者卻時常交互影響。在這個論點上，後行為主義大體上承襲行為主義的觀點。行為主義者在題材選擇、重要性判準、真理追求、宇宙秩序、觀察證據、研究自由等六個層面上，不會斷定研究者可以完全排除價值判斷。後行為主義則將六個層面上的要點，濃縮合併成為「研究者的個人價值」、「科學的預設價值」、以及「社會的既有價值」等三個層面，從而明確宣示「科學不能且永不曾在評價上中立」。

第五，行為主義與後行為主義都主張「價值性的事實」乃是政治研究領域中不可或缺的一個主要部分。這個論點，源自「維也納學派」。

第六，在「解釋」與「預測」的理解上，行為主義全然接受「明尼蘇達學派」的觀點，從而倡導「涵蓋定律模型」與「歸納及統計模型」。這種科學解釋與科學預測的論點，不但沒有受到後行為主義的正面挑戰，而且也未遭受改造運動者的明顯質疑。

上述的六個論點，構成了經驗研究的哲學基礎。誠然，除了這個哲學基礎之外，本章的論述尚有兩個值得注意的要點。

首先，後行為主義雖在「科學意象」、「行動意象」、及「價值的建構研究」等方面的強調上，有別於行為主義，但一般教科書中一再強調的一個論點，也就是「後行為主義承認『裝載理論的觀察』而行為主義則拒斥之」的論點，乃是一個誤導論點。事實上，在「觀察預設理論」的見解上，後行為主義繼踵行為主義。

其次，改造運動者一方面力主「恢復政治哲學在政治研究中固有的核心地位」，從而隱含規範研究與實證研究之間的整合要求，一方面則提倡「量化方法」與「質性方法」的兼容並蓄，從而隱含「任何事物皆可的方法論多元主義」。然而，在前一議題上，改造運動者並未建構出一套理論性的論述，而僅是針對「研究生的課程安排」提出一個建議而已。在後一議題上，改造運動者並未正視兩種方法的混和問題。值得注意的是，關於前一議題，筆者奠基在前人的高見上，提出一個簡易可行的整合方式。這個簡易可行的

整合方式,就是「相同的研究題材」的整合;關於後一議題,筆者分別指出闡釋主義與經驗主義的解決之道。就闡釋主義來說,我們應該運用「經驗主義的質性方法」、「量化方法」、以及「傳統的質性方法」的適當區別,來取代「量化方法」與「質性方法」之間的不當二分。在這樣的重新區別之下,改造運動所在要求的「方法論的多元主義」,就不是「任何事物皆可的多元主義」,而是去確認「另外一種的科學研究方法」的正當性。就經驗主義來說,「量化方法」與「質性方法」之間的「虛假二分」或「真實二分」的難題,可以透過「發現系絡」與「驗證系絡」之間的區別,來加以解決。這就是說,我們可以在「發現系絡」中運用「質性方法」,而在「驗證系絡」中使用「量化方法」。

參考書目

呂亞力

1979　《政治學方法論》。台北：三民書局。

易君博

1984　《政治理論與研究方法》。第四版。台北：三民書局。

洪謙

1990　《邏輯經驗主義論文集》。台北：遠流出版公司。

袁頌西

2003　《當代政治研究：方法與理論探微》。台北：時英出版社。

郭秋永

1988　《政治學方法論研究專集》。台北：商務印書館。

2001a　〈權力與因果：方法論上的解析〉，《台灣政治學刊》，5：62-128。

2001b　《當代三大民主理論》。台北：聯經出版事業公司。

2005　〈批判實存主義與價值中立原則〉，《人文及社會科學集刊》，第十七卷第三期，頁565-614。

2009　〈公民意識：實證與規範之間的一個整合研究〉，張福建主編，《公民意識與政治行動：實證與規範之間的對話》，台北：中央研究院人文社會科學研究中心。頁41-94。

華力進

1980　《行為主義評介》。台北：經世書局。

魏鏞

1971　〈行為研究法〉，《雲五社會科學大辭典》，第三冊，《政治學》，頁121-124。

Almond, Gabriel

1990　*A Discipline Divided: Schools and Sects in Political Science* (London: Sage publication).

1996　"Political Science: The History of the Discipline," Robert Goodin and

Hans-Dieter Klingemann, Eds. *A New Handbook of Political Science* (New York: Oxford University Press), pp. 50-96.

Ayer, Alfred

1946　*Language, Truth, and Logic*. 2nd edition. (London: Victor Gollance).

1992　"Reply to Tscha Hung," Lewis Hahn, Ed., *The Philosophy of A. J. Ayer* (Illinois: Open Court), pp. 301-307.

Ball, Terence

1993　"American Political Science in Its Postwar Political Context," James Farr and Raymond Seidelman, Eds. *Discipline and History: Political Science in the United States* (Ann Arbor: The University of Michigan Press), pp. 207-221.

Bond, Jon

2007　"The Scientification of the Study of Politics: Some Observations on Behavioral Evolution in Political Science," *The Journal of Politics*, Vol.69, No.4, November, pp. 897-907.

Bowen, Elinor, and George Balch

1981　"Epistemology, Methodology, and Method in the Study of Political Behavior," Samuel Long, Ed. *The Handbook of Political Behavior*, Vol. 5. (New York and London: Plenum Press), pp. 1-37.

Braybrooke, David, and Alexander Rosenberg

1972　"Getting the War News Straight: The Actual Situation in the Philosophy of Science," *The American Political Science Review*, Vol. 66, pp. 818-826.

Brecht, Arnold

1959　*Political Theory: The Foundations of Twentieth-Century Political Thought* (New Jersey: Princeton University Press).

Bridgman, Percy

1954　*The Logic of Modern Physics*. 7th printing. (New York: Macmillan).

Carnap, Rudolf

1949　"Logical Foundations of the Unity of Science," Herbert Feigl and Wilfrid

Sellars, Eds. *Readings in Philosophical Analysis* (New York: Appleton-Century), pp. 408-423.

　1959　The Elimination of Metaphysics through Logical Analysis of Language, "Alfred Ayer, Ed. *Logical Positivism* (Westport: Greenwood Press), pp. 60-81.

Ceaser, James

　1990　*Liberal Democracy and Political Science* (Baltimore: The John Hopkins University Press).

Creswell, John

　1994　*Research Design*: *Qualitative and Quantitative Approaches* (London: Sage).

Cribb, Alan

　1991　*Values and Comparative Politics: An Introduction to the Philosophy of Social Science* (Aldershot: Avebury).

Dahl, Robert

　1947　"The Science of Public Administration: Three Problems," *Public Administration*, Vol.7, No.1, pp. 875-900.

　1958　"Political Theory: Truth and Consequences," *World Politics*, Vol. 11, pp. 89-102.

　1961　"The Behavioral Approach in Political Science: Epitaph for a Monument to a Successful Protest," *The American Political Science Review*, Vol. 55, pp. 763-772.

　1963　*Modern Political Analysis* (N. J.: Prentice-Hall).

Devine, Fiona

　2002　"Qualitative Methods," David Marsh and Gerry Stoker, Eds. *Theory and Methods in Political Science*. 2nd edition (New York: Palgrave), pp.197-215.

Dryzek, John

　2005　"A Pox on Perestroika, a Hex on Hegemony," Kristen Monoroe, Ed. *Perestroika!: The Raucous Rebellion in Political Science* (New Haven:

Yale University Press), pp. 509-524.

2006 "Revolutions without Enemies: Key Transformations in Political Science," *The American Political Science Review*, Vol.100, No. 4, pp. 487-492.

Easton, David

1965 *A Framework for Political Analysis* (N. J.: Prentice-Hall).

1967 "The Current Meaning of Behavioralism," James Charlesworth, Ed. *Contemporary Political Analysis* (New York: The Free Press), pp. 11-31.

1971 *The Political System: An Inquiry into the State of Political Science.* 2nd edition. (New York: The Free Press).

1991 "Political Science in the United States: Past and Present," David Easton, John Gunnell, and Luigi Graziano, Eds. *The Development of Political Science: A Comparative Survey* (London and New York: Routledge), pp. 275-291.

Eulau, Heinz

1963 *The Behavioral Persuasion* (New York: Random House).

1967 "Segments of Political Sciences Most Susceptible to Behavioristic Treatment," James Charlesworth, Ed. *Contemporary Political Analysis* (New York: The Free Press), pp. 32-50.

Farr, James

1995 "Remembering the Revolution: Behavioralism in American Political Science," James Farr, John Dryzek, and Stephen Leonard, Eds. *Political Science in History: Research Programs and Political Traditions* (New York: Cambridge University Press), pp. 198-224.

Gerring, John, and Joshua Yesnowitz

2006 "A Normative Turn in Political Science," *Polity*, Vol.38, pp.101-133.

Glaser, Daryl

1995 "Normative Theory," David Marsh and Gerry Stoker, Eds. *Theory and Methods in Political Science* (New York: St. Martin's), pp. 21-41.

Golembiewski, Robert, William Welsh, and William Crotty

1969 *A Methodology Primer for Political Scientists* (Chicago: Rand McNally)

Gunnell, John

1983 "Political Theory: The Evolution of a Sub-Field," Ada Finifter, Ed. *Political Science: The State of the Discipline* (Washington, D. C.: APSA), pp. 3-45.

Hare, Richard

1990 *The Language of Morals.* 7th impression (Oxford: Clarendon Press).

Hawkesworth, Mary

2006 "Contending Conceptions of Science and Politics: Methodology and the Constitution of the Political," Dvora Yanow and Peregrine Schwartz-Shea, Eds., *Interpretation and Method: Empirical Research Methods and Interpretive Turn* (New York: M. E. Sharpe), pp. 27-49.

Heisler, Martin

2005 "Introduction-Changing Citizenship Theory and Practice: Comparative Perspectives in a Democratic Framework," *Political Science and Politics*, Vol. xxxviii, No. 4, pp. 667-670.

Hempel, Carl

1965 *Aspects of Scientific Explanation* (New York: The Free Press).

1966 *Philosophy of Natural Science* (N. J.: Prentice-Hall).

1970 "Fundamentals of Concept Formation in Empirical Science," Otto Neurath, et al., *Foundations of Unity of Science: Toward an International Encyclopedia of Unified Science*. Vol. II Reprinted (Chicago: The University of Chicago Press).

2000 "Rudolf Carnap: Logical Empiricist," Richard Jeffrey, Ed. *Carl Hempel: Selected Philosophical Essays* (New York: Cambridge University Press), pp. 253-267.

Hochschild, Jennifer

2003 "Editor's Note: Introduction and Observation," *Perspectives on Politics*, Vol.1, No. 1. pp.1-4.

Isaak, Alan

　1985　*Scope and Methods of Political Science: An Introduction to the Methodology of Political Inquiry.* 4th edition. (Illinois: The Dorsey Press).

John, Peter

　2002　"Quantitative Methods," David Marsh and Gerry Stoker, Eds. *Theory and Methods in Political Science.* 2nd edition (New York: Palgrave), pp. 216-230.

Jones, Terrence

　1984　*Conducting Political Research* (New York: Harper and Row).

Kasza, Gregory

　2001　"Peretroika: for an Ecumenical Science," *PS: Political Science and Politics*, Vol. 34, no.3, pp. 597-599.

Kaufman, Stuart

　2005　"Rational Choice, Symbolic Politics, and Pluralism in the Study of Violent Conflict," Kristen Monoroe, Ed. *Perestroika!: The Raucous Rebellion in Political Science* (New Haven: Yale University Press), pp. 87-102.

Kymlicka, Will

　2002　*Contemporary Political Philosophy.* 2nd edition (Oxford: Oxford University Press).

Laslett, Peter

　1956　"Introduction," *Philosophy, Politics and Society*, series 1. Oxford: Blackwell.

Lowi, Theodore

　1985　"Foreword," Raymond Seidelman and Edward Harpham, Eds. *Disenchanted Realists: Political Science and the American Crisis, 1884-1984* (Albany: State University of New York Press), pp. vii-xvii.

　2005　"Every Poet His Own Aristotle," Kristen Monoroe, Ed. *Perestroika!: The Raucous Rebellion in Political Science* (New Haven: Yale University Press), pp. 45-52.

Magee, Bryan

    1985   *Popper* (London: Fontana Press).

Marsh, David, and Paul Furlong

    2002   "A Skin not a Sweater: Ontology and Epistemology in Political Science," David Marsh and Gerry Stoker, Eds. *Theory and Methods in Political Science*. 2nd edition (New York: Palgrave), pp. 17-41.

McCoy, Charles, and John Playford

    1967   "Introduction," in Charles McCoy and John Playford, Eds. *Apolitical Politics: A Critique of Behavioralism* (New York: Thomas Y. Crowell), pp. 1-10.

McGaw, Dickinson, and George Watson

    1976   *Political and Social Inquiry* (N. J.: John Wiley and Sons, Inc.).

McNabb, David

    2005   *Research Methods for Political Science: Quantitative and Qualitative Methods* (New York: M. E. Sharpe)

Meehan, Eugene

    1965   *The Theory and Methods of Political Analysis*. (Illinois: The Dorsey Press).

Miller, Eugene

    1972a   "Positivism, Historicism, and Political Inquiry," *The American Political Science Review*, Vol. 66, pp. 796-817.

    1972b   "Rejoinder to 'Comments' by David Braybrooke and Alexander Rosenberg, Richard Rudner, and Martin Landau," *The American Political Science Review*, Vol. 66, pp. 857-873.

Miller, William

    1995   "Qualitative Methods," David Marsh and Gerry Stoker, Eds. *Theory and Methods in Political Science* (New York: St. Martin's), pp. 154-172.

Monoroe, Kristen

    2005   "Introduction," Kristen Monoroe, Ed. *Perestroika!: The Raucous Rebellion in Political Science* (New Haven: Yale University Press), pp.1-5.

Nagel, Ernest

  1961 *The Structure of Science* (New York: Harcourt, Brace and World).

Neurath, Otto

  1959 "Protocol Sentences," Alfred Ayer, Ed. *Logical Positivism* (Westport: Greenwood Press), pp. 199-208.

Oppenheim, Felix

  1968 *Moral Principles in Political Philosophy* (New York: Random House).

Pattie, Charles, Patrick Seyd and Paul Whiteley

  2004 *Citizenship in Britain: Values, Participation and Democracy* (Cambridge: Cambridge University Press).

Pierce, Roger

  2008 *Research Methods in Politics* (London: Sage).

Plant, Raymond

  1991 *Modern Political Thought* (MA: Basil Blackwell).

Polsby, Nelson

  1980 *Community Power and Political Theory: A Further Look at Problems of Evidence and Inference*, second, enlarged edition (New Haven: Yale University Press).

Popper, Karl

  1969 *Conjectures and Refutation: The Growth of Scientific Knowledge.* 3rd edition. (London: Routledge and Kegan Paul).

  1972 *The Logic of Scientific Discovery.* 6th printing (London: Hutchinson).

Polsby, Nelson

  1980 *Community Power and Political Theory: A Further Look at Problems of Evidence and Inference.* 2nd edition (New Heaven: Yale University Press).

Prasad, Pushkala

  2005 *Crafting Qualitative Research: Working in the Postpositivist Traditions* (New York: M.E. Sharpe).

Punch, Keith

    1998   *Introduction to Social Research: Quantitative and Qualitative Approaches* (London: Sage).

Read, Melvyn, and David Marsh

    2002   "Combining Qualitative and Quantitative Methods," David Marsh and Gerry Stoker, Eds. *Theory and Methods in Political Science.* 2nd edition (New York: Palgrave), pp. 231-248.

Ricci, David

    1984   *The Tragedy of Political Science: Politics, Scholarship, and Democracy* (New Haven: Yale University Press).

Richter, Melvin

    1980   "Introduction," Melvin Richter, Ed. *Political Theory and Political Education* (NJ: Princeton University Press), pp. 3-56.

Sanders, David

    1995   "Behavioural Analysis," David Marsh and Gerry Stoker, Eds. *Theory and Methods in Political Science* (New York: St. Martin's), pp. 58-75.

    2002   "Behaviouralism," David Marsh and Gerry Stoker, Eds. *Theory and Methods in Political Science.* 2nd edition (New York: Palgrave), pp. 45-64.

Seidelman, Raymond, and Edward Harphan

    1985   *Disenchanted Realists: Political Science and the American Crisis, 1884-1984* (Albany: State University of New York Press).

Smith, B., K. Johnson, D. Paulsen, and F. Shocket

    1976   *Political Research Methods: Foundations and Techniques* (Boston: Houghton Mifflin Co.).

Smith, Rogers

    2005   "Of Means and Meaning: The Challenges of Doing Good Political Science," Kristen Monoroe, Ed. *Perestroika!: The Raucous Rebellion in Political Science* (New Haven: Yale University Press), pp. 525-533.

Somit, Albert, and Joseph Tanenhaus

    1964   *American Political Science: A Profile of a Discipline* (New York: Atherton Press).

    1982   *The Development of Political Science: From Burgess to Behavioralism.* Enlarged edition (New York: Irvington Publishers).

Steinberger, Peter

    2005   "Reforming the Discipline," Kristen Monoroe, Ed. *Perestroika!: The Raucous Rebellion in Political Science* (New Haven: Yale University Press), pp. 548-566.

Stoker, Gerry

    1995   "Introduction," David Marsh and Gerry Stoker, Eds. *Theory and Methods in Political Science* (New York: St. Martin's), pp. 1-18.

Stoker, Gerry, and David Marsh

    2002   "Introduction," David Marsh and Gerry Stoker, Eds. *Theory and Methods in Political Science.* 2nd edition (New York: Palgrave), pp. 1-16.

Wahlke, John

    1979   "Pre-behavioralism in Political Science," *The American Political Science Review*, Vol. 73, pp. 9-31.

Waldo, Dwight

    1975   "Political Science: Tradition, Discipline, Profession, Science, Enterprise," Fred Greenstein and Nelson Polsby, Eds. *Handbook of Political Science.* Vol. 1. *Political Science: Scope and Theory* (MA: Addison-Wesley), pp. 1-130.

Yanow, Dvora

    2005   "In the House of 'Science,' There are Many Rooms," Kristen Monoroe, Ed. *Perestroika!: The Raucous Rebellion in Political Science* (New Haven: Yale University Press), pp. 200-217.

Yanow, Dvora, and Peregrine Schwartz-Shea

    2006   "Introduction," Dvora Yanow and Peregrine Schwartz-Shea, Eds.,

Interpretation and Method: Empirical Research Methods and Interpretive Turn (New York: M. E. Sharpe), pp. xi-xxvii.

Zolo, Danilo

  1995 "The Tragedy of Political Science," K. Gavoroglu, et al. Eds. *Science, Politics, and Social Practice* (MA: Kluwer Academic Publishers).

第三章
價值中立：
一個提示性的分層解析

（一）引言

　　本書第二章曾經指出，邏輯實證論（尤其是其中的維也納學派）將哲學上探討的主要語句，區分成分析述句、經驗述句（或事實述句）、價值語句、玄學膺語句等四種。這樣的區分，至少導致下述六種的對應關係：分析述句與經驗述句、分析述句與價值語句、分析述句與玄學膺語句、經驗述句與價值語句（或事實與價值）、經驗述句與玄學膺語句、價值語句與玄學膺語句。在這六種對應關係中，引起激烈論戰的議題，莫過於分析述句與經驗述句之間的區分，[1]以及經驗述句與價值語句之間的區別。在這兩種激烈

---

[1] 分析述句與經驗述句之間的區分，曾經是哲學研究上一個激烈論戰的議題。依據著名哲學家Willard Quine（1908-2000）的見解，分析述句與經驗述句之間的區分判準，不但不適當，甚至是一種武斷（dogma）。Quine指出，邏輯實證論者所謂的「分析」，乃是運用同義語、邏輯字彙、自相矛盾等來加以界定，而這些界定項（亦即「同義語」、「邏輯字彙」、「自相矛盾」），如同「分析」這一被界定項，同樣是尚待澄清的概念。因此，難以找出一個判定「分析述句」的標準，遑論設定分析述句與經驗述句之間的區分判準了。政治理論家Arnold Brecht（1884-1977）認為一個語句究竟是分析述句還是經驗述句，端視所用語詞的界說。例如，「人皆有死」這一語句。若「人」的界說，包含「有死」，則它是分析述句，否則便是經驗述句。再如，「空中石頭落於地」這一語句。若「石頭」被界定為具有重量的物體，而重量是使空中事物落於地的一種性質，則它是分析述句；若不以重量來界定「石頭」，則它是經驗述句。然而，另外一位著名哲學家John Searle（1932- ）則指出，Quine等人的論點，奠基在錯誤的假定上。這就是說，Quine等人並未區別「判準的瞭解」與「我們提供判準的能力」這兩者之間的差異。當我們知道判準不適當，並且能夠提出不適當的理由時，正是因為我們知道該判準的意涵；若不知道該判準的意涵，則我們一無所知。簡單說，未能找出適當的判準，正預設我們的確瞭解該判準。因此，雖然未能正確地指明該判準，但我們不必放棄該判準的概念；尚待加強的，只是我們的能力罷了。進一步說，在這個議題上，邏輯實證論者則致力於找尋一個原則性的判準，期能明確判定一個述句是否具有經驗意義。他們首先提

論戰的議題中，至今依然爭論不休而毫無停止跡象的，就是經驗述句與價值語句（或事實與價值）之間的區別了。經驗述句與價值語句（或事實與價值）之間的區別，正是紛紛擾擾之「價值中立」（value neutrality or value freedom）的爭端所在。

　　我們約略可從爭論的時間長短、爭論的範圍大小、爭論的激烈程度、爭論的混亂情況，以及爭論的策略運用等層面，略窺「價值中立」這一課題的棘手程度。

　　就爭論的時間長短而言，有些學者將此一無休無止的爭論課題，追溯至十五、六世紀義大利政治學家Niccolo Machiavelli（1469-1527），有些學者回溯到十六、七世紀英國哲學家Francis Bacon（1561-1626）與義大利天文物理學家Galileo Galilei（1564-1642），一般學者則溯源至十八世紀英國哲學家David Hume（1711-1776）（Morrise, 1996:135; Lacey, 1999: 2; Buckler, 2002: 173；呂亞力，1979: 69）。不論追溯到哪一個久遠的世紀，一直到了數百年後的二十一世紀，有關「價值中立」的主張，就連一些入門的教科書，仍然各說各話而無定論。例如，Jeremy Holland and John Campbell（2005: 7）斷言：「科學家必須中立。」David Lazar（2004: 15）更說：「透過社會科學家的嚴格超然，或經由科學社群的批判角色，價值能被連根拔除。」然而，

出「原則上完全檢證的要求」，其次修改爲「原則上完全否證的要求」，再次修改爲「弱式檢證與強式檢證的要求」，然後修改爲「可譯性的要求」，後來又修改爲「化約的要求」。可是，對於如何正確指明經驗述句的檢證原則，至今仍然是一個未決的問題。不過，我們或許可以借用著名邏輯實證論者Carl Hempel（1905-1997）的說明，作爲此一議題的暫時性結論。他說：「意義判準的宗旨，基本上是健全的，並且在使用上，雖然過分簡略，但整個說來，卻是有益而具啓發性。可是，要以精確形式和普遍判準的方式……來建立明確的界線，並重述普遍觀念的可能性，我們並無足夠的信心。」（Hempel, 1965: 102）關於此一議題的討論及其參考書目，詳見郭秋永，1988: 257-259; Putnam, 2002: 9-13, 147-155。

Ted Benton and Ian Craib（2001: 81）卻說：「價值一直滲入社會科學或任何科學的核心之中。」除了正、反不同意見外，尚有一些模稜兩可的見解。例如，Ellen Grigsby（2002: 11-12）指出：「科學能夠價值中立嗎？……對於這個難題，政治學家的答案通常互有出入。歷史上的爭議，依然活躍論壇。」Geoff Payne與Judy Payne（2004: 154-155）也說：「多數社會學家承認，……價值能夠且確實干預了所有的研究階段，但這並不意謂我們不能趨近價值中立的理想。」在模稜兩可的意見之外，當然也有劃清界限的明確見解，例如，Peter Clough與Cathy Nutbrown（2002: 19）曾經引述說，質化研究者強調「裝載價值」（value-laden）的研究，量化研究者則在「價值中立」的架構內進行研究。

　　就爭論的範圍大小而言，幾乎所有人文、社會科學的研究領域，都會（或都曾）涉及此一棘手課題。我們僅從《自由主義的中立》這一文選讀本的章節名稱，便可見微知著了：「自由主義與中立」、「國家中立的理想」、「市場中立」、「立法與道德中立」、「文官中立」、「教育中立」、「媒體中立」、「科技中立」、以及「各種中立制度確可加總成爲一個中立國家嗎？」等（Goodin and Reeve, 1989b）。

　　就爭論的激烈程度而言，正、反雙方都曾各營壁壘，針鋒相對而相持不下。不過，最激烈的爭論場面，莫過於二十世紀初期德國著名社會科學家Max Weber（1864-1920），在1914年1月5日參加德國「社會政策協會」所舉辦的「價值判斷研討會」中，竟因「對手不瞭解其論旨」而中途憤怒離開會場（Dahrendorf, 1968: 4）。至於二十世紀五、六十年代美國政治學界掀起的「價值中立」的激烈爭議，則屬於勢不兩立的、全面性的、喧天價響的兩軍大會戰。

　　就爭論的混亂情況而言，參與論戰的正、反雙方面的主張，有時未必前後一致，也可能模糊不清，甚至凌亂不堪。我們就以當今自由主義的中立主張爲例，略述此種紊亂情況。「價值中立」雖然號稱當代自由主義的「核心宗旨」（Farrelly, 2004: 83）或「核

心前提」（Kymlicka, 2002: 245）或「界定特徵」（Jones, 1989: 11），但介紹自由主義的一般中、英文著作，居然都對此一核心主張「語焉不詳」，甚至「存而不論」，從而徒令「核心宗旨」之類的美稱，淪爲一個名不副實的空話。進一步說，即使在專門述及此一「核心宗旨」的著作中，各個自由主義者的說詞，依然不盡相同。例如，當今最著名的自由主義大師John Rawls（1921-2002），雖然從未明確說出「價值中立」此一語詞，但所有學者都斷定他在國家層次上主張「中立」。依據Will Kymlicka的詮釋（Kymlicka, 1989: 885-886, 2002: 277, n.9; Young, 2004: 19-20, n.17），Rawls是爲了避免「中立」字彙可能惹起的誤解，因而使用「對錯優先於好壞」（priority of the right over the good）的術語，來取代「中立」或「國家中立」語詞。可是，Kymlicka批評說，「對錯優先於好壞」也是一個具有「多重意義而易於誤導讀者」的術語，因爲該術語一方面既可用來敘述「本務論優先於目的論」的見解，另一方面亦用來描述「中立論優先於完善論」的觀念。[2]此外，儘管所有學者相信Rawls主張「中立」或「國家中立」，但Michael Pendlebury（2002: 362）特別指出，Rawls在《政治自由主義》一書中不贊成「國家中立」；George Sher（1997: 31-32）也說，Rawls原本主張「國家中立」與「架構中立」，但在《政治自由主義》一書中僅僅贊成「架構中立」；Colin Farrelly（2003: 113-114）與Robert Churchill（2003: 71）則說，Rawls在《政治自由主義》一書中區別三種中立觀念，從而表明僅是贊成其中的「目標中立」的中立觀念。不過，最令人感到突兀的，便是Van Parijs的批評；他評

---

[2] 「本務論」（deontology）、「目的論」（teleology）、「完善論」（perfectionism）、「中立論」（neutralism）等術語，涉及複雜的論述與辯駁。爲了避免節外生枝，此處不說明這些術語的意思。有興趣的讀者，請參閱Kymlicka（1989; 2002）與Sher（1997），以及他們著作中所列舉的書目。

說，Rawls「偏好工作者」的論述，違反了自由主義的中立學說
（liberal doctrine of neutrality）（Farrelly, 2004: 83）。如此看來，
自由主義或Rawls究竟主張何種「價值中立」，竟也成為一個尚待
釐清的含糊課題。

　　事實上，我們可以舉出一個最單純的例子，來突顯「價值中
立」論戰很容易陷入一團混戰的特性。在Edward Shils與Henry
Finch編譯的名著中（Max Weber, *The Methodology of the Social
Sciences*），這兩位著名編譯者將Weber所說的一個德文字彙
「Wertfreiheit」，翻譯為英文的「ethical neutrality」。張旺山教
授（1998: 295, n.4）斷定這個英譯「基本上是錯誤的」。然而，
著名政治理論家Arnold Brecht（1959: 227）雖曾批評此一編譯本
中含有四處翻譯錯誤，但並不認為「ethical neutrality」的英譯乃
是錯誤的翻譯。Brecht指出，「value-freeness」或「abstention
from value judgments」是「直譯」，而「ethical neutrality」則是
「意譯」。此外，Roth and Schluchter（1979: 65-66）則指出，
「Wertfreiheit」一詞並無適當的英文翻譯；有人喜歡譯成「value
neutrality」，有人則喜好譯成「ethical neutrality」、或「value
freedom」、或「freedom from value judgment」。據此而言，就連
單純的名詞翻譯，都會惹起仁智之見，遑論「價值中立」本身牽涉
到的各種糾葛了。

　　就爭論的策略運用而言，論戰雙方時常有意無意地在術語上
運用「偷樑換柱」的手法，微妙更動語詞或論述的意義，以期對手
陷入百口莫辯的困境。例如，至少從二十世紀初期起，抱持「價值
中立」的學者，就不曾在「選擇研究問題」的層次上主張研究者可
以保持「價值中立」，但直到二十世紀末期，反對「價值中立」的
學者，仍然逕行豎立此一稻草人而大加抨擊，例如David Morrice
（1996: 143-146）。此外，Simon Caney（1991: 458）也曾指出，
批判自由主義的學者，常將自由主義者不曾主張的、不同意義的
「價值中立」，偷偷地安插在自由主義的信條中，從而加以嚴詞指

責。難怪著名政治學家Robert Dahl（1963: 101）曾經感嘆說：「論戰中常見的情況，乃是對立見解屢被曲解與醜化，而誣告則常被當作實情。」

顯而易見的，從歷時的久遠、範圍的廣泛、激烈的程度、混亂的情況、策略的運用等層面看來，「價值中立」的課題，確實是社會科學研究領域中最最爭論不休的棘手難題。

依據筆者的淺見，在社會科學的研究領域中，一般論者所謂的「價值中立」，實際上具有不盡相同而又糾纏在一起的許多意思。這些不盡相同的各種意思，至少可以追溯到邏輯實證論的「情緒說」（emotivism）。這就是說，「情緒說」乃是各種「價值中立」的一個論述源頭。

本書第二章曾經指出，所謂的「情緒說」，乃在主張價值（或價值語句）的作用，僅是用來表達說者的情緒，以期激起聽者的情緒。價值（或價值語句）既然僅具情緒意義，那麼至少引伸出下述四個論點：(1)價值（或價值語句）的真偽判斷，落在科學研究範圍之外；(2)經驗研究者在研究過程中必須排除價值判斷；(3)單從經驗述句不能推論出價值語句（或僅從「事實」推論不出「價值」）；(4)政府官員不應介入人民之「有價值生活方式」的優劣判斷。這四個論點及其反對論述，構成了社會科學中爭論不休的「價值中立」問題。

然而，我們不禁要問，在「情緒說」已被唾棄之下，這四個論點依然能夠成立嗎？筆者不揣簡陋，秉持著「哲學小工觀」，試圖針對此一難題，進行抽絲剝繭的解析工作，期能提出一些暫時性的答案，而收到拋磚引玉的效果。這一吃力不討好的解析工作，將要分從「真偽判斷上的價值中立」、「經驗研究中的價值中立」、「邏輯推論上的價值中立」、以及「自由主義的價值中立」等層面，逐一分別進行。

（二）真偽判斷上的價值中立

本書第二章曾經指出，依據「情緒說」，價值（或價值語句）的真偽證明，落在科學研究的範圍之外。因此，在「價值中立」的各種意思中，最基本的一個意思，便是社會科學家不對任何價值語句進行真偽的判斷。在這個意思之下，「價值中立」這一術語中所謂的「中立」，乃指「不做真偽的判斷」。然而，在「情緒說」已被唾棄之下，這種「價值中立」的論點，仍然可以成立嗎？

在二十世紀五、六十年代，「情緒說」確實盤據了政治科學家的研究思維。本書第二章第四節曾經引述相關文獻指出，著名政治科學家David Easton（1917-）曾經高舉「情緒說」的大旗，從而斷定「情緒說」乃是社會科學界普遍採行的一個研究前提。另外一位著名政治科學家Robert Dahl（1915-），雖然從未正式說過「價值（或價值語句）只是用來表達情緒」之類的話，但也在認定「價值（或價值語句）毫無真偽可言」之下，說過一些屬於「情緒說」的言論。然而，值得注意的是，本書第二章第四節也曾引述相關文獻指出，在「情緒說」的接受上，Easton實際上呈現出隱約鬆動的跡象，而Dahl更是明白改變立場。顯而易見的，Easton的隱約鬆動與Dahl的改變立場，在在提示價值（或價值語句）的意義課題，確有進一步探究的必要性。

依據本書第二章第四節的文獻引述，Easton的隱約鬆動，顯現在兩個層面的論述上；而Dahl的立場改變，則呈現在明確的宣稱中。Easton在下述兩個層面的論述，顯現出立場鬆動。第一，在主張「情緒說」之下，Easton竟然指出政治研究上的任何命題，皆含有事實與價值兩種成分，而無純粹的事實命題或純粹的價值命題。換句話說，在政治研究上，並無「僅是表達情緒」的純粹價值語句；除了情緒之外，政治研究上的價值語句，尚有「事實成分」。第二，在主張「情緒說」之下，Easton居然一再倡導「價值的建構研究」。不論「價值的建構研究」指涉什麼，其中所謂的「價

值」，一定不僅止於「情緒」而已。Dahl則在區分「早期」與「晚期」的邏輯實證論之下，明確宣稱「價值（或價值語句）不是沒有意義」。

不過，在作這樣的宣稱之時，Dahl實際上並未正面指出價值（或價值語句）所具有的意義，究竟是什麼意義。[3]在缺乏正面的回應下，我們不免問道，「價值（或價值語句）不是沒有意義」的見解，是否就在斷定價值（或價值語句）具有認知意義呢？或者，是否就在主張價值（或價值語句）具有經驗的認知意義，從而在認知意義上等同於事實（或經驗述句）呢？可惜，對於這一類的深入問題，Dahl一概存而不論，從而留下進一步探究的空間。

依據Easton的上述見解，政治研究上的價值語句，除了情緒意義之外，實際上尚有其他意義。這個「其他意義」就是「事實成分」，也就是邏輯實證論者所謂的「經驗意義」或「經驗的認知意義」。然而，一個同時包含「事實成分」與「價值成分」（或「事實」與「情緒」）的價值語句，是否如同經驗述句（或分析述句）一樣，乃是一個可以判定真偽的語句呢？如果答案是「同樣可以判定真偽」，那麼價值語句是否在認知意義上等同於經驗述句（或分析述句）呢？如果答案是「仍然不可以判定真偽」，那麼此價值句究竟蘊藏著什麼特殊性質呢？對於這些進一步的難題，Easton也都

---

[3] 在二十世紀九十年代之前，Dahl雖然從未正式指出價值（或價值語句）具有何種意義，但常將價值（價值語詞或價值語句）所在表達的意義，視同於一種高懸在經驗世界之外的「理想」或「目標」。在這樣的視同之下，諸如「民主政治」（democracy）之類的價值語詞（或價值語句），正由於對立著「多元政治」（polyarchy）之類的經驗語詞（或經驗述句），而可作為實際政治制度所在追求的一種「理想」或「目標」，從而蘊含著科學研究可以包含少許的價值語詞（或價值語句）的論點。因此，在「多元民主理論」的建構上，「民主」或「平等」之類的語詞，雖然充滿「價值」，但卻可以引入理論建構中，以期作為經驗世界中改進政府體制之一種引導性的理想（參見郭秋永，2007）。

存而不論。

如此看來，在這類難題的提出與答覆上，Easton與Dahl雖然都是抱持「存而不論」的緘默態度，但從其隱約鬆動與立場改變的言論，可以明顯看出這兩位學者都在明確表示價值（或價值語句）的意義，「不僅止於表達情緒」。可是，在「不僅止於表達情緒」之外，價值（或價值語句）究竟表達了什麼意義呢？或者，這些「情緒之外」的意義，究竟是什麼意義呢？假使這些「情緒之外」的意義，就是「事實意義」（或「經驗意義」），那麼這兩種意義究竟呈現出何種關係呢？據此而言，在答覆「價值語句是否在認知意義上等同於經驗述句」或「此價值句究竟蘊藏著什麼特殊性質」的難題上，我們需要先行考察一般論者歷來所謂的「價值」（或價值語句），究竟意指什麼？

大體而言，在討論價值語句的意義上，歷來參與討論的絕大多數學者，從未針對其所謂的「價值」，下過一個精確的或正式的界說，因而使得討論中的「價值」語詞的意義，顯得曖昧不明。然而，依據筆者的淺見，一般論者所謂的「價值」，基本上計有兩大類別的用法。

在第一類別的用法上，「價值」指涉個人的愛好或偏好；而個人的愛好或偏好，既可以是實際上的「所欲」，又可以是理想上的、道德上的、倫理上的「可欲」。例如，「喜好喝茶甚於喝咖啡」、「愛看洋片甚於國片」、或「爭權奪利勝過輕物慮澹」等，也許就是個人實際上的「所欲」；而「無自由毋寧死」、「生命誠可貴，愛情價更高」、或「殺身成仁」等，可能就是個人理想上的、道德上的、倫理上的「可欲」。因此，對特定個體來說，實際上或理想上（或道德上或倫理上）所偏好的事物或狀態，便是「有價值的」事物或狀態；或者，特定個體都將「價值」或「有價值」賦予實際上或理想上（或道德上或倫理上）所偏好的事物或狀態。當然，不同的個體，可能各有不同的價值觀念。例如，有人漏夜趕科場，有人則辭官歸故里。

在第二類別的用法上，「價值」指涉特定社群的愛好或偏好。同樣的，特定社群的愛好或偏好，可指實際上的「所欲」，也可指理想上（或道德上或倫理上）的「可欲」。例如，「維持現狀勝過獨立或統一」、或「風調雨順，國泰民安」、或「自掃門前雪」等，可能就是某一社群實際上的「所欲」；而「君君臣臣」、或「父慈子孝」、或「敦親睦鄰」等，也許便是該一社群理想上（或道德上或倫理上）的「可欲」。同理，對特定社群來說，實際上或理想上（或道德上或倫理上）所偏好的事物或狀態，便是「有價值的」事物或狀態；或者，特定社群都將「價值」或「有價值」賦予實際上或理想上（或道德上或倫理上）所偏好的事物或狀態。當然，不同的社群，可能各有不同的價值觀念。例如，加拿大Hutterite Church社群愛好「共產的農業生活型態」，而美國Amish社群則堅持「不讓兒童接受學校教育」的價值（Kymlicka, 2002: 237-8）。誠然，一般所謂的「社群」，既可小如俱樂部、或職業團體、或學術界，也可大到都會區、或國家、或地球村。

根據上述一般性的說明，我們或許可以按照Oppenheim（1968: 8-9）的見解，將價值語句分成廣義與狹義兩種，期能進一步標明「價值」的指涉範圍。狹義的價值語句，乃指特定個體（或團體）用來陳述某種對象或事態的好壞、美醜、所欲等的語句。廣義的價值語句，則包含狹義的價值語句與道德語句（或倫理語句、或規範語句、或應然語句）兩種語句。道德語句（或倫理語句、或規範語句、或應然語句）乃是特定個體或團體用來陳述某種行動之對錯與否、或公道與否、或可欲與否的語句，或用來陳述人們應該採取某種行動的語句。除了特別標示之外，下文所謂的「價值」或「價值語句」，泛指「廣義的價值」或「廣義的價值語句」。

從上述有關「價值」（或「價值語句」）的一般性說明，我們就可明白看出，價值（或價值語句）的意義，顯然「不僅止於表達情緒」。那麼，除了表達情緒之外，價值（或價值語句）具有何種意義呢？爲了詮釋價值語句的「情緒意義之外的其他意

義」，著名哲學家Charles Stevenson（1908-1979）提出「修正的情緒說」（modified emotivism），另一位著名哲學家Richard Hare（1919-2002）則提議「規約說」（prescriptivism）（詳見郭秋永，1981: 19-78; 1988: 208-224; Brandt, 1996: 7-8）。

不論「修正的情緒說」與「規約說」之間的差異，這兩種學說都主張價值語句具有兩種意義：評價意義與經驗意義（或描述意義或事實意義）。價值語句的評價意義，不但包含論者一向引述的「情緒」意義，並且泛指誘導、推薦、贊許、忠告、及勸導等的意義。價值語句的經驗意義（或描述意義或事實意義），則指涉真實世界中的各種事象。不過，值得注意的是，價值語句雖然同時包含這兩種意義，但其中的評價意義居於明確彰顯的主要地位，而其中的經驗意義則居於隱而未顯的次要地位。例如，當張三向李四說「我們應該實行民主政治」時，張三對於「民主政治」表達出十分正面的評價意義，從而極力推薦或贊許「民主政治」。可是，除了明確彰顯的評價意義之外，當張三說出「我們應該實行民主政治」時，這一價值語句實際上還隱含著某些經驗意義（比如，競爭性的定期選舉），儘管張三並未明言。這就是說，一個價值語句實際上同時包含評價意義與經驗意義；其中的評價意義，占據主要地位而明確彰顯，但其中的經驗意義，則退居次要地位而隱含未顯。這個隱含未顯的經驗意義，尚待進一步的說明。例如，當李四繼續追問張三為何我們應該實行民主政治時，張三理應說出一個「所以然」，而這個「所以然」就會包含一些經驗意義（比如，競爭性的定期選舉）。誠然，張三所提出之「民主政治」的經驗意義（亦即競爭性的定期選舉），未必雷同於李四心目中之「民主政治」的經驗意義。李四心目中之「民主政治」的經驗意義，可能就是「無產階級作主的統治」，而非張三所說的「競爭性的定期選舉」。

事實上，在二十世紀七十年代以後，明白揚棄「情緒說」的Dahl，已經逐漸採取「修正的情緒說」或「規約說」，從而指出價值語詞（例如「民主政治」）同時包含評價意義與經驗意義的見

解，並在二十一世紀左右，進一步主張價值語句（例如，「我們應該實行民主政治」）也同時包括評價意義與經驗意義的見解。

　　依據Dahl（1989: 2-6）的見解，「民主政治」乃是當代最盛行而人人樂頌的一個價值語詞，即使是宰制國家的一位獨裁者，仍然不會公開拂逆它，甚至不得不時常宣稱某些似乎「非民主的」措施，正是邁向真正民主的策略。換言之，在當今的世界中，「民主政治」一詞，與其說是一個具有特定意義的詞彙，毋寧說是一種普受頌揚的含糊觀念。Dahl指出，這種含糊的流行觀念，基本上具有兩種意義：描述意義（或經驗意義）與理想意義（或評價意義）。「民主政治」的理想意義，乃指一種假想的、完美的、極限的、可能不存在的民主政治，但可用來評估實際政體趨近這種「理論極限」的程度（Dahl, 1971: 2; 1981: 427）。「民主政治」的描述意義，則泛指各種實際上存在或曾經存在的民主政治，例如當今的「代議民主」或「大規模民主政治」（large-scale democracy）。Dahl鄭重指出，政治研究者若不區別「民主政治」的這兩種意義，則會在論述中「產生不必要的混亂與本質上不相干的語意論證」（Dahl, 1971: 9, n.4），或會「創造出龐雜的紛擾，從而惹起令人吃驚的、無休止的巨量爭議」（Dahl, 1981: 427）。

　　除了確認價值語詞包含評價意義與經驗意義之外，時至二十一世紀左右，Dahl更進一步指出價值語句也同時包括這兩種意義。Dahl曾經舉例指出，諸如「政府應該推行一套全民健康保險方案」之類的價值語句，實際上隱含兩個假定（Dahl, 1998: 27-28; Dahl and Stinebrickner, 2003: 127-128）。第一個隱含的假定，乃是「對人類來說，健康是一個可欲目標，政府應該努力達成這一目標」。這個陳述「可欲」與「應該」的假定，表達出我們的價值觀念而具有評價意義。第二個隱含的假定，乃是「全國性健康保險乃是政府達成該目標的一個手段」。這個敘述「目的與手段之間的特定關係」的假定，描述出一個可以判斷真偽的因果關係而具有經驗意

義。[4]

---

[4] Dahl在此處提及之「目的與手段」的論點，並未推展到一連串「目的與
手段」之鏈的體系論述。依據這種完整的體系論，日常生活中的許多價
值判斷，都可化成一種「工具性的價值判斷」（instrumental judgment of
value）；或者，都可化成一連串「手段與目的」連鎖關係中的一種「手段」
或「居間目的」（intermediate end），從而使得原先的價值判斷具有「延伸
的認知意義」（extended cognitive meaning），以期裨益於經驗研究。這就
是說，當我們說「甲是好的」或「甲是有價值的」時，我們十分可能是相對
於「乙是好的」或「乙是有價值的」而下的價值判斷；當我們說「乙是好
的」或「乙是有價值的」時，我們十分可能是相對於「丙是好的」或「丙是
有價值的」而下的價值判斷……如此一直追究下去，以至於達到最後的（或
最高的、或絕對的）「終極價值」（ultimate value）。「甲是好的」或「甲
是有價值的」，因為甲可以達成「乙是好的」或「乙是有價值的」；「乙是
好的」或「乙是有價值的」，因為乙可以達成「丙是好的」或「丙是有價值
的」……。手段與目的之間的判別標準，乃是「作用」；「好的」或「有價
值的」語詞的意義，就是「有用的」。例如，一張椅子是有價值的，因為可
以坐著；坐著是有價值的，因為可以休息；休息是有價值的，因為可以保持
健康；保持健康是有價值的，因為可享高壽……等。達成一個目的，總是
有用於另外一個目的，因而導致一系列的「目的層級」或「手段與目的之
鏈」：相對於低一層次來說，每一層次都可以視作「目的」；相對於高一層
次來說，每一層次都可看作「手段」；但最高一層的目的，則為「終極目
的」（ultimate end）；「終極目的」本身的價值，稱為「終極價值」，而其
判斷則稱為「範疇性的價值判斷」（categorical judgment of value）或「絕對
性的價值判斷」（absolute judgment of value）。透過如此的轉化後，可將價
值語句減少到最低的程度，從而擴展經驗領域的範圍。因為「手段」或「居
間目的」上的問題，乃是一種可以判定真偽的「作用」問題，而「終極目
的」上的問題，則成為概念解析的問題。這就是說，科學研究者雖然不能判
定我們所在追求目的之好壞或價值，但當各個價值判斷可以轉成一連串「手
段與目的之鏈」後，我們便可分就「目的」與「手段」，進行各式各樣的經
驗研究了（詳見郭秋永，1988：251-255）。然而，依據筆者的淺見，社會
行動者的各種價值判斷，是否可以轉成串串相連的「手段與目的之鏈」的完
整體系；或者，是否可以構成環環相扣的「工具性與範疇性的價值判斷之
鏈」，乃是一個尚待商榷的課題。即使歷來的每一種政治哲學理論，都如當

　　綜合上述的解析，我們應該追隨學術前輩，認定價值語句同時包括評價意義與經驗意義。可是，在追隨學術前輩之下，我們必須更進一步去答覆學術前輩存而不論的一些難題。大體而言，筆者將要答覆的難題，計有下述兩個：價值語句是否如同經驗述句，乃是一個可以判定真偽的語句呢？價值或價值語句究竟蘊藏著什麼特殊性質，而值得社會科學家的特別關注呢？茲依序分別敘述如下。

　　首先，價值語句既然包含評價意義與經驗意義，那麼價值語句與經驗述句之間的截然劃分，就有修正的必要性。這就是哲學家Hilary Putnam（1926-）一再強調的觀點：「區別」（distinction）不是「二分」（dichotomy）；價值語句雖然有別於經驗述句，但兩者之間並不具有截然的二分關係（Putnam, 2002: 9）。值得注意的是，我們不可因為價值語句與經驗述句之間不具有截然的二分關係，就要斷定兩者之間毫無區別。假使逕行認定兩者之間毫無區別，或者，倘若逕行放棄兩者之間的區別，那麼這種輕率之舉，無異於形同「把嬰兒與洗澡水一起倒掉」的魯莽行為。

　　「有區別但不是二分」的這個見解，或許可以答覆一個橫梗許多政治學者心中的疑問。這個久懸的疑問，明確表示在2006年的一篇文章中：「事實與價值之間的二分，已經死亡了嗎？在許多時機上，這種二分確實已經舉行過告別式。然而，社會科學家繼續堅持描述論證與評價論證之間古老而神聖的區別。若這種二分已經死亡，那麼我們為何發現到這個區別是如此的重要呢？『實證的』社會科學，為何仍要繼續發揮此一廣泛的訴求呢？」（Gerring and Yesnowitz, 2006: 104）顯然的，當掌握到價值（或價值語句）與

代政治哲學家Will Kymlicka（2002: 2-3）所說，皆在訴求某一「終極價值」以期貫串其他各種價值，但實際上是否都在其理論中已將各種價值編織成環環相扣的「工具性與範疇性的價值判斷之鏈」，依然是一個難以答覆的問題。政治哲學家尚且不易編織環環相扣的「價值鏈」之完整體系，遑論一般的社會行動者了。

事實（或經驗述句）之間雖然不具二分關係，但仍然具有區別關係時，我們或許就能釋去「為何『實證的』社會科學仍要繼續發揮此一訴求呢？」的疑問。

然而，在這兩者缺乏截然二分但仍有所區別的關係下，我們仍然可以追問：價值語句是否如同經驗述句，乃是一個可以判定真偽的語句呢？筆者的答案是，價值語句「不是」一個可以判定真偽的語句。

筆者要鄭重指出，儘管價值語句包含兩種意義，但其中隱含的經驗意義（或事實意義），位居整個價值語句中的次要地位，十分可能因不同人而變動，也可能因不同社群而變化，還可能因不同時代而變異。例如，資本主義者與共產主義者雖然皆曾宣稱「我們應該實行民主政治」，但雙方所隱含的民主政治的內涵（或外延）可能大相逕庭。資本主義者可能引用「定期更換統治者」的經驗意義，作為其宣稱的佐證；共產主義者可能訴諸「人民統治」的經驗意義，作為其聲稱的憑據。雙方各以不同的經驗意義，作為同一價值語句的佐證或「支持理由」，使得雙方陷入難解的對峙困局，終而使得「我們應該實行民主政治」這一價值語句，成為無法判定真偽的語句。如此說來，價值語句雖然隱含經驗意義，但其經驗意義可能隨著不同人而變動，甚至可能會有「一人一義，十人一義」的混亂情況。

價值語句所隱含的經驗意義，也可能隨著不同社群而變動。上文曾經舉例指出，美國Amish社群堅持「不讓兒童接受學校教育」的價值。當Amish人說出「我們應該過著好的生活方式」時，其中隱含的一個經驗意義，十分可能就是「不讓兒童接受學校教育」。然而，對其他社會（例如台灣社會）來說，兒童接受九年的義務教育，乃是「我們應該過著好的生活方式」這一價值語句中一個隱含的經驗意義。顯然的，一個價值語句所隱含的經驗意義，十分可能隨著不同社群而互有出入。

除了可能隨著不同人或不同社群而變動外，價值語句所隱含的

經驗意義，也可能隨著不同時代而變異。例如，當說「這是一部好的汽車」的價值語句時，張三可能隱含該部汽車「載重量大」的經驗意義，李四可能隱含「耗油量小」的經驗意義，王五能隱含「時速可達三百公里」的經驗意義。張三、李四、王五各以不同的「經驗意義」，作爲同一個價值語句的佐證。值得注意的是，在百年之前，當趙六說「這是一部好的汽車」時，他可能隱含「時速可達三十公里」的經驗意義。趙六說詞中隱含的這個經驗意義，在百年之後，卻可能成爲「這是一部不好的汽車」的佐證。

　　價值語句隱含的經驗意義，既然可以隨著不同人、不同社群、不同時代而變動，那麼整個價值語句就毫無眞僞可言。當張三運用某一經驗意義（或「事實理由」）來支持某一個價值語句時，李四仍然可以使用另外的、不同的「事實理由」來支持同一個價值語句；或者，李四仍然可以使用張三所提的那個「事實理由」來支持「正相反於」張三之原先價值判斷的價值語句。

　　就在這種意思之下，主張價值中立者才會斷定「價值語句的眞僞完全落在科學研究範圍之外」。據此而言，在此種意義之下的「價值中立」，其中所謂的「價值」，乃指「廣義的價值」；而其中所謂的「中立」，則指「不做眞僞的判斷」。因此，此處所謂的「價值中立」，是指社會科學家不對任何價值語句進行眞僞的判斷；或者，任何價值判斷（不論是廣義或狹義的價值判斷）的眞僞證明，都落在科學研究（或經驗研究）的範圍外。就是基於這樣的見解，當代著名政治學家Giovanni Sartori（1987: 13）雖然曾經斷定，價值判斷與經驗判斷這兩者「並未在兩條永不相交的平行道路上各自前進」，但也坦承說，「即使我們不贊成價值的情緒說，但價值語句無認知地位，依然是一件明白的眞理。」（Sartori, 1962: 167; 1987: 270）

　　誠然，對於十分珍視某一價值判斷的科學研究者來說，這樣的結論不啻是一個悲劇。一些十分珍視民主政治的政治科學家，就是由於他們在「科學上」不能證明「民主政治就是最佳政府體制」

之價值語句的眞，才使得「政治研究注定悲劇收場」的感嘆，從二十世紀的五十年代、經由八十年代、直到九十年代，依然嘆聲不絕（Brecht, 1959: 4-9; Ricci, 1984: 20-25; Zolo, 1995: 257-258）。不過，價值判斷的眞僞問題，不同於價值判斷的選擇問題。政治科學家雖在「科學上」不能證明「民主政治就是最佳政府體制」的眞，但在政治生活上仍可基於一些「事實理由」來贊成民主政治，從而貶損其他政府體制。

其次，筆者所要回答的第二個難題乃是，價值（或價值語句）究竟蘊藏著什麼特殊性質，而值得社會科學家的特別關注呢？

本書第二章第二節曾經指出，諸如「張三說：『昨天應該下雨』」或「李四說：『胡自強市長是一位好市長』」這類的語句，乃是價值語句的「引號用法」，而爲一種「價值性的事實」（value-fact）。乍看之下，它似乎是一個價值語句，但實際上它是一個經驗述句。當張三說「昨天應該下雨」時，對張三而言，張三正在陳述心中的一項價值判斷，但對探究張三之價值判斷的研究者來說，這是有關張三之價值判斷的一項經驗事實。同樣的，當李四（或30%的台灣公民）說「胡自強市長是一位好市長」時，對李四（或30%的台灣公民）而言，李四（或30%的台灣公民）正在陳述心中的一項價值判斷，但對研究李四（或30%的台灣公民）之價值判斷的研究者來說，這是有關李四（或30%的台灣公民）之價值判斷的一項經驗事實。簡單說，「昨天應該下雨」（或「胡自強是一位好市長」）雖是一個價值語句，但「張三說：『昨天應該下雨』」（或「李四說：『胡自強市長是一位好市長』」）則是一個經驗述句；或者，張三是否說過「昨天應該下雨」（或李四是否說過「胡自強市長是一位好市長」），乃是一件可以判定眞僞的經驗事實。顯而易見的，「價值性的事實」一向就是社會科學家的主要研究對象。

然而，既往的研究傳統，僅是針對「價值性的事實」進行探究，而從未細究「價值性的事實」中價值語句的特殊性質。例如，

僅是針對「李四是否（或多少台灣公民）認爲『胡自強市長是一位好市長』」進行探究，而未在「價值（或價值語句）也隱含經驗意義」的見解之下，藉助「胡自強市長是一位好市長」這一價值語句中隱含的經驗意義，進行更深入的研究。換句話說，雖然絕大多數社會科學家都主張價值（或價值語句）不但具有評價意義，而且至少隱含著某種經驗意義，但當他們實際進行經驗研究時，卻將此一主張束之高閣而不加以應用。

　　依據筆者的淺見，我們可以採用光譜式的「連續體」方式，來標示「價值性的事實」中價值語句的特殊性質。這就是說，一旦承認政治判斷上的任何價值判斷皆隱含經驗意義，那麼，此種價值判斷不但是一種混和評價元素與經驗元素的判斷，並且可以根據其中所含之不同比重成分的評價元素與經驗元素，進行「程度之別」的區分。在「程度之別」的區分下，我們可將各種價值判斷，依據其所蘊含的兩個向度，亦即依據其所含評價元素的遞減（或遞增）與經驗元素的遞增（或遞減），而將各種價值判斷定位在一個連續體之中。

　　在這個「連續體」中，位居最左端的判斷，乃是「純粹的價值判斷」；位居最右端的判斷，則是「嚴格的經驗判斷」。一般而言，公共政策上的各種判斷，基本上不是「純粹的價值判斷」，也不是「嚴格的經驗判斷」，而是介於左、右兩個極端之間的價值判斷，亦即介於「純粹的價值判斷」與「嚴格的經驗判斷」之間的價值判斷。我們或許可以依據Dahl（1998: 28）的術語，將介於「純粹的價值判斷」與「嚴格的經驗判斷」之間的各種價值判斷，稱爲「實踐判斷」（practical judgment）。實踐判斷包含著（或至少隱含著）評價元素與經驗元素；不同的實踐判斷，包含著（或至少隱含著）不同比重成分的評價元素與經驗元素。

　　就評價元素與經驗元素的不同比重成分來說，愈趨近最左端之「純粹的價值判斷」的實踐判斷，就包含愈多的價值元素與愈少的經驗元素。反之，愈趨近「嚴格的經驗判斷」的實踐判斷，便包含

愈少的價值元素與愈多的經驗元素。依據筆者的淺見，一些極富爭議性的公共政策議題上的決定，例如，台灣的統獨爭議、政府應否資助胚胎複製的生技研究、安樂死等議題上的決定，都是趨近「純粹的價值判斷」的實踐判斷。而一些也具爭議性的公共政策議題上的決定，例如，應否調整健保費用、應否興建垃圾焚化場、應否開發山坡地等議題上的決定，則是趨近「嚴格的經驗判斷」的實踐判斷。大體而言，就愈趨近「純粹的價值判斷」從而愈遠離「嚴格的經驗判斷」的實踐判斷來說，專家學者的經驗知識便較不能發生作用，但公民審議則較能發揮功能。反之，就愈趨近「嚴格的經驗判斷」從而愈遠離「純粹的價值判斷」的實踐判斷而言，專家學者的經驗知識便較能發生作用，而公民審議則較少發揮功能。

　　值得注意的是，正由於實踐判斷包含著不同比重成分的評價元素與經驗元素，或者，正由於實踐判斷包含著評價向度與經驗向度，因此我們至少可以根據「高與低的評價元素、以及高與低的經驗元素」，構成如下的一個2×2表，來定位各種實踐判斷，期能裨益於理論建構與經驗研究的進一步推展：

	高評價元素	低評價元素
高經驗元素	甲	乙
低經驗元素	丙	丁

三　經驗研究中的價值中立

依據「情緒說」，價值（或價值語句）僅具情緒作用而毫無認知意義，因此，經驗研究者在其研究過程中，當然必須排除個人的（或團體的）情緒反應，也就是必須保持「價值中立」。在這樣的意思下，「價值中立」這一術語中的「價值」語詞，乃指「情緒」；而「中立」語詞，則指「排除」（或「摒棄」、或「摒除」、或「袪除」、或「免除」）。然而，我們不免要問，在修正或放棄「情緒說」之下，或者，在承認價值（或價值判斷）同時包含評價意義與經驗意義之下，經驗研究者在其研究過程中仍須排除價值判斷嗎？或者，經驗研究者在其研究過程中仍須保持「價值中立」嗎？

誠然，在上述的問題中，「價值中立」這一術語中之「價值」語詞的意思，已從「情緒」轉成「廣義的價值」，雖然「中立」語詞的意思，仍然意指「排除」（或「摒棄」、或「摒除」、或「袪除」、或「免除」）。如此說來，我們可將上述問題分成兩個問題。第一個問題是，經驗研究者在其研究過程中「應該」保持價值中立嗎？或者，經驗研究者在其研究過程中「應該」摒除價值判斷嗎？第二個問題是，經驗研究者在其研究過程中「可能」保持價值中立嗎？或者，經驗研究者在其研究過程中「可能」摒除價值判斷嗎？

在答覆這兩個問題之前，我們先要按照Hempel（1983: 73-4）的觀點，將「廣義的價值」分成「科學外的價值」（extra-scientific values）與「認識作用的價值」（epistemic values）。「科學外的價值」乃指那些無關於科學活動、甚至可能危害到科學活動的各種價值（或價值判斷），例如「兒童不應接受學校教育」的價值判斷，或如「台灣應該維持不統不獨」的價值判斷。「認識作用的價值」則指科學活動內眾所珍視的價值（或價值判斷），例如「致知勝於無知」，或如應該遵守邏輯的推理程序。

當作了這個區別，第一個問題的答案就顯而易見了：經驗研究者在其研究過程中應該摒除「科學外的價值」，但不應該排除「認識作用的價值」；或者，當價值是指「科學外的價值」時，經驗研究者在其研究過程中應該保持價值中立，但當價值是指「認識作用的價值」時，經驗研究者在其研究過程中不應該保持價值中立。

不過，第一個問題的答案本身（亦即經驗研究者在其研究過程中應該摒除「科學外的價值」，但不應該排除「認識作用的價值」），就是一個價值判斷。按照上一節的分析，除了誘導、推薦、贊許、忠告、及勸導等評價意義之外，價值判斷還包含（或至少隱含）一些經驗意義（或事實意義），藉以作為支持其評價意義的「事實理由」。那麼，在這一個價值判斷中，作為支持的「事實理由」，究竟是什麼呢？

一般而言，經驗研究（或科學研究）的目標，乃在於描述、解釋、以及預測經驗現象。為了達成這種目標，在整個研究階段上，任何「科學外的價值」（包括研究者本人、統治者、以及社群的「科學外的價值」）都應該排除殆盡，而任何「認識作用的價值」都應儘量保持。依據過往的研究經驗，摒除了任何的「科學外的價值」並保持「認識作用的價值」，在一定程度上可以保證研究成果的客觀性。反之，假使研究者本人、或統治者、或社群的「科學外的價值」，左右了實際進行的科學研究，那麼非但難以完成客觀的研究結果，反而容易陷入「假科學之名、行價值判斷之實」的謬誤。最著名的例子，莫過於二十世紀初期，納粹當政後，德國生物學家便不能不同意希特勒的「種族理論」，以及蘇共上台後，蘇俄生物學家便不得不附和史達林的「環境決定遺傳基因理論」。最常見的例子，則是展現在「御用文人」的譴責中。顯而易見的，摒棄「科學外的價值」的主張，一方面可以成為一面杜絕不當干預的盾牌，另一方面可以成為一支推進專業研究的利劍。一旦經驗研究者不排除「科學外的價值」，則任何形式的偏見便會分從四面八方，或隱或顯地闖進每一研究階段，終而摧毀學術研究的客觀性。據此而言，

當價值是指「科學外的價值」時，經驗研究者在其研究過程中應該保持價值中立；但當價值是指「認識作用的價值」時，經驗研究者在其研究過程中便不應該保持價值中立。換句話說，為了確保科學研究的專業性，科學研究者都應排除「科學外的價值」，或者，科學研究者都應保持「認識作用的價值」。

　　在回答第一個問題之後，我們仍須答覆第二個問題：經驗研究者在其研究過程中「可能」保持價值中立嗎？或者，經驗研究者在其研究過程中「可能」摒除價值判斷嗎？當「價值中立」這一術語中的「中立」意指「排除」（或「摒棄」、或「摒除」、或「袪除」、或「免除」），而「價值」語詞乃指「廣義的價值」（包含「科學外的價值」與「認識作用價值」），那麼依據歷來反對價值中立的見解，經驗研究者在其研究過程中「不可能」保持價值中立，或者，經驗研究者在其研究過程中「不可能」摒除價值判斷。大體而言，這些異議者的歷來宣稱，約可歸納成下述三大方面（參見本書第二章第四節的「事實與價值」與第五節的「價值研究與價值中立」；Morrice, 1996: chapter 6; Lacey, 1999: 17-8）：

(一)研究者無法袪除本身的價值判斷：研究者在研究題材的選擇、研究現象的重要性判斷、經驗概念的製作、研究變項（variable）的篩選、研究架構（或理論架構）的建立、研究方法的選擇、研究資料的蒐集等方面，都會受到研究者個人價值的影響，而不能維持「價值中立」。在研究者無法袪除本身價值判斷的這些林林總總的項目中，最著名的例子，莫過於Steven Lukes所謂之「權力概念的製作，隱藏著研究者本人固有的價值觀念」的論述：單向度的權力概念，奠基在自由主義的價值觀上；雙向度的權力概念，植基在改革主義的價值觀上；參向度的權力概念，建基在激進主義的價值觀上。（詳見本書第五

章；郭秋永，1995；2004）

(二)研究者無法摒除其社會的價值判斷：在研究資源
的分配、研究問題的選擇、量化或質性研究法的
選用、以及社會行動意義的理解等方面上，研究
者通常受到社會價值的影響，而無法保持「價值中
立」。例如，在極權社會中，由於整個社會的特定
價值判斷，從而使得某些問題完全成為「研究禁
地」。事實上，即使在一個民主社會中，研究者依
然難以擺脫社會價值的影響。政治學家David Easton
曾經特別指出，經驗研究者大體上皆在其社會的
「價值架構」內進行實證研究，從而無形中便接受
了其社會的主流價值。因此，經驗研究者通常不會
針對這些「價值架構」進行深刻的省察，遑論提出
尖銳的挑戰了。簡單說，即使民主社會中的經驗研
究，依然傾向於隱藏著「經驗保守主義」，或仍然
易於培養一種「社會保守主義的意識型態」。

(三)研究者無法排除學術界的價值判斷：科學研究本身
必須預設某些價值判斷，例如「真理值得追求」、
「致知勝於無知」、「真偽之辨是有價值的」、
「宇宙應該具有法則性」、「言論自由」、「研究
自由」、「誠實無欺」等，因而使得研究者在進行
研究之始就必須維護這些價值判斷，而不能保持價
值中立。此外，特定的學術領域，通常也有特定的
價值判斷，而使得研究者無法保持「價值中立」。
例如，在調查資料的統計假設檢定中，研究者都依
循學界固有的價值判斷，選擇「第一類型誤差」而
放棄「第二類型誤差」，即使這兩類誤差實際上互
為消長。（詳見郭秋永，1988: 350-351）

　　從上述三大方面的宣稱看來，經驗研究者（或科學研究者）實在「不可能」保持價值中立。

　　然而，值得注意的是，在經驗研究者「不可能」保持價值中立的論述之下，我們可以進一步提問：果眞如同異議者的宣稱，那麼科學研究便是充滿價值判斷的一種活動嗎？或者，科學研究便是言人人殊之價值判斷的一種活動嗎？或者，研究者應在特定的價值判斷下各說各話、或一味迎合特定的價值判斷、或恣意容許特定的價值判斷來污染科學研究、甚至放縱特定的價值判斷來「捏造資料、僞造研究結果」嗎？對於這一類的進一步問題，如果以「不是」來答覆，那麼如何安置許多社會科學家素來嚮往的「價值中立」呢？依據筆者所知，歷來試圖安置許多社會科學家一向嚮往之「價值中立」的方式，大體上計有三種方式。第一種的方式，乃是本書第二章第五節曾經提及的「自白方式」；第二種方式，乃是著名社會科學家Max Weber採取的方式；第三種方式，則是Hugh Lacey與筆者曾經採用的方式。茲依序分別說明如下。

　　所謂的「自白方式」，乃指研究者本人在其論著的「序言」中，公開表明個人的（或其團體的）價值或價值體系，以資作爲經驗研究的「價值前提」。「自白方式」的基本設想乃是，若研究者不能排除個人的（或其團體的）價值或價值體系，則應在其論著的「序言」中加以明文陳述，以供公開評估其可能產生的後果，然後再於論著的「正文」中保持「價值中立」，客觀地敘述事實命題的檢定結果。例如，在選民投票行爲與政黨政治之研究論文的「前言」中，作者明文表示自己的價值判斷（比如，「一個損害到社會中處於最不利地位者的政策，乃是一個不公道的政策」），然後在論文的整個「正文」中，依據統計分析去敘述各項統計假設的檢定結果。

　　依據筆者的淺見，這種純屬形式要求的方式，雖然有其優點，但卻奠基在一個不太契合實際的假定之上：研究者通曉本身的價值（或價值體系）。實際上，研究者通常不太能夠精確掌握本身之價

值（或價值體系）的精義；去精確掌握本身之價值（或價值體系）的精義，並非一件「折枝反掌」的輕易之事，而需某種程度的創造力與長期的深入研究。

　　安置「價值中立」的第二種方式，乃是Weber採取的方式。Weber曾經試圖透過「價值相干」（value-relevance）與價值判斷之間的區別，來維護「價值中立」的可能性（Morrice, 1996: 138-144; Lazar, 2004: 16）。依據Weber的見解，社會科學的研究對象，乃是「有意義的」社會行動；而社會行動則因社會成員的價值觀念而成為「有意義」。Weber（1949: 76）指出：「文化事件的意義，預設這些事件的一種價值取向。文化概念就是一種價值概念。因為我們將經驗真實（empirical reality）關聯到價值觀念，並且在我們將經驗真實關聯到價值觀念的範圍內，經驗真實方才成為（對我們來說的）『文化』。它包含這些部分，並且只有真實的這些部分，由於這種價值相干，方才對我們具有意義。」因此，社會科學家「透過所要處理之現象的價值相干，來選擇社會科學的問題」（Weber, 1949: 21）。據此而言，在Weber的見解中，影響研究問題的選擇，甚至左右分析架構的建立，乃是「價值相干」，而非研究者本人的「價值判斷」。顯而易見的，Weber維護「價值中立」的可能性，端在於區別「價值相干」與價值判斷。

　　然而，這個關鍵性的重要區別，能夠成立嗎？或者，Weber所謂的「價值相干」，究竟意指什麼呢？Weber（1949: 22）說：「『價值相干』的措辭，只是指涉該特別科學『旨趣』的哲學詮釋（philosophical interpretation of that specifically scientific "interest"）。」那麼，什麼是「該特別科學『旨趣』的哲學詮釋」呢？對於這一重要課題，Weber卻存而不論。不過，無論如何，儘管Weber不曾說明，但卻意涵「價值相干」不是一種價值判斷。

　　由於Weber不曾詳細說明「價值相干」究竟意指什麼，所以留下十分廣泛的詮釋空間。例如，David Morrice（1996: 144）就曾指出，Weber雖對「該特別科學『旨趣』的哲學詮釋」含糊其辭，

但實際上卻直指價值判斷，從而瓦解了「價值相干」與價值判斷之間的區別。依據Morrice的舉證，Weber（1949: 84）曾經明白說：「研究對象的選擇，以及這種研究企圖滲入無限因果網絡的廣度或深度，都受到那支配研究者及其時代的評價觀念所決定。」據此而言，左右研究題材的選擇，以及影響分析深度或廣度的，乃是研究者及其時代的「評價觀念」。對照前引Weber之「價值相干」的言論，「價值相干」實際上就是研究者及其時代的「評價觀念」或「價值判斷」。Morrice據此指出，Weber透過「價值相干」與價值判斷之間的區別來維護「價值中立」的企圖，因而便告失敗。英國當代著名哲學家Roy Bhaskar（1944-）也曾基於相同的理由，批判此一區別的誤導（郭秋永，2005：598）。Weber安置「價值中立」的方式，既然頗受質疑，那麼Lacey所採取的方式，又是如何呢？

　　Lacey安置「價值中立」的方式，端在於將價值判斷分成「認知價值的判斷」（judgment of cognitive value）與「非認知價值的判斷」（judgment of non-cognitive value）（Lacey, 1999: 4, 12-13, 16）。其所謂的「非認知價值的判斷」，乃指個人的、道德的、倫理的、以及審美的等各種判斷；至於他所說的「認知價值的判斷」，則指有助於經驗檢證與邏輯推演的各種判斷。顯而易見的，「非認知價值的判斷」與「認知價值的判斷」之間的區別，實際上同於Hempel對於「科學外的價值」與「認識作用的價值」之間所做的分別。在這種區分之下，就假設檢定與理論評估而言，「認知價值的判斷」便扮演一個關鍵性的角色，而「非認知價值的判斷」則毫無任何角色可言。如此一來，研究者雖在一些研究階段上不可能保持「價值中立」，但在最重要的假設檢定與理論評估上，卻能夠保持「價值中立」。值得注意的是，此處所謂之「價值中立」中的「中立」語詞，仍然意指「排除」（或「摒棄」、或「摒除」、或「祛除」、或「免除」），但「價值」語詞則專指「科學外的價值」或「非認知價值的判斷」。因此，自Lacey看來，「價值中立」的可能性，便指研究者在假設檢定與理論評估上可能祛除「非

認知價值的判斷」或「科學外的價值」。

Lacey的這種觀點，雷同於筆者往昔提過的論點（郭秋永，1981：162-174；1988：355-368）。依據筆者的淺見，我們可以憑藉第二章曾經引述過的一個區別，也就是「發現系絡」（context of discovery）與「驗證系絡」（context of justification）之間的區別，進而在「驗證系絡」中，安置「價值中立」的可能性。

依據這個區別，我們一方面可將「科學外的價值」（或「非認知價值的判斷」）劃歸在「發現系絡」內，而將「認識作用的價值」（或「認知價值的判斷」）劃歸在「驗證系絡」內。如此一來，我們便不必關切研究者在「發現系絡」中是否可能保持「價值中立」的問題，而只要關心研究者在「驗證系絡」中是否排除「科學外的價值」（或「非認知價值的判斷」），或者，研究者在「驗證系絡」中是否維持「認識作用的價值」（或「認知價值的判斷」）。例如，在斷定「就台灣選民而言，政黨認同與教育程度呈現負相關」這一述句的真偽上，我們就不必在意這一述句的提出，是否出自研究者本人的價值判斷，例如取得功名利祿、迎合執政黨、造福桑梓……等等。我們所要關切的是：這一述句的驗證，是否遵循統計假設檢定的各種程序；當這一述句與其他述句（例如，「統獨態度與社經地位呈現正相關」）組成一組述句（或一個理論架構）時，是否可以推演出另外一些也能驗證的述句，從而使得它們之間呈現出邏輯推演性。

顯而易見的，透過這樣的重新詮釋，我們一方面可在「發現系絡」中坦承研究者不可能維持價值中立，從而不必為了強行辯護「全盤性的」價值中立而顯露出左支右吾的窘態；另一方面可在「驗證系絡」中，依舊主張一向嚮往的「價值中立」。誠然，在這樣的重新詮釋下，安置在驗證系絡中之「價值中立」的「價值」，乃指「科學外的價值」（或「非認知價值的判斷」）；而「中立」語詞，則仍指「排除」（或「摒棄」、或「摒除」、或「祛除」、或「免除」）。

（四）　邏輯推論上的價值中立

「價值中立」的第三種意思，乃指邏輯推論上的價值中立。此種「價值中立」術語中的「價值」語詞，泛指「廣義的價值」或「廣義的價值判斷」，而「中立」則指「排除」（或「摒棄」、或「摒除」、或「祛除」、或「免除」）。

眾所周知，「價值中立」之邏輯推論上的紛爭，端在於著名的「休謨鐵則」（Hume's Law）是否成立的課題。「休謨鐵則」也稱為「休謨障礙」（Hume's Hurdle）或「休謨刀叉」（Hume's Fork），乃指研究者單從「事實述句」（或「經驗述句」、或「實然述句」、或「實然」）不能演繹推論出「價值語句」（或「道德語句」、或「規範語句」、或「倫理語句」、或「應然語句」、或「價值」、或「應然」）。[5]假使單從「事實述句」推論出「價值語句」，那麼便會違背下述的演繹規則：除非我們能夠增加語句的界說力量，否則在一個有效的演繹推論中，諸前提未曾明示或暗示的事物，不得出現在結論中（Hare, 1952: 32-33）。例如下述的推論，就是違背此一演繹規則的一個例子：

秦始皇曾經統一古代中國

因此，秦始皇是一個偉大的帝王

我們單從「秦始皇曾經統一古代中國」這一事實述句，不得推論出「秦始皇是一個偉大的帝王」的價值語句；因為結論中的價值判斷（「秦始皇是一個偉大的帝王」），並非前提（「秦始皇曾經統一古代中國」）中「曾經明示或暗示的事物」。實際上，若張三

5　此處有關「休謨鐵則」的說明，乃是一般學者素來接受的「標準詮釋」。然而，有些學者也曾透過Hume原典中一些文字的「說文解字」，來質疑這一「標準詮釋」。參見郭秋永，1988，頁266-268; Putnam, 2002: 149, n. 13）。

可從「秦始皇曾經統一古代中國」推論出「秦始皇是一個偉大的帝王」，那麼李四也可從「秦始皇曾經統一古代中國」推論出「秦始皇是一個暴虐的帝王」之類的、完全相反的價值語句。顯然的，單從「事實述句」推論不出「價值語句」。

　　然而，二十世紀七十年代以降，著名的「休謨鐵則」，遭受到一連串的質疑。這些形形色色的質疑，大體上奠基在下述的想法：「價值語句」雖然不同於「事實述句」，但這兩者之間具有「某種不可分離的關係」，從而容許我們可從「事實述句」推論出「價值語句」。可是，究竟什麼是「某種不可分離的關係」呢？在各色各樣的不同解說中，較受矚目的，乃是John Searle與Roy Bhaskar的論證（詳見郭秋永，1981：第三章；1988：第七章；2005：第四節）。下文分別評述這兩位學者的論述。

（一）John Searle的論證

　　依據Searle的見解，一般所謂的「事實」，可以分成「粗略事實」（brute fact）與「制度事實」（institutional fact）兩種。[6]「粗略事實」的述句，確實有別於「價值語句」，因此，單從「粗略事實」的述句，推論不出「價值語句」。然而，「制度事實」與價值判斷之間卻具有「某種不可分離的關係」。自Searle看來，此一「某種不可分離的關係」，實際上就是「蘊含關係」，因此，僅從「制度事實」的述句，便可推論出「價值語句」。

---

[6] Searle有關「粗略事實」與「制度事實」之間的區別，實際上植基在John Rawls的兩種「規則概念」的見解上，請見郭秋永，1988：290-291。此外，Searle在說明事實與價值之間的推論時，其所謂的「粗略事實」，實際上乃指「粗略事實」的述句，而「制度事實」則指「制度事實」的述句。誠然，Searle未曾區別「粗略事實」與「粗略事實的述句」，也不曾區分「制度事實」與「制度事實的述句」。為了行文方便，下文中的相關討論，沿用Searle原先未做如此區分的用法。希望這樣的沿用方式，不致造成讀者的誤解。

　　Searle所謂的「粗略事實」，乃指不預設制度的事實，例如「張三戴眼鏡」、「李四藍眼碧髮」、「王五是個胖子」、「趙六拿著一根木棒把一個圓形物體打到很遠的地方」……等等。「制度事實」則指預設制度的事實。例如，「張三在投票」、「國會通過勞工法」、「李四有拾元」、「王貞治擊出全壘打」……等等。Searle指出，在選舉制度下，具有選民資格的張三，於指定的時間（當局所指定的投票時限）、地點（當局所指定的投票所）、及紙張（當局所印製的選票）上畫了一個記號，則張三的這些「粗略事實」（或「物理運動」），才可被描述爲張三在投票。若不預設選舉制度，則相同的「粗略事實」（張三在一張紙上畫了一個記號），並不能被描述爲張三在投票。再如，於貨幣制度下，我們才可說「李四拿出拾元來買東西」；若不預設貨幣制度，則李四拿出來的，只不過是一張花花綠綠的長方形紙張罷了。又如，在棒球制度下，我們才可說「王貞治擊出全壘打」；若不預設棒球制度，則王貞治的「粗略事實」，只不過是以一根棍子，把一個圓形的東西打到某一距離之外而已。顯然的，投票行爲、交易行爲、棒球比賽……等等，包含著各種「粗略事實」，但單單這些「粗略事實」並不足以描述投票行爲、交易行爲、棒球比賽等等；只有在預設某種制度之下，這些「粗略事實」（或「物理運動」）才構成了「制度事實」。

　　尤需注意的是，Searle所謂的「制度事實」，包含著各種「拘束性」的規則，從而限定行動者的行動，並訓示行動者應該採取的行動。例如，在棒球比賽中，當打擊手李四打不到三個好球時，便應回到球員休憩處，而不能再打擊或遊蕩球場。當然，李四更不可以向裁判爭論說：「從『拿著一根木棍揮動了三次』之類的事實述句，推論不出『應該回到休憩處』的應然語句。」因此，在Searle看來，我們雖然不能從「粗略事實」推論出「價值語句」（或「應然語句」），但由於「制度事實」包含著各種「拘束性」的規則，因而使得「制度事實」蘊含著「價值判斷」（或「應然判斷」）。

「制度事實」與價值判斷（或應然判斷）之間既然具有蘊含關係，那麼我們當然可從「制度事實」推論出「價值語句」（或「應然語句」）。Searle本人曾經舉出下述推論例子，藉以駁斥「休謨鐵則」：[7]

(a)在條件A下，講出「李四，我承諾付你拾元」的任何人，乃承諾付給李四拾元。

(b)在條件A下，張三講出這些字彙：「李四，我承諾付你拾元。」

(c)張三承諾付給李四拾元。

(d)張三承擔了付給李四拾元的一個義務。

(e)張三有了付給李四拾元的義務。

(f)張三應該付給李四拾元。

按照Searle的說明，上述(a)是語言用法的描述，(b)是「粗略事實」，(c)、(d)、及(e)是「制度事實」，(f)則是「應然語句」或「價值語句」。(a)中的「條件A」，乃指講出某些字彙就可構成承諾行動的適當條件。這些適當條件大體上包含下述情況：說者站在聽者面前、兩人都具清醒意識、皆未受到藥物控制、都不在引用詩文、皆不在練習發音、都不在演戲、皆理解所說語詞的意義、都無耳聾或失語症之類的生理障礙等等。Searle指出，首先，由(a)與(b)可以推論出(c)。其次，依據承諾制度，一旦做了承諾，便需承擔義務，而承擔義務之人，即是有了義務，並且應該去做承諾之事。因此，在「一旦做了承諾，便需承擔義務」之下，由(c)可以推論出(d)；在「承擔義務之人，即是有了義務」之下，由(d)可以推論出(e)；在「有了去做某事的義務，就應該去做該事」之下，由(e)可以推論出(f)。

---

[7]　此一推論例子的完整形式，請見郭秋永，1988：292-295。

總之，依據Searle的說明，我們雖然不能從「粗略事實」推論出「價值語句」或「應然語句」，但卻可從「制度事實」推論出「價值語句」或「應然語句」。

然而，儘管Searle指證歷歷，但在其駁斥「休謨鐵則」的整個推論例子中，幾乎每一推論步驟都曾引起尖銳的批判。這些各有巧妙的批判，涉及十分細緻的舉證，而不適於在此詳細列舉（詳見郭秋永，1988：298-309）。不過，這些十分細緻的批判，雖然形形色色，但大體上指向一個共同論點：由於「制度事實」隱含著價值判斷（或應然判斷），所以Searle的論證不足以拒斥「休謨鐵則」。

依據筆者的淺見，Searle的論旨難以成立。筆者的批評，可從下述一個簡單的假設例子清楚看出來。首先，設在一個具有承諾制度的極權社會中，一位保安人員傳訊張三，要求張三承諾「提供反抗份子的名單」。其次，再設張三向此位保安人員講出這些字彙「我承諾提供反抗份子的名單」。再次，又設張三雖然滿口承諾，但私底下卻誓言保守祕密。最後，更設眾人（包括Searle本人）皆會譴責極權社會，並推崇張三的保守祕密。在這樣的例子裡，若問筆者「為何張三不應該提供反抗份子的名單？」，筆者可以答道，只在隱含「極權社會是一種良善的社會」之價值判斷下講出「承諾」等字彙的「粗略事實」，方可成為承諾的「制度事實」，進而才可從承諾制度推論出「張三應該提供反抗份子的名單」的價值結論；但在本例中，張三並未贊許「極權社會中的承諾制度」，因此，即使張三說出「承諾」等字彙，張三仍然未在作承諾，所以張三不應該提供反抗份子的名單。

若以相同問題去問Searle「為何張三不應該提供反抗份子的名單？」，那麼Searle勢必答道，由於(a)中的條件A未被滿足，因此，張三雖然講出「承諾」等字彙，但張三並未在作承諾，所以張三不應該提供反抗份子的名單。顯然的，Searle的答案，必定遭遇到一個難題：在張三講出「承諾」等字彙的「粗略事實」下，我們究竟要基於何種理由來否認張三在作承諾呢？換句話說，這是否意

謂條件A中包含了張三的「贊許因素」呢？若條件A中包含了張三的「贊許因素」，則Searle所舉的推論例子便隱含著價值判斷。若條件A中未包含張三的「贊許因素」，那麼，我們究竟要基於何種理由來否認張三在作承諾呢？依據筆者的管見，Searle將會陷入進退維谷的困境。

（二）Roy Bhaskar的論證

Searle透過「粗略事實」與「制度事實」之間的區別，來質疑「休謨鐵則」。

Bhaskar反對「休謨鐵則」的論述，則在於宣稱一種「正確的理論」。這種「正確的理論」，可以使得「價值語句」與「事實述句」之間構成「某種不可分離的關係」，從而可以容許我們僅自「事實述句」推論出「價值語句」。Bhaskar說：

> 我的論證……依賴在一個能夠解釋「虛假意識」的理論上，尤其依靠在一個容許「信念系統」被特徵化為「意識型態」的理論上。（Bhaskar, 1998: 62）

自Bhaskar看來，社會科學的研究對象，包含社會行動者本身的「信念系統」或「意識」；理解社會中廣泛接受的「信念系統」或「意識」，遂為社會科學家的一個重要工作。大體而言，在解釋社會現象上，社會中廣被接受的「信念系統」或「意識」，未必就是正確的解釋憑據。例如，在十九世紀的英國社會中，一般社會行動者皆相信「懶惰乃是貧窮之因」，從而在任何社會態度或行為的解釋上，總是訴諸此一「信念系統」或「意識」。可是，按照一些社會科學家的研究，導致十九世紀英國社會中多數人貧窮的原因，乃是產業革命、政府政策、以及世界市場等結構因素。兩相對照之下，在解釋多數人貧窮的原因上，一般社會行動者的「信念系統」或「意識」，牴觸了社會科學的「理論」。假使後者正確而前者錯

誤、並且後者可以解釋前者，那麼可將社會行動者的「信念系統」特徵化為「意識型態」，或可將社會行動者的「意識」特徵化為「虛假意識」。進一步說，假使廣被接受的「信念系統」確屬錯誤、而社會科學提出的「理論」誠屬正確無誤，那麼社會科學家在提出其理論時，無異於正在「批判」（critique）其研究對象，也就是正在批判社會行動者的「虛假意識」或「意識型態」，進而也突顯出「從扭曲意識中解放出來」的觀念。

進一步說，依據Bhaskar的見解，在批判研究對象所抱持的「虛假意識」或「意識型態」上，社會科學家通常追溯其成因至特定的社會結構或「機制」，從而發現兩者之間存在著一種功能性的關係：特定的「虛假意識」（或「意識型態」）的功能，主要乃在保護特定的社會結構或「機制」，進而維持它的穩定性。例如，自馬克斯的理論來說，在一個資本主義社會中，勞工所抱持之「工資乃是勞動給付」的信念系統，乃是一種「虛假意識」；而造成這種「虛假意識」的主要原因，則是勞工與雇主之間所形成的基本結構。依據馬克斯的理論，在資本主義社會中，這種「虛假意識」發揮了自我防衛的功能，不但排除了勞工被剝奪的不滿情緒，而且維護了勞工與雇主之間的基本結構。因此，當社會科學家提出「正確的」社會結構時，不但是在批判「虛假意識」，更在挑起勞工的不滿情緒。據此而言，在訴諸社會結構以解釋「虛假意識」的成因上，社會科學家不但批判「虛假意識」，而且貶損現實社會中的社會結構，甚至破壞現實社會中的社會結構。自Bhaskar看來，社會科學家所進行的這種批判工作，就是一種「解釋性批判」（explanatory critiques）。

誠然，在上例中，勞工的「虛假意識」，不是桎梏勞工的唯一鎖鏈。當勞工透過社會科學家的批判，而能去除這種認知上的「蒙蔽」後，他們雖然能夠明白雇主的剝削、也能知曉工資水準的不公道，但他們未必能從雇主的奴役中解放出來。這就是說，認知上的啟蒙，只是解放的一個必要條件，而非一個充分條件。除了排除認

知上的「蒙蔽」外，勞工尚須從事許多「實踐」活動，以期推動「結構的轉化」，而非僅僅止於當前事態的改善。Bhaskar（1986: 171）指出：「解放……既受解釋性理論的因果預示，亦受解釋性理論的邏輯衍遞，但只在實踐上才能奏效。在這個特別意義下，一種解放的政治或實踐，必然奠基在科學理論上。」顯然的，在這種意義之下，「解釋性批判」中的「批判」一詞，便有Alan How（2003: 5）所說的進一步意義：「批判乃是力圖將眞實拉向應然、內在、及應該變成什麼。」

我們或許可將Bhaskar駁斥「休謨鐵則」的整套論述，概括稱爲西洋版的「知行合一」的學說：「正確理論」的批判、「虛假意識」的覺醒、以及「集體行動」的實踐等三者，乃是一個不可分割的整體。這就是說，「正確理論」批判並解釋現實社會中的「虛假意識」，從而喚醒群眾的「眞正意識」，或破除群眾的「虛假意識」，進而促使群眾訴諸行動以轉化社會結構，使之邁向合理的社會秩序。Bhaskar本人曾將其整套論述，簡化成爲下式的推論式：

$$T > P \cdot T\,exp\ I\,(P) \rightarrow -V\,【\,O \rightarrow I\,(P)\,】$$

上一推論式中的「T」代表「理論」、「>」代表「優於」或「更正確」、「P」代表「信念系統」或「意識」、「‧」代表「且」、「exp」代表「解釋」、「I」代表「意識型態」或「虛假意識」、「I（P）」代表「信念系統（或意識）成爲意識型態（或虛假意識）」、「→」代表「推論出」、「－」代表「負面的」、「V」代表「價值判斷」、「O」代表「對象」。若以上述十九世紀英國社會的貧困爲例，那麼此一推論式的整套推論便如下述。「T」指社會科學家提出的理論，此一理論乃從產業革命、政府政策、以及世界市場等社會結構因素，解釋十九世紀英國社會的貧困狀況。「P」指當時一般社會行動者皆相信「懶惰乃是貧窮之因」的信念系統。由於「P」是妄的，並且多多少少解釋了當時英人的

社會態度與行為，因而成為一種「意識型態」而可用「I（P）」來表示。由於「T」是正確的、「P」是妄的，因此可用「T＞P」來表示，意指「T優於P」。由於「T」的解釋，追溯至社會結構而足以解釋「I（P）」，因此可用「T exp I（P）」來表示，意指「T解釋了I（P）」。「O」指那使得「懶惰乃是貧窮之因」成為風行一時的一些社會結構，因此「O→I（P）」是指，從這些社會結構可以推論出「懶惰乃是貧窮之因」的意識型態。那麼，對於這種推論出來的現實結果，我們應該給予負面的「價值判斷」，此即「–V【O→I（P）】」。

總之，於這個例子中，整個推論式的意思，便如下述：在說明十九世紀英國社會的貧困上，由於社會科學家提出的理論，不但優於當時風行之「懶惰乃是貧窮之因」的信念系統，而且可以解釋這個已成為「意識型態」的信念系統，因此可以推論出，我們應該對於那些導致此種「意識型態」的社會結構，給予負面的「價值判斷」。簡單說，自Bhaskar看來，「T＞P・T exp I（P）」純屬「事實判斷」，而「–V【O→I（P）】」則屬「價值判斷」，因此，此一推論式便是直接從「事實判斷」推論出「價值判斷」的一個推論式。

從上述例子的說明，我們可以看出此一推論式的幾個要點。首先，當社會科學家提出「正確理論」時，無異於在批判當時風行的「虛假意識」（或「意識型態」）。其次，在批判此一「虛假意識」時，社會科學家勢須追究那些衍生出此一「虛假意識」的社會結構，也就是必須追究現實社會中「錯誤的」社會結構。這就是在斷言，這種「虛假意識」與「錯誤的」社會結構之間，維持著特定的功能關係。最後，正確理論所提示之「正確的」社會結構，當然應該取代「錯誤的」社會結構；或者，「錯誤的」社會結構，應該轉化成為「正確的」社會結構。

就是這三個要點，使得Bhaskar能夠宣稱：「假使我們具有一個足以解釋虛假意識為何不可或缺的理論，那麼在不附加任何額外

的價值判斷之下，我們可以直接針對那些使得虛假意識成為不可或缺的對象（亦即社會關係的系統或社會結構等等），做出負面的評價。同時，在其他條件不變之下，針對合理排除虛假意識之源頭的那些行動，給予正面的評價……在不增加額外的價值判斷之下，這種批判使得我們能從事實直接通到價值，或者更精確地說，使得我們能從解釋理論直接通到實踐命令。」Bhaskar（1998: 63, 160）

依據筆者的淺見，不論此一推論式是否站得住腳，實際上皆無關於「休謨鐵則」的成立與否。換句話說，即使Bhaskar的推論式正確無誤，依然不足以推翻「休謨鐵則」。因為兩者所用的「推論」語詞，實際上各具不同意義。「休謨鐵則」中所謂的「推論」，指的是「演繹推論」。可是，Bhaskar推論式中的「推論」，則不是「演繹推論」意義下的「推論」；或許就如Collier（1994: 170）的坦承，它較像「證據論證」（evidential argument），而較不像「演繹論證」（deductive argument）。

按照Collier的說明，在「演繹論證」中，若P蘊含Q，那麼P與R也蘊含Q。設「P」是「羊在草地吃草」、「Q」是「羊不在羊欄」、「R」是「牛在耕田」，則其「演繹論證」的推論式便是：若「羊在草地吃草」蘊含「羊不在羊欄」，那麼「羊在草地吃草」與「牛在耕田」也蘊含「羊不在羊欄」。可是，在「證據論證」中，當P蘊含Q時，P與R卻可能不蘊含Q。設「P」是「有人看見張三拿著一支還在冒煙的槍械，從凶案現場跑出來」、「Q」是「張三可能犯了謀殺罪」、「R」是「被害者身上的子彈不是從張三槍械中射出」，則其「證據論證」的推論式便為：當「有人看見張三拿著一支還在冒煙的槍械，從凶案現場跑出來」蘊含「張三可能犯了謀殺罪」時，「有人看見張三拿著一支還在冒煙的槍械，從凶案現場跑出來」與「被害者身上的子彈不是從張三槍械中射出」卻不蘊含「張三可能犯了謀殺罪」。Collier指出，這種「證據論證」如同「道德推理」（moral reasoning）：當「從捐獻箱中取出硬幣，乃是偷竊行為」蘊含「張三不應該從捐獻箱中取出硬幣」時，但

「從捐獻箱中取出硬幣，乃是偷竊行為」與「張三從捐獻箱中取得硬幣，乃是張三打電話給總統以阻止一場核戰的唯一方式」卻不蘊含「張三不應該從捐獻箱中取出硬幣」。

依據筆者的淺見，在所謂的「證據論證」（或「道德推理」）上，假使我們將Collier所舉例子中的「R」，改成「被害者身上的子彈『是』從張三槍械中射出」，或「張三從捐獻箱中取得硬幣，『不』是張三打電話給總統以阻止一場核戰的方式」，那麼P與R仍然蘊含Q：「有人看見張三拿著一支還在冒煙的槍械，從凶案現場跑出來」與「被害者身上的子彈『是』從張三槍械中射出」仍然蘊含「張三可能犯了謀殺罪」；或者，「從捐獻箱中取出硬幣，乃是偷竊行為」與「張三從捐獻箱中取得硬幣，『不』是張三打電話給總統以阻止一場核戰的方式」依然蘊含「張三不應該從捐獻箱中取出硬幣」。據此而言，Collier所謂「證據論證」（或「道德推理」）的推論效力，隨著命題內容而變動，顯非邏輯上固定的推論形式。

總而言之，Bhaskar推論式中的「推論」，不是「演繹推論」意義下的「推論」，因而不能推翻「休謨鐵則」。即使將Bhaskar推論式中的「推論」，可以詮釋為Collier所謂之「證據論證」（或「道德推理」）意義下的「推論」，Bhaskar的推論式是否成為一種有效的推論形式，仍然疑雲重重。

（五）　自由主義的價值中立

依據「情緒說」，價值（或價值語句）僅具情緒意義。上文曾經指出，這樣的「情緒說」，可以引伸出「價值中立」的另一種意思：政府的決策者，不應介入人民之「有價值生活方式」的優劣判斷。在這樣的意思下，「價值中立」這一術語中的「價值」語詞，

乃指「情緒」；而「中立」語詞，則指「不介入」。顯而易見的，不論我們如何界定「自由主義」，任何一位自由主義者一定不會接受這樣的「情緒說」。然而，我們不免要問，在修正或放棄「情緒說」之下，自由主義者如何安置並詮釋「價值中立」呢？

「價值中立」一向號稱爲自由主義的「核心主張」，但是即使當代自詡爲自由主義者的一些專家學者，對於此一「核心主張」的解讀，依然不盡相同，甚至所用術語也互有出入。一般說來，歷來標示此一「核心主張」的術語，約略計有「價值中立」、「政治中立國家」、「國家中立」、「政治中立」、「中立原則」、「中立國家」、「中立學說」、「中立論」等語詞。專門術語上的一詞多義或多詞一義，隱含著一些尚待澄清的論點。

大體而言，在西方政治思想史上，自由主義乃是歷時久遠而迭經嬗變的一種學說，因此，長久以來便包含著不盡相同的「一些」自由主義，從而包括著不盡相同的「一些」核心主張。然而，根據Waldron（1989: 62）的見解，與Goodin和Reeve（1989a: 1）的引述，「價值中立」成爲自由主義之一個「核心主張」（或一個「界定特徵」）的論述，始於1974年，儘管類似觀念早已呈現在源遠流長的自由主義的歷史文獻中。Waldron（1989: 62）指出，在當代諸自由主義者之中，首先使用「中立意象」（image of neutrality）而十分貼切掌握到自由主義的核心主張，乃是Ronald Dworkin（1931-）。Dworkin（1985: 191）曾說：

> 在可以稱爲好的生活（the good life）的問題上，政府必須中立……每個人遵循一個多少清楚表達的觀念——要將何種價值賦予生活的觀念（conception of what gives value to life）。將價值賦予冥想生活的一位學者，具有這一種觀念；而暢飲啤酒的、觀看電視節目的、嘴裡愛說「這就是人生」的一個公民，也具有這一種觀念，雖然他較少思維此種議題，也較不能描述或辯護此一觀念……政

治決定必須儘可能地獨立在任何特定之好生活的觀念
（conception of the good life）外，或者，獨立在要將何種
價值賦予生活的觀念外。一個社會的諸位公民，具有不
同的這種觀念。假使政府偏好其中一個觀念甚於另外一
個觀念（因為官員相信其中一個觀念內在地優於另外一個觀
念，或者，因為多數人或權勢集團抱持了其中一個觀念），那
麼政府並未平等對待諸位公民。

按照Waldron（1989: 62）的解讀，在上述引文中，Dworkin不但把
捉到自由主義素所珍視的寬容、世俗主義、國家退出宗教、國家退
出「個人倫理」等核心觀念，而且運用嶄新的「中立意象」，更加
簡潔地表達出自由主義的核心主張。簡單說，Dworkin的此段文字
敘述，相當清楚地表達出當代自由主義的「價值中立」主張。可
是，引文中的一些重要語詞，例如「好的生活」、「好生活的觀
念」、「中立」等，究竟意指什麼呢？

　　在英文中，「good」的內涵，常常隨著名詞形式、形容詞形
式、單數形式、複數形式、專有名詞形式、經濟理論、道德理論等
而具有不同意義，從而使得它的中文翻譯成為大費周折的一件苦差
事（參見劉莘，2003）。然而，依據筆者的管見，在上述引文中，
「the good life」、「conception of the good life」、「what gives
value to life」、「conception of what gives value to life」諸詞，
明確指涉「生活」或「生活方式」，因而可將「the good life」與
「conception of the good life」分別譯成「好的生活」（或「好的
生活方式」）與「好生活的觀念」（或「好生活方式的觀念」），並
將「what gives value to life」與「conception of what gives value to
life」詮釋為「有價值的生活」（或「有價值的生活方式」）與「有
價值生活的觀念」（或「有價值生活方式的觀念」）。

　　在如此詮釋之下，「政府必須保持中立」（或「政治決定必須
保持獨立」）的對象，乃是公民之間各種不同的「有價值生活方式

的觀念」（或「好生活方式的觀念」），儘管公民的這些觀念可能隨著時空而轉變；或者，對於公民所抱持的各種不同「有價值生活方式的觀念」（或「好生活方式的觀念」），政府必須保持中立，不論公民的這些觀念可能隨著時空而轉變。換句話說，不能因為政府官員相信其中一個觀念內在地優於另外一個觀念（例如，相信「冥想的生活方式」的觀念內在地優於「暢飲啤酒的、觀看電視節目的、嘴裡愛說『這就是人生』的生活方式的觀念），也不能因為政府官員相信多數人抱持了其中一個觀念（例如，相信多數人抱持了「暢飲啤酒的、觀看電視節目的、嘴裡愛說『這就是人生』」的生活方式的觀念），亦不能因為政府官員相信權勢集團抱持了其中一個觀念（例如，相信權勢團體抱持了「冥想的生活方式」的觀念），政府就偏袒該一觀念而不保持中立。簡單說，政府必須保持「價值中立」，或政府必須在各種不同「有價值生活方式的觀念」上保持中立。[8]顯而易見的，自由主義之「價值中立」主張中的「價值」，乃指「好生活的觀念」（或「好生活方式的觀念」、或「有價值生活的觀念」、或「有價值生活方式的觀念」）。

　　誠然，在「價值中立」的論述上，自由主義者通常不明確區別「國家」、「政府」、「政府官員」等。然而，不論指涉「國家」、或是「政府」、還是「政府官員」，能夠保持中立的，終究是具體的人物而非抽象的概念。因此，就自由主義的「價值中立」主張而言，應該（或必須）保持價值中立的，乃是「政府官員」，至少是具有決策能力的政務官與立法者。可是，在自由主義的論述中，「中立」並不是一個直截了當的概念（Waldron, 1989: 63, 66, 69）。那麼，所謂「政府官員應該保持價值中立」，究竟意指什

8　在「價值中立」、「政治中立國家」、「國家中立」、「政治中立」、「中立原則」、「中立國家」、「中立學說」、「中立論」等術語中，筆者選用「價值中立」。因為它既能突顯出政府應該保持中立的對象（「有價值生活方式的觀念」），又能標明出「價值」與「事實」之間的糾葛源頭。

麼？

　　大體而言，在日常生活中，「中立」一詞的意義，預設一種衝突或競爭的關係；在這種關係裡，除了發生衝突或相互競爭的兩造（或多造）之外，尚有一個（或多個）第三造。當第三造的言行並不會幫助（或妨礙）其中一造的得勝時，第三造的立場便是中立的；反之，則不是中立的。一般說來，國際政治中的交戰關係，最能突顯出「中立」的日常意義。例如，當甲、乙兩國發生戰爭時，宣布「中立」的丙國的行動，便被預期不會幫助（或妨礙）甲國（或乙國）的戰勝。丙國之所以宣布「中立」的一個主要原因，乃是丙國的行動「可能」會影響甲、乙兩國的戰爭勝負；假使丙國的行動毫無影響作用，則丙國就無宣布中立的必要了。可是，即使在國際政治中，「中立」的意義也非全然一清二楚。例如，在丙國宣布中立之後，丙國的人民（甚至是丙國的國營機構）是否仍然可跟甲國（或乙國）從事固有的經濟活動，例如，販賣糧食、或石油、甚至傳統武器呢？誠然，當不致左右甲、乙兩國的交戰勝負時，丙國的經濟活動，應當不算違反「中立國」的承諾；一旦影響到勝負時，便違背了「中立國」的允諾。值得注意的是，姑且不論誰來判定「是否影響了交戰勝負」的問題，當丙國的經濟活動不算違反「中立」承諾時，所謂「中立國」的行動，「並不是完全避開」甲、乙兩國的行動。這就是說，在日常生活裡，「中立」一詞未必完全等於「避開」或「不介入」。

　　從這個簡單例子，我們就可看出，在日常生活裡，「中立」一詞至少含有兩種主要的意義。第一個意義乃是「不介入」（或「避開」）正在發生的衝突或競爭；第二個意義則是「介入」正在發生的衝突或競爭，但其介入不致影響雙方的勝負條件。那麼，在自由主義主張的「價值中立」裡，所謂的「中立」，究竟屬於哪一種意義呢？從上文引述Dworkin的一段文字看來，亦即從「政府必須中立……政治決定必須儘可能地獨立在任何特定之好生活的觀念外，或者，獨立在要將何種價值賦予生活的觀念外」看來，自由主義所

謂的「中立」，乃指「獨立在……之外」，也就是「不介入」或「避開」。據此而言，自由主義的「價值中立」主張便是，政府官員應該「不介入」（或「避開」）公民間各種不同「有價值生活方式的觀念」（或「好生活方式的觀念」）的優劣判斷（或爭議、或競爭、或衝突）。顯然的，這種「價值中立」主張本身仍是一個價值判斷。

這樣的詮釋，實際上契合Peter Jones所謂自由主義的「國家觀」：國家（或政府）僅在公民生活中扮演一個「本質上次要的」角色。Jones（1989: 9）說：「規定公民追求任何一套特定目標，不是國家的功能。說明白些，國家應讓公民自行設定目標、自行建構本身生活。國家應該自限於一些安排的建立工作；所建立起來的這些安排，容許每位公民去追求其本身自認為適當的目標……國家僅在公民生活中扮演一個本質上次要的角色。在美式足球比賽中，裁判僅是執行比賽規則，其本人並不參與踢球或傳球；在規則內進行球賽的，乃是兩隊的球員。同樣的，國家本身並不追求好生活，不論『好生活』是什麼。國家僅是建立並維持一些基本規則，從而使得公民能在基本規則內追求好生活。因此，中立論者全神貫注於正義。我們對於國家的評判，不是根據國家是否促進了某種全面性的好生活觀念……而是依據國家建制是否能使諸個體追求本身設定的好生活觀念。這些建制應該展現出來的最重要品質，就是正義的品質。」

依據本章第二節的解析，除了誘導、推薦、贊許、忠告、及勸導等評價意義之外，價值判斷還包含（或至少隱含）一些經驗意義（或事實意義），藉以作為支持其評價意義的「事實理由」。那麼，對於自由主義的「價值中立」主張，我們仍可進一步探究兩個問題：支持它的「事實理由」是什麼？它是否可行？

實際上，我們僅從「價值語句的真偽判斷，落在科學研究的範圍之外」的論點，就可直接推論「任何人（包含政府決策官員與專家學者）都應該避開公民間各種不同之有價值生活方式的觀念（或

「好生活方式的觀念」）的優劣判斷」的主張，也就是自由主義的「價值中立」的主張。然而，Waldron（1989: 73）與Kymlicka（2002: 214）卻斷定，這是「情緒說」（或「懷疑主義」）的「不可知性的論證」，而非自由主義的論證形式。姑且不論這種斷定是否正確，他們所謂之正確的自由主義的論證形式，究竟是什麼呢？

按照Mason（1990: 433-434）、Sher（1997）、以及Kymlicka（2002: 212-218）的說法，自由主義支持其「價值中立」主張的理由，主要訴諸「自我決定（或自主性）的論證」。[9]大體而言，此一論證約可分成兩個部分。第一部分的論證是：將人當作完全的道德存在而加以尊重的唯一方式，乃是允許人們在生活之中自行決定如何去過一種「有價值的生活方式」（或「好的生活方式」）；或者，去否定人們在生活之中自行決定如何去過一種「有價值的生活方式」（或「好的生活方式」），就是不把人們當作平等者而來加以對待。一旦政府官員促進特定一種的「有價值的生活方式」（或「好的生活方式」），便會否定人們的自主性，即使政府官員聲稱其所促進的生活方式可使人們去過一個更有價值的生活方式，或可以阻止人們去過一種卑微的（或沒有價值的、或不好的）生活方式。

然而，第一部分的論證遭遇到一些困難。在日常生活中，爲數不少之人（例如未成年人）實際上不知道如何去過一種「有價值的生活方式」。另外一些人（例如意志薄弱之人）即使知道如何去

---

9 依據Sher（1997: 15-17, chapters 5 and 6）與Mason（1990: 433-434）的說明，除了「自我決定的論證」之外，自由主義還曾訴諸「預防性的論證」與「不可知性的論證」。然而，Mason（1990: 433-434）指出，「自我決定的論證」乃是其中「最有希望的、最廣受自由主義者所接受的」論證形式，而如正文所示，Waldron（1989: 73）與Kymlicka（2002: 214）斷定，「不可知性的論證」乃是懷疑主義（或情緒說）的基本見解，而非自由主義的論證形式。有鑑於此，本文此處的說明，僅訴諸其中最重要的「自我決定的論證」。

過一種「有價值的生活方式」而能自我決定，也時常由於各種因素而屢屢後悔做了錯誤抉擇。那麼，在「有價值的生活方式」的抉擇上，尊重這些時常犯錯者或無行為能力者的自我決定，不是等於將之推向悲慘的生活方式嗎？事實上，縱然是一些身心成熟之人，依然也有犯錯而後悔之時。一般而言，去弄清楚什麼是值得過的「有價值的生活」，通常不是一件輕易之事。例如，我們時常看見一些身心成熟的大學生，在其人生規劃中自我決定去過某一種「有價值的生活方式」，例如，醫師、或律師、或會計師之類的生活，但成為醫師、或律師、或會計師後，卻常因生活單調而後悔不已。因此，縱然將上述第一部分論證中的「人們」改成「身心成熟的人們」，而使第一部分論證轉成「將身心成熟的人們當作完全的道德存在而加以尊重的唯一方式，乃是允許他們在生活之中自行決定如何去過一種『有價值的生活方式』」，依然無法排除人們可犯錯的困難。如此說來，是否應由政府要求或鼓勵人們去過一種政府認定的「有價值的生活方式」，從而阻止人們去做錯誤的或壞的自行抉擇呢？例如，政府是否應該鼓勵一種高文化水準的生活方式，從而補助「古典交響樂」之類的文化活動，並對「職業摔角」之類的粗俗活動加以課稅呢？

　　某些自由主義者或會指出，在「有價值的生活方式」的決定上，身心成熟之人雖有犯錯的可能，但其錯誤程度可能遠小於政府官員所犯的錯誤，因此政府不宜促進特定的「有價值的生活方式」。不過，無論如何，在「自我決定的論證」的第一部分中，確實包含了一種尚待解決的難題。

　　為了排除這種困難，自由主義者訴諸第二部分的「自我決定的論證」。「自我決定的論證」的第二部分，端在於區別「好的生活」與「當前相信為好的生活」（或「有價值的生活」與「當前相信為有價值的生活」）。Kymlicka（2002: 214-215）指出：「去過一種好生活，不同於去過當前相信為好的那種生活。對於我們目前活動的價值，我們可能犯錯。我們可能看出，我們一直在浪費生

命，一直在追求原先誤以爲十分重要的、但實際上卻是無足輕重的目標……在很大的程度上，自我決定就是去做這些困難的、潛在上可錯的判斷工作。我們的政治理論，應該考慮到這種困難性與可錯性。」這就是說，去過「好的生活」（或「有價值的生活」），應有兩個先行條件：首先，「好的生活」觀念，必須來自個體的內在省思；其次，我們應有質疑並檢視「當前相信爲好的生活」觀念的自由。有了這種自由，便可檢討並修正「當前相信爲好的生活」的觀念，進而有助於發現「好的生活」。

　　如此一來，第二部分的「自我決定的論證」，不但可以排除其第一部分論證中所隱含的困難，而且可以扣緊自由主義一向高舉的「自由」大纛，進而呼應當代自由主義一再宣揚的「正義」觀念。這就是說，在這樣的論證之下，國家的角色，僅在權利與資源上提供一種正義的分配，以期諸個體能夠基於省思而去追求「好的生活」。國家不應該將實際上或理想上所有的「好生活」加以公開排列優劣等第，更不應從中擇一來推行。因此，「國家的正當性基礎，端在於共享的正義感，而不在於共享的好觀念。自由主義者試圖透過公眾去採納正義原則而來維持一個正義社會，但不要求公眾去採納某些特定的好生活原則……假使考察我們的社會歷史，那麼自由主義的中立主張，誠然具有很大的優點；這種巨大的優點，不但表現在它的潛在包容性，而且呈現在它的否定——否定附屬團體必須迎合主流團體所界定的『生活方式』。」（Kymlicka, 2002: 253, 260）

　　據此而言，在綜合第一與第二部分的論證之後，整個「自我決定的論證」便如下述：將人當作完全的道德存在而加以尊重的唯一方式，乃是允許人們在生活之中具有質疑並檢視「當前相信爲好的生活」觀念的自由，從而使得人們自行決定如何去過一種「好的生活」（或「有價值的生活」）；去否定人們在生活之中具有質疑並檢視「當前相信爲好的生活」觀念的自由，從而否定人們自行決定如何去過一種「好的生活」（或「有價值的生活」），就是不把人

們當作平等者而來加以對待。

　　然而，自由主義縱然在「自我決定的論證」下論證了「價值中立」，但許多學者仍然深信「價值中立」不具可行性。這些反對者指出，不論我們如何詮釋「政府」或「政治」，也不論我們如何界定「政治制度」，亦不論我們如何解說「政策」，任何政府的任何政治制度或決策，都會涉及社會價值（或社會資源）的權威性分配，從而自動地有益於某一種「好的生活方式」甚於另外一種「好的生活方式」，因此政府官員根本不可能保持「價值中立」。例如，警察與軍隊之類的制度，必須要求紀律、服從、勇敢等特性，從而有益於鼓勵這些特性的「好的生活方式」，而不利於（或無助於）鼓勵其他特性（例如自動自發、憐憫、溫和）的「好的生活方式」。再如，保護自然環境或禁止林地開發的各種政策，明顯裨益閒雲野鶴的生活方式甚於汲汲營營的生活方式。簡單說，對於各種「好的生活方式」，任何政策不但注定會有影響結果，而且更會造成大小不一的影響結果。假使自由主義的「價值中立」主張中的「中立」，乃指「不介入」或「避開」，那麼在任何政策必對各種「好的生活方式」產生不同效果下，自由主義的「價值中立」主張，如何具有可行性呢？Sher（1997: 4）就曾質問說：「不中立既是如此普遍而不可避免，那麼中立論不是從一開始就注定失敗了嗎？」

　　為了化除這種質疑，或為了論述其「價值中立」主張確具可行性，自由主義者便將「價值中立」區分成「辯護性的中立」（justificatory neutrality）與「結果性的中立」（consequential neutrality）兩種，進而指出其所主張的「價值中立」，乃是「辯護性的中立」，而非「結果性的中立」。[10]

---

[10] 除了「辯護性的中立」與「結果性的中立」之外，這兩種「價值中立」尚有其他的術語，例如「中立的政治關切」（neutral political concern）與「觀念排除」（exclusion of ideas）、「辯護性的中立」與「效果性的中立」

所謂「辯護性的中立」，乃指「國家並不基於好生活觀念的內在優劣性而來辯護它的行動，也不刻意影響人們對於這些不同觀念的價值判斷」（Kymlicka, 2002: 245）。這就是說，政府官員不應「為了」促進（或妨礙）某一「好生活方式的觀念」而採取任何政策；或者，政府官員不應介入各種「好生活方式的觀念」之相互競爭（或彼此衝突）的「意圖」，乃是政府官員辯護其政策的理由。所謂「結果性的中立」，乃指任何決策所導致的結果，對於各種不同「好的生活方式」，必須是公平而無偏袒。這就是說，任何政策必以「相同程度」來促進各種不同「好的生活方式」。

這樣的區分，實際上對應著筆者在上文中所做的分辨。於上文中，筆者曾經指出，在日常生活裡，「中立」一詞至少含有兩種主要的意義。第一個意義乃是「不介入」（或「避開」）正在發生的衝突或競爭；第二個意義則是「介入」正在發生的衝突或競爭，但其介入不致影響雙方的勝負條件。兩相對照之下，我們就可看出，「辯護性的中立」中的「中立」意義，乃是「不介入」（或「避開」）正在競爭或衝突的各種「好的生活方式」。「結果性的中立」中的「中立」意義，乃是「介入」正在競爭或衝突的各種「好的生活方式」，但其介入結果不致改變各造相互之間的原本狀況，或其介入乃是「無偏無私地平等促進了」（或「無偏無私地平等實現了」）各種好的生活方式。

誠然，在「辯護性的中立」主張上，引起了如何確定政府官員的決策「意圖」的問題（Sher, 1997: 23-24）；而在「結果性的中立」主張上，「無偏無私地平等促進或平等實現」之類的語詞，

（effect neutrality）、「程序性的中立」（procedural neutrality）與「後果性的中立」（outcome neutrality）、「目標性的中立」（neutrality of aim）與「影響性的中立」（neutrality of influence）、「弱勢中立論」（weaker version of neutralism）與「強勢中立論」（stongerr version of neutralism）（Kymlicka, 1989: 883; Pendlebury, 2002: 360, 374-375, n.6; Churchill, 2003: 71-72, n.20; Sher, 1997: 4）。

更惹起了不易克服的測量難題與一些論證問題（Jones, 1989: 15-18; Waldron, 1989: 67; Caney, 1991; Kymlicka, 2002: 218）。不過，無論如何，在做了這樣的區別後，「辯護性的中立」便僅指涉政府官員制訂政策的「意圖」或「理由」，而「結果性的中立」則關涉政策的結果。因此，原先的質疑，亦即任何政策必定裨益某一「好生活方式的觀念」甚於另一「好生活方式的觀念」的異議，就只能直指「結果性的中立」，而無關於「辯護性的中立」了。據此而言，在運用「辯護性的中立」來詮釋「價值中立」後，自由主義的「價值中立」主張便具可行性了。

（六）結語

　　在社會科學的研究領域中，「價值中立」的主張，長久以來就是一個備受矚目而極具爭議性的課題。前人討論此一課題的專著，雖然層出不窮，可是眾說紛紜，至今依然沒有定論。筆者不揣簡陋，試圖憑藉前人的一些真知灼見，以期針對此一困難課題進行一個有系統的解析工作。在分別剖析「真偽判斷上的價值中立」、「經驗研究中的價值中立」、「邏輯推論上的價值中立」、以及「自由主義的價值中立」等爭議後，筆者希望本章各節的論述，既能澄清論戰各造的觀點，又能提供一些暫時性的解答。大體而言，在這些暫時性的解答中，約有下述幾個敝帚自珍的論點。

　　第一，在價值（或價值語句）的意義問題上，筆者雖然追隨學術前輩也否定「情緒說」，但是特別追問學術前輩存而不論的兩個難題，進而分別提出兩個差強人意的解答。第一個解答是，價值（或價值語句）雖然包含評價意義與經驗意義，但仍然不是一個可以判定真偽的語句。第二個解答是，公共政策上的各種價值判斷，包含著不同比重成分的評價元素與經驗元素，因此我們至少可以根

據「高與低的評價元素、以及高與低的經驗元素」這兩個向度，構成一個2×2表來定位各種價值判斷，期能裨益於理論建構與經驗研究的進一步推展。

　　第二，在答覆「經驗研究者在其研究過程中『應該』保持價值中立嗎？」這一問題上，筆者指出，當價值是指「科學外的價值」時，經驗研究者在其研究過程中應該保持價值中立；但當價值是指「認識作用的價值」時，經驗研究者在其研究過程中便不應該保持價值中立。

　　第三，在回答「經驗研究者在其研究過程中『可能』保持價值中立嗎？」這一問題上，筆者指出，我們一方面可在「發現系絡」中坦承研究者不可能維持價值中立，另一方面可在「驗證系絡」中依舊主張一向嚮往的「價值中立」。在這樣的重新詮釋下，安置在驗證系絡中之「價值中立」的「價值」，乃指「科學外的價值」（或「非認知價值的判斷」）；而「中立」語詞，則仍指「排除」（或「摒棄」、或「摒除」、或「袪除」、或「免除」）。

　　第四，在邏輯推論的研究領域上，Searle有關「制度事實」的論證與Bhaskar有關「正確理論」的論證，都不足以推翻「休謨鐵則」。

　　第五，在自由主義的「價值中立」主張中，所謂的「價值」，乃指公民間各種不同的「好生活方式的觀念」（或「有價值生活方式的觀念」）；所謂的「中立」，是指「不介入」或「避開」；而應該保持價值中立的「主體」，則指某些政府官員（至少是具有決策能力的政務官與立法者）。因此，自由主義的「價值中立」主張，便如下述：政府官員應該「避開」（或「不介入」）公民間各種不同「有價值生活方式的觀念」的優劣判斷（或爭議、或競爭、或衝突）。

　　第六，自由主義者雖然基於「自我決定的論證」，而有效地論述了其「價值中立」的主張，但為了排除此一主張不具可行性的困難，卻得分辨「辯護性的中立」與「結果性的中立」，進而運用

「辯護性的中立」再次詮釋其「價值中立」的主張：政府官員不應介入公民間各種不同「有價值生活方式的觀念」之優劣判斷的「意圖」，乃是政府官員足以辯護其政策的理由。

參考書目

呂亞力

1979　《政治學方法論》。台北：三民書局。

張旺山

1998　〈韋伯的價值多神論〉，蕭高彥與蘇文流主編，《多元主義》。台北：中央研究院社科所，頁269-306。

郭秋永

1981　《政治科學中的價值問題：方法論上的分析》。台北：中央研究院。

1988　《政治學方法論研究專集》。台北：商務印書館。

1995　〈解析「本質上可爭議的概念」：三種權力觀的鼎力對峙〉，《人文及社會科學集刊》，第七卷第二期，頁175-206。

2002　〈邏輯實證論、行為主義、及後行為主義：經驗性政治研究的理論基礎〉，《人文及社會科學集刊》，第十四卷第四期，頁465-514。

2004　〈對峙的權力觀：行為與結構〉，《政治科學論叢》，第二十期，頁29-78。

2005　〈批判實存主義與價值中立原則〉，《人文及社會科學集刊》，第十七卷第三期，頁565-614。

2007　〈多元民主理論：公民審議的一個理論基礎〉，《台灣民主季刊》，第四卷，第三期，頁63-107。

劉莘

2003　〈中譯本附錄：關於「good」的翻譯的哲學解釋〉，Will Kymlicka著，劉莘譯，《當代政治哲學導論》。台北：聯經出版事業股份有限公司，頁637-645。

Benton, Ted, and Ian Craib

2001　*Philosophy of Social Science: The Philosophical Foundations of Social Thought* (New York: Palgrave).

Bhaskar, Roy

1986　*Scientific Realism and Human Emancipation* (London: Verso).

1998 *The Possibility of Naturalism: A Philosophical Critique of the Contemporary Human Sciences* (London and New York: Routledge, Third edition).

Brandt, Richard

1996 *Facts, Values, and Morality* (New York: Cambridge University Press).

Brecht, Arnold

1959 *Political Theory: The Foundations of Twentieth-Century Political Thought* (New Jersey: Princeton University Press).

Buckler, Steve

2002 "Normative Theory," David Marsh and Gerry Stoker, Eds. *Theory and Methods in Political Science*, 2nd edition (New York: Palgrave Macmillan), pp. 172-194.

Caney, Simon

1991 "Consequentialist Defences of Liberal Neutrality," *The Philosophical Quarterly*, Vol.41, No.165, pp. 457-477.

Churchill, Robert

2003 "Neutrality and the Virtue of Toleration," Dario Castiglione and Catriona Mckinnon Eds., *Toleration, Neutrality, and Democracy* (London: Kluwer Academic Publisher) pp. 65-76.

Clough, Peter, and Cathy Nutbrown

2002 *A Student's Guide to Methodology: Justifying Enquiry* (London: Sage).

Collier, Andrew

1994 *Critical Realism: An Introduction to Roy Bhaskars's Philosophy* (London and New York: Verso).

Dahl, Robert

1963 *Modern Political Analysis* (N. J.: Prentice-Hall).

1971 *Polyarchy: Participation and Opposition* (New Haven: Yale University Press).

1981 *Democracy in the United States: Promise and Performance.* 4th edition,

(Boston: Houghton Mifflin).

1989 *Democracy and Its Critics* (New Haven: Yale University Press).

1998 *On Democracy* (New Haven: Yale University Press).

Dahl, Robert, and Bruce Stinebrickner

2003 *Modern Political Analysis.* 6th edition (N. J.: Prentice-Hall).

Dahrendorf, Ralf

1968 "Values and Social Science: The Value Dispute in Perspective," Ralf Dahrendorf, *Essays in the Theory of Society* (Stanford University Press), pp. 1-18.

Dworkin, Ronald

1985 *A Matter of Principle* (Cambridge: Harvard University Press).

Easton, David

1971 *The Political System: An Inquiry into the State of Political Science.* 2nd edition. (New York: The Free Press).

Farrelly, Colin

2003 "Neutrality, Toleration and Reasonable Agreement," Dario Castiglione and Catriona Mckinnon Eds., *Toleration, Neutrality, and Democracy* (London: Kluwer Academic Publisher), pp.111-123.

2004 *Introduction to Contemporary Political Theory* (London: Sage).

Gerring, John, and Joshua Yesnowitz

2006 "A Normative Turn in Political Science," *Polity*, Vol.38, pp. 101-133.

Goodin, Robert, and Andrew Reeve

1989a "Liberalism and Neutrality," Robert Goodin and Andrew Reeve, Eds. *Liberal Neutrality* (London and New York: Routlege), pp. 1-8.

Goodin, Robert, and Andrew Reeve, Eds.

1989b *Liberal Neutrality* (London and New York: Routlege).

Grigsby, Ellen

2002 *Analyzing Politics: An Introduction to Political Science.* 2nd edition. (CA: Wadsworth/ Thomason Learning).

Hare, Richard

　1952　*The Language of Morals* (New York: Oxford University Press).

Hempel, Carl

　1965　*Aspects of Scientific Explanation and Other Essays in the Philosophy of Science* (New York: The Free Press).

　1983　"Valuation and Objectivity in Science," R. Cohen and L. Laudan, Eds., *Physics, Philosophy and Psychoanalysis* (Boston: Reidel), pp. 73-100.

Holland, Jeremy, and John Campbell

　2005　"General Introduction: Context and Challenges for Combing Methods in Development Research," Jeremy Holland and John Campbell, Eds, *Methods in Development Research: Combing Qualitative and Quantitative Approaches* (UK: ITDG Publishing), pp. 1-18.

How, Alan

　2003　*Critical Theory* (New York: Palgrave).

Jones, Peter

　1989　"The Ideal of Neutral State," Robert Goodin and Andrew Reeve, Eds., *Liberal Neutrality* (London and New York: Routledge), pp. 9-38.

Kymlicka, Will

　1989　"Liberal Individualism and Liberal Neutrality," *Ethics*, Vol.99, No.4, pp. 883-905.

　2002　*Contemporary Political Philosophy: An Introduction.* 2nd edition (New York: Oxford University Press).

Lacey, Hugh

　1999　*Is Science Value Free?* (London: Routledge).

Lazar, David

　2004　"Selected Issues in the Philosophy of Social Science," Clive Seale, Ed., *Researching Society and Cultures.* 2nd edition (London: Sage Publication), pp. 7-19.

Mason, Andrew

　　1990　"Autonomy, Liberalism and State Neutrality," *The Philosophical Quarterly*,
　　　　　Vol.40, No.160, pp. 433-452.

Morrice, David

　　1996　*Philosophy, Science and Ideology in Political Thought* (London:
　　　　　Macmillan).

Oppenheim, Felix

　　1968　*Moral Principles in Political Philosophy* (New York: Random House).

Payne, Geoff, and Judy Payne

　　2004　*Key Concepts in Social Research* (London: Sage Publication).

Pendlebury, Michael

　　2002　"In Defense of Moderate Neutralism," *Journal of Social Philosophy*,
　　　　　Vol.33, No.3, pp. 360-376.

Putnam, Hilary

　　2002　*The Collapse of the Fact/Value Dichotomy and Other Essays* (Cambridge:
　　　　　Harvard University Press).

Ricci, David

　　1984　*The Tragedy of Political Science: Politics, Scholarship, and Democracy*
　　　　　(New Haven: Yale University Press).

Roth, Guenther, and Wolfgang Schluchter

　　1979　*Max Weber's Vision of History: Ethics and Methods* (Berkeley: University
　　　　　of California).

Sartori, Giovanni

　　1962　*The Democratic Theory* (Michigan: Wayne State University Press).

　　1987　*The Theory of Democracy Revisited* (New Jersey: Chatham House
　　　　　Publishers).

Sher, George

　　1997　*Beyond Neutrality: Perfectionism and Politics* (Cambridge: Cambridge
　　　　　University Press).

Waldron, Jeremy

    1989   "Legislation and Moral Neutrality," Robert Goodin and Andrew Reeve, Eds. *Liberal Neutrality* (London and New York: Routlege), pp. 61-83.

Weber, Max

    1949   *The Methodology of the Social Sciences*, translated and edited by Edward Shils and Henry Finch, New York: The Free Press.

Young, Shaun

    2004   "Introduction: The Concept of Political Liberalism," Shaun Young, Ed. *Political Liberalism* (Albany: State University of New York), pp. 1-23.

Zolo, Danilo

    1995   "The Tragedy of Political Science," K. Gavoroglu, et al. Eds. *Science, Politics, and Social Practice* (MA: Kluwer Academic Publishers).

第四章
概念製作與假設檢定

一　引言

　　無庸置疑的，從二十一世紀美國政治學界內興起的「改造運動」看來，經驗主義的量化研究（或經驗研究），即使不是主宰美國政治研究的一大「霸權」，至少也是蔚爲風氣的一個主流。從台灣政治學界內研究經費的多寡分配、論文發表的數量、以及學生課程的安排等看來，經驗主義的量化研究，也是台灣政治研究中一股歷久不衰的研究潮流。

　　然而，自闡釋主義者看來，經驗主義的量化研究，完全漠視「社會行動的意義」，從而導致許多操弄數學的、零零碎碎的、流水帳式的研究結果。依據闡釋主義的基本見解，社會世界乃是一種「意義世界」。對於生於斯、長於斯、思於斯的社會行動者而言，社會世界早已具有各種複雜的意義網絡。這種充滿複雜意義的世界，存在於社會行動者誕生之先，早爲其前人所理解或闡釋，目前則爲社會行動者所理解或闡釋。社會行動者理解或闡釋社會行動的方式，因而是「預先的」或「類型的」理解或闡釋：大部分早已受到父母、朋友、師長、制度、規則等「預先理解」或「預先闡釋」的影響，而成爲「類型的」理解或闡釋，小部分則受到私人經驗的左右。因此，社會科學的研究工作，首在於理解「社會行動的意義」，而非在於測量「社會行動的意義」。闡釋主義的這個基本見解，充分展現在一個常被傳誦的格言中：「意義不能被測量，只能被理解。」（Bhaskar, 1998: 46）據此而言，自闡釋主義者看來，一向忽視「社會行動的意義」而專注於測量的量化研究，當然就會敗在起跑點上，終而落得研究品質盡失的困境。

　　經驗主義的量化研究，果真如同闡釋主義者的指控，勢必漠視「社會行動的意義」嗎？誠然，自經驗主義者看來，漠視「社會行動的意義」的指控，雖然十分嚴重，但是總嫌空泛而難以具體回應。經驗主義者不易具體回應的主要理由，端在於闡釋主義者所謂之「社會行動的意義」中的「意義」語詞，乃是一詞多義的一個語

詞。[1]在「意義」之一詞多義的情況下，經驗主義者也就難以把握「量化研究勢必漠視『社會行動的意義』」之指控的意思，遑論加以回應了。

依據筆者的淺見，在檢視闡釋主義者的指控上，我們可以不必細究「意義」的各種內涵，只需將注意焦點集中在「量化研究到底忽視了或遺落了一些什麼」上，或許就已足夠掌握闡釋主義的質疑重點了。進一步說，在檢視經驗主義者難以具體回應的抱怨上，我們可將討論重心，集中在某一重要概念的概念製作（concept formation）與某一理論模型內統計假設（statistical hypothesis）之顯著性檢定（significant test）的具體實例上，也許就可脫離空泛之論的困局了。就這兩個檢視而言，「量化研究是否漠視『社會行動的意義』」的問題，就可轉成一個比較具體的問題：在概念製作與假設檢定上，經驗主義者的量化研究，當真遺落了一些什麼嗎？

大體而言，在經驗主義的方法論教科書中，「概念乃是科學研究的基石」、「概念的測量，確為科學研究的關鍵步驟」、「假設檢定乃是保留命題的一個關鍵判準」之類的言論，都是一再耳提面命的箴言。如此說來，這麼重視概念製作與假設檢定的經驗主義，竟會如同闡釋主義者所批評，「遺落了一些什麼嗎？」假使經驗主義者在實際研究中當真遺落了一些什麼，那麼教科書中這些信誓旦旦的重視之詞，就會形同「口惠式的儀式性關懷」：在實際進行的調查研究中，教科書中信誓旦旦的重視之詞，流於草草交代的場面話而絲毫不起引導作用。

或許，如同一些經驗主義者的自我反省，除了少數例外，歷來的許多量化研究，在概念製作、概念測量、以及統計假設檢定上，確實曾經留下甚大的議論空間。例如，在概念的製作上，著名政治學者Giovanni Sartori（1924- ）就曾指出，儘管經驗研究者一

---

[1] 關於「社會行動的意義」中「意義」一詞的討論，請見本書第七章〈行動的意義：一個社會科學的觀念〉。

直反覆強調概念製作的重要性，但是從未發展出一套眾所依循的分析程序（Sartori, 1984a: 9-11）。再如，在概念的測量上，Edward Carmines與Richard Zeller兩位學者曾經坦承說：「在討論研究方法的各種書籍中，總有探討測量的一個章節。然而，良好測量之重要性的廣泛承認，並未導致有系統的研究途徑……相反的，抽象的、幾乎是儀式性的關懷，代替了完整的核心研究。」（Carmines and Zeller, 1979: 9; see also Achen, 1983: 69-87; Kramer, 1986: 19-21）又如，在統計假設的檢定上，J. Scott Long指出，某些統計模型的使用，可能淪為「垃圾進垃圾出」（garbage in garbage out）的研究：將一堆形同垃圾的量化資料，投入電腦中進行套裝的統計分析，從而得到如同垃圾的一堆量化結果（Long, 1983: 12; see also Miller, 1995: 166）。

　　姑且不論上述這些反省之言是否獲得共鳴，我們至少可就那些不會流於「口惠式的儀式性關懷」的少數研究實例，來探問「經驗主義者在概念製作與假設檢定上當真遺落了一些什麼嗎？」這一問題。假使這些眾所稱讚的少數研究實例，「當真遺落了一些什麼」，那麼經驗主義的所有量化研究，當然就會遺落更多。

　　一般而言，在這些少數的研究實例中，最值得注意的，莫過於「政治功效感」（sense of political efficacy）[2]的概念製作，以及「標準社經模型」（standard socioeconomic model）的假設檢定了。「政治功效感」不但是古往今來各種民主理論的一個核心概念（concept），而且更是量化研究中歷久常新的一個重要變項（variable）。自從1952年美國密西根大學「調查研究中心」一個

---

[2]　「sense of political efficacy」這一英文術語的中文翻譯，歷來計有「政治功效意識」、「政治效能」、「政治效力」、「政治能力感」、及「政治功效感」等。事實上，在美國政治學界中，雷同於「政治功效感」的術語，也是形形色色而不盡相同。參見Abramson, 1983: 136; Goel, 1980: 127; Milbrath and Goel, 1977: 57; Converse, 1972: 325。

研究團隊設計出一組量表之後，它一直就是量化研究中一再出現的「常客」。[3]事實上，至今仍被廣泛運用的這一組量表，也曾在一連串的熱烈討論後做過了一些修正。誠然，這一連串的熱烈討論與一些修正，在在透露出經驗主義在概念製作上的思維理路。至於包含「政治功效感」在內的「標準社經模型」，則自二十世紀七十年代以降，便屢獲跨國調查資料的印證，而成為各國政治參與行為的研究典範（參見郭秋永，1993：47-61，93-115）。顯而易見的，在探究「經驗主義者在概念製作與假設檢定上當真遺落了一些什麼嗎？」這一問題上，「政治功效感」的概念製作與「標準社經模型」的假設檢定，確實是十分值得探討的研究實例。

（二）概念製作的基本架構

依據筆者的淺見，儘管闡釋主義一再指控經驗主義忽視「社會行動的意義」，但在概念製作上，經驗主義者實際上可以接受闡釋主義的一個基本見解。這個基本的見解，就是「社會行動意義的理解，乃是首要的研究工作」。筆者的淺見，可以根據經驗主義之概念製作的基本架構，來加以進一步說明。

依據闡釋主義的主張，社會世界乃是一種「意義世界」，而社會成員理解「社會行動的意義」，基本上乃是「預先的」或「類型的」方式。不論「社會行動的意義」一詞中的「意義」字彙，究竟是指涉社會行動者的「動機」，還是指涉社會中的「制度」、或「規則」、或「結構」，我們可以根據闡釋主義的主張，認定如下的一個基本論點：在一個特定的社會中，某一社會行動的「行動意義」，通常都會表現在該社會的普通常識或日常用語中。例如，某

3　為了行文方便，下文將「美國密西根大學調查研究中心的研究團隊」簡稱為「密大研究團隊」。

位商人開立支票的一個社會行動，雖從自然世界看來，乃是一個有機體的一些「筋肉運動」（一個有機體在一張長方形紙張上圖畫了一些記號），但從社會世界看來，這一「筋肉運動」卻蘊含更重要之金融體系的社會意義，從而包含在普通常識中，或表現在「開支票」的日常用語中。據此而言，假使上述基本論點可以成立，那麼我們便可根據著名社會科學哲學家Alfred Schutz（1898-1959）的見解，將概念製作的整個程序，分成先、後兩個建構層次：第一層次的概念建構與第二層次的概念建構（Schutz, 1963）。

概念製作的第一個建構層次，乃指研究者在研究之始，便需考察特定概念在普通常識或日常用語中的意義，以期掌握其中的「意義世界」。當社會研究者本身也是社會行動者時，或者，當甲社會研究者試圖去研究甲社會時，甲社會研究者在研究之始，通常多少理解那些表現在普通常識或日常用語中特定社會行動的「行動意義」。可是，當甲社會研究者試圖去研究乙社會時，情況便大不相同；甲社會研究者確實必須透過各種方法（例如參與觀察法），去理解乙社會中特定社會行動的「行動意義」。據此而言，不論社會研究者是否身爲其研究對象中的社會成員，也不管社會研究者究竟是闡釋主義者或是經驗主義者，「社會行動意義」的理解，確實是研究工作的起點。誠然，「社會行動意義」的這種理解方式，可以是自然而然的，也可以是刻意力求的。總之，在概念製作的第一個建構層次上，經驗主義可以接受闡釋主義之「社會行動意義的理解，乃是首要的研究工作」的基本見解；或者，「社會行動意義的理解」，非但不會牴觸經驗主義的重要主張，反而可以收到相得益彰的效果。

然而，普通常識或日常用語中的概念，尤其抽象程度較高的概念，例如「自由」、「民主」、「平等」、及「公道」等，大體上皆具有十分豐富、但不太精確的意義，因而在各個社會行動者之間，容易呈現出不太一致的理解程度。誠然，普通常識或日常用語所傳達的意義，通常不太清楚、也不太精確，甚至一詞多義或多詞

一義的情況也是屢見不鮮。可是，在日常生活中，這種不太精確的意義，有時可因再次的說明、當時的情境、說者的聲調或表情等方式，來加以彌補。這就是說，普通常識或日常用語所指涉的意義，雖然可能隨著不同個體（或團體）而展現出互異的「澄清程度」，但卻足以充當日常生活中彼此理解之用。

可是，對社會科學家來說，當一個重要概念每隨不同個體（或團體）而展現出互異之「澄清程度」的意義時，該概念就不足以充當嚴謹的學術論述之用。因此，社會科學家的概念製作，雖然必須植基在日常用語或普通常識之上，但是仍須進行更進一步的精緻製作。這就是說，在概念製作上，社會科學家必須奠基在第一個建構層次上，然後再去進行第二個建構層次的精緻化工作。第二個建構層次的概念製作，就是經驗主義一再強調的概念製作程序。

依據經驗主義的主張，一個適當的科學概念，至少必須滿足兩個條件。著名經驗主義者Carl Hempel（1905-1997）曾經指出，一個適當的科學概念，必須具有「經驗意涵」（empirical import）與「理論意涵」（theoretical import）。所謂一個具有「經驗意涵」的科學概念，乃指該概念「必須關聯著經驗世界，不得與之隔絕」（Hempel, 1970: 691）。所謂一個具有「理論意涵」的科學概念，則指該概念「必須有助於理論（或定律）的製作，而不能脫離理論思維之外」（Hempel, 1965: 146）。那麼，在概念的製作上，經驗研究者如何滿足這兩個條件呢？我們或可根據著名政治學家Giovanni Sartori（1924-）的提示（Sartori, 1984b: 23），運用下圖來加以說明：

根據圖一，製作一個重要概念所須涉及的層面，至少計有「語詞」、「意義」、及「指涉項」三個部分。「語詞」是指概念的符號；它雖然常跟「字彙」互換使用，但不包含諸如連接詞、介系詞、及感嘆詞等的字彙。在一般的研究中，須要明白界定的，通常是抽象程度較高而為研究設計中的重要語詞。不過，無論抽象程度的高低，「語詞」皆是概念的符號。例如，「政治功效感」這個語

圖一：概念製作的基本架構

詞，就是代表政治功效感概念的一個符號。「意義」是指語詞所傳遞的內容，包含著概念的性質，有時稱爲概念的「內涵」。例如，政治功效感的意義，乃指「政治功效感」這一語詞所傳遞的內容。「指涉項」乃是特定語詞在眞實世界中的對應部分，而爲概念所指的對象、實體、或過程，有時稱爲概念的「外延」。例如，公民能夠影響政府決策的感覺，乃是「政治功效感」這一語詞在眞實世界中的一個對應部分。顯而易見的，從這三個部分，我們至少可以提出兩個基本的問題。第一，「意義」如何關聯到「語詞」？第二，「意義」如何關聯到「指涉項」？

　　「語詞」與「意義」之間的關係，大體上是依靠概念界說（conceptual definition）或理論界說（theoretical definition）來加以連結。一個概念界說（或理論界說）的構成，具有兩個主要部分：其中之一是「被界定項」，另外之一則是「界定項」。在「語詞」與「意義」的連結上，「被界定項」的語詞，通常屬於較爲抽象的語詞，例如「政治功效感」。當一個界說中的「界定項」也由一些較爲抽象語詞所組成時，例如「公民能夠影響政府決策的感覺」，該界說便是一個概念界說，例如「公民能夠影響政府決策的感覺」，乃是「政治功效感」的一個概念界說。

　　誠然，在社會科學的研究領域內，針對某一重要概念提出一個「適當的」概念界說，並非一件輕易之事。依據Giovanni Sartori的建議，在提出或選取一個適當的概念界說上，研究者應該先以「語

詞」作為分析的起點，然後進行三個繼起的分析步驟：解析、再建構、及概念形成。這就是說，研究者首需察考特定概念在文獻中的慣用意義，冀能篩選出它的構成要素或性質；其次，運用邏輯方式去組織這些要素或性質；最後，則以明確而正當的憑藉，界定它或選取一個界說。

　　我們也許可以進一步指出，基於上述三個分析步驟所得到的一個概念界說，不論是研究者自行界定，或是研究者從既有的各種界說中逕行選取一個界說，都應該滿足兩個判定概念界說之適當性的標準。這兩個判定標準是：(1)它不是出自隨意定奪的界定方式，亦即，它能夠把握住該概念在日常用語或既有研究文獻中約略共具的慣用意義；(2)它提高了該概念在假設或理論中發揮作用的能力，亦即，它強化了該概念的「理論意涵」。

　　無論如何，圖一中的「語詞」與「意義」，乃是透過「概念界說」而連結在一起。可是，一個適當的概念界說，在我們早已瞭解其「界定項」中諸抽象語詞的假定下，雖能釐清該概念的意義，但它所傳遞的內涵卻不易付諸「直接的觀察或測量」，從而難以運用於經驗研究中。為了便於進行經驗研究，研究者必須指出一些直接可觀察（或可測量）的特徵，藉以反映特定概念的「意義」，從而裨益於描述現象或檢定假設的工作。這些反映特定概念之「意義」的直接可觀察（或可測量）的特徵，一般稱為特定概念的指標（indicators），或量標（measures），或項目（items），或指涉項（referents），或經驗指標（empirical indicators），或觀察變項（observed variables），或經驗構成體（empirical constructs）。一個概念的各個指標，有時也總稱為變項（variable）；或者，一個變項乃是一個已被量化的概念。如此說來，連結特定概念的「意義」與「指涉項」的工作，基本上就是透過「運作界說」（operational definition）而進行。

　　誠如本書第二章所指出，此處我們必須注意到兩個要點。第一，圖一中的「運作界說」的哲學基礎，已經不是「原初運作

論」（original operationism），而是「再建運作論」（reconstructed operationism）。第二，在調查研究上，由於經驗研究者不能執行所須的「直接運作」，因而將被訪問者（或被測者）的答覆問卷，視為一種運作地界定某一概念的測量程序。在這樣的權宜變通之下，原本所要求的「直接可觀察（或可測量）」的方式，就轉變成為「間接可觀察（或可測量）」的方式。

如此說來，從圖一的整個基本架構，我們便可掌握到經驗主義的概念製作程序。如圖一所示，一個特定概念的「語詞」，透過其概念界說，傳達出豐富的一些「意義」。這些豐富的「意義」，經由其運作界說的引介，連接到經驗世界中的一些「指涉項」。顯而易見的，概念界說所在傳達的「意義」，一方面反映「語詞」的涵義，另一方面提示運作界說中所要列舉的「指涉項」。然而，在其「語詞」與其「意義」之間，以及在其「意義」與其「指涉項」之間，皆無一對一的相應關係。因此，「意義」未必全然反映「語詞」，而「指涉項」也未必全盤反映「意義」。就概念界說所傳達的「意義」來說，它雖然可能隨著不斷研究而漸趨固定，但總會留下某種程度的開放性。這種或多或少的開放程度，一方面保留一個進一步接受「語詞」涵義的空間，另一方面保存著某些未被「指涉項」完全反映的餘地。就運作界說所列舉的「指涉項」而言，即使它（或它們）已經十分周全與十分精確，但是依然無法完全窮盡或複製其「意義」。

誠然，就概念製作的整個基本架構來說，經驗主義者比較重視「意義」如何引導「指涉項」（或「指標」）的製作議題，或者，比較重視某一概念的「指涉項」（或「指標」）是否真正測量了該概念的「意義」的議題。由於概念的「意義」與其「指涉項」（或「指標」）之間缺乏一對一的相應關係，因而我們難以判斷一個或多個特定指標是否已經「真正」測量了該概念。在這樣的情況下，與其固持「真正測量」的理想，毋寧追求「良好測量」的實效。在經驗主義的教科書中，通常列舉出下述三種標準來判斷一個測量是

否屬於「良好測量」：概念性、技術性、及實踐性。概念性的判斷標準，旨在察考特定測量（即某一概念的「指標」）能否測出所要測量的特質（即該概念的「意義」），也就是探究特定測量的「效度」（validity）。技術性的判斷標準，乃在察考特定測量結果（即實際取得的「指標」數據）的一致性或穩定性，也就是探究特定測量的「信度」（reliability）。[4]至於實踐性的判斷標準，則在察考特定測量資料的可取得性。

　　綜合上述，儘管經驗主義與闡釋主義形成兩個對峙陣營，但在概念製作上兩者之間的不同見解，非但不會造成相互排斥的局面，反而可在先、後兩種建構層次的安排下，展現出「相輔相成」的效用。不過，從經驗主義的整個概念製作過程，我們可以清楚看出，一個概念界說所在傳達的「意義」，對於其運作界說中所要列舉的「指涉項」，雖然具有提示作用，但總會留下某些未被「指涉項」所反映的部分；或者，即使一個運作界說所在列舉的「指涉項」，已經十分周全與十分精確，但是依然無法完全窮盡或複製其概念的「意義」。如果這種無法完全窮盡或複製的情況，可以視作經驗主義在概念製作上「遺落了一些什麼」的證據，那麼經驗主義者確實「遺落了一些什麼」。誠然，在所難免的這種「遺落」，留下進一步探究的改善空間。不過，經驗主義者實際上也可以運用相同的質疑，去詰問闡釋主義者的概念製作。

---

4 效度與信度之間的區別，我們或可運用一個例子來加以說明。依據《戰國策》的記載，後人尊稱為宗聖的曾參（曾子），曾跟其母定居於費城。某天，有人面告曾母說：「曾參殺人。」曾母一面答說「吾子不殺人」，一面神色自若地照舊織布。一會兒，又有人走告相同訊息，但曾母仍然不慌不忙地照樣織布。不久，又有人奔告同樣訊息，曾母信以為真，從而「懼，投杼踰牆而走」。在此例中，曾參殺人的訊息，再三被人傳達而具有穩定的「信度」，但因殺人者實際上另有其人（一個恰跟曾參同名同姓的人），所以缺乏「效度」。

(三)　政治功效感的概念製作

　　本章上一節曾經指出,在提出或選取一個概念的概念界說上,研究者必須先以「語詞」作為分析的起點,然後在兩個適當性的判準之下,進行三個繼起的分析步驟;而在提出或選取一個概念的運作界說上,研究者必須在其概念界說的引導之下,列出一些指標(或指涉項),進而探究這些指標的「效度」與「信度」。本節試以「政治功效感」為例,依序討論它的概念界說與運作界說的製作,藉以探究經驗主義在概念製作上是否「遺落了一些什麼」。

(一)政治功效感的概念界說

　　在提出或選取一個概念的概念界說上,研究者必須依據下述兩個適當性的判準:(1)把握住該概念在日常用語或既有研究文獻中約略共具的慣用意義;(2)強化該概念的理論意涵。至於研究者所要進行的三個繼起的分析步驟,分別是「解析」、「再建構」、及「概念形成」。所謂的「解析」,是指研究者首需察考特定概念在文獻中的慣用意義,冀能篩選出它的構成要素或性質。所謂的「再建構」,乃指研究者運用邏輯方式去組織這些要素或性質。所謂的「概念形成」,則指研究者以明確而正當的憑藉,提出一個概念界說,或從該概念之各種既有的概念界說中選取一個界說。

　　事實上,密大研究團隊在1952年提出政治功效感的概念界說時,並未指出它是在兩個適當性判準之下進行三個分析步驟的一個研究成果,甚至也未提出一些概念辯證或理論思維的論述。筆者不揣簡陋,嘗試在這一小節中,依據兩個適當性的判準與三個分析步驟,簡要考察政治功效感的理論地位,藉以指明其性質、要素、及要素的組合方式,期能針對密大研究團隊所提出之政治功效感的概念界說,奠定一個鞏固的論述基礎。

　　約在二十世紀五、六十年代,一些經驗性的民主理論,十分重視民主政治系統的穩定成長,從而力陳廣泛政治參與的固有風

險。依據一位民主理論家Carole Pateman的論述，這種經驗性的民主理論，至少具有兩種淵源：歷史的淵源與知識的淵源（Pateman, 1970: 1-3）。

　　就歷史淵源來說，具有龐大政治參與數量的德國威瑪共和，終歸淪為法西斯政體，進而引起第二次世界大戰。第二次世界大戰之後的一些極權政體，或多或少也奠基在大量的政治參與上；而亞、非、拉丁美洲諸國的政治不穩定，總是密切伴隨著多量和多樣的政治參與。簡單說，龐大政治參與數量和不穩定民主系統之間的相伴相生，乃是歷歷在目的歷史教訓。就知識淵源而言，鑑於現代工業社會的巨大規模和複雜性，政治社會學者十分懷疑最大多數人最大參與量的「民主理想」。這種懷疑，不但展現在諸如「寡頭鐵律」的一些著名論述中，並且逐漸得到調查研究的強烈支持。在第二次世界大戰之後，各種調查研究一再指出，不論西方或非西方國家，大多數低社經地位者的心理特徵，傾向於低度政治興趣，低度政治知識及高度政治疏離感等「非民主態度」。這些懷著「非民主態度」的多數低社經地位者，一旦大量介入政治，則十分可能導致民主系統的過度負荷，甚至土崩瓦解。Pateman指出，就在歷史的與知識的兩種淵源之下，二十世紀五、六十年代的經驗性民主理論，便十分排斥廣泛而大量的政治參與。

　　然而，廣泛而大量的政治參與，自古以來就是一種「理想的」民主政治。即使在現實世界中，不易實現「理想的」民主政治，但是作為「民主」的一種理論，經驗性民主理論家仍然需要克服菁英政治和公民參與之間的一個理論難題。這個理論難題是由兩個似乎難以並立的論點所組成。第一個論點是，任何政治系統的運行，都是依賴少數握有權力之政治菁英的領導和決策，絕大多數公民實際上不能自行統治，即使在一個民主政治系統中，依然如此而毫無差別。這就是說，即使在一個民主政治系統中，為求民主系統的穩健運行，政府仍然必須儘量限制公民的政治參與，並要求他們成為消極而順從的公民。第二個論點是，除非公民能夠控制政治菁英而使

之快速回應民意，否則不足以言民主政治。因此，在一個穩健運行的民主系統中，政府必須儘量開放公民的政治參與，從而要求他們成為積極而活躍的公民。綜合這兩個論點，便可推出一種尚待克服的對立性：在政治菁英的權力和一般公民的控制之間，或者，在菁英統治力與公民影響力之間，或者，在消極而順從的公民與積極而活躍的公民之間，構成了一種對立性。

依據經驗性民主理論家的見解，這個看似對立而難以解決的理論問題，實際上可以訴諸民主系統中的某些「平衡作用」，輕易地予以克服。兩位經驗性民主理論家Gabriel Almond（1911-2002）與Sidney Verba（1932-）曾經指出，英、美兩個政治系統，乃是「相當穩定而成功的」民主系統，其實際運行上的某些「平衡作用」，可以巧妙紓解這種對立性（Almond and Verba, 1963: 473-505）。我們或許可以分從政治社會化、調查研究、以及制度安排等三個方面，來說明這種紓解對立性的「平衡作用」。

首先，在政治社會化的研究領域上，歷來的經驗研究者不約而同地都得到一個相同的研究發現。依據這個一再重現的研究發現，在一個穩定運行的民主系統中，系統成員從小就培養出一種「政治功效的規範」。這種「政治功效的規範」，包含「公民能夠影響政府」與「政府應該回應民意」兩大要素，從而構成一個支撐民主系統之根深柢固的基本規範。美國政治社會化學者一再指出，美國國小三年級（七歲）的學童，已經學得並形成「政治功效的規範」。這就是說，美國學童早已學得「公民能夠影響政府」與「政府應該回應民意」的基本規範。誠然，學童時期形成的基本規範，具有根深柢固的持久性質。不過，它雖然具有相當持久的性質，但並非一成不變。青年時期的政治社會化、成年時期的政治經驗、以及特定的政治事件，都可能強化或削弱它。Sidney Verba指出，我們雖然尚不能指明它的變化幅度，但可以肯定的是，若有所變動，則是緩慢的過程（Verba, 1980: 399-400）。在緩慢的變化過程中，這種基本規範逐漸衍生出一些相關的要素，例如，政治事務的可變性、影

響手段的可取得性、以及政治過程的理解性。簡單說，依據政治社會化的經驗研究，此一包含「公民能夠影響政府」與「政府應該回應民意」的基本規範，早在兒童時期就已深植美國學童心中，從而成為美國公民心中一個牢不可破的根本規範。正是這個「政治功效的規範」，為美國政治系統的穩健運行，提供了一個「概括支持的貯藏所」（a reservoir of diffuse support）。

其次，我們可從歷來的各種調查研究，明白看出英、美民主政治系統實際運行上的一些「平衡作用」。經驗性民主理論家指出，在歷年來的各種調查研究中，一再重現幾項經驗事實。第一，一般公民除了具有一些比較積極性的政治態度（例如，政治功效感與環境主宰感）之外，也擁有一些比較消極性的政治態度（例如，政治義務感和政治滿足感）。積極性的政治態度，可以促成政治參與的數量；消極性的政治態度，則可降低政治參與的數量。因此，在「積極性政治態度」與「消極性政治態度」之間的拉扯下，自然可以緩和政治參與的活動強度。第二，在一般公民中，擁有強烈的政治功效感和具有大量的參與行為的公民，總是屬於少數人；大部分公民的政治功效感，總在中等程度左右，而投票行為之外的政治參與量則為數不多，甚至少之又少。這不但意指政治功效感和政治參與都是不平均地分配在公民群體中，並且意指此種不平均的分配，實際上在「積極」與「消極」（或「活躍」與「順從」）之間起了平衡作用。第三，在擁有中等程度以上之政治功效感的公民中，實際上只有一小部分公民曾經訴諸實際的參與行為；或者，擁有政治功效感之公民的人數百分比，遠高於介入投票行為之外的政治參與（例如，參加候選人的造勢活動）的公民人數百分比。這種「心理感覺」與「實際行為」之間的人數落差，潛藏著巧妙的平衡作用：較低百分比的政治參與行為，意涵多數公民表現出消極和順從的要求，從而促成政治菁英易於即時採取必要的政策；較高百分比的政治功效感，則意涵消極而順從的公民，「若有必要，則會成為訴諸行動的活躍公民」，從而限制政治菁英的權力（Almond and Verba,

1963: 481）。[5]

　　最後，除了政治社會化與調查研究之外，一些重要的制度安排，也可以在「公民影響力」與「菁英統治力」之間起了某種平衡作用。經驗性民主理論家指出，政治菁英推行各種有益於公民之政策的理由甚多，例如出諸「家長感」或祖宗傳統，但只當其行動的「動機」或「後果」，乃在於得到獎賞或免受損失時，方才牽涉到民主系統中「公民影響力」與「菁英統治力」之間的平衡作用。自經驗性民主理論家看來，在英、美民主政治系統中，透過各種政治參與的法令規章，尤其是競爭性的定期選舉，公民一方面將統治權力賦予政治菁英，使之易於即時作成權威性決策；另一方面表達其需求或支持，並促成選任公職的輪替，從而確保政治菁英知道如何回應公民需求。進一步說，由於政治菁英經歷過種種相似於一般公民的政治社會化過程，因而也會接受相同之政治功效的規範。當公民保有政治功效感而未訴諸實際的政治參與行為時，政治菁英可以預期到公民的可能需求而事先予以回應，使得「潛在上活躍的公民」不至成為「實際上的活躍公民」。簡言之，自經驗性民主理論家看來，在英、美政治系統中，一般公民能夠影響政治菁英的控制觀念，落實在政治菁英和一般公民共同遵循的各種政治參與法規上，進而在「公民影響力」與「菁英統治力」之間維持一個巧妙的平衡作用，並促成政治系統的穩定運行。

　　總之，自經驗性民主理論家看來，在英、美兩個穩定的民主政治系統中，政治系統實際運行上的某些「平衡作用」，可以紓解「政治菁英的權力」與「一般公民的控制」之間的對立性，或者，

5　政治功效感和政治參與行為之間的這種「不一致」，由於政治參與行為不是公民日常生活中的主要活動，因而通常會被忽視而不致造成調整壓力。然而，當特定政策損及某一群公民的重大利益時，便可能產生較大的壓力，從而促使某些公民去調整其感覺與行為之間的「不一致」。其所能採取的調整方式之一，乃是增加政治參與行為的種類和數量。在這樣的調整之下，消極性的、不活躍的公民，便轉成政治上積極性的、活躍的公民。

可以紓解「菁英的統治力」和「公民的影響力」之間的對立性，或者，可以紓解「消極而順從的公民」與「積極而活躍的公民」之間的對立性。

值得注意的是，無論從哪一個視角來論述，這種對立性的紓解，幾乎全都環繞著「政治功效」概念而逐漸衍生出來。根據上述的扼要考察，在穩定運行的民主政治系統中，「政治功效」概念包含兩種有別、但相互關聯的層面，也就是「規範」與「感覺」兩種層面。在政治社會化的研究領域中，「政治功效」的概念，指涉政治功效的「規範」層面。政治功效的「規範」，成為支撐民主政治系統的一個根本規範。在調查研究的領域中，「政治功效」的概念，指涉政治功效的「感覺」層面。政治功效的「感覺」，則是一種持久性的政治態度。然而，不論是「規範」或是「感覺」，都包含「公民能夠影響政府」與「政府應該回應民意」兩大要素。當它指涉一種規範時，它就包含「公民能夠影響政府」的規範與「政府應該回應民意」的規範；當它指涉一種感覺時，它便包括「公民能夠影響政府」的感覺與「政府應該回應民意」的感覺；或者，它便包含「公民個人的政治能力感覺」與「公民對政府回應性的感覺」。進一步說，在這兩大要素中，「公民能夠影響政府」的要素，可以引伸出政治事物的可變感、政治過程的理解性、以及影響手段的可取得性等相關元素。至於「政府應該回應民意」要素中的「政府」，則泛指行政、立法、以及司法等機構。

誠然，憑藉上述分析，我們可以針對「政治功效感」，自行提出一個概念界說。然而，在既有文獻中，早已存在著一個廣被引用而又契合上述分析的概念界說。這就是說，在各種相關的研究文獻中，「政治功效感」實際上已有各種不盡相同的界定項。這些界定項雖然包含不盡相同的界定語詞，但這所在傳達的「意義」，基本上皆持續密大研究團隊的原先界說，甚至用來界定的一些語詞也幾乎保留不變。最顯著的例子，莫過於第一版之《社會科學國際百科

全書》內「政治功效」這一詞條中所下的概念界說。[6]因此,密大
研究團隊原先所下的概念界說,頗值得引述。依據他們的見解,政
治功效感的概念界說是:

> 個別政治行動對於政治過程確實有或能夠有所影響的感
> 覺（feeling）；這即是說,去履行我人的公民義務,是
> 值得的。它乃政治和社會變遷是可能的感覺,也是個別
> 公民能在此類變遷的推動上扮演部分角色的一種感覺。
> 在政治功效感是可測量的範圍內,我們預期它應該跟政
> 治參與成正相關。（Campbell et al., 1954: 187）

這一概念界說明白指出「政治功效感」的一個要素,因而在
其界定項中提及「確實有或能夠有所影響的感覺」。除此之外,界
定項中所謂的「它乃政治和社會變遷是可能的感覺,也是個別公民
能在此類變遷的推動上扮演部分角色的一種感覺」,乃在強調這一
要素衍生出「政治事務的可變性」的相關元素。界定項中的最後一
句和首句後半段,則在提示政治功效的「感覺」、公民義務的「規
範」、及政治參與的「行為」之間,具有十分密切的關係。

　　據此而言,密大研究團隊提出的這個概念界說,僅是明確指出
政治功效感的一個要素及其所引伸出的一個相關元素,但是並未明
確陳述政治功效感的另外一個要素,也就是「政府應該回應民意」
的要素。或許,誠如某些政治學者的提示,該界定項之首句的前半
段,也就是「個別政治行動對於政治過程確實有或能夠有所影響的
感覺」,應該詮釋為「個別公民能在政治系統中發揮個人影響力的
感覺」,如此就會涉及了「公民自我」和「政治系統」兩種態度對
象,從而可將「政府應該回應民意」這一要素包含在內（Coleman

---

[6] 參見Prewitt, 1968: 225。然而,在2008年William Darity, Jr.主編之第二版的
　　《社會科學國際百科全書》中,則無「政治功效」這一詞條。

and Davis, 1976: 189）。

　　然而，不論如何詮釋，在密大研究團隊所提出的概念界說中，確實沒有明文提及「政府應該回應民意」這一要素。當多數政治學者明白確認政治功效感包含兩大要素之後，密大研究團隊便另外提出一個概念界說。在這個修正過後的概念界說中，他們先行根據「公民能夠影響政府」與「政府應該回應民意」這兩大要素（或稱為兩大向度，dimensions），將政治功效感分成「內在政治功效」（internal political efficacy）與「外在政治功效」（external political efficacy），然後個別進行界定（Miller, et al., 1980: 253）：

　　　　「內在政治功效」表示諸個體能夠理解政治及有足夠能力參與政治活動（諸如投票）的自我知覺（self-perceptions）。
　　　　「外在政治功效」衡量個體對於政治制度所表達出來的信念（beliefs），而非有關個體本身能力的知覺。[7]

　　在這個修正的概念界說中，「內在政治功效」的界定項引入「知覺」一詞，「外在政治功效」的界定項則引入「信念」一詞。不論是「知覺」或是「信念」，都不是原先概念界說中的「感覺」。誠然，界定項中重要語詞的更動，可能滋生困惑。不過，依據密大研究團隊中一位成員Arthur Miller（1942-）的用法，「知覺」、「信念」、及「感覺」等三個術語，似為相同意義的不同語

---

[7] 政治學者運用許多不同術語來稱呼「內在政治功效」與「外在政治功效」，例如，「自我意象」與「民主政府回應人民的意象」，或「個人的政治能力感」與「相信系統的回應性」，或「內在功效」與「外在功效」，或「投入功效」與「產出功效」，甚至使用反義語而稱為「個人的無能力」與「共有的無能力」（Lane, l959: 149; Converse, 1972: 334; Balch, 1974; Craig, 1979; Coleman and Davis, 1976）。

詞。[8]無論如何，此一修正之概念界說的特色，首先在於明文標出政治功效感的兩大向度，亦即「內在政治功效」與「外在政治功效」。其次，「內在政治功效」的界定項，亦即「諸個體能夠理解政治及有足夠能力參與政治活動的自我知覺」，除了重述「公民能夠影響政府」這一向度外，還明確提及「政治過程的理解性」這一相關元素。最後，「外在政治功效」之界定項中的「政治制度」，係指政治系統中的政黨、行政機關、司法機關、立法機關等，從而泛指一般公民對於政府或政治菁英之回應性的感覺（Farah, et al., 1979: 431）。

　　據此而言，密大研究團隊原先提出之政治功效感的概念界說，或許遺漏了「政府應該回應民意」這一大向度。然而，其後所提出之修正的概念界說，則已有所彌補。除此之外，在原先的概念界說中，明確提到「政治事務的可變感」這一相關元素；而在修正的概念界說中，則明文提及「政治過程的理解性」這一相關元素。顯而易見的，「政治事務的可變性」、「政治過程的理解性」、以及「影響手段的可取得性」，乃是政治功效感的三個相關元素。

　　總而言之，密大研究團隊提出的概念界說，不但吻合研究文獻中「政治功效感」的慣用意義，而且契合民主理論中「政治功效感」的理論地位。那麼，專就「政治功效感」之概念界說的製作而言，若問到「經驗主義者當真遺落了一些什麼嗎？」，直接了當的「沒有遺落」，似乎是一個可以接受的答案。

8　Arthur Miller曾將政治功效感界定為「個體和民眾對於政治過程能夠具有影響的感覺，因為政治制度將回應其需求。缺乏功效或無功效的感覺，表示民眾不能影響政治後果，因為政府領導者和制度不回應其需求」（Miller, et al., 1979: 67）。在「政治功效感」的這個概念界說中，Arthur Miller仍然使用「感覺」詞彙。然而，在1980年之「內在政治功效」與「外在政治功效」的概念界說中，Arthur Miller將「感覺」改成「知覺」與「信念」。兩相對照之下，「知覺」、「信念」、及「感覺」，似為同義的不同語詞。

（二）政治功效感的運作界說

上文運用一個概念分析程序，論述密大研究團隊所提之政治功效感的概念界說，以期說明其「語詞」與「意義」之間的關係。然而，此一概念界說雖然足以掌握政治功效感的「意義」，但仍難以付諸觀察或測量，而不易運用於調查研究中。爲了易於觀察或測量，經驗研究者必須在概念界說的指引之下，列出一些「指涉項」（或「指標」）來反映其「意義」。這種連結抽象概念之「意義」與「指涉項」的工作，基本上就是透過運作界說而進行。此一小節的主要目的，乃在根據前一小節的分析結果，評述密大研究團隊所提之政治功效感的運作界說。由於此一運作界說所列舉的指標，先後做了一些調整，因此本小節的評述，將分從「原本的功效量表」、「標準的功效量表」、以及「修正的功效量表」，依次逐一進行。

1.原本的功效量表

在指明政治功效感的觀察特徵（或測量特徵）上，密大研究團隊根據其原先提出之概念界說的「意義」，首先列出下述五個項目（或指標），作爲政治功效感的運作界說，以期連結政治功效感的「意義」與「指涉項」（Campbell et al., 1954: 187-88）：

(1)人民的投票，乃是決定如何治理國家的主要方式。

(2)像我這樣的人，在選舉時去參加投票，乃是對於政府如何施政能夠說些什麼的唯一方式。

(3)政治或有關政府的事情，有時顯得太複雜，以至於像我這樣的人不能真正瞭解。

(4)像我這樣的人，對於政府的所作所為，無法說些什麼。

(5)我不認爲政府官員十分關心像我這樣的人的想法。

在問卷答案的登錄上，上述每一項目的答案，分成「同意」與「不同意」兩種反應。被測者對於五個項目中的任何一個項目的反應，只能爲「不同意」或「同意」。對於項目(1)的「同意」反應，以及對於其他四個項目的「不同意」反應，皆爲「正面反應」而各給予一分；反之，則爲「負面反應」而給予零分。某位被測者的整個功效量表分數，則爲他在五個項目中所得分數的總和。

在列出上述五個項目後，密大研究團隊認定這五個項目可以構成「單一累積的向度」（single cumulative dimension）。爲了印證這個認定，密大研究團隊使用「葛氏技術」（Guttman techniques）。根據「葛氏技術」的基本原理，假使政治功效感概念乃是「單一累積的向度」，則其五個項目彼此之間應該具有一個層級關係，而可在單一向度上依據各個項目的「困難程度」，等第排列出它們的順序，並且被測者對於五個項目的反應也應具有等地排列的「一致性」。一旦五個項目構成了一個「完全的葛氏量表」時，亦即這五個項目已依「困難程度」排列出順序，而被測者對它們的反應也具有「一致性」時，我們就可從被測者的量表分數，精確預測出該被測者對每一項目的反應。例如，一位被測者甲的功效量表分數爲3分，這不但代表甲以「正面反應」答覆其中三個項目，而且表示此三個項目是五個項目中較容易的項目；或者，這代表甲以「負面反應」答覆其中兩個較困難的項目。再如，一位被測者乙的功效量表分數爲4分，這不但代表乙以「正面反應」答覆其中四個項目，而且表示此四個項目是五個項目中較容易的項目；或者，這代表乙以「負面反應」答覆其中最困難的項目。唯有以「正面反應」答覆最困難項目的被測者，才會以「正面反應」答覆所有項目。例如，當一位被測者丙以「正面反應」答覆這五個項目中最困難的項目時，我們就可以推定，丙也以「正面反應」答覆其他四個項目，或者，丙會得到5分的功效量表分數。

誠然，當進行調查訪問時，所有被測者對此五個項目的實際答覆，未必契合「完全葛氏量表」所預期的反應模式。一旦被測者的

反應不符合「完全葛氏量表」所預期的反應模式時（例如，一位被測者乙以「正面反應」答覆其中三個項目而得到3分，但這三個項目並非五個項目中較容易的三個項目），那麼就發生了「錯誤」，而不能根據其功效量表分數精確預測乙對諸項目的反應。當一個量表產生了太多的「錯誤」時，或者，當很多被測者的反應不符合「完全葛氏量表」所預期的反應模式時，則該量表不是一個有用的量表。可是，實際調查資料所得的結果，總有「錯誤發生」而偏離「完全葛氏量表」的情形。那麼，我們可以探問，其可容忍的「錯誤」程度究竟是多少呢？這通常利用全部項目的「重製係數」（CR）或特定項目的「重製係數」（CR_i）來判定。[9]當CR≧0.90時，一般認為諸項目可以構成單一向度的累積量表；當CR_i≧0.90時，則表示特定項目i是累積量表中的適當項目。

　　密大研究團隊就是利用「重製係數」的數值大小，一方面確認政治功效感具有單一的累積向度，另一方面排除五個項目中的第(1)個項目。根據他們的資料說明（Campbell et al., 1954: 188-89），當對五個項目進行量表分析時，得到CR = 0.923，並且CR_2、CR_3、CR_4、CR_5的數值皆介於0.94與0.92之間，但CR_1卻等於0.892。由於項目(1)的重製係數（0.892）小於0.90，因而排除項目(1)。在排除項目(1)之後，再用「葛氏技術」分析所保留下來的四個項目，亦即分析項目(2)、項目(3)、項目(4)、項目(5)。結果得到CR=0.935，以及四個項目中任何一個項目的「重製係數」皆大於0.927。不過，由於葛氏的「重製係數」十分可能偏高（參見Mokken, 1971: 49-54），所以密大研究團隊再用「傑氏修正式」（Jack's PPR）分析項目(2)、項目(3)、項目(4)、項目(5)等四個項目，結果也得到四個項目可以構成單一累積向度的結論。[10]

---

[9]　重製係數（coefficient of reproducibility）= 1 – 誤答數 / 回答數。

[10] $PPR = \dfrac{CR - minimumCR}{1 - minimumCR}$

　　然而，不論是CR或是PPR，皆無法進行統計顯著性檢定。爲了克服這個困難，Robert Mokken（1929-）另外提出一個修正係數，並對密大研究團隊的「原先」調查資料，亦即包含五個項目的調查資料，進行量表分析。當以五個項目作爲分析對象時，所得結果雖然也指出項目(1)應被放棄，但項目(2)卻是更不適當的項目，並且全部五個項目不構成單一累積向度。當排除項目(1)之後再分析所保留下來的四個項目時，亦即分析項目(2)、項目(3)、項目(4)、項目(5)等的調查資料時，雖然得到一個差強人意的「量表結構」，但項目(2)仍是一個不適當的項目（Mokken, 1971: 231-32）。

2.標準的功效量表

　　從上文的評述，我們可以清楚看出，在「原先的功效量表」的資料分析上，支持密大研究團隊之兩大分析結論的證據，亦即支持「項目(1)乃是不適當而需放棄的項目」與「項目(2)、項目(3)、項目(4)、項目(5)等四個項目可以構成單一累積向度」的證據，並非鐵證如山。然而，儘管證據稍嫌薄弱，但1954年以後的調查研究，除了少數例外（比如Watts, 1973: 625n），大都依據密大研究團隊的分析結果，而將項目(1)排除在政治功效感的指標之外。因此，下述四個保留下來的項目，便組成一般所謂的「標準的功效量表」：

(2)像我這樣的人，在選舉時去參加投票，乃是對於政府如何施政能夠說些什麼的唯一方式。

(3)政治或有關政府的事情，有時顯得太複雜，以至於像我這樣的人不能真正瞭解。

(4)像我這樣的人，對於政府的所作所為，無法說些什麼。

(5)我不認為政府官員十分關心像我這樣的人的想法。

　　不過，值得注意的是，在引用「標準的功效量表」時，多數的調查研究者，甚至是密大研究團隊本身，顯然放棄了「單一累積向度」的主張，而改採「單向度」的見解。這樣的改變，意謂政治功效感之分數的「詮釋變動」。「單向度」下的分數詮釋，有別於「單一累積向度」。設一位被測者甲在「標準的功效量表」四個項目上得到3分。在「單一累積向度」下，「3分」不但代表甲以「不同意」答覆其中三個項目、而以「同意」答覆另外一個項目，並且意指這三個項目是較容易的項目，另外一個項目則是最困難的項目。然而，在「單一向度」下，「3分」只是表示甲以「不同意」答覆其中「任何」三個項目、而以「同意」答覆另外一個項目而已。

　　事實上，在運用「標準的功效量表」上，絕大多數研究者（包含密大研究團隊）都採取「單向度」的見解。基於「單向度」的見解，研究者也常在每一項目的問卷反應上放棄原先之「同意」與「不同意」兩種反應，從而更改成「極同意」、「同意」、「無意見」、「不同意」、及「極不同意」等強弱程度有別的反應。做了這樣的改變後，每一項目的給分方式，就不是原先的「0分」與「1分」，而是依照被測者在每一項目上的特定反應而給予一定數值，亦即將「1分」、「2分」、「3分」、「4分」、「5分」的數值，分別給予勾選「極同意」、「同意」、「無意見」、「不同意」、「極不同意」的被測者。每位被測者在四個項目的加總得分，便是他的政治功效感的分數；分數愈高，表示政治功效感愈強烈。例如，一位被測者甲在四個項目上都勾選「同意」，則甲便得到「8分」。「8分」表示甲不太具有政治功效感，或其政治功效感乃在中等程度之下。

　　誠然，除了向度與給分的更動外，我們尚須檢視這四個項目的設計，是否適當反映政治功效感的「意義」。

　　從上述四個項目的文字看來，項目(2)、(3)、(4)、(5)，分別指涉「影響手段不限於投票之手段的可取得性」、「政治過程的理解

性」、「政治事務的可變感」、以及「政府回應性的感覺」等,從而確實反映出「公民能夠影響政府」與「政府應該回應民意」這兩大要素。這就是說,項目(2)、(3)、(4)、(5)所組成之政治功效感的運作界說,確實反映出政治功效感之概念界說所在傳達的「意義」。

項目(2)、(3)、(4)、(5)中,皆含有「像我這樣的人」的語詞。這種語詞的使用,乃在促使被測者能以政治系統內的「相對位置」來答覆這四個項目,以期排除任何的特異個案。根據上一節的解析,政治功效感可以說是一種「廣泛而穩定」的政治態度,而非一種「偶然獨具」的政治態度。因此,在原本的問卷題目的設計上,這四個項目都含有「像我這樣的人」的語詞。例如,假設一位被測者張三,正好就是中央政府中一位重要官員的親朋好友。當這四個項目並未包含「像我這樣的人」的語詞時,張三的問卷答覆,可能僅在反映出張三特有之「偶然獨具」的政治態度,或者,可能僅在反映出「朝中有人」之張三的政治態度。當這四個項目包含「像我這樣的人」的語詞時,張三的問卷答覆,可能就會反映出一種「廣泛而穩定」的政治態度。

項目(3)、(4)、(5)等三個項目,都是採取「否定式」的陳述。這種陳述方式的主要目的,乃在於避免「默從反應」(acquiescence response)。所謂的「默從反應」,是指被測者在答覆那些只包含「同意或不同意」兩種反應選項的問卷題目時,他們(尤其是低教育程度者)通常不管項目內容如何,而傾向於以「同意」來答覆,從而引起嚴重的測量問題。為了進一步降低被測者的「默從反應」的效應,密大研究團隊曾在1968年美國大選的選前調查中,將「同意或不同意」的項目形式,改成「逼選式」的項目形式(forced-choice items),例如將項目(5)的文字,改成「你認為多數政府官員十分關心像你這樣的人的想法,或者非常不關心呢?」,而在選後的調查研究中,使用原先的「同意或不同意」項目形式。然而,一位政治學者James Wright曾經針對這兩套資料進

行分析，從而得到「默從反應」乃是一個不足重視的「輕微問題」的結論（Wright, 1975）。

在項目(2)、(3)、(4)、(5)中，分別出現「政府施政」、「政治或有關政府的事項」、「政府的所作所為」、及「政府官員」等語詞。所謂「政府」之類的語詞，試圖用來反映政治功效感之「廣泛而穩定」的性質，因而並不指明特定的執政黨、特定的政治人物、及當前的特定政策。然而，所謂「政府」之類的語詞，既可指涉中央政府層次，也可指謂地方政府層次。按照Balch（1974: 7, 33）的說法，對多數美國人而言，「政府」明顯指謂「中央政府」，因而不太可能引起不同指涉對象的疑問。然而，自筆者看來，公民政治功效感的強弱程度，密切關聯著態度對象之「感覺距離」的遠近，預先指出政府層級或許較為適當。

上文曾經提到Robert Mokken針對「原先的功效量表」資料進行統計檢定分析後，得到項目(2)遠比項目(1)更不適當的結論。一些政治學者也認為項目(2)是一個含糊的項目。依據密大研究團隊原先的設計，在答覆項目(2)上，有功效感的被測者會答「不同意」，無功效感的被測者則會答覆「同意」。因為有功效感的被測者會認為，除了參加投票之外，一般公民尚有許多影響政府施政的方法，例如示威遊行與靜坐抗議；反之，無功效感的被測者會認為，參加投票乃是影響政府的唯一方式。然而，一些政治學者指出，無功效感的被測者也會由於感覺到「沒有影響政府的方法，不論是投票或是其他方式」而答覆「不同意」；有功效感的被測者也可能感覺到「影響政府的方法雖然甚多，但參加投票則為其中最合宜且真正重要的唯一方法」而答覆「同意」。換句話說，在這些政治學者看來，項目(2)的含糊語意，可能造成令人困擾的兩可情況：「不同意」既可代表有功效感，又可代表無功效感；「同意」能夠代表無功效感，也能代表有功效感。

如同項目(2)，一些政治學者也認為項目(3)是一個語意含糊的不適當項目。依據密大研究團隊的設計用意，在答覆項目(3)上，

有功效感的被測者會因瞭解政治（或政府事物）而答「不同意」；反之，無功效感的被測者則會答「同意」。然而，一些政治學者指出，基於下述三個理由，項目(3)顯得不適當。第一，項目(3)的內容，易於引發被測者的「社會可欲性」（social desirability），而有意或無意地作出歪曲的反應。這就是說，無功效感的被測者很可能認爲，「同意」項目(3)無異於承認自己的無知，因而會答「不同意」。第二，現代政治生活的複雜性，很可能引導有功效感的被測者去實際評估政治生活，從而「同意」項目(3)。第三，在美國1968年的選前調查研究中，調查研究者曾在問卷中取消項目(3)的「有時」一詞，「同意」反應的人數（無功效感的人數）頓告銳減（Asher, 1974: 47; Wright, 1975: 223）。

許多政治學者認爲項目(4)乃是一個適當的項目，甚至斷定它能直接反映出政治功效感的核心「意義」。就在這樣的讚賞之下，政治學者D. Madsen指出，當我們缺乏其他項目的資料時，項目(4)足以單獨作爲政治功效感的指標（Madsen, 1978: 875）。同樣的，許多政治學者也認爲項目(5)是一個適當的項目。密大研究團隊指出：「項目(5)乃在測量公職人員是否反應選民的意志。」（Campbell et al., 1954: 188）顯而易見的，「公職人員是否反應選民的意志」，明確掌握到概念界說上「政府應該回應民意」這一要素的精義，自然可以成爲一個適當項目。

從上述扼要察考看來，在「標準的功效量表」中，項目(4)與項目(5)都曾獲得高度肯定，但項目(2)與項目(3)則曾引起一些質疑。然而，不論肯定或是質疑，整個「標準的功效量表」的信度，通常達到中等程度。例如，就密大研究團隊的調查資料來說，在1951年、1964年、1968年、1972年，整個「標準的功效量表」的克氏係數值（Cronbach's α），分別爲0.48、0.58、0.66、0.62、0.63；而1956年和1960年的再測信度（test-retest reliability），以及1968年選前與選後的再測信度，分別爲0.528和0.529（Asher, 1974:

55, 59）。[11]

3.修正的功效量表

不論項目(2)與項目(3)曾經引起的質疑，也不管整個量表只達中等的信度，「標準的功效量表」依然廣被引用，直到二十世紀八十年代，才被密大研究團正式改成「修正的功效量表」。

1974年，政治學者George Balch在《政治學方法論》期刊，發表一篇論文（〈調查研究中的多重指標：政治功效感的概念〉），從而引起十分熱烈的討論。

在這篇眾所矚目的論文中，Balch指出，就量表的「效標效度」（criterion-related validity）的建立來說，「多項目分析」遠優於「單項目分析」。所謂的「單項目分析」，乃是將量表（例如，「標準的功效量表」）中的所有項目（例如，「標準的功效量表」中項目(2)、(3)、(4)、(5)等四個項目）合成一個綜合指標，再跟另外一個也是如此合成的其他綜合指標（例如，由三個項目合成的「政治興趣」的一個綜合指標），去計算兩者之間的相關程度。所謂的「多項目分析」，乃將量表（例如，「標準的功效量表」）中的每一個項目（例如，「標準的功效量表」中的項目(2)、或(3)、或(4)、或(5)），分別去跟另外一個量表（例如，「政治興趣」）中的各個項目（例如，第一個項目、第二個項目、第三個項目）逐一計算相關程度。依據Balch的見解，「多項目分析」遠優於「單項目分析」的理由，端在於「多項目分析」可以提供多樣與多量的檢定，從而能在相互關係之有無、大小、及方向等的檢定上，大大降低錯誤呈現的可能性。

---

[11] 所謂的「再測信度」，是以同一測驗（或問卷題目）施測同一樣本兩次，然後運用兩組分數間的相關係數來界定信度。再測信度的基本假定是，所要測定的特質，在兩次測驗期間內相當穩定。所謂的「克氏係數」，乃為心理計量學家L. J. Cronbach於1951年提出，用來測定量表的內部一致性。其計算公式如下：$\alpha = N\rho / [1+\rho(N-1)]$；N指項目總和，$\rho$指諸項目之間各個相關係數的平均值。

　　Balch曾於1968年針對美國大學生，進行一次包含各種政治態度的問卷調查。按照政治功效感的「理論意涵」，Balch列舉「政治興趣」、「政治知識」、「慣常性政治參與」、「抗議行為傾向」、及「政治信任」等量表，作為一些可跟「標準的功效量表」進行相關計算的「外部變項」（external variables）；這五個「外部變項」分別各含三、三、六、四、及十個項目。在進行一連串的「多項目分析」之後，Balch明白指出，「標準的功效量表」應該分解成甲、乙兩個部分：甲部分包括項目(2)與項目(3)，乙部分則包括項目(4)和項目(5)。因為甲部分跟「政治興趣」、「政治知識」、「慣常性政治參與」、及「抗議行為傾向」，呈現出一致的正相關，而跟「政治信任」呈現出負的或零的相關；乙部分則正好相反。然而，當採取「單項目分析」時，上述甲、乙兩部分之間的差異就隱藏不見。這樣的研究發現，也在一些全國性和地方性的其他調查資料上，分別得到強弱不一的支持程度。

　　Balch的研究發現，引起了政治功效感之「單或雙向度」的熱烈探討。在這些熱烈的討論中，我們尤須注意到「標準的功效量表」中各個項目之權數（weights）的問題。自一些政治學者看來，「標準的功效量表」中四個指標可能不等地測量了政治功效概念的「意義」，不論它是單向度或是雙向度或是三向度。這就是說，「標準的功效量表」中的項目(2)、(3)、(4)、(5)等四個項目，在測量政治功效感概念的「意義」上，各自所占據的比重可能互有差異，或者，各自所具有的權數可能互有出入。有鑑於此，這些政治學者認為，在確定「標準的功效量表」的向度爭議上，最好運用一種不必假定四個項目具有同樣權數的統計方法。這種統計方法，就是比較複雜的「探索因子分析」（exploratory factor analysis）或「印證因子分析」（confirmatory factor analysis）或「共變數結構分析」（covariance structure analysis, LISREL）。大體而言，在一些相關的調查研究上，運用「探索因子分析」（或「印證因子分析」）所得到的研究發現，大都是「標準的功效量表」僅具單向度

（Iyengar, 1978: 344-45）。

　　然而，不管這些複雜統計方法的分析結果，二十世紀八十年代的調查研究者，大都認定政治功效感具有雙向度，而非僅止於單向度。在這樣的學術氣氛之下，密大研究團隊便在量表項目中新增兩個項目，從而將「標準的功效量表」改成一個明確包含兩個向度的「修正的功效量表」。他們將這兩個向度，分別稱為「內在政治功效」（internal political efficacy）與「外在政治功效」（external political efficacy）。「內在政治功效」與「外在政治功效」各自包含的測量項目如下（Miller, et al., 1980: 273, 278）：

內在政治功效：

(2)像我這樣的人，在選舉時去參加投票，乃是對於政府如何施政能夠說些什麼的唯一方式。

(3)政治或有關政府的事情，有時顯得太複雜，以至於像我這樣的人不能真正瞭解。

(4)像我這樣的人，對於政府的所作所為，無法說些什麼。

外在政治功效：

(5)我不認為政府官員十分關心像我這樣的人的想法。

(6)一般說來，當選國會議員的人，很快就跟選民失去聯絡。

(7)政黨感到興趣的，只是選民的選票，而不是選民的意見。

新增加的兩個項目，乃是項目(6)與項目(7)。[12]這兩個新增的

---

[12] 事實上，密大研究團隊於1968年的調查問卷中已經引入了項目(6)與項目(7)，但在1980年才正式編入「外在政治功效」的項目中。因此，在討論「修正的功效量表」的向度或測量項目時，學者引用的資料，通常回溯至1968年

項目，加上原有的項目(5)，便構成「修正的功效量表」中的「外在政治功效」的項目。「外在政治功效」旨在測量政治功效感概念中「公民對政府回應性的感覺」（或「政府應該回應民意」）這一要素。項目(5)中的「政府官員」、項目(6)中的「國會議員」、以及項目(7)中的「政黨」，分從不同角度，詮釋「公民對政府回應性的感覺」這一要素中的「政府」。原先的項目(2)、項目(3)、項目(4)，則組成「內在政治功效」的測量項目，旨在測量「公民個人的政治能力感」（或「公民能夠影響政府」）這一要素。

密大研究團隊提出「修正的功效量表」後，雖然廣被接受，但也曾引起兩種相互關聯的熱烈討論。第一種的熱烈討論，乃在探問「修正的功效量表」究竟含有幾個向度？第二種的熱烈討論，則在質疑某一項目之歸類的適當性。

在探問「修正的功效量表」究竟含有幾個向度上，有些學者運用「探索因子分析」，在密大研究團隊1972年與1976年的調查資料中，得到「單一因子」（亦即「單一向度」）的研究結果（Craig and Maggiotto, 1982: 91-92）。有些學者針對密大研究團隊所界定的「內在政治功效」與「外在政治功效」，運用「共變數結構分析」的統計方法，設定一個「雙因子六項目」的模型，從而得到一個弔詭的研究結果：「雙因子六項目」的模型，雖然適合密大研究團隊1972-1974-1976年的群組調查資料，但不適合1972年選前和選後的調查資料，也不適合1976年的調查資料（Craig and Maggiotto, 1982: 93; Acock et al., 1985: n.7; Finkel, 1985: 909-11, 896n）。在運用「共變數結構分析」的統計方法時，有些學者設定一個「雙因子五項目」的模型，亦即「放棄項目(2)，並將項目(5)設定為同時受到兩因子的影響」的模型，也就是「內在和外在政治功效互有關係、內在政治功效影響項目(3)(4)(5)、外在政治功效影響項目(5)(6)(7)」的模型。這個「雙因子五項目」的模型，不但適合1967年及其

的調查資料。

種族團體和性別團體的調查資料，也適合1972年選後和1980年選後的調查資料，又適合七個民主國家之非選舉時期的調查資料（Acock et al., 1985: 1071-81）。

在質疑某一項目之歸類的適當性上，有些學者認為項目(4)（亦即「像我這樣的人，對於政府的所作所為，無法說些什麼」），乃在測量「外在政治功效」，而非密大研究團隊所謂的「內在政治功效」。因為當一般公民感覺他們對於政府所作所為可以說些什麼時，乃在表達「公民對政府回應性的感覺」（或「政府應該回應民意」）這一要素（Abramson, 1983: 143-44; Craig and Maggiotto, 1982: 90; Craig, 1979: 237; Converse, 1972: 335）。有些學者認為項目(5)的文字（亦即「我不認為政府官員十分關心像我這樣的人的想法」），包含「政府官員」和「像我這樣的人」，實際上同時指涉「政治菁英處理公民需求的方式」和「公民表達需求的個人能力」，因此它可能既是「內在政治功效」的指標，又是「外在政治功效」的指標（Acock et al., 1985: 1070; Seligson, 1980: 631）。

在面對上述的詰問與證據之下，有些政治學者試圖改造密大研究團隊的「修正的功效量表」。他們採取的改造策略，大體上可以分成兩種：其一是全然放棄而重新另建運作界說，例如Seligson（1980）；另一則是更換或添加項目，例如Craig（1979, 1981, 1982）。然而，這兩種改造策略所得到的研究結果，也是問題重重，從而很少被人運用到實際的調查問卷中（參見郭秋永，1991: 331-332）。無論如何，至今為止，調查研究者所在使用的政治功效量表，都是密大研究團隊的「修正的功效量表」。

總而言之，從「原先的功效量表」、「標準的功效量表」、及「修正的功效量表」等一系列的理路思辨與證據考察，我們可以清楚看出，經驗主義者在製作政治功效感的運作界說上，雖然尚有改善的空間，但是應該可以獲得「嚴謹而周全」的高度評價。因此，在製作政治功效感的運作界說上，當問到「經驗主義當真遺落了一些什麼嗎？」時，「沒有遺落」似乎是一個可以接受的答覆。

（四）假設檢定的基本邏輯

一般而言，經驗研究的一個主要目標，乃在提出一組假設（hypotheses），以期表達一個理論模型（theoretical model）中各個變項之間的相互關係，藉以建立一組相互關聯的經驗通則（empirical generalizations）或定律（laws）。一個「假設」是指兩個或多個變項之間的某種關係的一個推測性命題（conjectural proposition）。然而，在調查研究中，假設本身實際上無法直接進行「顯著性檢定」（test of significance）；它必須轉譯成一種包含量化語詞和統計語詞的命題，方可訴諸檢定。當一個假設已被轉譯成一種包含量化語詞和統計語詞的一個推測性命題之後，便稱為「統計假設」（statistical hypothesis）；未被如此轉譯的一個推測性命題，則稱為「實質假設」（substantive hypothesis）。如此說來，我們至少可以追問兩個問題。第一，當經驗研究者將「實質假設」轉譯成「統計假設」時，經驗主義者當真遺落了一些什麼嗎？第二，當經驗研究者進行統計假設的「顯著性檢定」時，經驗主義者當真遺落了一些什麼嗎？在下文的兩個小節中，筆者試圖透過政治參與研究上一個著名的理論模型，嘗試答覆這兩個問題。

（一）實質假設與統計假設

在政治參與的調查研究上，自二十世紀七十年代以降，便有一個常被印證的理論模型。這個眾所矚目的理論模型，就是盛名遠播的「雙元模型」（model of dual forces）（參見郭秋永，1993：93-115）。

誠然，在解釋不同國家的政治參與上，政治學者曾經提出過許多不同的理論模型。然而，在這些不盡相同的各種理論模型中，設定「雙元模型」的論述基礎，值得我們格外注意。

依據「雙元模型」的論述基礎，在當代的任何民主國家中，不論是歐美先進國家或是亞非後進國家，眾所珍視的政治參與權

利，雖在法令上都已明訂為人人平等分享，但在實際行動上卻未被公民「均等地」運用。造成這種情況的原因，固然是多方面的，但基本上計有兩個主要理由。第一，不同於完糧納稅之事，法令明訂的政治參與的權利，只是每個公民應該享有的「權利」，而非每個公民必須去盡的「義務」。每個公民應該享有的「權利」，公民本人可以放棄；公民放棄應享的「權利」，不會受到政府的有形懲罰或社會的無形處罰。可是，每個公民必須去盡的「義務」，公民本人卻不可拋棄；公民拋棄應盡的「義務」，則會受到政府的懲罰或社會的唾棄。因此，當某些公民行使政治參與權利而採取行動時，其他公民可能不去行使而無相干的參與行動，從而使得社會群體中的政治參與行為，呈現出不均等的分配狀況。第二，在不會受到政府或社會的懲罰之下，政治參與權利的行使，便會要求行使者具有一定的資源和動機，例如有錢或有閒之類的資源，或有責任感之類的動機。然而，在任何一個民主社會中，公民彼此之間各自擁有的資源與動機當然互有出入，甚至相差懸殊。有些公民擁有十分豐富的資源（例如，高收入）與強烈的介入動機（例如，強烈的政治功效感），有些公民則頗為缺乏，甚至忙於生計而滋生疏離感或冷漠感之類的心理情結。

　　在上述兩個主要理由之下，可以進一步推出下述論述：在任何特定的民主國家中，當「其他條件均屬相同」時，收入較多、教育程度較高、及職業聲望較佳的公民，通常擁有較強烈的政治功效感、政治興趣、以及責任感之類的動機或政治態度，從而更常從事政治參與行為；反之，收入較少、教育程度較低、及職業聲望較差的公民，往往滋生疏離感或冷漠感之類的心理情結，從而更少從事政治參與行為。然而，值得注意的是，在不同時期的同一個民主國家中，或在相同時期的不同民主國家中，所謂的「其他條件」，卻未必「均屬相同」。除了法令規章之外，這些不同的「其他條件」，主要反映在各個社會中各種不同的團體力量，從而既可增強公民的個體力量、也可減弱公民的個體力量。可是，究竟是增強或

是減弱,則端賴團體力量的社會屬性。例如,當中、上層階層團體發揮團體力量時,便會增強公民的個體力量;反之,當下層階層團體發揮團體力量時,便會減弱公民的個體力量。

　　「雙元模型」的設定,就是奠定在上述的論述基礎之上,從而建構出一些變項之間的相互關係。在「雙元模型」中,這些變項之間的相互關係,可以圖示如下:

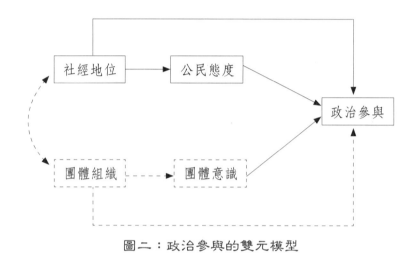

圖二:政治參與的雙元模型

　　依據圖二,左右民主國家中各種政治參與行為的因素,固然不勝枚舉,但根本上可以歸結成兩種力量:公民的個體力量與公民的團體力量。所謂公民的個體力量,包含兩大因素;其中之一為公民的個體資源,另外之一則為公民的個體動機。公民的個體資源,是指公民從事政治參與行為所需的財力、知識、時間、及聲望等;這可運用公民的「社經地位」(亦即公民的教育程度、職業聲望、每月收入)來表示。公民的個體動機,則可以使用政治功效感、政治興趣、公民責任感等組成的「公民態度」來表示。所謂公民的團體力量,也包括兩大因素;其中之一為公民的團體資源,另外之一則為公民的團體動機。公民的團體資源,泛指公民加入政黨、社團、教會、同鄉會、宗親公會、職業公會、地方派系等團體,而可以運

用「團體組織」來表示。公民的團體動機，泛指公民團體的政策偏好，注意焦點集中在政府侵犯或裨益於團體利益的各種政策措施，而可以使用「團體意識」來表示。

　　圖二中的單向箭頭，包含實線與虛線兩種。「社經地位」、「公民態度」、「政治參與」等三個變項，以及三條實線的單向箭頭，組成一個素有跨文化之稱的「標準社經模型」（standard socioeconomic model）。這個號稱足以作爲瞭解各國政治參與之一條基線的「標準社經模型」，包含下述三個推測性命題：(1)在一個民主系統中，公民的「社經地位」直接影響公民的「公民態度」，或者，公民的「社經地位」乃是公民的「公民態度」的一個直接原因；(2)在一個民主系統中，公民的「公民態度」直接影響公民的「政治參與」，或者，公民的「公民態度」乃是公民的「政治參與」的一個直接原因；(3)在一個民主系統中，公民的「社經地位」，一方面直接影響公民的「政治參與」，另一方面則透過公民的「公民態度」的中介而間接影響公民的「政治參與」，或者，公民的「社經地位」，既是公民的「政治參與」的一個直接原因，又是公民的「政治參與」的一個間接原因。

　　圖二中的「團體組織」、「政治參與」、「團體意識」等三個變項，以及三條虛線的單向箭頭，則組成一個修正「標準社經模型」的團體力量。這個修正力量也包含下述三個類似的推測性命題：在一個民主系統中，公民的「團體組織」，乃是公民的「團體意識」的一個直接原因；在一個民主系統中，公民的「團體意識」，乃是公民的「政治參與」的一個直接原因；在一個民主系統中，公民的「團體組織」，既是公民的「政治參與」的一個直接原因，又是公民的「政治參與」的一個間接原因。進一步說，團體力量的社會屬性，決定了「標準社經模型」之強化或減弱的修正方向。當中、上階層的「團體組織」與「團體意識」發揮作用時，便會強化「標準社經模型」的作用；反之，當下階層的「團體組織」與「團體意識」發揮作用時，便會減弱「標準社經模型」的作用。

　　除了圖二中的「標準社經模型」與修正的團體力量之外，在整個「雙元模型」中，「社經地位」、「團體組織」、及一條虛線的雙向箭頭，構成另外一個尚待考察的相互關係：「社經地位」與「團體組織」之間具有相互影響的關係，或者，「社經地位」與「團體組織」這兩個變項含有互為因果的作用。

　　為求簡便，我們僅就圖二中的「標準社經模型」，來說明統計假設的構成方式。根據「標準社經模型」，上述命題(1)、命題(2)、及命題(3)等三個推測性命題，就是三個「實質假設」。顯而易見的，這三個「實質假設」無法直接付諸「顯著性檢定」。為能付諸「顯著性檢定」，經驗研究者必須將它們轉譯成「統計假設」。倘若經驗研究者要以統計方法中的因徑分析（path analysis）來進行檢定，那麼可用Z_1、Z_2、及Z_3來分別代表「社經地位」、「公民態度」、及「政治參與」，γ_{ij}代表樣本的積差相關係數，ρ_{ij}代表母體的積差相關係數，P_{ij}代表因徑係數（path coefficient），U、V、及W各代表誤差項（error term）。

　　在這些代表符號之下，上述的實質假設(1)，亦即「在一個民主系統中，公民的『社經地位』乃是公民的『公民態度』的一個直接原因」，可以寫成下述的「結構方程式」（structural equation）：

$$Z_1 = P_{1u}U$$
$$Z_2 = P_{21}Z_1 + P_{2v}V$$

當$\gamma_{12} \neq 0$時（亦即當「社經地位」Z_1和「公民態度」Z_2之間具有相關）、且當$\gamma_{uv} = 0$時（亦即「社經地位」的誤差項U和「公民態度」的誤差項V之間並無相關，這意指「控制其他先行變項」或「若其他事物均相等」），以Z_1乘$Z_2 = P_{21}Z_1 + P_{2v}V$，則可推得$\gamma_{12} = P_{21}$。如此一來，上述的實質假設(1)，亦即「公民的『社經地位』乃是公民的『公民態度』的一個直接原因」，就可以轉成「$\rho_{12} \neq 0$」的統計

假設了。

同樣的，依據「標準社經模型」，我們可以寫出下述的結構方程式：

$$Z_2 = P_{21} Z_1 + P_{2v}V$$
$$Z_3 = P_{31} Z_1 + P_{32} Z_2 + P_{3w}W$$

當$\gamma_{13} \neq 0$時（亦即「社經地位」Z_1和「政治參與」Z_3之間具有相關）、且當$P_{32} \neq 0$（亦即控制「社經地位」的影響作用後，「公民態度」仍是「政治參與」之因）、$P_{31} \neq 0$（亦即控制「公民態度」的影響作用後，「社經地位」仍是「政治參與」之因）、$\gamma_{1w} = \gamma_{2w} = 0$（亦即「控制其他先行變項」或「若其他事物均相等」）時，由於P_{32}公式中的分子等於淨相關係數（partial correlation coefficient）$\gamma_{23 \cdot 1}$公式中的分子，以及P_{31}公式中的分子等於淨相關係數$\gamma_{13 \cdot 2}$公式中的分子，所以上述的實質假設(2)（亦即公民的「公民態度」乃是公民的「政治參與」的一個直接原因），可以轉成「$\rho_{23 \cdot 1} \neq 0$」的統計假設；而實質假設(3)中的部分假設（亦即公民的「社經地位」乃公民的「政治參與」的一個直接原因），可以轉成統計假設「$\rho_{31 \cdot 2} \neq 0$」。[13]

值得注意的是，當以Z_1與Z_2，分別乘以$Z_3 = P_{31}Z_1+P_{32}Z_2+P_{3w}W$時，則可得到$\gamma_{13} = P_{31} + P_{32}\gamma_{12}$與$\gamma_{23} = P_{32}\gamma_{12} + P_{32}$。當$P_{31} = 0$時，則$\gamma_{13} = P_{32}\gamma_{12} = (\gamma_{23} - P_{31}\gamma_{12}) \gamma_{12} = \gamma_{23}\gamma_{12}$，此意指「社經地位」的影響作用，完全經由「公民態度」的中介。當$P_{31} \neq 0$時，則意指「社經地位」的影響作用，部分透過「公民態度」的中介而影響到「政治參與」。因此，整個實質假設(3)（亦即公民的「社經地位」，

---

[13] $P_{31} = \dfrac{r_{13} - r_{12}r_{23}}{1 - r_{12}^2}$; $\gamma_{13 \cdot 2} = \dfrac{r_{13} - r_{12}r_{23}}{\sqrt{1 - r_{12}^2}\sqrt{1 - r_{23}^2}}$ 。 $P_{32} = \dfrac{r_{23} - r_{12}r_{13}}{1 - r_{12}^2}$; $\gamma_{23 \cdot 1} = \dfrac{r_{23} - r_{12}r_{13}}{\sqrt{1 - r_{12}^2}\sqrt{1 - r_{13}^2}}$ 。P_{31}與P_{32}的公式演變程序，參見本書第六章的附錄或郭秋永，2001：118-119。至於$\gamma_{13 \cdot 2}$與$\gamma_{23 \cdot 1}$的公式，參見一般的統計學教科書。

既是公民的「政治參與」的一個直接原因，也是公民的「政治參與」的一個間接原因），就可轉成「$\rho_{31 \cdot 2} \neq 0$」、「$\rho_{12} \neq 0$」、「$\rho_{23 \cdot 1} \neq 0$」的統計假設了。

從上述三個「實質假設」轉成三個「統計假設」看來，我們必須注意到四個要點。第一，「政治參與」乃是一個十分複雜的概念，它的概念界說與運作界說，易於惹起見仁見智的不同見解。學者在概念界說與運作界說的見解上，既然有所差別，則在答覆「概念製作過程中是否遺落些什麼」的問題，自然也會互有出入。例如，當將「政治參與」視為一種「交互性的行動」時，它的概念界說與運作界說，便會著重「公民之間的相互溝通」的層面。當將「政治參與」視為一種「工具性的行動」時，它的概念界說與運作界說，便會強調「公民影響政治菁英」的層面。進一步說，當強調「公民影響政治菁英」時，「政治參與」的概念界說與運作界說，又有「自主性」與「動員性」之間的區別爭議（參見郭秋永，1993：23-45）。如此說來，抱持某一見解的學者，對於不同見解之下的政治參與的概念界說與運作界說，自然疑慮橫生，從而便會斷定其概念製作過程中「確實遺落了最重要的部分」。同樣的仁智之見，以及類似的「確實遺落了最重要的部分」的逕行斷定，也見諸「公民態度」的概念界說與運作界說，尤其是政治功效感、政治興趣、公民責任感等三個變項，綜合成為一個「公民態度」的權數議題。

第二，當將實質假設(1)（亦即「社經地位」乃是「公民態度」的一個直接原因）轉成「$\rho_{12} \neq 0$」的統計假設時、且當將實質假設(2)（亦即「公民態度」乃是「政治參與」的一個直接原因）轉成「$\rho_{23 \cdot 1} \neq 0$」的統計假設時、以及當將實質假設(3)（亦即「社經地位」既是「政治參與」的一個直接原因，也是一個間接原因）轉成統計假設「$\rho_{31 \cdot 2} \neq 0$」、「$\rho_{12} \neq 0$」、「$\rho_{23 \cdot 1} \neq 0$」時，經驗研究者必須抱持特定的因果觀念。這個特定的因果觀念，包含下述三個條件：經驗研究者本人先行設定其理論模型中各個變項之間的因果

時序；各個變項之間具有相伴變異的關係；當控制其他先行變項時，兩個變項之間的相伴變異關係仍未消失（詳見本書第六章；郭秋永，2003）。對於抱持不同因果觀念的學者來說，例如就「批判實存主義者」看來，經驗主義的因果觀念雖然包含了三個條件，但卻忽視了最重要的「產生」條件，從而「確實遺落了因果觀念中最重要的部分」（詳見本書第八章；郭秋永，2003）。

第三，除了忽視「產生」條件的批評之外，還有一些學者針對「相伴變異」（或「積差相關係數」）的「控制」，提出一些質疑。這些學者指出，積差相關係數的公式，是由兩個變項的變異數與共變數所組成，不但深受少數極端數值的左右，而且其控制僅屬於統計的控制程序。這些學者進一步指出，一個包含「統計控制」的統計假設，例如「$\rho_{31 \cdot 2} \neq 0$」與「$\rho_{23 \cdot 1} \neq 0$」，未必對應經驗研究者的實質假設。這就是說，統計控制中的「控制」，有別於實驗室中的「控制」，因而蘊含控制結果的不同詮釋。實驗室中的「控制」，乃是「物理操縱」的控制，從而可在不同層次上保持所需的「恆常狀態」，或保持「其他事物相等」。統計控制中的「控制」，僅止於「紙筆操縱」，從而在「假定」其他變項保持恆常或其他事物均相等之下，去運用數學調整方式計算「淨相關係數」。在這種「紙筆操縱」之下，控制結果的詮釋，未必對應實質假設中的「控制」觀念或「原因」觀念。

第四，在一個理論模型中，當將「實質假設」轉成「統計假設」時，「統計假設」的詮釋，必須在理論模型中進行。例如，在缺乏一個理論模型時，「$\rho_{12} \neq 0$」的統計假設，一般意指一個母體中兩個變項（比如「社經地位」與「公民態度」）之間具有相關的關係。然而，在「標準社經模型」中，「$\rho_{12} \neq 0$」的統計假設，則可以意指公民的「社經地位」乃是公民的「公民態度」的一個直接原因」，或者，可以意指公民的「社經地位」直接影響公民的「公民態度」。

總而言之，在將實質假設轉成統計假設的過程中，並無純粹

的邏輯程序，也無一對一的對等關係，從而留下或大或小的詮釋空間。自闡釋主義者看來，這個或大或小的詮釋空間，正是量化研究的主要「遺漏」部分。不過，就經驗主義者看來，倘若研究者不將實質假設轉成統計假設，那麼無論其實質假設如何引人，依然僅止於一種無法付諸檢證的設想，甚至是一種空想。

（二）虛無假設與對立假設

在將「實質假設」轉成「統計假設」後，研究者便可依據實際蒐集的調查資料，進行統計假設的顯著性檢定。下文仍然運用「標準社經模型」，來說明假設檢定的「形式判準」（formal criteria）及其邏輯。

大體上，統計假設的顯著性檢定，乃指研究者先給母體（population）中未知母數（parameter）一個假想的數值，然後根據樣本（sample）資料中的「統計量」（statistic）去判定它是否成立。若不論其複雜的公式和專門的術語，則顯著性檢定的程序，基本上類似一般的試驗方法。

依照一般的試驗方法，當我們抱持某一信念、進而預期一個特定事態（或假想值）時，我們通常透過它跟實際事態（或觀察值）的比較，藉以確定此一信念的真偽。倘若預期的特定事態（或假想值），完全對應著真實世界中的實際事態（或觀察值），那麼便繼續保留該信念。反之，倘若預期的特定事態（或假想值），全然違反真實世界中的實際事態（或觀察值），那麼便修正或放棄該信念。

然而，在一般的試驗方法上，預期事態和實際事態之間未必呈現出「完全對應」或「全然違反」的情況，或者，「假想值」未必等於「觀察值」。通常出現的對應關係（或違反情況），大都是「或多或少」的程度之別。當預期事態和實際事態之間呈現出某種程度之別，或者，當「假想值」不等於「觀察值」時，就難以明確判定信念的真偽了。例如，我們抱持下述一個信念：我們相信手上

一個銅板的構造非常均勻，進而預期正、反兩面各有一半的出現可能性。依照一般的試驗方式，為了證實此一信念，我們實地投擲若干次。假定投擲二十次，結果發現正面出現十四次、反面出現六次；然而，按照信念的預期，正、反兩面理應個別出現十次。在這樣的比較對照下，如何判定此一銅板構造的均勻與否呢？

張三也許判定它是均勻的，因為正面出現的次數雖然超過四次，但這是投擲均勻銅板二十次的一個可能結果。李四或許會判定它是不均勻的，因為正面出現比例是十分之七。王五或許認為投擲次數不夠多，因而不加以判定。顯然的，關於預期事態（假想值）和實際事態（觀察值）之間的對應程度，假使只靠主觀評估而乏特定判準（specific criteria），便難下明確的決定，甚至言人人殊。

顯著性檢定優於一般試驗方法，僅在於它提供了一個標準化的「形式判準」，而使研究者能在各種檢定中，明確判定實際事態（觀察值）和預期事態（假想值）之間的差異程度，是否足夠「顯著」，以至於可以拒斥或保留統計假設。這個標準化的「形式判準」，係指觀察值和假想值之間的差異，只源自隨機因素（random factors）。在統計假設的顯著性檢定中，一旦假設為真，並且造成觀察值和假想值之間的差異，僅由於隨機因素，那麼便可推演出一組可能結果的相對次數，進而可以決定某一特定結果（觀察值）的出現機率。據此而言，在結合形式判準和假設為真的兩種條件下，假設檢定的程序，能使研究者評估特定結果（觀察值）的出現機率。若觀察值和假想值之間的差異可歸屬於隨機因素，則繼續保留統計假設；若觀察值和假想值之間的差異太大或太顯著，以至於不可歸屬於隨機因素，則拒斥統計假設。簡單說，關於觀察值和假想值之間的對應程度，形式判準提供了一個決定的準繩。

一旦有了顯著性檢定的形式判準，研究者總是企圖直接斷定統計假設的真偽。然而，邏輯上的考慮，卻阻止此種直截了當的論斷。本書第二章第三節曾經指出，一個用來證明假設的邏輯論證形式是：

若假設H為真，則檢定蘊涵I亦為真

（如證據所示）I為真

故H為真

大前提中的「檢定蘊涵」（test implication）I，乃是假設H的邏輯結果，並且具有雙重的蘊涵意義：第一，它是從假設H中推演出來的蘊涵式；第二，它本身又是「若—則」語句的蘊涵式。小前提中的I，則是可觀察資料。例如，令假設H為「對任何人而言，若其社經地位愈高，則其政治參與量愈大」。從此一假設H可以推演出大前提中的檢定蘊涵I：若張三的社經地位高，則張三的政治參與量高。小前提中的I，則是有關張三的社經地位和政治參與量的觀察資料。

然而，上述的論證形式，屬於「斷言後項的謬誤」（fallacy of affirming the consequent），而不是一個有效的論證形式。這就是說，觀察資料I的真，不足以支持假設H；或者，縱然前提皆為真，其結論也可能為妄。

若從假設H推演出許多檢定蘊涵I_1，I_2，……，I_n（例如，若張三、李四、王五、趙六……等人具有高社經地位，則他們都分別具有高度的政治參與量），並且觀察資料顯示出I_1，I_2，……，I_n皆為真，下述論證依然違犯「斷言後項的謬誤」：

若假設H為真，則檢定蘊涵I_1，I_2，……，I_n亦為真

（如證據所示）I_1，I_2，……，I_n皆為真

故H為真

值得注意的是，小前提中的觀察資料I_1，I_2，，……，I_n皆為真時，雖對假設不足以提供一個「完全證明」，但至少賦給某種程度的支持或印證。換句話說，我們雖然不能結論性地證明假設為真，但假

設的印證程度，可隨支持證據之數目的增加而提高（參見本書第二章第三節）。然而，研究者雖然不能證明假設H為真，但卻可結論性地證明它為妄。此種論證形式如下：

> 若假設H為真，則檢定蘊涵I亦為真
>
> （但依證據所示）I非真
>
> ─────────────────────────────
>
> 故H非真

這正是有效的「逆斷律」（modus tollens）：前提為眞，結論也一定爲眞。因此，在I非眞的經驗證據下，去拒斥假設H。

　　從上述的分析，我們便可看出，單一觀察資料雖然無法證明假設爲眞，但卻可反證假設爲妄；而大量觀察資料雖然也不能證明假設爲眞，但卻可提高假設的印證程度。然而，在統計假設的顯著性檢定中，經驗研究者實際上只從母體中隨機抽取一個樣本，進而根據這一個樣本的「統計量」（statistic）（例如，樣本中某一特徵的平均數或某些特徵的積差相關係數），去推論母體的未知母數（parameter）（例如，母體中某一特徵的平均數或某些特徵的積差相關係數）。由於經驗研究者實際上從母體中隨機抽取的樣本只有一個，因而在「斷言後項的謬誤」的論證形式之下，不能運用該樣本的統計量（亦即I）來證明母體的未知母數（亦即統計假設H）爲眞，也不能使用該樣本的統計量（亦即I）來提高母體的未知母數（亦即統計假設H）的印證程度。在僅有一個樣本之下，經驗研究者的檢定形式，唯有訴諸「逆斷律」：運用一個樣本的統計量（亦即I）來反證母體的未知母數（亦即統計假設H）爲妄了。

　　基於此一理由，一般所謂的統計假設，實際上分成兩種。其中之一爲「虛無假設」（null hypothesis），另外之一爲「對立假設」（alternative hypothesis）。「對立假設」乃從實質假設轉成的，是研究者企圖支持的假設。「虛無假設」乃是研究者不希望成立的，

但卻屬於付諸「直接檢定的」假設。假使經驗研究者直接檢定「對立假設」，那麼即使可以算出特定母數的分配形狀、並獲得觀察資料的支持，依然違犯了「斷言後項的謬誤」。在這樣的情況下，經驗研究者不得不提出那跟「對立假設」相反的「虛無假設」，企圖經由反證「虛無假設」為妄，來保留「對立假設」。

統計假設既然分成「虛無假設」和「對立假設」，那麼檢定結果便有下列四種可能情形：第一，「虛無假設」為真，檢定後予以保留；第二，「虛無假設」為真，檢定後竟予以拒斥，因而違犯第一類型誤差（type I error，亦即α）；第三，「虛無假設」為妄，檢定後卻予以保留，因而違犯第二類型誤差（type II error，亦即β）；第四，「虛無假設」為妄，檢定後予以拒斥。

下文運用「標準社經模型」中一個最單純的假設，具體說明「對立假設」與「虛無假設」之間的轉換，以及顯著性檢定的「形式判準」與程序。

倘若經驗研究者想要檢定「標準社經模型」中的一個實質假設：在一個民主政治系統中，公民的「社經地位」直接影響公民的「公民態度」，或者，公民的「社經地位」乃是公民的「公民態度」的一個直接原因。如同上文所示，經驗研究者心中的這個實質假設，必須轉成「$\rho_{12} \neq 0$」的統計假設。可是，「$\rho_{12} \neq 0$」的統計假設，雖然是經驗研究者所要成立的「對立假設」，但不是經驗研究者付諸顯著性檢定的統計假設。經驗研究者無法將「$\rho_{12} \neq 0$」直接付諸顯著性檢定的主要理由，乃是直接檢定並支持「$\rho_{12} \neq 0$」的統計假設，在邏輯上違犯「斷言後項的謬誤」。

基於上述的主要理由，經驗研究者所要付諸顯著性檢定的統計假設，就非「對立假設」（「$\rho_{12} \neq 0$」），而是它的反面，也就是「虛無假設」（「$\rho_{12} = 0$」）。一般而言，此一「虛無假設」（「$\rho_{12} = 0$」）意指，在母體之中，「社經地位」與「公民態度」兩個變項之間呈現出「0」的相關程度；或者，「社經地位」與「公民態度」之間的相關係數值為「0」；或者，「社經地位」與

「公民態度」之間毫無關係。然而，在「標準社經模型」中，此一「虛無假設」（「$\rho_{12} = 0$」）可以意指，「社經地位」不是「公民態度」的一個直接原因；或者，「社經地位」不會直接影響到「公民態度」。

　　假定一位經驗研究者在2008年運用某種「隨機抽樣方法」，從台灣二千三百萬人口中，隨機抽取出一個包含3095位公民的樣本，從而進行一套問卷調查。從這一個隨機樣本的調查資料，這位經驗研究者可以計算出各種的樣本統計量。例如，他可以計算出此一樣本中公民的「社經地位」與公民的「公民態度」之間積差相關係數的數值。假定計算得到的積差相關係數的數值，乃是「0.45」，亦即「$\gamma_{12} = 0.45$」。「$\gamma_{12} = 0.45$」意指，在這一個隨機樣本中，公民的「社經地位」與公民的「公民態度」之間呈現出「0.45」的正相關程度。

　　至此爲止，就所要進行的顯著性檢定來說，經驗研究者必須在下述兩個數值之間進行一番斟酌工作：「$\rho_{12} = 0$」與「$\gamma_{12} = 0.45$」。「$\rho_{12} = 0$」是母體中的一個母數，而爲一個「假想值」；「$\gamma_{12} = 0.45$」則是樣本中的一個統計量，而爲一個「觀察值」。顯而易見的，「觀察值」（0.45）大於「假想值」（0），或者「觀察值」（0.45）和「假想值」（0）之間存在著差異。那麼，這個差異數值（0.45 − 0 = 0.45）是否太大而十分「顯著」呢？若它不太「顯著」，則可將它歸屬於隨機因素。倘若它不太顯著而可歸屬於隨機因素，那麼這一個隨機樣本確實是從「$\rho_{12} = 0$」的母體中隨機抽出，從而保留「虛無假設」（「$\rho_{12} = 0$」），並拒斥「對立假設」（「$\rho_{12} \neq 0$」）。若這個差異數值（0.45 − 0 = 0.45）實在太「顯著」，則不可以歸屬於隨機因素。倘若它太顯著而不可歸屬於隨機因素，那麼這一個隨機樣本不是從「$\rho_{12} = 0$」的母體中隨機抽出，而是從「$\rho_{12} \neq 0$」的母體中隨機抽出。因此，這位經驗研究者便要拒斥「虛無假設」（「$\rho_{12} = 0$」），從而保留「對立假設」（「$\rho_{12} \neq 0$」」）。

　　然而，如何判斷「觀察值」與「假想值」之間的差異數值，是否達到了「顯著」的程度呢？例如，如何判斷（0.45 − 0 = 0.45）這一差異數值，是否達到了「顯著」的程度呢？為了進行這種判斷，經驗研究者不但必須假定一個統計量的抽樣分配（sampling distribution）（例如，樣本中兩變項之間的積差相關係數r的「抽樣分配」），並且必須引入一個方法論的規則。

　　所謂樣本統計量r的「抽樣分配」，乃是設想研究者運用「簡單隨機抽樣法」，從一個母體中多次隨機抽取出許許多多相同人數的樣本，從而根據每一個樣本中某兩個變項（例如，「社經地位」與「公民態度」）的資料，一一計算每一樣本中這兩個變項之間的積差相關係數 γ_{12} 的數值。這些許許多多的 γ_{12} 數值，有同也有異、有大也有小、有正值也有負值。這些不盡相同也不盡相異的許多 γ_{12} 數值，可以構成一種分配。這一種分配，就是樣本統計量 γ_{12} 的「抽樣分配」。在數學上，當母體中某兩個變項（例如，「社經地位」與「公民態度」）之間的積差相關係數值為「0」時，亦即「$\rho_{12} = 0$」時，可以演算出 γ_{12} 之「抽樣分配」的分配式。

　　我們再以上述例子，進一步說明 γ_{12} 的「抽樣分配」及其重要意涵。我們曾經假定，一位經驗研究者運用某種「隨機抽樣法」，實際上從台灣二千三百萬人口中，隨機抽取出一個包含3095位公民的樣本，從而進行一套問卷調查。從這一個隨機樣本的調查資料，這位經驗研究者可以計算出此一樣本中公民的「社經地位」與公民的「公民態度」之間的積差相關係數 γ_{12} 的數值，比如算出「$\gamma_{12} = 0.45$」。進一步說，在設想上，這位經驗研究者可從台灣二千三百萬人口中，進行無數次相同的抽樣程序，從而無數次地隨機抽出無數個樣本，並計算出無數個 γ_{12} 的數值。假定這位經驗研究者接連兩百次隨機抽取出兩百個隨機樣本。在這兩百個隨機樣本中，每一個樣本都包含3095位公民（亦即n = 3095），也都可以分別計算出 γ_{12} 的數值，從而獲得兩百個 γ_{12} 的數值。在這兩百個 γ_{12} 的數值中，有些是0.45，有些則接近0.45；有些則遠離0.45；有些

是正值，有些是負值。然而，不論兩百個γ_{12}數值的大小或正負，它們可以構成一種分配。這一種分配就是γ_{12}的「抽樣分配」。根據一般統計教科書的說明，由於本例中每一樣本都包含3095位公民，也就是n（3095）>100，所以這個γ_{12}的「抽樣分配」，便近似一個「以『0』為平均數、以『1/n−1』（亦即1/3094）為變異數」的常態分配。[14]換句話說，當n>100時，我們可以運用常態分配，來進行母體中某一積差相關係數ρ_{12}（在本例中，即是母體中公民的「社經地位」與公民的「公民態度」之間的積差相關係數$\rho 12$）等於「0」的假設檢定，也就是「$\rho_{12} = 0$」之虛無假設的檢定工作。

　　依據上述，在實際上，這位經驗研究者只從台灣母體中隨機抽出一個包含3095位公民的樣本，從而算得一個統計量「$\gamma_{12} = 0.45$」。然而，在設想上，我們不但可以推論出統計量γ_{12}的「抽樣分配」，並且這一「抽樣分配」又近似一個常態分配。在「實際」與「設想」的兩相對照之下，那麼我們便可以問道：實際上算得的一個統計量「$\gamma_{12} = 0.45$」，是否落在γ_{12}的「抽樣分配」中；或者，是否落在「以『0』為平均數、以『1/3094』為變異數」的常態分配中？若它落在這個常態分配中，則虛無假設（「$\rho_{12} = 0$」）便成立，從而拒斥「對立假設」（「$\rho_{12} \neq 0$」）；反之，若它不落在這個常態分配中，則應拒斥虛無假設（「$\rho_{12} = 0$」），從而保留「對立假設」（「$\rho_{12} \neq 0$」）。可是，如何決定它是否落在這個常態分配中呢？尤其這一統計量「$\gamma_{12} = 0.45$」顯然大於這個常態分配中的平均數（亦即「0」），也就是顯然大於母數（「$\rho_{12} = 0$」）。

　　事實上，「一個統計量$\gamma_{12} = 0.45$是否落在γ_{12}的抽樣分配中」的問題，或者，「一個統計量$\gamma_{12} = 0.45$是否落在以『0』為平均數、以『1/3094』為變異數的常態分配中」的問題，就是一個機率

---

[14] 當令$Z = r \times \sqrt{n-1}$ 時，則「以『0』為平均數、以『1/n−1』（亦即1/3094）為變異數」的常態分配，可以轉成「以『0』為平均數、以『1』為變異數」的標準常態分配。

問題：在虛無假設（「$\rho_{12} = 0$」）爲眞之下，隨機抽取到我們實際上抽得的一個樣本的機率，亦即隨機抽取到統計量$\gamma_{12} = 0.45$的一個樣本的機率，究竟是多少呢？爲了答覆這個問題，經驗研究者必須引入一個方法論規則。這個規則就是「機率述句的否證規則」（falsifying rule for probability statement）：

設一隨機變項的全距，可以分割成兩個集合A與C，並設P(C) = k（k爲某一適當數值），那麼特定觀察值落在C範圍內，就須認定統計假設已被否證。

在這個方法論規則中，「隨機變項」是指樣本的統計量，在本例中則爲積差相關係數r。「隨機變項的全距」一詞，意指統計量r的抽樣分配，並已化成常態分配。兩個集合A與C，乃指此一常態分配中的保留區（region of retention）與拒斥區（region of rejection）。分割保留區與拒斥區的標準，端賴經驗研究者本人的決定。不過，保留區與拒斥區之間的劃分標準，並未隨著不同經驗研究者而任意變動。一般而言，在採取兩尾檢定（two-tailed test）的檢定方式之下，經驗研究者通常沿用1%或5%的「顯著度」（level of significance，亦即α）作爲分割保留區與拒斥區的標準。「P(C) = k」是指某一個樣本統計量落在拒斥區C的機率值。

倘若經驗研究者採取1%的「顯著度」（亦即α = 0.01），那麼其所要進行的假設檢定，可以推理如下：在虛無假設（「$\rho_{12} = 0$」）爲眞、且在違犯第一類型誤差的機率是0.01（亦即α = 0.01）之下，從一個樣本算得的「觀察值」（亦即「$\gamma_{12} = 0.45$」）與虛無假設中母數的「假想值」（亦即「$\rho_{12} = 0$」）之間的差異數值（亦即「0.45 − 0 = 0.45」），有99%的機率（亦即1 − α = 0.99）可以歸屬於隨機抽樣的因素，但有1%的機率（亦即α = 0.01）不可歸屬於隨機抽樣的因素；或者，「觀察值」（亦即「$\gamma_{12} = 0.45$」）將有0.99機率落在保留區A之中，但有0.01機率落在拒斥區C之

中。保留區A的範圍是〔0.0463，－0.0463〕；拒斥區C的範圍是〔0.0463，＋∞〕與〔－∞，－0.0463〕。[15]若以標準分數Z來表示，則保留區A的範圍是〔2.576，－2.576〕；拒斥區C的範圍是〔2.576，＋∞〕與〔－∞，－2.576〕。顯而易見的，「觀察值」與「假想值」之間的差異數值（亦即「0.45 － 0 = 0.45」），明顯落在拒斥區之內（0.45>0.0463），因而拒斥「$\rho_{12} = 0$」的虛無假設，從而保留「$\rho_{12} \neq 0$」的對立假設。若以標準分數Z來表示，則由於25.03>2.576或25.03落在〔2.576，＋∞〕的拒斥區內，所以拒斥「$\rho_{12} = 0$」的虛無假設，從而保留「$\rho_{12} \neq 0$」的對立假設。[16]

　　總括上述，統計假設的顯著性檢定，確實十分健全。然而，這種健全的顯著性檢定，至少隱含著下述四個固有限制。

　　第一，統計假設的顯著性檢定，距離「科學定律」與「科學理論」的建立目標，尚有一大段距離。依據經驗主義的基本宗旨，「科學定律」（或「科學理論」）的涵蓋範圍，乃是一個可以適用的「假想群體」（hypothetical universe），從而包含過去的、現在的、及未來的各種現象。然而，統計假設的顯著性檢定，實際上不足以契合此一基本宗旨。一個樣本（例如，包含3095位公民的一個樣本）是從一個母體（例如，2008年的台灣公民）中隨機抽取而得。因此，在使用樣本統計量（例如，γ_{12}）去檢定母體母數（例如，ρ_{12}）的過程中，所謂的「母體」，都是指涉特定時空中的一個母體（例如，2008年的台灣公民），而非指涉一個包含過去的、現在的、及未來的「假想群體」（例如，1993年、2009年、2020年的台灣公民，或2008年的美國公民）。正如無法從一個不存在的母體中隨機抽取出一個樣本，研究者不能將其檢定結果推廣到（generalize）其他的母體上。去推廣單一母體的檢定結果，需要

---

[15] 令Z = r × $\sqrt{n-1}$ ，則上限 = 2.576 ÷ $\sqrt{3095-1}$ = 0.0463；下限則為 －0.0463。

[16] 令Z = r × $\sqrt{n-1}$ ，因此，Z = 0.45× $\sqrt{3095-1}$ = 25.03。

顯著性檢定之外的其他論證，例如，此一母體足以「代表」其他的母體。

第二，在統計假設的顯著性檢定中，經驗研究者所要保留的「對立假設」（例如，「$\rho_{12} \neq 0$」），雖然明白指出母體中某一母數的數值（例如，「$\rho_{12} \neq 0$」），但卻留下許多未加指明的數值。這就是說，一個母體中兩個變項（例如，「社經地位」與「公民態度」）間的積差相關係數（例如，「ρ_{12}」）的數值，介於「－1」與「＋1」之間，因此不等於「0」的「對立假設」（例如，「$\rho_{12} \neq 0$」），雖然排除一個數值（亦即排除「0」），但卻留下不可勝數的、尚未確定的、介於「－1」與「＋1」之間的無數數值。簡單說，在統計假設的顯著性檢定中，去拒斥一個「虛無假設」（例如，「$\rho_{12} = 0$」）以期保留一個無方向性的、不限定在精確數值上的「對立假設」（例如，「$\rho_{12} \neq 0$」），實在助益不大。

第三，上文曾經指出，由於統計假設區分「虛無假設」與「對立假設」兩種，因而共有四種可能的檢定結果。在這四種可能的檢定結果中，可能發生錯誤的檢定結果，計有下述兩種：第一種的可能錯誤是，「虛無假設」為真，但在檢定後竟予以拒斥；另外一種的可能錯誤則是，「虛無假設」為妄，但在檢定後卻予保留。前者稱為第一類型誤差，以「α」來表示；後者稱為第二類型誤差，以「β」來表示。統計教科書都會詳細指出，「α」與「β」互為消長：「α」愈小，「β」便愈大；「α」愈大，「β」則愈小。因此，經驗研究者無法同時降低「α」與「β」，只得先行固定一個較小的「α」值（例如，「α」＝0.01或0.05），再設法去計算「檢定力」（power of test，亦即「$1-\beta$」）。「檢定力」乃是偵知一個妄的「虛無假設」的能力，或檢定「虛無假設」為妄的敏感度。然而，「β」的數值，往往是一種想像的數值，通常不為研究者所知，從而無法實際計算出所需要的「檢定力」。

第四，假設檢定的「顯著度」，不是檢定結果之嚴格程度的標誌，也不是樣本統計量之強弱的標記。運用本節所舉的例子來

說，假定我們進行了兩個經驗研究甲與乙。甲研究在「$\alpha = 0.01$」的顯著度之下，拒斥「$\rho_{12} = 0$」的「虛無假設」，從而保留「$\rho_{12} \neq 0$」的「對立假設」。乙研究則在「$\alpha = 0.05$」的顯著度之下，拒斥「$\rho_{12} = 0$」的「虛無假設」，從而保留「$\rho_{12} \neq 0$」的「對立假設」。就這兩個顯著性檢定而言，研究者通常稱呼甲研究的檢定結果爲「十分顯著」，而稱呼乙研究的檢定結果爲「顯著」。可是，甲研究之檢定結果並不比乙研究來得嚴格（例如，甲研究之檢定結果不是乙研究的五倍嚴格度，$0.05 = 0.01 \times 5$），而甲研究之樣本統計量（例如，「社經地位」與「公民態度」之間的積差相關係數γ_{12}）也未必強烈過乙研究。除了「α」與「β」互爲消長之外，另外一個重要的理由是，假設檢定的「顯著度」，乃是「樣本大小」的函數。當樣本甚大時（例如，3095位台灣公民），即使其γ_{12}的數值很低（例如，$\gamma_{12} = 0.047$），依然可以達到「$\alpha = 0.01$」的顯著度。[17] 當樣本甚小時（例如，12位台灣公民），若要達到「$\alpha = 0.01$」的顯著度，則其γ_{12}的數值必須很高（例如，$\gamma_{12} = 0.78$）。[18] 因此，假設檢定的「顯著度」，既不等於檢定結果的「嚴格度」，也不等於統計量的「強烈度」。

　　誠然，若將上述四個固有限制，看成量化研究的「遺漏」部分，那麼經驗主義者確實有所遺漏。不過，顯著性檢定上的這種「遺漏」，全然隸屬於一切運用統計方法的任何學科，而非專屬於社會科學本身。

五　結語

　　長久以來，經驗主義與闡釋主義之間的爭論，往往流於一種毫

---

[17] 因爲拒斥區的範圍是〔0.0463，$+\infty$〕與〔$-\infty$，-0.0463〕。

[18] 參見註15的計算公式：$r = 2.576 \div 3.316 = 0.776$。

無新意的陳腔濫調。在老生常談之下，不時惹起的局部性或全面性的雙方交鋒，通常僅止於一般性的泛泛之論而乏具體研究實例的指證，甚至滋生一些糾纏不清的層層誤解。

有鑑於此，筆者特別針對經驗主義的概念製作與假設檢定，試從經驗主義的量化研究實例，具體反思闡釋主義的主要指控。大體而言，就探究「經驗主義者的量化研究，在概念製作與假設檢定上，當真遺落了一些什麼？」這一問題來說，本章的分析，獲得下述幾個值得注意的要點。

第一，儘管經驗主義與闡釋主義形成兩個對峙陣營，但在概念製作上兩者之間的不同見解，非但不會造成相互排斥的局面，反而可在先、後兩種建構層次的安排下，展現出「相輔相成」的效用。不過，從經驗主義的整個概念製作過程，我們可以清楚看出，一個概念界說所在傳達的「意義」，對於其運作界說中所要列舉的「指涉項」，雖然具有提示作用，但總會留下某些未被「指涉項」所反映的部分；或者，即使一個運作界說所在列舉的「指涉項」，已經十分周全與十分精確，但是依然無法完全窮盡或複製其概念的「意義」。如果這種無法完全窮盡或複製的情況，可以視作經驗主義在概念製作上「遺落了一些什麼」的證據，那麼經驗主義者確實「遺落了一些什麼」。誠然，在所難免的這種「遺落」，留下進一步探究的改善空間。不過，經驗主義者實際上也可以運用相同的質疑，去詰問闡釋主義者的概念製作。

第二，密大研究團隊原先提出之政治功效感的概念界說，或許遺漏了「政府應該回應民意」這一大向度。然而，其後所提出之修正的概念界說，則已有所彌補。不過，值得注意的是，在原先的概念界說中，明確提到「政治事務的可變感」這一相關元素；而在修正的概念界說中，則明文提及「政治過程的理解性」這一相關元素。顯而易見的，在提出政治功效感的運作界說中，必須注意到「政治事務的可變性」、「政治過程的理解性」、「影響手段的可取得性」等相關元素。總而言之，在製作政治功效感的概念界說

上，諸如密大研究團隊的經驗主義者，「並未遺落了一些什麼」。

第三，從「原先的功效量表」、「標準的功效量表」、及「修正的功效量表」等一系列的理路思辨與證據考察，我們可以清楚看出，經驗主義者在製作政治功效感的運作界說上，雖然尚有改善的空間，但是應該可以獲得「嚴謹而周全」的高度評價。因此，在製作政治功效感的運作界說上，當問到「經驗主義當真遺落了一些什麼嗎？」時，「沒有遺落」似乎是一個可以接受的答覆。

第四，在將實質假設轉成統計假設的過程中，並無純粹的邏輯程序，也無一對一的對等關係，從而留下或大或小的詮釋空間。自闡釋主義者看來，這個或大或小的詮釋空間，正是量化研究的主要「遺漏」部分。不過，就經驗主義者看來，倘若研究者不將實質假設轉成統計假設，那麼無論其實質假設如何引人，依然僅止於一種無法付諸檢證的設想，甚至是一種空想。

第五，統計假設之顯著性檢定的基本邏輯，雖然十分健全，但是至少隱含著下述四個固有限制：(1)統計假設的顯著性檢定，距離「科學定律」或「科學理論」的建立目標，尚有一大段距離；(2)在統計假設的顯著性檢定中，經驗研究者所要保留的「對立假設」，雖然明白指出母體中某一母數的數值，但卻留下許多未加指明的數值；(3)「檢定力」乃是偵知一個妄的「虛無假設」的重要指標，但是經驗研究者實際上無法計算出它的精確數值；(4)假設檢定的「顯著度」，既不等於檢定結果的「嚴格度」，也不等於統計量的「強烈度」。若將這四個固有限制看成量化研究的「遺漏」部分，那麼經驗主義者確實有所遺漏。不過，顯著性檢定上的這種「遺漏」，全然隸屬於一切運用統計方法的任何學科，而非專屬於社會科學本身。

參考書目

郭秋永

1991　〈抽象概念的分析與測量：「政治功效感」的例釋〉，方萬全與李有
　　　成主編，《第二屆美國文學與思想研討會論文集》。台北，中央研究
　　　院：美國文化研究所，頁305-342。

1993　《政治參與》。台北：幼獅文化事業有限公司。

2001　〈權力與因果：方法論上的解析〉，《台灣政治學刊》，第五期，頁
　　　64-131。

2003　〈科學哲學中的兩種因果解析〉，《政治與社會哲學評論》，第四
　　　期：121-177。

Abramson, Paul

1972　"Political Efficacy and Political Trust among Black Schoolchildren: Two
　　　Explanations," *Journal of Politics* 34: 1243-69.

1983　*Political Attitudes in America: Formation and Change* (San Francisco: W.
　　　H. Freeman and Company).

Achen, Christopher

1983　"Toward Theories of Data: The State of Political Methodology," in Ada
　　　Finifter, ed., *Political Science: The State of the Discipline* (Washington, D.
　　　C.: APSA), 69-93.

Acock, Alan, Harold Clarke, and Marianne Stewart

1985　"A New Model for Old Measures: A Covariance Structure Analysis of
　　　Political Efficacy," *Journal of Politics* 47: 1062-84.

Almond, Gabriel, and Sidney Verba

1963　*The Civic Culture: Political Attitudes and Democracy in Five Nations*
　　　(Princeton: Princeton University Press).

Asher, Herbert

1974　"The Reliability of the Political Efficacy Items," *Political Methodology*,
　　　Vol. 1, No. 2: 45-72.

Balch, George

1974 "Multiple Indicators in Survey Research: The Concept 'Sense of Political Efficacy'," *Political Methodology*, Vol. 1, No. 2: 1-43.

Bhaskar, Roy

1998 *The Possibility of Naturalism: A Philosophical Critique of the Contemporary Human Sciences* (London and New York: Rountledge, Third edition).

Campbell, Angus, Gerald Gurin, and Warren Miller

1954 *The Voter Decides* (Illinois: Row, Peterson and Company).

Carmines, Edward, and Richard Zeller

1979 *Reliability and Validity Assessment* (Beverly Hills and London: Sage).

Coleman, Kenneth, and Charles Davis

1976 "The Structural Context of Politics and Dimensions of Regime Performance: Their Importance for the Comparative Study of Political Efficacy," *Comparative Political Studies* 9: 189-206.

Converse, Philip

1972 "Change in the American Electorate," in Angus Campbell and Philip Converse, Eds. *The Human Meaning of Social Change* (N. Y.: Russell Sage Foundation), 263-337.

Craig, Stephen

1979 "Efficacy, Trust, and Political Behavior: An Attempt Resolve a Lingering Conceptual Dilemma," *American Politics Quarterly*, Vol.7, No. 2: 225-39.

Craig, Stephen, and Michael Maggiotto

1981 "Political Discontent and Political Action," *Journal of Politics* 43: 514-22.

1982 "Measuring Political Efficacy," *Political Methodology*, Vol. 8, No. 3: 85-109.

Darity, William Jr.

2008 *International Encyclopedia of the Social Sciences*, 2nd edition (New York: Thomson Gale).

Farah, Barbara, Samuel Barnes, and Felix Heunks

　　1979　"Political Dissatisfaction," in S. Barnes, M. Kaase et al., *Political Action: Mass Participation in Five Western Democracies* (Beverly Hills: Sage), 409-447.

Finkel, Steven

　　1985　"Reciprocal Effects of Participation and Political Efficacy: A Panel Analysis," *AJPS* 29: 891-913.

Goel, Madan

　　1980　"Conventional Political Participation," in David Smith et al., *Participation in Social and Political Activities* (San Francisco: Jossey-Bass), 108-32.

Hempel, Carl

　　1965　*Aspects of Scientific Explanation* (N.Y.: The Free Press).

　　1970　"Fundamentals of Concept Formation in Empirical Science," Otto Neurath, et al., *Foundations of Unity of Science: Toward an International Encyclopedia of Unified Science*. Vol. II, Reprinted (Chicago: The University of Chicago Press).

Iyengar, Shanto

　　1978　"The Development of Political Efficacy in a New Nation: The Case of Andhra Pradesh," *Comparative Political Studies* 11: 337-54.

Kramer, Gerald

　　1986　"Political Science as Science," in Herbert Weisberg, ed., *Political Science: the Science of Politics* (N. Y.: Agathon press), 11-23.

Lane, Robert

　　1959　*Political Life* (N. Y.: The Free Press).

Long, J. Scott

　　1983　*Confirmatory Factor Analysis: A Preface to LISREL* (Beverly Hills and London: Sage).

Madsen, Douglas

　　1978　"A Structural Approach to the Explanation of Political Efficacy Levels under Democratic Regimes," *AJPS* 22 (November): 867-83.

Milbrath, Lester. and Madan Goel

1977 *Political Participation: How and Why Do People Get Involved in Politics* (Chicago: Rand McNally).

Miller, Arthur, E. Goldenberg and L. Erbring

1979 "Type-set Politics: Impact of Newspapers on public Confidence," *APSR* 73 (March): 67- 84.

Miller, Warren, Arthur Miller, and Edward Schneider

1980 *American National Election Studies Data Sourcebook: 1952-1978* (Cambridge, Mass.: Harvard University Press).

Miller, William

1995 "Qualitative Methods," David Marsh and Gerry Stoker, Eds. *Theory and Methods in Political Science* (New York: St. Martin's), pp. 154-172.

Mokken, Robert

1971 *A Theory and Procedure of Social Analysis: With Application in Political Research* (The Hague: Mouton).

Pateman, Carole

1970 *Participation and Democratic Theory* (New York: Cambridge University Press).

Prewitt, Kenneth

1968 "Political Efficacy", David Sills, ed., *International Encyclopedia of the Social Sciences*, Vol. 12 (New York: Crowell Collier and Macmillan), 225-228.

Sartori, Giovanni

1984a "Foreword," in G. Sartori, ed., *Social Science Concepts: A Systematic Analysis* (Beverly Hills: Sage), 9-11.

1984b "Guidelines for Concept Analysis," in G. Sartori, ed., *Social Science Concepts: A Systematic Analysis* (Beverly Hills: Sage), 15-85.

Schutz, Alfred

    1963 "Concept and Theory Formation in the Social Sciences," Maurice Natanson, ed., *Philosophy of the Social Sciences: A Reader* (New York: Random House).

Seligson, Mitchell

    1980 "A Problem-solving Approach to Measuring Political Efficacy," *Social Science Quarterly* 60 (March): 630-42.

Sigelman, Lee, and Stanley Feldman

    1983 "Efficacy, Mistrust and Political Mobilization: A Cross-National Analysis," *Comparative Political Studies* 16 (April): 118-43.

Verba, Sidney

    1980 "On Revisiting the Civic Culture: A Personal Postscript," in Gabriel Almond and Sidney Verba, eds., *The Civic Culture Revisited* (Boston: Little, Brown and Company), 394-410 .

Watts, Meredith

    1973 "Efficacy, Trust, and Commitment to the Political Process," *Social Science Quarterly* 54 (December): 623-31.

Wright, James

    1975 "Does Acquiescence Bias the 'Index of Political Efficacy?" *Public Opinion Quarterly* 39 (summer): 219-26.

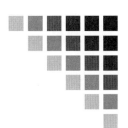

第五章
權力概念的價值色彩

一　引言

　　權力概念所指涉的權力現象，既是古老的，又是遍在的，因而權力現象的研究，也就橫貫古今中外而歷久不衰。時至晚近，權力現象的研究，更是層出不窮而蔚爲風潮。大體而言，約隔一段時間，就有政治學者運用下述之類的言詞，重複宣稱權力研究的重要性：「權力研究等於整個政治研究」、「解決不了權力的界定與測量問題，政治學便不存在」、「不瞭解權力性質，便不能研究政治」（參見郭秋永，2004：29-30；2006：216）。

　　值得注意的是，權力現象的研究，雖然源遠流長而歷久彌新，但是權力概念的「意義」，卻不見得一清二楚，遑論權力概念的「指標」了。二十世紀下半葉之前的學者，通常在「眾人皆知權力意義」的假定下進行權力現象的研究，而不加以明白界定。即使有些學者願意提出權力的概念界說，但是這些偶爾出現的概念界說，不是語焉不詳，就是陷入「國家」、「政府」、「組織」、「法律秩序」、「強制性的力量」、「軍事行動的獨占」、「權力」、「勢力」、「影響力」、以及「權威」等概念的糾葛纏繞之中（易君博，1984：229；郭秋永，2006：216-227）。

　　二十世紀下半葉以降，歷經數個世代學者的努力，權力概念的「意義」雖然大幅澄清，但卻惹起大小不一的各種激烈論戰，並激盪出一系列急待解決的課題。一般而言，在眾說紛紜的各種爭論中，比較受到矚目的課題，約略計有下述幾個：權力究竟是行動者可以擁有的一種「性質概念」，還是無人可以擁有的一種「關係概念」？權力的「面貌」，到底是兩個、或是三個、還是無限個、甚至是毫無面貌？權力究竟是一種行爲觀念，還是一種結構觀念？權力到底是行動者本身的一種屬性，還是社群的一種特徵？權力究竟是有權力者與無權力者之間的「二元對立概念」，還是一種社會網絡的「界線概念」？權力概念到底應該蘊含哪一種自由觀念？面對這些至今尚未解決的棘手問題，權力研究者Terence Ball直呼「這

是社會科學界的醜聞」（Ball, 1992: 14）。政治學家William Riker
則規勸學界同仁放棄「權力」一詞，以免滋生困擾（Riker, 1969:
118）。社會學家Peter Morriss更將權力概念的意義，比喻為難以
捉摸的「鬼火」：待要探個究竟，卻又消失不見（Morriss, 2002:
1）。

　　依據筆者的淺見，這些至今尚未解決的棘手問題，雖然涵蓋
了十分廣泛的討論範圍，並縱貫了十分深入的根本論點，但主要都
從權力概念之不同的「意義」源頭，源源不絕地泉湧出來而奔流到
各色各樣的課題上。追根究柢而言，這些不同的「意義」源頭，基
本上密切連結著不同的價值判斷。這就是說，抱持不同價值判斷的
研究者，自然會有不同的權力觀念，從而衍生出不同的權力意義。
研究者各自抱持的不同價值判斷，基本上各自盤據在不同的立論基
礎之上，進而引發出不易平息的紛擾爭議。不同價值判斷之間的紛
爭，既然層出不窮，不同權力意義之間的爭端，當然也就不易休
止。簡單說，造成這些棘手問題的原因，固然是多方面的，但爭論
各方各持不同價值觀念，從而製作出不同的概念界說，則是其中的
一個主要理由。

　　誠然，許多學者都曾明確指出，研究者在概念製作上不能維
持「價值中立」，或者，不能免除價值判斷（參見本書第三章第三
節）。這就是說，在概念界說及其伴隨而來之運作界說的製作上，
研究者都會受到個人價值（或社群價值、或社會價值）的影響，而
不可能保持「價值中立」。然而，這樣的見解雖然言之鑿鑿，但是
終嫌語焉不詳。長久以來，學界中能夠運用具體研究實例來加以佐
證的詳細論述，確實少如鳳毛麟角。如此說來，倘若能夠奠基在著
名學者Steven Lukes（1941-）的研究成果上（Lukes, 1974），而從
價值判斷的角度，有條不紊地爬梳出權力研究上這些棘手問題的關
鍵所在，那麼或許有助於權力研究的進一步推進，甚至如同一位權
力研究者Jeffrey Isaac所說，也許可為「社會科學根本無法擺脫價
值束縛」的實情，提供一個完美的例子（Isaac, 1987b: 4）。

　　有鑑於此，本章試圖針對權力概念引起的一些棘手課題，解析各種權力界說的價值色彩，從而具體指明研究者不能維持「價值中立」的論據所在。本章的分析方式，首先在於引述「本質上可爭議的概念」（an essentially contestable concept），從而分就「權力的行為觀」、「權力的結構觀」、以及「權力的界線觀」等層面，解析各種權力界說的價值色彩，以期爬梳盤根錯節的爭論課題，並指明價值判斷左右研究結果的一種根本方式。

（二）　本質上可爭議的概念

　　晚近以來，在人文社會科學的研究領域上，尤其在政治哲學的研究領域內，許多研究者深切感受到，歷年來一些難以解決的理論爭議，追根究柢而言，幾乎都可追溯到相同核心概念之「意義」的差別用法上。相互競爭的各種理論，各以不同的「意義」來使用相同的核心「概念」，從而使得不同理論之間的爭議，陷入難以解決的困境之中。因此，一個久懸研究者內心深處的問題，便是人文社會科學研究領域中的一些核心概念，例如「眞」、「善」、「美」、「正義」、「民主」、「權力」、「自由」、「平等」等，是否「本質上」就是一種「可爭議的」概念呢？

　　在說明一些常見而難以排解的理論爭論上，最先提出一個有系統的論述，乃是當代一位哲學研究者Walter Bryce Gallie（1912-1998）。依據他的見解，在政治哲學、歷史哲學、宗教哲學、及美學等研究領域中，一些關鍵性的概念，例如「民主政治」、或「藝術作品」、或「基督教義」等，不但具有各種不盡相同的用法，而且這些不同用法分別在不同論著中各被宣稱為「唯一正確的用法」。換句話說，諸如「民主政治」之類的重要概念，非但缺乏一個共同的用法，反而充滿著各色各樣的「唯一正確的用

法」。Gallie指出，這些各是其是的用法爭議，不同於飲食好惡之間的口味爭執。一個重要概念的用法爭議，乃是一種完全而眞正的爭議：雖然不能憑藉論證來解決彼此之間的紛爭，但各個用法皆能分別獲得「可敬的論證與證據」的支持。自Gallie看來，一個具有「完全而眞正的用法爭議」的概念，便是一個「本質上爭議的概念」（an essentially contested concept）。

　　Gallie進一步指出，一個概念能夠成爲一個「本質上爭議的概念」，大體上必須滿足下述七項條件。第一，該概念乃是一個讚賞性的重要概念，例如「民主政治」這一概念，近百年來即是一個眾所頌揚的重要概念。第二，該概念是由複雜元素所組成，例如「民主政治」這一概念，至少包含「公民選擇政府的權利」、「公民具有擔任公職的平等機會」、及「公民參與各種層次的政治生活」等元素。第三，該概念原本就是一個可作「多方面描述」的重要概念。例如，在描述某一政體是否爲一個民主政體上，我們不但可以訴諸上述三個元素中的任何一個元素，並且能夠憑藉這些元素的任何一種順序組合。這些不同的描述，雖然互有差異，但是皆非荒誕不經之作。假定張三認爲上述三種元素的重要性順序，乃是「一、二、及三」的A序列，而李四則主張「二、三、及一」的B序列。當張三以第一元素或A序列，將某政體描述爲民主政體時，李四雖然未必贊同，但不會將之譏爲荒誕不經。第四，該概念具有「開放的」性質。這就是說，它容許某種隨著環境變遷而進行的修正，但其修正不會事先指定。例如，張三在今年的一個特定情境中，將上述第一個元素（亦即「公民選擇政府的權利」），認定爲「民主政治」的最適當用法。張三今年的這個認定，對於張三在未來情境中究竟會選用何種元素來描述民主政治，並不足以提供一個精確的指引。第五，該概念的各種不同用法，各具攻擊性質，也各含防守性質。假定李四將上述第三個元素（亦即「公民參與各種層次的政治生活」），認定是「民主政治」的最適當用法。在瞭解「民主政治」尚有其他不同的、相互競爭的用法之下，李四的這個認定，

一方面堅持本身用法的最適性而具有防守性質，另一方面則排斥其他用法而具有攻擊性。第六，該概念乃從一個眾所公認的「原初範本」（original exemplar）衍生而來。例如，高唱「民主政治」的許多社會運動人士，不論其所憑藉的特定用法是什麼，常會訴諸法國大革命，藉以宣示「反對不平等」的基本渴求。這就是說，法國大革命就是民主政治的「原初範本」。第七，以不同方式運用該概念的各種使用者，都會一再地競相爭取肯定，從而使得「原初範本」獲得最佳維護或發展。

總括Gallie的上述說明（Gallie, 1955-6），一個滿足這七項條件的概念，便是一個「本質上爭議的概念」。其所謂的「本質上的爭議」，乃指這種概念的各種用法，注定將會產生（或已經產生）一些難以平息的爭執，從而不可避免地陷入無休無止的爭議困境。換句話說，一個「本質上爭議的概念」所引起的用法爭議，既不可能透過「邏輯驗證」（logical justification）來加以解決，也不可能憑藉某種「普遍原則」來予以化解。

然而，面對Gallie的說明，我們或許會問：假使不能依靠「邏輯驗證」或某種「普遍原則」來徹底解決紛擾不休的用法爭議，或者，倘若爭議各方始終「各是其是、各非其非」而不能經由論證（或證據）以達成普遍同意，那麼，一個「本質上爭議的概念」所引起的用法爭議，為何足以號稱為「完全而真正的用法爭議」呢？為何不同於飲食好惡之間的口味爭議呢？

為了答覆這樣的質問，Gallie訴諸其所謂之「個別事例中某一理性程度」的說詞。Gallie指出，在個別事例中，去指明某一特定用法的「理性」，甚至去指出某人轉換其特定用法的「理性」，並非一件困難之事。

依據Gallie的舉例說明，假定甲、乙、及丙等三個樂團，正是當今演奏「貝多芬命運交響曲」而各享盛名的三個樂團。這三個樂團的演奏風格雖然互有出入，但是分別吸引著眾多的樂迷。其次，假定眾多樂迷欣賞特定樂團（甲樂團、或乙樂團、或丙樂團）的程

度不一。例如，有些樂迷十分欣賞甲樂團、八分欣賞乙樂團、六分欣賞丙樂團；另外一些樂迷則八分欣賞甲樂團、六分欣賞乙樂團、十分欣賞丙樂團。這就是說，眾多樂迷欣賞特定樂團的程度，有深有淺，有多有少。在這些假定之下，「貝多芬命運交響曲」就是一個「原初範本」，而甲樂團、乙樂團、及丙樂團等三種不同的演奏風格，便是它的三種不同用法。眾多樂迷欣賞特定演奏風格的不同程度，就是三種用法之間的爭議。Gallie指出，在這樣的假定與詮釋之下，我們可以「理性」地推論出一個論點：欣賞特定樂團（例如，甲樂團）愈淺愈少者，愈可能欣賞其他樂團（例如，乙樂團）的演奏，因而愈可能轉變原先的欣賞對象（例如，可能從甲樂團轉成乙樂團）；反之，欣賞特定樂團（例如，甲樂團）愈深愈多者，愈不能欣賞其他樂團（例如，乙樂團）的演奏，因而愈不可能轉變原先的欣賞對象（例如，不可能從甲樂團轉成乙樂團）。例如，假定張三是乙樂團的一位不太堅強的愛戴者、李四則是甲樂團的一位堅定愛戴者。當這兩位愛戴有別的樂迷，一起聆聽特定樂團（例如，甲樂團）的最近表演而深感該樂團（例如，甲樂團）實以最佳方式闡釋了「貝多芬命運交響曲」時，那麼我們便可「理性」地推斷，張三非常可能轉換愛戴對象（亦即從乙樂團的愛戴者轉成甲樂團的愛戴者），李四則持續擁戴甲樂團。

　　值得注意的是，從這樣的舉例說明，Gallie希望推得一個重要論點：解決一個「本質上爭議的概念」的用法爭執，多多少少含有某種程度的「理性」；或者，一個「本質上爭議的概念」的用法爭執，並非純屬口味之爭或意氣之爭。

　　一般說來，Gallie的整套論述，雖可自成一家之言，但也引起一些質疑（Miller, 1983: 42; Gray, 1978: 390- 391; Macdonald, 1976: 381）。然而，不論這些質疑是否言之成理，引起社會科學家對於Gallie之「本質上爭議的概念」的討論興趣，莫過於著名學者Steven Lukes的詮釋與應用了。

　　依據Lukes的說明，一個「本質上爭議的概念」具有一個眾所

公認的「共同核心」（或「基始意涵」），但此一「共同核心」在本質上含有一些不盡相同的用法，或者在本質上含有一些不盡相同的詮釋方式，因而使得不同研究者可以依據不同「價值假定」（或「特定的道德見解與政治見解」），針對此一「共同核心」進行互異的詮釋，或從中選取一個特定的用法，進而促成各種互不相讓的「觀點」。例如，「權力」的概念，就是一個「本質上爭議的概念」。它具有一個眾所認同的「共同核心」，而此一「共同核心」包含三種不同的用法，因而使得不同研究者可以依據不同的「價值假定」，例如，自由主義、改革主義、激進主義等不同的「價值假定」，從中各自選取某一個用法，從而形成三種不同的「權力觀」（views of power）。由於不同「價值假定」之間的爭議，例如，自由主義、改革主義、以及激進主義等之間的爭議不易平息，所以不同「觀點」之間的爭執，例如，三種「權力觀」之間的爭議，也就難以休止了。

　　如此說來，在Lukes的詮釋之下，一個「本質上爭議的概念」，包含一些相互對峙的幾種「觀點」；各種對峙的不同觀點（views），乃是同一概念（concept）之下的次級單元。「概念」與「觀點」之間的這種區別，類似著名哲學家John Rawls（1921-2002）所謂的「概念」與「觀念」（conceptions）之間的分別，但略有出入。兩者類似之處，乃在於Lukes與Rawls兩人皆認為，同一個概念可能包含著不同的次級單元；對於這些次級單元，Lukes稱為「觀點」，Rawls則稱為「觀念」。就Lukes而言，權力概念（concept of power）包含三種有別的權力觀（views of power）；抱持不同權力觀之人，儘管「觀點」互異，但仍然分享同一個權力概念。對Rawls來說，正義概念（concept of justice）包括許多不同的正義觀念（conceptions of justice）；主張不同正義觀念之人，儘管「觀念」有別，但依然共享同一個正義概念。兩者分野之處，則在於Lukes認定不同「觀點」之間的爭執，終將陷入無休止的爭議中，而Rawls則斷定我們在不同「觀念」中終可發現

到一個「理性的」觀念（rational conception），從而足以中止爭議
（Lukes, 1974: 27, 1977: 418; Rawls, 1972: 5-6）。

　　我們或許可用一個淺顯的例子，進一步說明「概念」、「觀
點」、以及「觀念」之間的異同。首先，假定「公道」這一重要概
念，具有一個公認的「共同核心」（或「基始意涵」）。這個公認
的「共同核心」，就是「各如其分」。其次，假定「各如其分」這
一共同核心，包含「各得權利所與」、「各得所值得」、及「各得
所需」等三種不同的用法或詮釋。再次，假定甲、乙兩人皆跟一位
僱主約定，他們分別清洗整個公司的一半窗戶，而可從僱主那裡各
別得到五千元。又次，假定甲家庭窮困，急需用錢；乙家庭富有，
不愁吃穿。最後，假定甲花了一個小時擦完整個公司的一半窗戶，
但其清潔效果差強人意；乙則用了兩個小時擦完另一半窗戶，而完
成毫無瑕疵的清潔工作。那麼，僱主如何給付甲、乙兩人的報酬，
才算合乎眾所公認的公道概念？若依「各得權利所與」的詮釋，則
甲、乙兩人應按約定各得五千元；若依「各得所值得」的詮釋，則
乙應比甲獲得更多的報酬；若依「各得所需」的詮釋，則甲應比乙
得到較多的酬勞。總之，究竟應該依據哪一種詮釋來給付酬勞，才
算合乎「各如其分」的公道概念呢？按照Lukes的說法，這三種不
同的詮釋，各有互異的價值假定（或政治道德見解），從而不可避
免地陷入無止境的爭論中。根據Rawls的看法，這三種詮釋雖然有
所差別，但是最後終可發現其中之一乃是合乎「理性的」詮釋。

　　誠然，Lukes雖然宣稱其所謂的「本質上爭議的概念」，直
接引自Gallie的論述，但是一些學者卻批評Lukes的引述失真（郭
秋永，1995：177-185）。然而，不論Lukes的引述是否失真，值得
注意的是，所有繼踵Gallie而沿用「本質上爭議的概念」的學者，
從未引述或強調過七項條件。例如，政治理論家William Connolly
（1938-）便認為一個滿足其中三項條件的重要概念，就已是一
個「本質上爭議的概念」了（Connolly, 1993: 41, n.2）。大體而
言，在不堅持原有的七項條件之下，這些後繼學者仍能號稱他們

掌握了Gallie論述之精義的緣故，端在於他們都會訴諸Gallie的一個扼要陳述，從而推出三個必須滿足的條件（Lukes, 1974: 26; Swanton, 1985: 813; Connolly, 1993: 10）。這個屢被引用的扼要陳述，便是「某些概念是本質上爭議的概念；諸使用者對其適當用法的爭執，不可避免地陷入無休無止的爭論之中」（Gallie, 1955-6: 169）。從Gallie這一扼要陳述，這些後繼學者大都同意下述（甲）、（乙）、及（丙），就是一個「本質上可爭議的概念」（an essentially contestable concept）必須滿足的三個條件：

（甲）對於所在爭議的一個重要概念，諸使用者大都同意它具有一個「共同核心」。

（乙）諸使用者確認此一「共同核心」的各種適當用法，乃是「可爭議的」（contestable），並且通常已有爭議（contested）。

（丙）這些適當用法之間的爭議，在性質上乃是無止境的。

條件（甲）旨在確立，所在爭議的概念，具有一個共同的論說基點。只當爭議各方乃就相同事理而各自立論，他們的爭議才具旨趣，否則易於淪為捕風捉影的漫天胡說。若無條件（甲），則難以辨明各方正在爭論的，就是同一個概念。

條件（乙）預設「概念」與「觀點」之間的區別。依據條件（乙），此一重要概念的「共同核心」，具有各種不同的用法，或容許各種不同的詮釋。在這些不同的用法（或詮釋）之中，究竟哪一種用法（或詮釋）才是適當的用法（或詮釋），則是各方爭論所在。這就是說，這些用法（或詮釋）的適當性，乃是「可爭議的」，並且通常「已有爭議」。去說它們是「可爭議的」，乃是指涉概念本身的固有性質；去說它們是「已有爭議」，則在陳述一件實際上已經發生的事態。「可爭議的」與「已有爭議」之間的

區別，旨在突顯出一種可能情況：在性質上，它們原是「可爭議的」；然而，在實際上，它們可能由於特定的時空因素而尚未發生爭議。

依據條件（丙），這些不同用法（或詮釋）之適當性的爭議，肇端於該概念本身固有的性質，因而無法完全憑藉理性來加以解決，以至於陷入永無休止的爭論困境中。據此而言，這種爭議所以稱為「本質的」爭議，除了標明「爭議標的」絕非雞毛蒜皮之事外，尤其意指「概念的原本性質，使得普遍理性不足以一勞永逸地解決其爭議」。不能完全訴諸理性以解決爭議的緣故，乃因各個自詡為適當的用法（或詮釋），分別奠基在不同的「價值假定」（或「道德見解與政治見解」）之上。「價值假定」之類的價值語句，雖非純屬情緒抒發，但是並無真偽可言，因而無法單靠理性來解決它們之間的爭議（參見本書第三章第二節）。

由（乙）與（丙）兩個條件可知，各種適當用法（或詮釋）之間的爭議，乃是「本質上的」爭議，而不僅止於「實際上的」爭議。據此而言，在說明學術研究中某些紛擾不休的理論爭議時，「本質上可爭議的概念」（an essentially contestable concept）一詞，優於Gallie原用之「本質上爭議的概念」（an essentially contested concept）。下文依據「本質上可爭議的概念」，逐一解析「權力行為觀」、「權力結構觀」、以及「權力界線觀」的基本論述及其價值色彩。

（三）　權力的行為觀

約在二十世紀中葉以降，政治學者雖然開啓了權力研究的新紀元，從而推進了整個政治研究的學術水準，但也惹起大小不一的許多論戰。在這些眾說紛紜的爭論中，最受矚目的，莫過於「權力三

貌」（the three faces of power）的爭端了。「權力三貌」的論戰，始於六十年代，酣戰於七十年代。八十年代之後，它的論戰火力，或許因爲「論戰三方各自宣稱贏得勝利」而逐漸冷卻（Dowding, 1996: viii, 2），但依然未見完全熄滅，甚至到了二十一世紀，還衍生出「沒有面貌的權力」（de-facing power）的論述（Hayward, 2000: 11-39）。

　　大體而言，「權力三貌」的激烈論戰，雖然涉及十分廣泛的範圍，但基本上環繞著「本質上可爭議的」權力概念，而從權力行爲的角度，逐一引伸出「權力的外顯面貌」、「權力的內隱面貌」、以及「權力的潛藏面貌」等三種權力觀點。下文依次扼要說明這三種權力面貌。

（一）權力的外顯面貌

　　當代一位美國政治學者Douglas Rae曾經評說：「在美國政治學界中，『權力研究』的現代史，始於1957年Robert Dahl的一篇精彩論文。」（Rae, 1988: 24）在發表這篇經典論文（〈權力的概念〉，"The Concept of Power"）後，Robert Dahl（1915-）於1957年至1959年，率領一個研究團隊進駐美國康乃狄克州New Haven城市，進行經驗性的權力研究，從而撰成著名的《何人治理？：一個美國城市中的民主與權力》（Who Governs?: Democracy and Power in an American City）一書，並發表數篇備受矚目的論文。

　　在號稱「開山之作」的經典論文中，Dahl根據權力概念的直覺觀念（或常識觀念），將「權力」界定如下：

　　在甲能夠促使乙去做一件原本不願做之事的範圍內，**甲對乙行使了權力**。（**A has power over B** to the extent that he can get B to do something that B would not otherwise do.）（Dahl, 1994[1957]: 290）（引句中的粗體字形，乃是筆者的突顯，而非原文所有。）

Dahl曾經引用一個師生例子，來說明上述之「權力」的概念界說。一位老師（甲）運用「成績不及格」的手段，去促使一位學生（乙）閱讀一本原先不願翻閱的書籍（例如，《韓非子》）。在這樣的情況下，老師（甲）便對學生（乙）行使了權力。依據這個概念界說，我們至少可以看出下述六個要點。

　　第一，Dahl的權力概念，乃是一種「人際關係」的行為概念，從而包括權力主體（甲）、權力客體（乙）、懲罰性的促使行為（例如，「成績不及格」的威脅行為）、以及反應行為（例如，閱讀《韓非子》）等四個部分。界定項中的「促使」一詞，意涵某種威脅手段的運用。界定項中的「範圍」一詞，乃指（甲）行使權力後所會影響到的行為範圍，從而假定（甲）的權力大小，會隨著不同範圍而變動（Wolfinger, 1994[1960]: 73-74）。例如，老師雖對學生閱讀課外讀物的行為能夠行使權力，但對學生是否開車上學的行為則可能毫無權力可言。這就是說，在某一反應行為上，（甲）雖是（乙）的權力主體，但在其他反應行為上，（甲）可能不是（乙）的權力主體，甚至也有可能反而成為（乙）的權力客體。

　　第二，Dahl所在界定的對象，與其說是「權力」，無寧說是「行使權力」（或「權力行使」）。依據上述的概念界說，「權力」乃是行為性的「關係語詞」（relational term），而非「擁有語詞」（possessive term）。因此，筆者在引述Dahl的權力界說時，特別使用粗體字形來突顯「A has power over B」，並將之翻譯成「甲對乙行使了權力」，而非翻譯成「甲對乙具有權力」。依據筆者的淺見，「甲具有權力」（A has power）誠然不同於「甲對乙行使權力」（A has power over B）。前者乃是後者的先決條件：權力主體（甲）先因某種職位而「具有權力」之後，才有行為性的「權力行使」問題；正如某人擔任了君王「職位」後，才有君王與臣民之間行使權力的課題。[1]

---

[1] 事實上，Dahl（1968: 412-413）也曾根據「意圖」的有無，來分辨「具有權

　　第三，在權力主體（甲）的促使行為與權力客體（乙）的反應行為之間，總是存在著一段「時間間隔」（time lag），不論此一間隔的長久或短暫。換句話說，除非（甲）的促使行為在時序上先於（乙）的反應行為，否則不能斷定（甲）對（乙）行使了權力。一旦（乙）的反應在時序上先於或同於（甲）的行為，那麼（甲）與（乙）之間就無權力關係了。例如，老師（甲）促使學生（乙）去閱讀《韓非子》的行為，在時序上一定要先於學生（乙）閱讀《韓非子》的行為；一旦學生（乙）閱讀《韓非子》的行為，在時序上先於或同於老師（甲）的促使行為，那麼就學生（乙）閱讀《韓非子》這件事而言，老師（甲）與學生（乙）之間就無權力關係了。

　　第四，在權力主體（甲）的促使行為與權力客體（乙）的反應行為之間，存在著某種「關係」，從而使得權力關係成為「兩人一組」的人際關係。若兩者之間毫無關係，則（甲）行為與（乙）行為之間便無權力關係。值得注意的是，（甲）行為與（乙）行為之間的關係，加上前述的「時間間隔」，使得Dahl高聲宣稱：「權力關係就是一種因果關係。」[2] 這就是說，（甲）的某一促使行為，乃是（乙）某一反應行為的原因；或者，（乙）的某一反應行為，乃是（甲）某一促使行為的結果。

　　第五，權力主體（甲）具有影響權力客體（乙）的「意圖」，

力」與「行使權力」：當行為者沒有行使權力的意圖時，行為者僅是「具有權力」；當行為者確有行使權力的意圖時，則行為者在「行使權力」。然而，Peter Morris（1972: 462-463）基於「具有權力」的非行為性質，批評Dahl這個分辨違反了Dahl本人之「行為性」的權力概念。此外，Felix Oppenheim（1981: 10-11, 20-21）也做過類似的區別，但強調「行使權力」乃是「具有權力」的次級類別。

[2]　在權力關係就是一種因果關係的主張上，Dahl的立場，呈現出前後搖擺不定的情況，而其立論基礎也隱藏著一些尚待解決的難題。詳細的討論，請見郭秋永（2001; 2004: 45-47）。

從而在兩者之間呈現出某種「衝突」性質。當（甲）無意促使（乙）去做一件原本不願做之事時，（乙）是否去做該件原本不願做之事，便無關於（甲）與（乙）之間是否存在著權力關係。換言之，對（乙）不得不去做之事來說，（甲）與（乙）之間呈現出「衝突」性質：（甲）意圖（乙）去做，而（乙）原本不願做。例如，老師（甲）一定要具有影響學生（乙）閱讀《韓非子》的「意圖」，並且透過「不閱讀則學期分數不及格」之類的威脅手段，來確保「意圖」的實現。在學生（乙）閱讀《韓非子》這件事上，老師（甲）促使他去閱讀，而他原本不願翻閱，兩者之間顯現出衝突性質。假使老師（甲）無意促使學生（乙）去閱讀《韓非子》，或在閱讀《韓非子》上並未呈現出衝突，則就學生（乙）閱讀《韓非子》這件事而言，學生（乙）是否閱讀《韓非子》，便無關於兩者之間是否存在著權力關係了。如此說來，權力是否行使，繫於權力主體與權力客體之間的有無衝突，而權力主體的責任歸屬，則取決於權力主體的有無意圖（Digeser, 1992: 983）。

　　第六，權力關係基本上乃是「兩人一組」的人際關係，但是由於權力主體（甲）與權力客體（乙），可以分別指涉個體、團體、及組織，因此「兩人一組」的人際關係，原則上足以構成九種（3×3）的權力脈絡（power context）：「個體對個體、團體、組織」，「團體對個體、團體、組織」，以及「組織對個體、團體、組織」等九種。例如，單就「個體對個體、團體、組織」這一權力脈絡來說，除了老師（甲）與學生（乙）之外，尚有老師（甲）與學生（丙）（或丁、或戊……），老師（甲）與全班同學（或某群學生），以及老師（甲）與其學校之間的權力關係。

　　包含這六個要點的概念界說，雖然能夠掌握權力概念的直覺觀念（或普通常識），但是距離經驗研究上的直接運用，實在尚有一大段距離，而難以「原封不動」地應用到具體的經驗世界上。因此，Dahl指出，在進行實際的經驗研究時，研究者應該憑藉權力之「概念界說」的指引，提出一個切實可用之權力的「運作界說」

（Dahl, 1994[1957]: 289）。那麼，在具體的經驗研究上，Dahl所提出之權力的「運作界說」，究竟是什麼呢？我們試以其著名的New Haven城市的權力研究為例，略加以說明。[3]

依據Dahl的見解，在社群權力的研究上，最容易觀察到「甲能夠促使乙去做一件原本不願做之事」的情境，莫過於可以輕易偵知「何人參與」和「勝負屬誰」的決策制訂情境（decision-making situation）。這就是說，在社群權力的研究上，最容易展現權力行使，從而最能突顯「衝突」性質的，莫過於各種決策制訂情境中的議題（或提案）的議決行為。因此，Dahl方才嚴正聲明，社群權力的適當檢視，乃在「檢視一系列的具體決策」（Dahl, 1958: 466）。然而，在New Haven城市中，所謂的具體決策，自然多得難以勝數；其中有些是瑣碎而可忽視，有些則屬影響廣泛而值得深入探究。Dahl根據四個標準，篩選出三個重要的「議題領域」：公共教育、都市更新、及政黨提名（詳見Polsby, 1980: 96；郭秋永，1998）。

為了進一步「檢視一系列的具體決策」，在這三個重要的「議題領域」內，Dahl分別選出一些「重要的」決策，以期作為權力之「運作界說」所要列舉的項目。

在公共教育的「議題領域」中，Dahl選出1950年至1959年中共計八個重要決策：(1)兩所舊中學賣給耶魯大學並覓地新建案；(2)改變升遷程序案；(3)學校中主要人事任命案；(4)視力檢驗計畫；(5)薪資比例計畫案；(6)預算案；(7)處理懈怠案；(8)增加學校圖書經費案。在都市更新的「議題領域」中，Dahl選出1950年至1959年共計八個重要決策：(1)成立更新局（Redevelopment

---

3　Dahl曾經指出，在一個概念界說的引導下，其實際使用的運作界說，「可以隨著不同研究計畫而變動」（Dahl, 1965: 92）。在研究美國參議院議員的權力等級上，Dahl曾經提出另外一種權力的「運作界說」。請見Dahl, 1994[1957]；郭秋永，1986；1998: 199-200；2001: 81-85。

Agency）；(2)擴建Oak Street Connector；(3)再開發Oak Street區域；(4)成立公民行動委員會（Citizens Action Commission）；(5)再開發Church Street區域；(6)再開發Wooster Square區域；(7)Long Wharf計畫；(8)協議珠寶商Savitt的財產價值。在政黨提名的「議題領域」中，則分別察考共和黨與民主黨的市長候選人的提名。在1941年至1957年間，共有九次市長選舉，因而總計探究十八次提名案（Dahl, 1961: 333-334）。

總括上述，在這三個重要的「議題領域」中，Dahl總共選出三十四項的「重要決策」（8 + 8 + 18 = 34），從而在問卷調查中依次做成問卷題目，以期構成權力概念之「運作界說」中所要列舉的項目。透過三次的問卷調查、數次的深度訪問、以及一年的參與觀察之後，Dahl的社群權力的研究，終於建構出一個名聞遐邇的「多元模型」。[4]

New Haven城市的權力研究，雖然曾於1962年榮獲著名的學術著作獎（Woodrow Wilson Award），並且博得歷久不衰的美譽，但也引起一些批評，從而激發出一連串的交互論戰。在這些批評中，首先引起注意的，乃是Peter Bachrach與Morton Baratz兩位政治學者的見解。

根據這兩位政治學者的見解，Dahl的權力研究，僅著重於「決策制訂情境」中的明顯衝突層面，而遺漏了「非決策制訂情

---

[4] 「多元模型」至少包含下述三個論述：第一，權力的大小或有無，通常隨著不同「議題領域」而變動。換句話說，假使社群中確有一般所謂的「統治菁英團體」，那麼社群中具有多個「統治菁英團體」，而不僅僅限於單獨一個「統治菁英團體」。例如，在New Haven城市中，社群權力至少分散在三個主要菁英團體之中，而非完全集中在單一的菁英團體上。第二，特定菁英團體中的成員，具有社會流動的可能性，而非總是固定的某一階層人士。第三，民選的政治菁英在任期屆滿時，總望再行當選。因此，在民選政治菁英的再次當選期望下，選民便能行使「間接的」權力。參見郭秋永，1996；1998；2006。

境」（nondecision-making situation）中的內隱衝突層面。換句話說，Dahl只知權力的「外顯面貌」，但卻遺漏了權力的「內隱面貌」。

（二）權力的內隱面貌

自Bachrach與Baratz看來，權力概念實際上具有兩副「面貌」；Dahl及其研究團隊只知其一，而不知其二。所謂權力的第一副「面貌」，乃是呈現在「決策制訂情境」中的「外顯面貌」。權力的「外顯面貌」，通常顯現在明顯衝突之處，從而易於偵知「何人參與」和「勝負屬誰」。這正是Dahl等人的貢獻所在。所謂權力的第二副「面貌」，乃是隱藏在「非決策制訂情境」中的「內隱面貌」。權力的「內隱面貌」，往往隱含在衝突不明顯之處，從而不易觀察到，也難以偵知「何人參與」和「勝負屬誰」。這正是Dahl等人的遺漏之處。

如此說來，權力的兩副面貌之分，端在於「決策」與「非決策」之辨，或者，端在於「決策制訂」與「非決策制訂」之別。「決策」與「決策制訂」（或「制訂決策」）的語意，眾所周知而易於理解。然而，「非決策」與「非決策制訂」的語意，就顯得艱澀聱牙而難以瞭解了。到底什麼是「非決策」（nondecision）呢？究竟什麼是「非決策制訂」（nondecision-making）呢？

在說明「非決策」與「非決策制訂」上，Bachrach與Baratz借助於一個也是艱澀聱牙的術語。這個術語就是政治學家Elmer Schattschneider（1892-1971）所謂的「偏倚動員」（mobilization of bias）。Schattschneider曾經指出：「任何形式的政治組織，都含有一種偏倚。這種偏倚一方面有益於披露出某種衝突，另一方面則有助於壓制其他衝突。因為組織就是偏倚的動員。某些議題被組合以進入政治範圍，而其他議題則被排除在外。」（cited by Bachrach and Baratz, 1970: 8）顯然的，此處所說的「偏倚」，不是意指個體之主觀好惡的「偏見」，而是指涉政治組織中價值分配經常偏袒特

定成員的「固定模式」。依照Bachrach與Baratz的解說，政治系統所發展出來的「偏倚動員」，乃指系統中占據優勢的一套價值、信念、儀式、及制度程序；它們有條不紊地持續運行，以至於在犧牲其他個體或團體之下，助益了特定個體或團體。這兩位學者指出，維持特定的「偏倚動員」的一個基本方法，就是「非決策制訂」或制訂一個「非決策」。

「非決策」乃指一種特具作用的決策，既不是「不決策」，也不是「無決策」（Haugaard, 1992: 15, 21）。它是用來壓制那些針對決策者之價值（或利益）而來的挑戰，不論是明顯的或是潛藏的挑戰。那麼，所謂的「非決策制訂」，或制訂一個「非決策」，便是操縱社群中占據優勢的價值、信念、儀式、及制度程序，而將實際的決策範圍，限定於一些「安全而無害於既得利益者」的議題上（Bachrach and Baratz, 1970: 18, 43）。換句話說，對於變更社群中既有利益之分配型態的要求（不論這種要求是否已經公開提出），既得利益者可以憑藉「非決策制訂」的手段，不將它排入正式的議決程序中，而來化除或壓制這種要求。簡單說，所謂的「非決策制訂」，或制訂一個「非決策」，乃指既得利益者將一些不利議題排除在正式議程之外。為了更明確瞭解「非決策制訂」的意涵，我們嘗試舉出一個簡單例子來加以說明。

在1991年以前，台灣的國民大會代表與立法委員，都是任職長達數十年而從未改選的「第一屆」中央民意代表。儘管有些異議人士公開呼籲儘快改選這批幾成「終生職」的民意代表，但是執政當局經常訴諸「法統」或「全國性代表意義」之類的價值與信念，而不將此一議題排入正式機關的議決程序中。這就是說，改選資深中央民意代表的提議，乃是針對決策者的價值或利益而來的一項「挑戰」，或者，乃是變動既有的利益分配或優勢價值的一個「要求」。面對這樣的「挑戰」或「要求」，決策者透過優勢價值或信念的操控，例如，訴諸「法統」或「全國性代表意義」，而將此種議題排除在政府機關的正式議程之外。根據執政當局的說詞，一旦

全面改選「第一屆」中央民意代表，則由於選舉範圍僅限於執政當局實際控制的台澎金馬地區，因此據以選出的中央民意代表，將僅是台澎金馬地區的地方性代表而已，從而將會中斷那個包含中國大陸在內之中華民國的「法統」，或將會摧毀那個包含中國大陸在內的「全國性代表意義」。

如此說來，權力的「內隱面貌」，基本上是指「設定議程」的權力。兩相對照之下，權力的「外顯面貌」，則指「正式議程」中的決策權力。這就是說，在正式的「決策制訂情境」之外，也有權力主體（甲）與權力客體（乙）之間的衝突，更有權力主體（甲）影響權力客體（乙）的「意圖」，因而也是一種具有先後時序的權力行使現象，儘管（甲）與（乙）兩者之間的衝突，常被權力主體（甲）壓制而不易顯現或難以觀察。因此，權力研究者在檢視正式的「決策制訂情境」之前，必須先行考察「議程設定」的非正式過程，也就是必須先行考察「非決策制訂」的情境。簡單說，除了研究顯而易見的第一副權力面貌外，更須注意隱而不顯的第二副權力面貌。

權力概念既然具有兩副面貌，那麼在描述或解釋社群的權力分配上，只憑第一副權力面貌的探究，豈非以偏蓋全？這就是說，一旦Dahl研究團隊引入第二副權力面貌，那麼他們原先建構的「多元模型」，可能淪為以偏蓋全的不當模型，甚至可能需要改成菁英主義（elitism）的「菁英統治模型」。

在二十世紀五十年代之前，菁英主義所建構的「菁英統治模型」，乃是「單一菁英團體治理社群」的模型，也就是Dahl極力反對的一種理論模型（郭秋永，2006：228）。基於這種緣故，Bachrach與Baratz的主張，常被稱為「新菁英主義」（neo-elitism），而其呼籲研究者重視權力主體操控社群中占據優勢之價值、信念、儀式、及制度程序等的見解，有時也被稱為旨在改變現狀的「改革主義」（reformism）。

究實而言，「非決策制訂」乃是一個不易運用在經驗研究的

抽象觀念，因而引起許多政治學者的質疑，尤其激起Dahl研究團隊的強力反駁。例如，有些學者認為「非決策制訂」乃是一個含糊不清的概念，至少應有兩種或三種或六種不同的類別（Merelman, 1968; Frey, 1994〔1971〕：157-158; Wolfinger, 1994〔1971〕：114-129; Debnam, 1994〔1975〕：180-184），有些學者認為難以發展出測量單位或不易發展出一些辨認「非決策制訂」的客觀標準（Debnam, 1994〔1975〕：181; Wolfinger, 1994〔1975〕：131），有些學者則苦惱它的「反直覺」的語義（Bradshaw, 1994〔1976〕：273），甚至斥為「小小的文字把戲」（Polsby, 1980: 235）。

　　然而，無論「非決策制訂」這一概念如何含糊，所謂「權力的內隱面貌」，如同「權力的外顯面貌」，仍然是一種行為性的概念（郭秋永，2004：52-53；Hay, 2002: 177; Lukes, 1974: 21-22）。在Bachrach與Baratz的權力解析中，權力主體雖能憑藉「偏倚動員」來壓制可能的衝突，或限制可能引起的行為互動，但「非決策制訂」畢竟乃指權力主體所做的一種「決策」，終究上仍然屬於一種決策行為，而不屬於「偏倚動員」中所隱含之組織性或結構性的觀念。誠如他們自己所說：「非決策……乃是決策者用來壓制或阻撓那些挑戰其利益或價值的一種決策，不論這種挑戰是明顯的或是潛藏的……可以明確地說，『沒有衝突』或許不足以成為一個事件，但一個已經阻止衝突的決策，乃是一個十足的事件，並且是一個可觀察的事件。」（Bachrach and Baratz, 1970: 44, 46）顯然的，Bachrach與Baratz雖曾引介組織性或結構性的「偏倚動員」，但其權力概念的製作，終究依賴在決策行為上，不論正式的「具體決策」或非正式的「非決策」。

　　說來有點諷刺味道，Bachrach與Baratz兩位學者批評Dahl只知權力的第一副面貌，而不知權力的第二副面貌；Lukes卻批評Bachrach與Baratz兩位學者僅知權力的兩副面貌，而不知權力的第三副面貌。Lukes所謂的第三副權力面貌，就是「權力的潛藏面貌」。

（三）權力的潛藏面貌

自Lukes看來，在權力研究上造成各說各話的因素，固然是多方面的，但其中的關鍵原因，端在於權力概念乃是一個「本質上可爭議的概念」，原本上就注定各種「權力觀」終會陷入無休無止的爭議。

依據本章第二節的評述，滿足一個「本質上可爭議的概念」的首要條件，乃是「對於所在爭議的一個重要概念，諸使用者大都同意它具有一個『共同核心』」。依據Lukes的見解，權力乃是一個「本質上可爭議的概念」，而權力概念的「共同核心」就是：

> 當甲以一種違反乙之利益的方式而影響乙時，**甲對乙行使了權力**。（**A exercises power over B** when A affects B in a manner contrary to B's interest）（Lukes, 1974: 27）（引句中的粗體字形，乃是筆者的突顯，而非原文所有。）

進一步說，滿足一個「本質上可爭議的概念」的第二個條件，乃是「諸使用者確認此一『共同核心』的各種適當用法，乃是可爭議的，並且通常已有爭議」。Lukes指出，權力概念雖然具有一個共同的核心意義，但此一「共同核心」卻容許各個理論家的互異詮釋，或包含各個理論家的不同用法，因而其適當用法或詮釋，原本就屬於「可爭議的」，而在實際上「已有爭議」。這就是說，諸權力理論家雖然同意權力概念具有一個共同的核心意義，但此一共同核心中所指涉的「利益」與「如何受到不利影響」，卻容許互異詮釋（或包含不同用法），而諸理論家在實際上也分別提出了自認為最適當的詮釋（或自詡為使用了最適當的用法）。

按照Lukes的察考，在晚近的權力研究上，「利益」與「如何受到不利影響」之詮釋（或用法），主要上計有三種，從而共有三種著名的權力觀。這三種權力觀，他分別稱為單向度權力觀（one-dimensional view of power）、雙向度權力觀（two-dimensional view of power）、參向度權力觀（three-dimensional view of power），也就是「權力的外顯面貌」、「權力的內隱面貌」、以及「權力的潛藏面貌」等三種權力觀點。[5]

　　「單向度權力觀」係指Dahl及其研究團隊的權力觀。依照Lukes的說法，Dahl之權力的概念界說，亦即「在甲能夠促使乙去做一件原本不願做之事的範圍內，甲對乙行使權力」，不過是上述權力界說的一個版本。因為Dahl運用「決策制訂情境」中關鍵議案所顯現出來的政策偏好（policy preference）來詮釋上述界說中的「利益」，並以關鍵議案的通過與否來詮釋其中的「不利影響」。因此，Dahl的權力界說可以詮釋如下：當甲提出一個「跟乙偏好正好相反」的關鍵議案而被通過時，或當甲否決乙所偏好的關鍵議案時，甲對乙行使了權力；或者，乙原本偏好A政策而不偏好B政策，但在決策制訂情境中，甲促使B政策的通過採行，從而使得乙順從B政策，那麼甲對乙行使了權力。

　　「雙向度權力觀」是指Bachrach與Baratz兩位學者的權力觀。依照Lukes的說法，Bachrach與Baratz兩位學者根據「決策制訂情境中的政策偏好」與「非決策制訂情境中政策偏好」來理解「利益」，從而以「關鍵議案的通過與否」與「議程設定與否」來詮釋「不利影響」。因此，在詮釋權力概念的「共同核心」上，除了前述單向度權力觀的詮釋方式之外，尚有另一種詮釋方式：若甲創造或強化社群中的優勢價值、信念、程序、或制度等，而將政治過程的範圍，限定在無損於甲、但有損於乙的議題上，那麼甲對乙行使了權力；或者，當甲透過「非決策制訂」而使得乙的「政策偏好」不會成為決策情境中的議題時，甲對乙行使了權力。在「非決策制

---

[5] Lukes雖將「權力的面貌」改稱為「權力的向度」，但從未說明「向度」的意義。John Scott指出，在權力研究上，「權力的向度」乃是誤導他人的、不可取的一種描述方式（Scott, 2001: 8）。

訂情境」中，權力客體乙的「政策偏好」，總被權力主體甲壓制而無法滿足，因而時常透過負面形式來呈現。Bachrach與Baratz以及Lukes常將這種負面形式的「政策偏好」，稱為權力客體的「苦楚」（grievance），亦即權力客體的「不利情況」。

　　「參向度權力觀」乃是Lukes本人提出的一個權力觀。自Lukes看來，「雙向度權力觀」雖然突破或推進了「單向度權力觀」，但卻奠定在一個不當的假定上：假使研究者能夠披露出社群成員中沒有「苦楚」（或沒有「不利情況」），那麼就要逕行認定社群成員對於現行的價值分配具有一個「眞正共識」（genuine consensus）。然而，Lukes愼重指出，當社群成員對於現行價值分配不感覺「苦楚」時，除了代表諸成員達成「眞正共識」外，尚有表達「虛假共識」（false consensus）或「操縱共識」（manipulated consensus）的可能性。此一可能性，尤其顯現在「至高的權力行使」上：權力主體運用諸如社會化的控制方式，孕育權力客體的偏好或需求，俾使他們接受社群中各種既定秩序，並將之視為自然的、有益的、不必更動的、甚至是神聖的固有秩序，從而消弭了權力客體可能感覺到的「苦楚」。總之，無「苦楚」即是「眞正共識」的假定，排除了「虛假共識」的可能性，因而是一個不當的假定。

　　為了矯正這個不當假定，Lukes引入「眞正利益」（real interest）的概念。這就是說，除了「政策偏好」與「苦楚」之外，Lukes尚以「眞正利益」來詮釋權力界說中的「利益」，以期彰顯「虛假共識」之下的權力行使。[6]

6　如此說來，在Lukes的權力界說中，界定項中的「利益」一詞，包含兩種意義。第一種意義的「利益」，是指行動者的「主觀利益」（或偏好），也就是權力主體或權力客體「自我決定」（或「自我界定」）的利益（或偏好）。行動者的「主觀利益」，在權力的第一副面貌中，是指決策制訂情境中的政策偏好；而在權力的第二副面貌中，則指「非決策制訂情境中的」政策偏好，通常透過負面形式（亦即「苦楚」）來呈現。第二種意義的「利

在所謂的「虛假共識」之下，若依單向度或雙向度權力觀，由於權力主體與權力客體之間毫無「可觀察」的衝突（不論是「外顯的」或是「內隱的」衝突），因而這並無權力現象可資探究。然而，依據Lukes的參向度權力觀，在所謂的「虛假共識」之下，雖然沒有「外顯的衝突」（overt conflict）與「內隱的衝突」（covert conflict）這兩種「可觀察的衝突」，但是仍然可能含有「潛藏的衝突」（latent conflict）而存在著權力關係：權力主體的偏好，雖然同於權力客體的偏好，但卻牴觸權力客體的「真正利益」；一旦

益」，乃指權力客體的「真正利益」。顯而易見的，權力客體的「真正利益」，不是權力客體本身「自我決定」（或「自我界定」）的一種利益（或偏好）。然而，權力客體的「真正利益」，到底由誰來決定（或界定）呢？尤其，它究竟意指什麼呢？Lukes雖然曾經指出權力客體的「真正利益」，是由權力客體在「相對自主性的」條件下來認定（Lukes, 1974: 33），但對於「真正利益」的意義，並未提出一個明確的界說，而其他權力研究者則議論紛紜，甚至引起一些激烈的爭論（郭秋永、鄧若玲，1966：13-25）。在2005年第二版的《權力：一種激進的觀點》一書中，Lukes曾將「利益」分成「主觀利益」與「客觀利益」兩種（Lukes, 2005: 80-82）。Lukes在2005年所謂的「客觀利益」，包含「人類福利的必要條件」（necessary conditions of human welfare）與「福祉的構成要素」（constitutive of well-being）兩種利益。那麼，Lukes在1974年所說的「真正利益」，是否就是2005年所謂的「客觀利益」呢？假使「是」的話，那麼它究竟是指「人類福利的必要條件」的利益？還是指「福祉的構成要素」的利益呢？可惜，對於這些疑義，Lukes一概存而不論。此外，值得注意的是，依據Lukes的權力解析，當權力之界定項中的「利益」是指「主觀利益」時，權力主體與權力客體之間的互動，乃是「意圖的」互動。權力主體須向權力客體（直接或間接地）傳遞意圖，而權力客體也須理解並意圖地回應權力主體。這就是說，在權力的第一個與第二個面貌中，行動者必須「意圖地」互動。然而，當權力之界定項中的「利益」是指「真正利益」時，權力的行使便無關於行動者的「意圖」了。例如，資本家針對工人的權力行使，不必「意圖地」損害工人的「真正利益」。這就是說，在權力的第三個面貌中，儘管行動者之間會有「潛藏衝突」，但這無關於行動者的意圖行動。

權力客體瞭解本身的「真正利益」，則「潛藏的衝突」便會浮現而成為「內隱的衝突」或「外顯的衝突」。這就是說，權力主體與權力客體之間雖然存在著一種衝突，但由於「虛假共識」的作用，遂使得此種衝突「潛藏不見」而不可觀察到；一旦權力客體瞭解其本身的「真正利益」，致使「虛假共識」失去作用，則「潛藏的衝突」就浮現出來而成為可被觀察到的「內隱的衝突」或「外顯的衝突」。如此說來，「虛假共識」的作用，十分強烈，以至於權力客體難有瞭解其「真正利益」的時機。如果這樣，那麼權力客體皆在「虛假共識」下形成其「實際偏好」（或「主觀利益」），因而其「實際偏好」（或「主觀利益」）非但違反其本身的「真正利益」，反而符合權力主體的利益。顯而易見的，權力的第三副面貌，著重於「思想控制」或「偏好形成」的權力關係（Hay, 2002: 171-182; Heywood, 1994: 80-85）。

據此而言，Lukes的參向度權力觀，乃以「政策偏好」、「苦楚」、及「真正利益」來詮釋權力界說中的「利益」，從而以關鍵議案的通過與否、是否制訂「非決策」、及是否促成「虛假共識」，來詮釋其中的「不利影響」。因此，在詮釋權力概念的「共同核心」上，除了前述單向度、雙向度權力觀的詮釋之外，還包含下述方式：若甲以一種雖然符合乙的偏好、但卻違反乙的「真正利益」的方式影響乙時，那麼甲對乙行使了權力。例如，假使賺取生活費用乃是資本主義社會中一般工人的「實際偏好」或「主觀利益」，而將資本主義社會翻轉成為共產主義社會則是他們的「真正利益」，那麼資本家（甲）僱用工人（乙），便是「甲以一種雖然符合乙的偏好、但卻違反乙的『真正利益』的方式影響乙」，從而就是一種權力行使了。

進一步說，依據本章第二節的評述，滿足一個「本質上可爭議的概念」的第三個條件，乃是「這些適當用法之間的爭議，在性質上乃是無止境的」。Lukes指出，在權力三貌的爭議上，不能完全訴諸理性以解決爭論的緣故，乃因論戰三方自詡的三種不同的「最

適當的用法或詮釋」，實際上分別奠基在不同的「價值假定」（或「道德見解與政治見解」）之上。依據Lukes的術語，這三種權力觀各自憑藉的「價值假定」，分別如下：單向度權力觀採取「自由主義」的利益觀念，雙向度權力觀主張「改革主義」的利益觀念，參向度權力觀則採「激進主義」的利益觀念（Lukes, 1974: 35）。值得注意的是，Lukes指出，由於任何的「價值假定」，皆屬自衿自是而「無可妥協」的主張，因此無法訴諸任何論證以解決它們之間的爭端，以至於這三種主義之間的爭論，終會陷入無休無止的爭議中（Lukes, 1977: 165）。

　　總括上述，Lukes的權力解析雖然備受矚目，但也引起一些激烈的批評，尤其是「利益」、「主觀利益」、「客觀利益」、「真正利益」之間的分辨與認定的議題，以及「自由主義」、「改革主義」、「激進主義」等三種主義之間的「不可共量性」（incommensurability）的議題（Dahl, 1991: 29-31; Dahl and Stinebrickner, 2003: 15-17；郭秋永、鄧若玲，1996: 17-18）。除了這些爭論之外，在評述Lukes的權力解析上，我們至少必須注意到下述三個要點。

　　第一，Bachrach與Baratz兩位學者的論述核心，不在於全盤排斥Dahl的權力研究，而僅在於批評Dahl忽視權力的第二副面貌。同樣的，Lukes的著力之處，也不在於完全否定Dahl以及Bachrach與Baratz的權力解析，而只是批判他們不知權力尚有第三副面貌。誠然，就權力概念的指涉範圍來說，三副權力面貌自然大於單一或一雙的權力面貌，如同雙副權力面貌當然大於單一權力面貌。因此，我們或許可說，三種權力觀所指涉之權力現象的範圍，重重相疊而可以構成一種有如「同心圓」的廣狹關係。

　　第二，三種權力觀所在關切的權力現象，均是「行為性」的權力概念，因此，Dahl、Bachrach與Baratz、及Lukes所在界定的對象，與其說是「權力」，毋寧說是「行使權力」或「權力行使」。Dahl的權力解析，著重「決策制訂情境」中權力主體與權力客體

之間外顯的偏好衝突，也就是權力的「外顯面貌」。權力主體與權力客體之間外顯的偏好衝突，展現在重要議案的決策行為之中。Bachrach與Baratz所謂之「非決策制訂情境」中的「內隱面貌」（或「議程設定」），則在強調權力主體與權力客體之間內隱衝突的壓制。內隱衝突的壓制，基本上仍然屬於實際的決策行為（郭秋永，2004: 51-53）。Lukes特別強調的「潛藏面貌」（亦即「思想控制」或「偏好形成」），依然屬於權力主體與權力客體之間的互動行為，儘管其所謂的權力主體與權力客體，泛指集體而非單一個體（郭秋永，2004：52-57）。這可自前引Lukes與Dahl兩人之權力界說幾乎等同的事實，得到強烈的佐證（郭秋永，2004: 53-57；O'Sullivan, 2003: 42）。Dahl之權力的概念界說，乃是「在甲能夠促使乙去做一件原本不願做之事的範圍內，甲對乙行使了權力」。Lukes之權力的概念界說，則是「當甲以一種違反乙之利益的方式而影響乙時，甲對乙行使了權力」。兩相對照之下，除了「利益」一詞的有無之外，兩個概念界說幾乎相同。如同前述，「行為性的關係語詞」不同於「擁有語詞」，或者「具有權力」有別於「行使權力」，因此筆者在引述Dahl的權力界說時，曾經使用粗體字形來突顯其中的「A has power over B」，並將之翻譯成「甲對乙行使了權力」，而非「甲對乙具有權力」。同樣的，在引述Lukes的權力界說時，也用粗體字形來突顯其中的「A exercises power over B」，並且也翻譯成「甲對乙行使了權力」。

　　第三，Lukes雖然不曾提出「自由主義」、「改革主義」、「激進主義」等三種主義為何分別是第一副權力面貌、第二副權力面貌、第三副權力面貌之「價值假定」的理由，但是筆者下述的思考理路，或許是Lukes應該明說但存而不論的一些理由。Dahl之社群權力的「多元模型」，廣被學界視為自由主義者所在主張的一個理論模型。在這樣的認定之下，「自由主義」也就順理成章地成為第一副權力面貌的「價值假定」了。值得注意的是，「多元模型」的權力理論，基本上乃在既有體制之內去進行理論建構，通常不會

針對既有體制本身進行批判工作，從而隱含一種接受既有體制的保守心態（參見本書第二章第五節）。對照之下，Bachrach與Baratz的權力研究，由於強調權力主體操控社群中占據優勢之價值、信念、儀式、及制度程序的冷酷現實，或者，由於重視權力客體的「苦楚」（不利情況），因而具有「在體制內排除苦楚」的改革意涵。因此，可將「改革主義」當作第二副權力面貌的「價值假定」。Lukes提出的第三副權力面貌，旨在指明「思想控制」或「偏好形成」的權力關係，從而具有改變「整個既有體制」的激進意涵，因而可將「激進主義」當作它的「價值假定」。

四　權力的結構觀

　　「權力三貌」之間的論戰，雖然喧天價響，但在行為性的權力概念之下，實際上形同家庭成員之間的一時口角。一般而言，在權力研究上，比較夠格號稱為「相互對峙」的陣營，乃是「權力的行為觀」與「權力的結構觀」之間的對立（郭秋永，2004）。前者著重「行為性」的權力概念，後者則重視「結構性」的權力概念。這兩者之間的戰火，雖然零零落落，但彼此之間的歧見，卻遠超過單向度、雙向度、及參向度權力觀之間的差異。

　　「權力的行為觀」與「權力的結構觀」之間的差別，首在於「power」一字的不同詮釋。大體而言，在英文中，「power」一字的意義，除了「權力」之外，尚有力量、能力、魄力、體力、強權、馬力、倍率、電力、動力等涵義。在「power」這些相互關聯的各種意義中，權力行為觀者強調「權力」與「力量」之間的密切關係，從而將「權力」視為一種「力量」。權力結構觀者則在不否定「力量」的詮釋之下，更加重視「權力」與「能力」之間的密切關係，從而把「權力」當作一種「能力」。

　　權力行爲觀者Dahl曾經指出，在權力大小的測量研究上，他運用「牛頓式的判準」（Newtonian criteria）（Dahl, 1968: 413-414）。其所謂的「牛頓式的判準」，乃將權力的測量，類比於古典力學中「力」（或「力量」）的測量。依據牛頓的運動定律，當所有物體不受外力作用時，則靜者恆靜，動者恆以同一方向、同一速度而動；一旦受到外力，則其動量的變化，跟其外力大小及作用時間成正比，而其方向的變化，同於外力的方向。從這種「牛頓式的判準」，我們可以清楚看出，當Dahl將權力界定爲「甲能夠促使乙去做一件原本不願做之事」時，基本上就是將權力概念視同於力學中「力」的概念，從而成爲一種包含權力主體、權力客體、促使行爲、及反應行爲等四個變項之間的關係，如同力學上一種包括甲物體、乙物體、外力、動量變化等四個變項之間的關係。同樣的，當Lukes將「權力」界定爲「甲以一種違反乙之利益的方式而影響乙」時，或者，當Bachrach將「權力」界定爲「甲依據本身利益而促使乙去做違反乙利益之事」時（Bachrach and Botwinick, 1992: 54），也包含了權力主體、權力客體、促使行爲、及反應行爲等四個變項之間的關係，也將權力概念視同於力學中「力」的概念。因此，自權力行爲觀者看來，「權力」乃是權力主體用來改變權力客體之行爲的一種「力」（或「力量」），而權力主體的權力大小，可以運用權力客體的行爲改變程度（例如，「完全做了原本不願做之事」）來加以測量，如同可藉物體的「動量變化」來測量物體承受外力的大小。

　　對照而言，依據一位權力結構觀者Peter Morris的說法，「power」乃是一種「傾向性」的性質概念，基本上是指「某一對象達成某種結果的能力」（Morris, 2002: 14）。例如，當說張三具有投擲某塊石頭遠達十公尺的「power」時，不是在說張三「曾經」投擲某塊石頭遠達十公尺、也不是在說張三「正在」投擲某塊石頭而會遠達十公尺、更不是在說張三「未來」投擲某塊石頭而會遠達十公尺，而是在說張三具有「能力」去投擲某塊石頭遠達十公

尺，或是在說張三「能夠」投擲某塊石頭遠達十公尺，不論張三在過去、現在、及未來是否投擲石頭，也不管張三在過去是否投擲過某塊石頭遠達十公尺，更不論張三是否故意未盡全力投擲。換言之，張三具有投擲某塊石頭遠達十公尺的「power」，乃在直接的或間接的可觀察行為之外，儘管也可能展現在直接的或間接的可觀察行為中。

值得注意的是，自權力結構觀者看來，這種未必呈現在可觀察行為中的「power」，在個人層次上，乃存在於個體結構中，例如存在於張三的身體結構中；在社會層次上，則存在於「社會結構」中，而可稱為「權力」或「社會權力」（Benton, 1994[1981]; Scott, 2001: 1-5）。

所謂的「社會結構」乃指，在履行明確的社會實踐中，「諸行動者之間相當持久的社會關係」（Isaac, 1987a: 57; 1990: 18）。例如，家庭乃是一種社會結構，而由履行「養育子女」或「維持家計」之社會實踐的諸行動者（父、母、子、女等）所組成的一種持久性的社會關係。尤須注意的是，權力結構觀者所說的「持久性的社會關係」，乃是一種具有必然性的「內在關係」。Andrew Sayer 指出，具有必然性的「內在關係」，乃指「某一對象究竟是什麼，取決於它跟其他對象之間的關係……其中之一的存在，必然預設另外之一的存在」（Sayer, 1992: 89, 92; 2000: 14）。例如，主奴結構中「主人」與「奴隸」之間的關係，乃是內在的：沒有「主人」就無「奴隸」，沒有「奴隸」便無「主人」。再如，師生結構中「老師」與「學生」之間的關係，也是內在的：沒有「老師」就無「學生」，沒有「學生」便無「老師」。又如，家庭結構中「父母」與「子女」之間的關係，也是內在的：沒有「父母」就無「子女」，沒有「子女」便無「父母」。

社會結構既指「諸行動者間相當持久的社會關係」，那麼社會結構並不獨立在「諸行動者的行動」之外。因此，在「結構」與「行動」的議題上，權力結構觀者主張「結構的雙重性」

（duality of structure）。這就是說，在社會生活中，「結構」非但未跟「行動」截然分立，反而密切關聯著「行動」，從而展現出「雙重性」：社會結構不但是人類行動的「常在條件」（ever-present condition），而且是人類行動的「再生結果」（reproduced outcome）（Bhaskar, 1998: 34-36）。就人類行動的「常在條件」而言，除了限制行動者的行動外，社會結構還具一種使得行動者能夠採取行動的作用。例如，金融結構不但限制行動者開立支票的行動，而且使得行動者能夠據以開立支票。正如語言結構一方面限制說者的言說行動，另一方面則使說者能夠進行言說行動。就人類行動的「再生結果」而言，社會結構雖是人類行動的「常在條件」，但人類行動通常無意識地「再生」（甚至「轉換」）社會結構，或者，人類行動的進行過程，通常無意識地維持（甚至改變）社會結構。例如，在一個資本主義的社會中，大學畢業生進入就業市場，大抵上無意識地「再生」了資本主義的經濟結構，即使他們不是為了「再生」資本主義的經濟結構而進入就業市場。正如說者的言說行動，「再生」了語言結構，縱然說者不是為了「再生」語言結構而採取言說行動。

　　進一步說，社會結構既然是「諸行動者之間相當持久的社會關係」，那麼權力存在於社會結構之處，便是存在於社會關係中諸行動者的「角色」或「職位」中。例如，在師生結構中，老師具有設計教學大綱、指定作業、引導課堂活動、評定成績等權力。老師的這些權力，「必然」存在於師生結構中：一旦社會世界中的諸行動者，形成一個師生結構，那麼老師便因持久性的社會關係中的「角色」或「職位」，而必然擁有這些權力。由於強調持久性社會關係中某種「角色」或「職位」的行動能力，一位權力結構觀者遂將「權力」正式界定如下：

社會行動者憑藉其所參與之持久關係而具有的行動能力。（Isaac, 1987a: 81; 1987b: 22; 1987c: 194）

顯而易見的，在這樣的界定之下，權力便是一種「性質概念」，而可為扮演某種角色的行動者所擁有，或可為擔任某種職位的行動者所擁有。自權力結構觀者看來，權力行為觀者所忽視的，正是這種必然存在於社會結構中的權力性質概念。在這樣的忽視之下，著名權力行為觀者Dahl，才會抱怨說：「在英文之中，『power』乃是一個十分彆扭的字彙，因為不像『influence』與『control』這兩個字彙，它並無動詞形式。」（Dahl, 1994 [1957]: 289）

　　一位權力結構觀者Brian Barry（1936-2009）反駁說，「power」一字缺乏動詞這一事實，與其說是反映出英文文法上的缺陷，毋寧說是反映出概念本身的性質：「power」可以指涉我們擁有的能力（Barry, 1989: 228）。Barry進一步指出，在英文中，「wealth」也是一個沒有動詞形式、但指涉我們可以擁有某事物的字彙；去抱怨「power」缺乏動詞，正如去埋怨「wealth」沒有動詞一樣地見識淺薄（Barry, 1989: 228）。Morris也指出，由於Dahl不知權力是一種社會結構中的「性質概念」，因而誤將「權力」等同於「權力行使」（或「行使權力」）。Morris進一步指出，某一種權力雖然從未被行使過，或者，某一種權力雖然從未展現在直接的與間接的可觀察行為上，但它仍然存在於社會關係中的「角色」或「職位」中（Morris, 2002: 14-19）。例如，美國現任總統Barack Obama（1961-）具有否決國會法案的權力，即使他尚未行使過，正如一只具有易碎傾向性質的茶杯一樣，即使至今還沒被摔破，依然保有易碎性。

　　值得注意的是，曾在1974年將「權力」視同於「權力行使」的Lukes，在三十一年之後，不但自行數落原先所提權力界說的各種不當之處，而且追隨Morris的權力解析，也將「權力」視為一種傾向性的行動能力。

　　在2005年問世的《權力：一種激進的觀點》中，Lukes自行批判說，他原先提出的權力界說，實際上乃是一個「錯誤的界說」（Lukes, 2005: 12），或是一個「片面的局部說明」（Lukes, 2005:

64-65），或在下述五個方面上呈現出「完全不令人滿意之處」
（Lukes, 2005: 109）。第一，原先所提權力界說的注意焦點，全然
集中在「已行使的權力」而漠視「未行使的權力」，因而違犯了
「行使謬誤」（exercise fallacy）。這就是說，權力乃是一種傾向
性概念，因而既可「已行使」，也可「未行使」。假使權力的解
析，完全集中在「已行使」的部分，那麼當然有所偏頗而可稱為
「行使謬誤」。因此，Lukes說：「一個遠比原先權力界說較佳的
權力界說，乃是根據行動者促成顯著效果的能力來加以界定，不論
其顯著效果是在促進行動者本身的利益、還是在影響他人的利益，
也不論是正面的利益、還是負面的利益。」（Lukes, 2005: 65）第
二，單就「已行使的權力」來說，原先所提的權力界說，僅是關切
權力主體甲針對權力客體乙的權力行使，從而忽視其他可能存在而
也在發揮影響作用的權力客體丙、或丁、或戊等。換句話說，權力
客體乙的反應行動，不但依賴在權力主體甲的權力行使上，而且依
靠在權力主體丙、或丁、或戊的權力行使之上。可是，原先提出的
權力界說，卻只注意到權力主體甲的權力行使，而忽視權力主體
丙、或丁、或戊的權力行使。第三，在權力主體甲針對權力客體乙
的權力行使上，原先所提的權力界說，僅僅注意到「甲以違反乙之
利益的方式去影響乙」，而未考慮到其他的影響方式，例如，「甲
以契合乙的尊嚴方式去影響乙」、或「甲以權威方式去影響乙」、
或「甲以轉化方式去影響乙」、或「甲以產生方式去影響乙」。
第四，在原先提出的權力界說中，「利益」一詞的意義及其相關
說明，根本就是「狹窄的利益觀念」之下的產物。因為一般所謂
的「利益」，包含正面性的「有利的利益」（interest-favoring）與
負面性的「減損的利益」（interest-disfavoring）兩種（Lukes, 2005:
83），所以行動者本身的利益，不是混成「單一整體」而無可分
辨，而是會有「衝突、差別、以及互動」的可能性。顯而易見的，
應將「狹窄的權力觀念」加以擴展。第五，在假定「行動者具有單
一整體利益」之下，原先提出的權力界說，僅將分析焦點集中在權

力主體與權力客體之間的「二元權力關係」。Lukes指出，我們必須拓展並深化這種單純的「二元權力關係」，以期涵蓋數個行動者及其各種不同利益之下的「多元權力關係」。

如此說來，權力概念包含兩個部分：一個部分是「power to」，另一個部分是「power over」（Haugaard, 2002: 4; Morriss, 2002: xiii, 32-35; Dowding, 1996: 3; Connolly, 1993: 87; Wrong, 1988: viii, 237-247）。前者指涉一種傾向性的能力，而可稱為「有權力去做」；後者指涉此種能力的展現，而可稱為「行使權力」（或「權力行使」）。值得注意的是，按照這樣的見解，「有權力去做」（或「power to」）便在分析上先於「行使權力」（或「power over」）；或者，「行使權力」（或「power over」）寄生在「有權力去做」（或「power to」）之中。[7]一位權力結構觀者Douglas Porpora指出：「這些能力本身不是行為，而是嵌入社會位置中的傾向性質……只在涉及其他社會位置的關係中方才存在。簡單說，我們觀察到的行為性的權力，乃植基在社會關係中。因此，在分析上，關係先於行為。」（Porpora, 1998: 349）

進一步說，必然存在於社會結構中的權力，其實際上的行使，未必總是成功的；或者，權力的成功行使，乃是「適然的」。此處所謂的「適然」，乃指「可以然而不必然」（或「有時而然」），基本上介於「不可能性」與「必然性」之間。我們試以上文曾經提到的師生結構例子，來加以說明。

在師生結構的例子中，我們曾經提到，老師具有設計教學大綱、指定作業、引導課堂活動、評定成績等權力，而老師的這些權力，「必然」存在於師生結構中。可是，社會結構乃是多重的，並不僅限於一種結構。因此，社會行動者的角色（或職位）也是多重

7　Lukes雖然認為「power to」與「power over」乃是兩個誤導的語詞，但也加以沿用，進而主張「power over」乃是「power to」的次級類別（Lukes, 2005: 69）。

的，並不限於單一的角色（或職位）。例如，張三既是師生結構中
的一位學生，也是家庭結構中的一位子女。當我們說老師的權力
「必然」存在於師生結構中、但其實際行使未必總是成功之時，乃
指師生結構之外的其他社會結構可能發生作用，從而抵銷了或凌駕
了師生結構的作用。一旦其他社會結構的作用，抵銷了或凌駕了師
生結構的作用，老師就難以成功行使其必然權力。例如，當家庭結
構起了作用、從而抵銷了或凌駕了師生結構的作用時，某位學生可
能由於幫忙家計，而不會在今早按時繳交老師指定的家庭作業。又
如，當教會結構起了作用、從而抵銷了或凌駕了師生結構的作用
時，某位學生可能由於參與教會活動，而不會在今早按時繳交老師
指定的家庭作業。在其他社會結構作用不會抵銷或不會凌駕師生結
構作用之下，當師生結構起了作用而造成一個結果時，例如，某
位學生按時交了指定作業，那麼該老師便成功行使了必然權力。
同樣的，資本家的權力，必然存在於資本家與工人之間的持久性
關係中。資本家所擁有的一些權力（例如，監督工廠生產與投資市
場），必然存在於資本社會的階級結構中，但是未必總能成功行使
（例如，遭受工人的集體罷工）。

　　值得注意的是，權力結構觀者所謂的「社會結構」，大到可
以包括整個社會，小到僅僅包含夫妻兩人。「社會結構」的指涉範
圍既然如此廣泛，自然難以標明出各種社會結構之間的任何實質關
係。然而，不論這樣的困難，權力結構觀者在權力分析上泛指的
「社會系絡」（social context），亦即各種社會結構所組成的一種
系絡，卻足以進一步彰顯出「結構性質」的權力解析。我們再以師
生結構的例子，來加以說明。如同上述，在師生結構的例子中，老
師必然具有評定學期成績的權力。當學生得到不及格的分數時，可
能受到雙親的責備、社團的排擠、學校的開除，也可能無法參加更
高學府的入學推甄或申請理想系所，更可能不夠格應徵某些公司行
號的職位。這些負面作用的產生，乃是師生結構外之「周邊行動
者」對於不及格分數的可能反應，也就是其他各種社會結構中各種

社會行動者的可能反應。這些包含在其他社會結構中的可能反應，確實更加烘托出老師評定學期成績之權力的結構性質。顯而易見的，師生結構外之「周邊行動者」或其他社會結構的存在，更能突顯出權力的「結構性質」。我們甚至可以斷言，即使將權力行為觀者Dahl的師生例子，亦即「老師甲要以評定不及格的學期分數，來促使學生乙去閱讀《韓非子》」的例子，放在這樣的「社會系絡」中來解讀，依然不會減損我們對於權力的理解，甚至能夠獲得更加充分的理解。

　　總而言之，從本節的扼要評述，我們可以獲得下述兩個要點。第一，權力結構觀者將權力概念分為「有權力去做」與「行使權力」兩個部分，從而認為後者寄生在前者之上。顯然的，權力結構觀者之權力概念的指涉範圍，遠大於權力行為觀者。不過，權力結構觀者正式提出之權力的概念界說，著眼於「有權力去做」的部分。第二，依據本章上一節的評述，Lukes提出的第三副權力面貌，旨在指明「思想控制」或「偏好形成」的權力關係，從而具有應該大幅改變這種不當現狀的激進意涵，因而可將「激進主義」當作它的「價值假定」。按照本節的解析，權力結構觀者的權力研究，旨在突顯權力的「結構性質」。因此，不滿意權力的分配現狀，就是不滿意現今的社會結構。在不滿意現今的社會結構之下，改善之道，便在於破壞或修改既有的社會結構了。如此說來，當我們將「激進主義」視為第三副權力面貌的「價值假定」時，應將「更激進主義」看成權力結構觀者的「價值假定」。

（五）　權力的界線觀

　　依據上述兩節的敘述，在當代的權力研究上，權力行為觀的一個主要特色，乃在於解析權力主體（有權力者）與權力客體（無

權力者）之間「二元對立」的權力關係。權力結構觀雖然強調社會結構中的行動能力，從而認爲「行使權力」寄生在「有權力去做」之中，但在經驗研究上也是重視直接（或間接）可觀察的「行使權力」，進而將分析焦點集中在權力主體與權力客體之間的權力關係上。換句話說，權力行爲觀與權力結構觀之間的權力分析，雖然互有出入，但是兩者都重視權力主體與權力客體之間的權力關係，也就是都重視各種分配在行動者（權力主體與權力客體）之間的權力大小。據此而言，在權力不均地分配於行動者之間的認定下，權力便是通過權力主體與權力客體而運行，也就是「人稱地運行」（it operates personally）。權力既是「人稱地運行」，那麼權力主體的行動，就在於限制（或改變）權力客體的自由行動，不論權力在何種層面上展現出何種面貌。

　　然而，約在二十一世紀初，一位政治學者Clarissa Hayward，在藉助兩位著名學者Michel Foucault（1926-1984）與Jurgen Habermas（1926-）的權力分析之下，提出了自成一格的「權力的界線觀」。依據「權力的界線觀」，權力乃是通過「可能性領域的形成」而運行（it operates by shaping the field of the possible）（Hayward, 2000: 7, 34）。權力既是透過「可能性領域的形成」而運行，那麼權力便是「非人稱地運行」（it operates impersonally），而不是「人稱地運行」。因此，權力分析的焦點，與其集中在「行動者之間的權力大小或有無」，毋寧集中在「可能性領域的形成」。換句話說，權力現象的分析，不應自我設限在人稱性之「有面貌的權力」，而應關注在非人稱性之「沒有面貌的權力」（de-facing power）。誠然，在「沒有面貌的權力」之下，我們可以進一步追問：當權力是「人稱地運行」時，權力與自由構成相互對立的兩種概念；而當權力是「非人稱地運行」時，權力與自由究竟呈現出何種關係呢？爲了答覆這個進一步的問題，以期更完整地辯護「權力的界線觀」，Hayward訴諸英國著名政治哲學家Isaiah Berlin（1909-1997）的「自由」論述。下文分從「消極

自由與積極自由」、「權力面貌觀與消極自由」、「權力界線觀與
政治自由」等方面，逐一解析Hayward的權力理論。

（一）消極自由與積極自由

Berlin曾將自由的觀念，分成「積極自由」（positive freedom
or positive liberty）與「消極自由」（negative freedom or negative
liberty）兩種（Berlin, 2002: 35-36; 168-169; 177-178; 205）。[8]這種
區分及其論述，不但引起學界的熱烈討論，而且獲得高度的肯定。

Berlin所謂的「消極自由」，旨在回答這種問題：「在何種領
域內，一個個體被允許（或應被允許）去做其所能做之事、或去成
爲其所能成爲之人，而不受別人的干涉？」，或者，「在什麼領域
內我是主人？」據此而言，「消極自由」乃指「免於……的自由」
（freedom from）、或「外在干涉的免除」、或「不讓別人阻止我
的選擇的自由」、或「免於任何外在權威的控制」，也就是一個個
體能夠不受其他個體（或群體）的干涉而行動。假使張三原本能做
某事，但別人阻止張三去做該事，那麼張三便缺乏「消極自由」。

Berlin所謂的「積極自由」，旨在回答這種問題：「能夠決定
一個個體去做這個或成爲這樣的控制來源，究竟是什麼或究竟是何
人？」或者，「告訴我是什麼或能做什麼的來源，究竟是什麼或
究竟是誰？」，或者，「誰是主人？」據此而言，「積極自由」
乃指「去做……的自由」（freedom to）或「自我掌控」（self-
mastery），也就是我成爲自己的主人。假使告訴李四能做某事之
人，不是李四本人而是別人，那麼李四便欠缺「積極自由」。

值得注意的是，「積極自由」既指「自我掌控」，那麼我們就

8　Berlin混用「liberty」與「freedom」兩個字彙而不加以區別。請見Berlin,
　　2002: 377（index）。關於「自由」的意義與分類，以及英文中「liberty」與
　　「freedom」兩個字彙的區分與意義的歷史演變，參見張佛泉（1979），鄒
　　文海（1994）。

需注意到兩種「自我」的課題：一個是「理想的自我」（或「理性的自我」、或「自律的自我」、或「高級本性的自我」），另一個是「經驗的自我」（或「感性的自我」、或「他律的自我」、或「低級本性的自我」）。

Berlin指出，人類常有「天人交戰」、或「身不由己」、或「從精神奴役中解放出來」、或「從難以駕馭的激情奴役中解放出來」的生活體驗，從而使人體認到「自我」應有兩種：一個是「理想的自我」，另一個是「經驗的自我」。在這樣的區分下，「理想的自我」遠比「經驗的自我」更曉得自我本身的真正利益或需要，因而「理想的自我」必須約束「經驗的自我」，而「經驗的自我」必須服從「理想的自我」。

「自我」既然可以分成高與低兩個級別，那麼意指「『自我』掌控」的「積極自由」，也就預設兩種「自我」：「理想的自我」與「經驗的自我」。Berlin（2002: 37; 179-181）進一步指出，在歷史上、學說上、及實踐上，高級的「理想的自我」，常被理解成一個社會整體（諸如部落、種族、教會、國家、文化、政黨）或一種含糊整體（諸如「全意志」、「共善」、「神意」），從而再被理解為一個具有單一意志的有機體；至於低級的「經驗自我」，則常被理解為社會整體中的「成員」。為了追求「成員」的真正利益，懷有長遠目標的「社會整體」當然必須強迫那些昧於一時激情的「成員」。在這樣的設想下，代表「社會整體」的少數傑出政治菁英或政治領袖，就能理直氣壯地要求眾人服從命令，從而使得「積極自由」淪為統治者的玩物，以至於「自由非但不跟權威背道分馳，反而在實際上化為權威」（Berlin, 2002: 194）。

在運用Berlin的自由觀念上，除了必須注意到兩種「自我」的課題之外，權力研究者尚須斟酌自由的「疆界」（frontier）問題。

Berlin（2002: 170-173）曾經指出，「自由」應有一個「疆界」，否則人人漫無限制、個個競相干涉，終將陷入強凌弱、眾暴寡的混亂狀態。因此，古典政治思想家認為人類雖然應該自由行

動，以期各個個體能夠發揮天賦才能去追求各自的人生目的，但是仍然需要受到某些限制。這就是說，我們必須運用一道分界線，來區別「私人生活的領域」（area of private life）與「公共權威的領域」（area of public authority）。前者是不受干涉或強制的自由行動領域，後者則是受到干涉或強制的行動領域。可是，這道分界線究竟應該畫在何處呢？或者，究竟應該根據何種基本原則來畫下這道分界線呢？分界線的畫定議題，誠然屬於見仁見智之事，何況「大學校長的自由，可能完全不同於農夫的自由」，遑論「大魚的自由就是小魚的末日，狼的自由便是羊的死期」（Berlin, 2002: 171, 38）。

Berlin指出，「私人生活的領域」與「公共權威的領域」兩個範圍的大小畫分，通常繫於人性的樂觀見解與保守見解之上。樂觀者認為較大的「私人生活的領域」，較有益於社會的和諧與進步；保守者以為較小的「私人生活的領域」，較能避免弱肉強食的生活狀況。不過，不論是樂觀者或是保守者，雙方都主張，人類生活中的某些方面，必須獨立在社會控制範圍之外，也就是必須有一個最低限度的、不可侵犯的「消極自由」的範圍。

Berlin（2002: 210-211）進一步指出，在歷來政治思想家的不同見解中，決定這個最低限度的「消極自由」之疆界的基本原則，約略計有自然法、上帝聖諭、自然權利、功利原則、無上命令、以及社會契約等不同名義的基本原則。這些基本原則的名稱與內容，雖然互有出入，但都在人類歷史中逐漸發展，以至於深植人心，至今則已成為「人性的本質」或「正常人」的組成元素。在歷史上，這些基本原則所畫定的一些疆界，雖然屢被強行入侵，但在「正常情況下，對大多時空的大多數人來說，這些疆界乃是神聖的，亦即侵犯它們就是不人道（inhumanity）」（Berlin, 2002: 53）。那麼，依據Berlin的見解，判斷這個最低限度的、不可侵犯的「消極自由」之疆界的標準就是：如果拋棄它，我們就違逆了人之所以為人的「人性的本質」（Berlin, 2002: 173）。

　　總括上述，Berlin先將自由觀念分成「消極自由」與「積極自由」，從而指出「消極自由」的畫界標準，並論述「積極自由」中理想自我與經驗自我的區別課題。Hayward就是運用這樣的自由觀念，一方面批評「權力的行為觀」與「權力的結構觀」，一方面辯護「權力的界線觀」。

（二）權力面貌觀與消極自由

　　依據Hayward的見解，參與「權力三貌」論戰的學者們，雖然反對Dahl只根據「外顯面貌」來界定權力概念，但實際上都接受Dahl權力分析的一個基本前提：「權力必然帶有面貌；亦即，權力乃是有權力者用來改變無權力者之自由行動的一種工具。」（Hayward, 2000: 14）這就是說，權力的行為觀，旨在研究「人稱性之有面貌的權力」。

　　Hayward進一步指出，權力的結構觀者雖將權力分析擴展到社會結構，但仍然維持「權力帶有面貌」的主張，也就是仍然主張權力乃是「有權力者用來改變無權力者之自由行動的一種工具」。Hayward說：「他們維持社會權力帶有面貌的見解，亦即在結構的角色與關係內……有權力行動者選用社會權力去限制無權力者的自由行動……提出結構觀的諸位理論家，仍然執著於Dahl設定的辯論言詞，並可歸入早期權力面貌理論家的行列之中。」（Hayward, 2000: 23, 26）

　　顯然的，自Hayward看來，「權力的行為觀」與「權力的結構觀」之間的基本主張，雖然有所差別，但這兩種權力觀都認為「權力具有面貌」，因而可以合稱為「權力的面貌觀」。在權力現象的研究領域中，這樣的「權力的面貌觀」，實際上具有兩個相互關聯的分析特點。第一個分析特點是，探問權力主體透過何種面貌來限制（或改變）權力客體的自由行動。第二個分析特點是，忽視權力對於權力主體的作用。下文依據Hayward的見解，依次評述「權力面貌觀」的分析特點。

　　自Hayward看來，權力的行為觀，不論是權力的「外顯面貌」或是「內隱面貌」還是「潛藏面貌」，都是根據權力主體（有權力者）改變或限制權力客體（無權力者）的行動自由，來界定「行使權力」，因此三副權力面貌皆蘊含「消極自由」的觀念。

　　依據單向度權力觀，權力主體在一些具體而明顯的關鍵議題上展現出「外顯面貌」，而來促使權力客體做了原本不願做之事，因而限制了（或改變了）權力客體的自由行動。限制（或改變）權力客體之自由行動的力量，端在於權力主體。顯然的，在一個特定的權力關係中，研究者的主要關切，乃在於探問權力客體的自由行動是否受到權力主體的限制（或改變）；至於權力主體的自由行動是否也會受到限制（或改變），則完全存而不論。當然，在另外的權力關係中，原是權力主體的個體（或團體），可能轉成權力客體，從而使得其自由行動遭受其他個體（或團體）的限制或改變。

　　按照雙向度權力觀，除了「外顯面貌」之外，權力主體尚在一些不易觀察的議程設定（或「非決策制訂」）上，透過「內隱面貌」來促使權力客體做了原本不願做之事，或促使權力客體去做了違反本身利益之事，因而限制了（或改變了）權力客體的自由行動。當權力主體運用社群中的主流價值（或制度）來設定議程時，那會限制（或改變）權力客體之自由行動的力量，除了權力主體外，尚有權力主體所在利用的主流價值（或制度）之類的社會限制。當然，在一個特定的權力關係中，權力主體的自由行動是否也會受到限制（或改變），依然是一個存而不論的課題。

　　依據參向度權力觀，除了「外顯面貌」與「內隱面貌」之外，權力主體還在思想控制（或偏好形成）上，透過「潛藏面貌」來促使權力客體誤解本身的真正利益、以至於做了違反真正利益之事，因而限制了（或改變了）權力客體的自由行動。據此而言，在一個特定的權力關係中，限制（或改變）權力客體之自由行動的力量，除了權力主體外，尚有權力主體所在運用的政治社會化過程。同樣的，在一個特定的權力關係中，權力主體的自由行動是否也會受到

限制或改變，仍然是個存而不論的課題。

　　總之，單向度、雙向度、及參向度權力觀，都是根據權力主體（有權力者）改變或限制權力客體（無權力者）的行動自由，來界定「行使權力」，因此，其中所指的三副權力面貌，不論是「外顯面貌」、或是「內隱面貌」、還是「潛藏面貌」，皆蘊含「消極自由」的觀念。就「外顯面貌」來說，權力主體行使權力的結果，乃是促使權力客體「做了原本不願做之事」。對「內隱面貌」而言，權力主體行使權力的結果，乃是促使權力客體「做了違反本身利益之事」。就「潛藏面貌」而言，權力主體行使權力的結果，則是誘使權力客體「做了違反真正利益之事」。權力客體「做了原本不願做之事」或「做了違反本身利益之事」或「做了違反真正利益之事」，都是意指權力客體「無法免除權力主體的外在干涉」或「已讓權力主體阻止了選擇自由」，從而皆蘊含權力客體缺乏「消極自由」。

　　除了「權力的行為觀」之外，Hayward進一步認定權力結構觀者的權力界說，也是蘊含「消極自由」。依據權力結構觀者的主張，權力概念包含「有權力去做」與「行使權力」兩大部分，並且後者寄生在前者之中。「有權力去做」的部分，雖然指涉社會結構中角色（或職位）的行動能力，但「行使權力」的部分，仍指權力主體在社會結構內的各種角色或職位上，透過各種面貌而促使權力客體去做（或去欲求、或去知覺）原本不會做（或不會欲求、或不會知覺）之事，因而限制了（或改變了）權力客體的自由行動。在一個特定的權力關係中，限制（或改變）權力客體之自由行動的力量，除了權力主體外，尚有持久性的社會結構。然而，在特定的社會結構下，研究者的主要關切，仍在於探問權力客體的自由行動是否受到權力主體的限制（或改變），而不過問權力主體的自由行動是否也會受到限制（或改變）。

　　如此說來，在「行使權力」的層面上，除了都忽視權力對於權力主體的作用外，權力面貌觀者之間的爭論，實際上乃在爭執權力

主體究竟只在關鍵議題上、或者也在議程設定上、或者還在思想控制上，干涉了權力客體的自由行動。這就是說，自由與否的行動範圍，包含「關鍵議題」、「關鍵議題與議程設定」、以及「關鍵議題、議程設定、及思想控制」等三種範圍，而權力面貌觀者之間的爭議，端在於這三種範圍的適用性罷了。

　　假使自由與否的行動範圍，只包含關鍵議題，則所謂的「自由」，乃指行動者可以依據其偏好而行動的狀態；反之，「不自由」則指行動者受到其他行動者的干涉，以至於不能依據其偏好而行動的狀態，或者，「不自由的行動」就是權力客體在權力主體干涉下所採取的行動。假使自由與否的行動範圍，除了關鍵議題外，也包含議程設定，則所謂的「自由」，也指行動者可以依據其內隱偏好而行動的狀態；反之，則為「不自由」。同樣的，倘若自由與否的行動範圍，除了關鍵議題與議程設定外，還包含思想控制，則所謂的「自由」，還指行動者可以依據其真正利益而行動的狀態；反之，則為「不自由」。因此，論戰各造所在爭議的，端在於研究者應在何處劃分「自由」與「不自由」之間的區別界線。

　　然而，值得注意的是，在這樣的詮釋下，所有權力面貌觀者都意涵「消極自由」，並且皆預設他們可以劃定「消極自由」之範圍的界線，儘管各自劃定了不盡相同的界線。

　　可是，權力面貌觀者究竟基於何種立論基礎，來建立這種劃分標準呢？Hayward指出，權力面貌觀者主要致力於權力的經驗理論，而不太在意這種劃分標準的「正當理由」（justification），或不太在意這種劃分標準之規範性的立論基礎。

（三）權力界線觀與政治自由

　　依據Hayward的見解，儘管權力面貌觀者不太在意於劃定「消極自由」之範圍的「正當理由」，但是他們或會訴諸Berlin曾經提出的一個「正當理由」。這個「正當理由」就是，「如果拋棄它，我們就違逆了人之所以為人的『人性的本質』」（Berlin, 2002:

173），也就是最低限度的、不可侵犯的「消極自由」之疆界的劃界標準。可是，自Hayward看來，「消極自由」的這個劃界標準，實際上不足以作為任何權力理論的立論基礎。

　　Hayward（2000：163）指出，「消極自由」的疆界（frontiers），將會發揮一種「絕對屏障」的作用，因而不適於作為任何權力理論的立論基礎。所謂的「絕對屏障的」作用，乃指「人們一旦逾越這個疆界，就不再是位『常態的、健全的、有人性的正常人了』」。儘管權力面貌觀者可以訴諸「消極自由」的這種劃界標準，但是Hayward卻質疑它的正當性。Hayward問道，在發揮「絕對屏障」作用的劃界標準之下，當面對「不正常的人」（或「不正常的行動」）時，我們應該強迫而使之回歸「正常」嗎？Hayward指出，依據該劃界標準而言，答案當然是肯定的，至少應該幫助「不正常的人」（或「不正常的行動」）回歸「正常的人」（或「正常的行動」）。可是，Hayward大聲詰問說，如此一來，「消極自由」豈非如同「積極自由」一樣，容易淪為統治者的玩物嗎？顯而易見的，我們必須排除「消極自由」淪為統治者玩物的可能性。總之，自Hayward看來，由於「消極自由」易於淪為統治者的玩物，因此其劃界標準，實際上不足以作為任何權力理論的立論基礎。

　　Hayward進一步指出，「正常人」（或「正常行動」）的觀念，乃是一種「社會建構體」，從而帶有「社會限制」的性質。一個社會中所含的各種觀念、法律、習俗、觀念、以及制度等，都是「社會建構體」，從而都帶有「社會限制」的性質。值得注意的是，所有的「社會建構體」及其帶有的「社會限制」，雖然都具有各自的界線（boundaries），但這些「界線」不同於「消極自由」的「疆界」，它們不會發揮「絕對屏障」的作用。因此，權力理論的立論基礎，與其訴諸「消極自由」的劃界標準，不如著眼於「社會限制」的「界線」。這就是說，我們應該拋棄「消極自由」的自由觀念，並將「自由」重新界定為「政治自由」（political freedom）。Hayward說：

> 自由不是「消極自由」，亦即不是「獨立在他人行動
> 之外去選擇行動的狀態或空間」。代替的，自由乃是
> 「政治自由」：對於界定我人行動的界線，我人能夠
> 單獨地或跟他人一起地去加以影響的社會行動能力。
> （Hayward, 2000: 8）
> 「政治自由」乃是參與者去影響規範與其他政治機制的
> 行動能力。（Hayward, 2000: 7）

　　依據上述的概念界說，我們不應該把「自由」當作一種「不
受干涉的獨立狀態」，而應該將之視作一種「影響政治機制的社
會行動能力」。Hayward所謂的「政治機制」，乃是「在所有社會
脈絡中，促進並限定所有行動者之行動的界線」（Hayward, 2000:
8）。既然已將「自由」看成「政治自由」，那麼當然必須正視各
種「社會限制」的作用，進而重新界定權力概念。Hayward說：

> 我們不應該將權力界定為某行動者用來改變他人之獨立
> 行動的一種工具，而應界定為一種界線網絡：劃定社會
> 所有成員之可能行動領域的界線網絡。（Hayward, 2000:
> 3）

按照Hayward的見解，社會中十分複雜的界線網絡，界定了社會所
有成員之可能的行動範圍。這些界線網絡所形成的社會界線，大體
上包含社會中各色各樣的法律、制度、規則、規範、及程序等。這
些林林總總的社會界線，就是「權力」；它不但界定了「無權力
者」的行動範圍，而且界定了「有權力者」的行動範圍。例如，
教育制度、教育方法、及教育目標等社會界線，不但界定了學生
（「無權力者」）的行動範圍，而且界定了校長、老師、及督學等

「有權力者」的行動範圍。

在這樣的詮釋下，社會行動者能夠參與「政治機制」的討論、修訂、及形成等，或能夠參與「社會界線」的討論、修訂、及形成等，就是有了「政治自由」，否則便無「政治自由」。例如，校長、老師、督學、及學生等，能夠參與教育制度、或教育方法、或教育目的等的討論、修訂、及形成，便是有了「政治自由」；反之，則無「政治自由」。因此，所謂的「權力關係」，就是「使得參與者成為自由的、並限制參與者的自由」的一種關係（Hayward, 2000: 8）。

大體而言，Hayward所謂的「政治自由」，類似Berlin所說的「積極自由」，也就是類似「去做……的自由」。不過，兩者不同之處，端在於Hayward的「政治自由」，強調「我人能夠單獨或跟他人一起」去影響社會界線。「我人能夠單獨或跟他人一起」的這種強調，企圖排除「積極自由」論述上「理想的自我」與「經驗的自我」的分辨。本節的第（一）小節曾經提起，在「理想的自我」與「經驗的自我」的分辨之下，常會導致「自由非但不跟權威背道分馳，反而在實際上化為權威」的困境，或者常會促使「積極自由」淪為統治者的玩物。Hayward運用「政治自由」來取代「積極自由」的一個理由，就在於規避「理想的自我」與「經驗的自我」之間的分辨困境。

基於這樣的界定及其說明，這種強調社會界線的「權力的界線觀」，在權力分析的研究焦點上，自然不同於「權力的面貌觀」，也就是自然不同於「權力的行為觀」與「權力的結構觀」。「權力的面貌觀」的分析重心，端在於探問「權力如何分配？」或「權力主體是否干涉了權力客體的自由行動？」，從而忽視權力對於權力主體的作用，並漠視一些顯然沒有「權力主、客體彼此互動」的權力關係。為了修正這樣的分析焦點，「權力的界線觀」的討論重心，乃在於探究「社會行動者透過何種機制與政治過程，來界定並安排集體的價值與意義？」（Hayward, 2000: 8）。

顯然的，「權力的界線觀」的抽象程度遠高於「權力的面貌觀」。因此，爲了化除「失諸空泛」的疑慮，Hayward曾經進行兩個參與觀察的田野研究，以期彰顯「權力的界線觀」的經驗性質。

Hayward於1993年12月至1994年6月，進駐美國Connecticut州內的兩間小學（分別化名爲「北端小學」與「公平小學」），並在兩校中各自參與觀察了一班（分別簡稱爲「忠班」與「孝班」）四年級學生的種種活動。Hayward參與觀察的結果，約略如下（詳見郭秋永，2006：254-258）。

「北端小學」的學區，乃是問題叢生的貧困之地，而「北端小學」的教學設備與學生學習成效，都在一般水準之下。不論在課堂規則上、或在教學方法上、還是在學校活動上，「忠班」老師施教的重心，端在於要求學生絕對服從。「公平小學」的學區，乃是人才鼎盛的富裕之地，而「公平小學」的教學設備與學生學習成效，都遠在一般水準之上。不論在課堂規則上、或在教學方法上、還是在學校活動上，「孝班」老師施教的重心，端在於授權學生以期培育自動、自發、自律的精神。

Hayward指出，對於這樣的兩項參與觀察報告，假使依據「權力的面貌觀」，那麼研究者的分析焦點，端在於權力關係究竟呈現出何種分配型態，或老師（有權力者）是否限制了或改變了學生（無權力者）的自由行動。

就「北端小學」四年忠班來說，老師在課堂規則、教學方法、及學校活動上，都透過禁止與威脅，而去要求學生服從其所制訂的規則、採納其所提供的標準、接受其所做的判斷，從而促使學生去做原本不願做之事，以至於限制了學生的「消極自由」。進一步說，假使按照特別強調社會結構的「權力的結構觀」的見解，那麼老師實際上所在培育的，乃是一些適於低社經地位者的行爲與態度，從而有助於「再生並正當化」校外不公平的社會階級。因此，應該批判的對象，乃是老師在施教上爲何不採取「啓發式教學法」，或爲何不去挑戰校外不公平的社會階級，反而去「再生並加

以正當化」呢？

　　就「公平小學」四年孝班來說，老師在課堂規則、教學方法、及學校活動上，行使權力去「授權」學生，以期透過積極參與、集體決定班規、自我管理、以及體會本身利益等過程，而來教育學生。然而，在這樣的過程中，老師雖然「授權」學生，但在「核心價值」與「學習目標」的規定上，仍然不容許學生有所質疑。如同「北端小學」的各種規則，「核心價值」與「學習目標」乃是由上而下的、必須絕對服從的規則。進一步說，假使按照特別強調社會結構的「權力的結構觀」的見解，那麼老師實際上所在培育的，乃是一些適於高社經地位者的行為與態度，從而使得學生不理解校外真實的社會狀況，並有助於「再生並正當化」校外不公平的社會階級。因此，應該批判的對象，乃是老師在施教上為何不強調校外真實的社會狀況，或為何不去挑戰校外不公平的社會階級，反而去「再生並正當化」校外不公平的社會階級呢？

　　總之，假使依據「權力面貌觀」來分析這兩項參與觀察報告，那麼研究者的分析焦點，乃在於「有權力者」（老師）與「無權力者」（學生）之間的權力關係，從而指出兩間小學內各自呈現出不同的權力分配型態。「公平小學」授權學生，「北端小學」則不。即使需要進行批判，則批判對象乃是權力主體（老師），從而忽視了各種社會界線對於權力主體的限制作用。

　　然而，自「權力的界線觀」來說，在這兩項參與觀察中，首先要問的是，假使「啟發式教學法」遠優於「權威式教學法」，那麼「忠班」老師與「孝班」老師的選擇，為何大不相同呢？除了一些可以忽視的個人因素外，這兩位老師的不同選擇，難道不是在反映各種社會界線嗎？Hayward強調說，批判的重點，不在於權力分配的型態或教學方法的選用，而在於「政治自由」的限制。Hayward指出，種族隔離的現實、工廠區與住宅區的設定、各個小學學區的畫分、可以退出公立學校而進入私立學校的制度、以及學區之間教育資源的不均分配等社會界線，不但注定了「北端小學」及其學區

的困窘、注定了「公平小學」及其學區的富足，而且限定了「有權力者」（例如，老師）的行動範圍。

　　「北端小學」的老師，每天必須面臨的「環境問題」，乃是依據實況教導學生「求生技巧」，期使學生能夠抗拒「街上人士」的威嚇利誘，並使學生不致淪為毒販的跑腿、流氓的小弟、或輟學生。因此，在教學方法上，「忠班」老師採用「權威式教學法」，未必出諸「忠班」老師本人的選擇結果。進一步說，「公平小學」及其學區的富足，基本上促使「孝班」老師採取「啟發式教學法」去教導並維護「高等學區」的價值觀與成就標準。Hayward說：「優勢的教育制度與專業制度，界定了『成功學校』的標準。未達這些標準的人士，難以住在公平小學學區內、難以送子女到公平小學、難以在公平小學擔任教職。」（Hayward, 2000: 156）

　　總括上述，依據「權力的面貌觀」，權力乃是通過權力主體與權力客體而「人稱地」運行，因此，分析焦點集中在權力主體是否阻止（或限制）權力客體的消極自由，或權力如何不均地分配在行動者之中，或權力究竟呈現出何種面貌。假使需要進行批判，那麼所要批判的對象，乃是權力主體或各種「有面貌的權力」，從而完全忽視社會界線的限制作用，或全然忽視「沒有面貌的權力」。假使需要爭取自由，那麼所要爭取的自由，乃是消極自由。根據「權力的界線觀」，權力乃是透過可能性領域的形成而「非人稱地」運行，因此分析焦點集中在「沒有面貌的權力」，從而去探究權力主體如何受到社會界線的限制。就兩個參與觀察研究來說，儘管公平小學四年孝班的老師，在課堂規則、教學方法、學校活動等，都會「授權」學生以期培養自動、自發、自律的精神，從而有別於北端小學四年忠班的老師，但在學習目標、核心價值、行為規範、違規的懲罰、以及「再生並強化不平等」上，如同北端小學四年忠班的老師，同樣受到「沒有面貌的權力」的限制。假使需要進行批判，那麼所要批判的對象，乃是畫定諸行動者之行動領域的社會界線。假使需要爭取自由，那麼所要爭取的自由，乃是修改或重畫社會界

線的「政治自由」。據此而言，不滿意權力現狀，就是不滿意現今的社會界線。在不滿意現今的社會界線之下，改善之道，便在於摧毀或修改既有的社會界線了。如此說來，當將「更激進主義」看作權力結構觀的「價值假定」時，應將「最激進主義」視作權力界線觀的「價值假定」。「最激進主義」乃是權力界線觀之價值假定的斷言，實際上可從Lukes曾經坦承的一時念頭，得到強烈的佐證。依據Lukes的坦承，Lukes在評述Hayward的權力著作時，深感Hayward的「權力界線觀」遠比自己的「參向度權力觀」更具激進性質，腦海中忽然閃過一個念頭：應將自己所著的《權力：一種激進的觀點》一書的書名（*Power: A Radical View*），改成《權力：一種並非如此激進的觀點》（*Power: A Not So radical View*）（Lukes, 2005: 159, n. 34）。

（六）結語

　　一般而言，人類使用的語言，約可分成「自然語言」（natural language）與「建構語言」（constructed language）兩種。「自然語言」乃是約定俗成的、自然成長的語言，也就是通常所謂的「日常用語」。「建構語言」則是根據特定需要而創造出來的語言，例如數學或邏輯中的各種符號。「自然語言」的一個主要特徵，乃是「意義豐富但含糊」。因此，當將「自然語言」引進學術研究中，或者，當學術用語必須奠基在「自然語言」之上時，研究者勢需降低它的含糊性或歧義性，以期能夠契合學術的研究與討論。

　　「權力」正是自然語言中的一個語詞，當然具有「意義豐富但含糊」的特徵。因此，當將「權力」引進學術研究時，此一概念的澄清與建構，乃是勢必進行的工作。可是，這樣的澄清與建構的解析工作，既然植基在「意義豐富但含糊」的日常用法之上，那麼不

同學者各有不同的取捨（或強調）而呈現出不盡相同的概念解析，也就不足爲奇了。

在晚近的權力研究上，不同學者的「不同取捨或強調」，乃是造成各種爭論議題的一個主要源頭。本著這個信念，筆者針對權力概念本身，進行探本溯源的解析工作，期能爬梳盤根錯節的爭論源頭。這一爬梳工作，大體上獲得下述幾個主要論點：

第一，從單向度權力觀、雙向度權力觀、參向度權力觀等權力的行爲觀，經由權力的結構觀，直到權力的界線觀，基本上乃是權力指涉範圍的逐漸擴展，而非後一種權力觀完全取代前一種權力觀。這就是說，不是權力結構觀取代權力行爲觀，也不是權力界線觀取代權力結構觀，而是權力結構觀擴展權力行爲觀，或是權力界線觀擴展權力結構觀，如同雙向度權力觀擴展單向度權力觀、參向度權力觀擴展雙向度權力觀一樣。尤其需要注意的是，在這種逐一擴展之下，不同的權力分析層次，反映出不同的價值判斷；或者，研究者抱持特定的價值判斷（例如，自由主義），就會選取特定的權力分析層次（例如，單向度的權力分析）。

第二，就歷來權力研究者所提出的各種權力界說而言，與其說是他們都在界定「權力」，毋寧說他們分別在界定「行使權力」與「有權力去做」。「行使權力」的權力概念，乃是一種「行爲性」的關係概念，指涉權力主體與權力客體之間衝突解決的互動方式，不論是「決策制訂情境」中權力主體與權力客體之間外顯衝突的解決，或是「非決策制訂情境」中權力主體與權力客體之間內隱衝突的壓制，還是「偏好形成」中權力主體與權力客體之間潛藏衝突的消弭。「有權力去做」的權力概念，乃是一種「行動能力」的性質概念，不論存在於社會結構中，或是存在於社會界線中。

第三，在結合上述兩個主要論點之後，我們或許可將「行使權力」與「有權力去做」的解析，訴諸「本質上可爭議概念」而逐一條例如下：

（甲）「行使權力」的概念

A.諸理論家都同意「行使權力」的概念，具有一個共同核心。此一共同核心乃是「當甲以一種違反乙之利益的方式去影響乙時，甲對乙行使了權力」。

B.諸理論家確認此一共同核心的適當詮釋或用法，乃是「可爭議的」，而在實際上「已有爭議」。晚近以來，至少共有三種「已有爭議」的詮釋或用法，從而促成單向度、雙向度、及參向度權力觀。

(a)單向度權力觀

(1)透過決策制訂情境中的政策偏好來詮釋「利益」。

(2)著重可觀察的外顯衝突。

(3)探究決策制訂情境中的關鍵議題。

(b)雙向度權力觀

(1)透過決策制訂情境與「非決策制訂情境」中的政策偏好（或苦楚）來詮釋「利益」。

(2)著重可觀察的衝突（不論是外顯的，或是內隱的）。

(3)探究「決策制訂」與「非決策制訂」。

(c)參向度權力觀

(1)除了政策偏好與苦楚外，運用「真正利益」來詮釋「利益」。

(2)著重可觀察的衝突與潛在的衝突。

(3)探究「決策制訂」、「非決策制訂」、及「虛假共識」。

C.三種權力觀的爭議，在性質上乃是無休止

的。

(a)「自由主義」是單向度權力觀的價值假
　　定。

(b)「改革主義」是雙向度權力觀的價值假
　　定。

(c)「激進主義」是三向度權力觀的價值假
　　定。

（乙）「有權力去做」的概念

　　A.諸理論家都同意「有權力去做」的概念，具有
　　　一個共同核心。此一共同核心乃是「行動能力
　　　的傾向」。

　　B.諸理論家確認此一共同核心的適當詮釋或用
　　　法，乃是「可爭議的」，而在實際上「已有爭
　　　議」。晚近以來，至少共有兩種「已有爭議」
　　　的詮釋或用法，從而促成權力結構觀與權力界
　　　線觀。

　　　(a)權力結構觀

　　　　權力存在於社會結構中。

　　　(b)權力界線觀

　　　　權力存在於社會界線中。

　　C.兩種權力觀的爭議，在性質上乃是無休止的。

　　　(a)「更激進主義」是權力結構觀的價值假定。

　　　(b)「最激進主義」是權力界線觀的價值假定。

　　　第四，在權力的研究上，不論是「行使權力」或是「有權力去
做」，研究者通常預設某種價值假定來詮釋權力概念的共同核心，
從而提出其概念界說。例如，經驗研究者常在「自由主義」的預設
之下，抱持單向度權力觀去製作（或選擇）「行使權力」的概念界
說與運作界說，從而透過「決策制訂情境」中的政策偏好，來詮釋

共同核心中的「利益」。這就是說，研究者一旦懷抱（甲）種的價值假定，即會主張(A)種權力觀；一旦抱持了(A)種權力觀，自會鎖定（子）類的觀察對象；一旦擇定了（子）類的觀察對象，則其權力事例（或權力事實）便會限定於（子）類。然而，研究者一旦懷抱（乙）種的價值假定，即會主張(B)種權力觀；一旦抱持了(B)種權力觀，自會鎖定（丑）類的觀察對象；一旦擇定了（丑）類的觀察對象，則其權力事例（或權力事實）便會限定於（丑）類。顯而易見的，價值假定與權力事例之間具有從上而下的連鎖限定關係。我們或許可將這種從上而下的連鎖限定關係，稱爲「瀑布式的」預定關係。

　　第五，「權力的外顯面貌」、「權力的內隱面貌」、「權力的潛藏面貌」、以及「權力的結構觀」等權力面貌觀，都蘊含「消極自由」。由於它們的指涉範圍大小有別，因而各自蘊含的「消極自由」的領域，也隨之廣狹有異：擴展了權力概念的指涉範圍，便擴大了權力主體行使權力的範圍，從而擴充了權力客體的「不自由行動」的範圍、或縮小了權力客體的「自由行動」的範圍。十分不同的是，「權力的界線觀」的權力概念，蘊含著「政治自由」。

參考書目

易君博

1984 《政治理論與研究方法》，第四版。台北：三民書局。

郭秋永

1986 〈翻譯並評述Robert Dahl的「權力的概念」〉，《中山社會科學譯粹》，第一卷第三期，頁1-18；18-24。

1995 〈解析「本質上可爭議的概念」：三種權力觀的鼎立對峙〉，《人文及社會科學集刊》，第七卷，第二期，頁175-206。台北：中央研究院中山人文社會科學研究所。

1996 〈三種權力觀的鼎立對峙：眞正利益與不可共量性〉，《人文及社會科學集刊》，第八卷，第二期，頁1-39。台北：中央研究院中山人文社會科學研究所。（與鄧若玲合著）

1998 〈社群權力的多元模型：方法論上的探討〉，蕭高彥與蘇文流主編，《多元主義》，頁195-235。台北：中央研究院中山人文社會科學研究所。

2001 〈權力與因果：方法論上的分析〉，《台灣政治學刊》，第五期，頁64-131。台北：台灣政治學會。

2004 〈對峙的權力觀：行爲與結構〉，《政治科學論叢》，第二十期。台北：台灣大學政治學系。

2006 〈權力概念的解析〉，《人文及社會科學集刊》，第十八卷，第二期，頁215-267。台北：中央研究院人文社會科學研究中心。

張佛泉

1979 《自由與人權》。台北：全國出版社。

鄒文海

1994 《自由與權力》。台北：三民書局。

Bachrach, Peter, and Morton Baratz

1970 *Power and Poverty: Theory and Practice* (New York: Oxford University Press).

Bachrach, Peter, and Aryeh Botwinick

1992 *Power and Empowerment: A Radical Theory of Participatory Democracy* (Philadelphia: Temple University Press).

Ball, Terence

1992 "New faces of Power," Thomas Wartenberg, Ed., *Rethinking Power* (New York: State University of New York Press), pp. 14-31.

Barry, Brian

1989 *Democracy, Power and Justice: Essays in Political Theory* (Oxford: Clarendon Press).

Benton, Ted

1994 "'Objective' Interest and Sociology of Power," John Scott, Ed., *Power: Critical Concepts*, Vol. II (New York: Routledge), pp. 283-307. Reprinted from *Sociology*, 1981, Vol. 15, pp. 161-184.

Berlin, Isaiah

2002 *Liberty*. Edited by Henry Hardy (Oxford: Oxford University Press).

Bhaskar, Roy

1998 *The Possibility of Naturalism: A Philosophical Critique of the Contemporary Human Sciences* (London and New York: Routledge, Third edition).

Bradshaw, Alan

1994 "Critical Note: A Critique of Steven Lukes' *Power: A Radical View*," John Scott, Ed., *Power: Critical Concepts*, Vol. II (New York: Routledge), pp. 269-277. Reprinted from *Sociology*, 1976, Vol. 10, pp. 121-128.

Clegg, Stewart

　1989　*Frameworks of Power* (London: Sage).

Connolly, William

　1993　*The Terms of Political Discourse.* 3ʳᵈ edition (Princeton: Princeton University Press).

Dahl, Robert

　1958　"A Critical of the Ruling Elite Model," *American Political Science Review*, Vol. 52, pp. 463-469.

　1961　*Who Governs?: Democracy and Power in an American City* (New Haven: Yale University Press).

　1965　"Cause and Effect in the Study of Politics," Daniel Lerner, Ed., *Cause and Effect* (New York: The Free Press), pp. 75-98.

　1968　"Power," D. Sills, Ed., *International Encyclopedia of the Social Science*, Vol. 12 (New York: Macmillan and Free Press), pp. 405-415.

　1991　*Modern Political Analysis.* 5ᵗʰ edition（N. J.: Prentice-Hall）.

　1994　"The Concept of Power", John. Scott, Ed., *Power: Critical Concepts*, Vol. I (New York: Routledge), pp. 288-309. Reprinted from *Behavioral Science, Vol.* 2, 1957, pp. 201-2154.

Dahl, Robert, and Bruce Stinebrickner

　2003　*Modern Political Analysis.* 6ᵗʰ edition (N. J.: Prentice-Hall).

Debnam, Geoffrey

　1994　"Nondecisions and Power: The Two Faces of Bachrach and Baratz," John. Scott Ed., *Power: Critical Concepts*, Vol. II (New York: Routledge) pp.177-195. Reprinted from *American Political Science Review*, 1975, Vol. 69, pp. 889-899.

Digeser, Peter

　1992　"The Fourth Face of Power," *The Journal of Politics*, Vol. 54, No. 4, pp. 977-1007.

Dowding, Keith

1996 *Power* (Buckingham: Open University Press).

Frey, Frederick

1994 "Comment: On Issues and Nonissues in the Study of Power," John Scott Ed., *Power: Critical Concepts*. Vol. II (New York: Routledge), pp. 141-172. Reprinted from *American Political Science Review*, 1971, Vol. 65, pp. 1081-1101.

Gallie, Walter

1955-6 "Essentially Contested Concepts," *Proceedings of the Aristotelian Society*, New Series 56: 167-198.

Gray, John

1978 "On Liberty, Liberalism and Essential Contestability," *British Journal of Political Science* 8: 385- 402.

Haugaard, Mark

1992 *Structures, Restructuration and Social Power* (Aldershot: Avebury).

1997 *The Constitution of Power: A Theoretical Analysis of Power, Knowledge and Structure* (New York: Manchester University Press).

2002 "Introduction," Mark Haugaard, Ed., *Power: A Reader* (New York: Manchester University Press), pp. 1-4.

Hay, Colin

2002 *Political Analysis* (New York: Palgrave).

Hayward, Clarissa

2000 *De-Facing Power* (Cambridge: Cambridge University Press).

Heywood, Andrew

1994 *Political Ideas and Concepts: An Introduction* (London: Macmillan).

Isaac, Jeffrey

1987a *Power and Marxist Theory: A Realist View* (Ithaca: Cornell University Press).

1987b "Beyond the Three Faces of Power: A Realist Critique," *Polity* 20: 4- 31.

1987c "After Empiricism: The Realist Alternative," Terence Ball, ed., *Idioms of Inquiry: Critique and Renewal in Political Science* (Albany: State University of New York Press), pp. 187-205.

1990　"Realism and Reality: Some Realistic Reconsiderations," *Journal for the Theory of Social Behaviour*, Vol. 20, pp. 1-31.

Lukes, Steven

1974　*Power: A Radical View* (London: Macmillan).

1977　*Essays in Social Theory* (New York: Columbia University Press).

2005　*Power: A Radical View*, 2nd Edition (London: Macmillan).

Macdonald, K.

1976　"Is 'Power' Essentially Contested?" *British Journal of Political Science* 6: 380-382.

Merelman, R.

1968　"On the Neo-Elitist Critique of Community Power," *American Political Science Review*, Vol.62, pp. 451-460.

Miller, David

1983　"Linguistic Philosophy and Political Theory," in D. Miller and S. Siedentop (eds.), *The Nature of Political Theory*, pp. 35-51. Oxford: Clarendon Press.

Morriss, Peter

1972　"Power in New Haven: A Reassessment of 'Who Governs?'" *British Journal of Political Science* 2: 457-465.

2002　*Power: A Philosophical Analysis*, 2nd edition (New York: Manchester University Press).

Oppenheim, Felix

1981　*Political Concepts: A Reconstruction* (Chicago: The University of Chicago Press).

O'Sullivan, Noel

2003　"Power, Authority, Legitimacy," Roland Axtmann, Ed. *Understanding Democratic Politics* (London: Sage), pp. 41-51.

Polsby, Nelson

1980 *Community Power and Political Theory: A Further Look at Problems of Evidence and Inference*, 2nd edition (New Haven: Yale University Press).

Porpora, Douglas

1998 "Four Concepts of Social Structure," Margaret Archer, Roy Bhaskar, Andrew Collier, Tony Lawson and Alan Norrie, Eds. *Critical Realism: Essential Readings* (Landon and New York: Routledge), pp. 339-355.

Rawls, John

1972 *A Theory of Justice* (Cambridge: Harvard University Press).

Rae, Douglas

1988 "Knowing Power: A Working Paper," Ian Shapiro and Grant Reeher Eds. *Power, Inequality, and Democratic Politics: Essays in Honor of Robert A. Dahl* (Boulder and London: Westview Press), pp. 17-49.

Riker, William

1969 "Some Ambiguities in the Notion of Power," Roderick Bell, David Edwards and R. Harrison Wagner, Eds. *Political Power: A Reader in Theory and Research* (New York: The Free Press), pp. 110-119.

Sayer, Andrew

1992 *Method in Social Science: A Realist Approach* (London and New York: Routledge, 2nd edition).

2000 *Realism and Social Science* (London: Sage Publications).

Scott, John

2001 *Power* (Cambridge: Polity Press).

Swanton, C.

1985 "On the 'Essential Contestedness' of Political Concepts," *Ethics* 95: 811-827.

Wolfinger, Raymond

1994 "Reputation and Reality in the Study of 'Community Power,'" John. Scott, Ed., *Power: Critical Concepts*, Vol. II, (New York: Routledge), pp. 72-84. Reprinted from *American Sociological Review,* Vol. 25, 1960, pp. 636-644.

Wrong, Dennis

　1988　*Power, Its Forms, Bases, and Uses: With a New Preface* (Chicago: The University of Chicago Press).

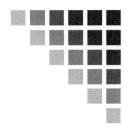

第六章
經驗主義的因果解析

一 引言

在人文社會科學的各個研究領域中，不論是經驗性的或是規範性的著作，不管是往昔的或是當今的論著，「因為所以」或「前因後果」之類的因果語詞，以及「導致」、「造成」、「引起」、「產生」等有關成因結果的語詞，幾乎可說無所不在、隨處可見。[1]可是，對於這種人人耳熟能詳的因果觀念，一般學者向來習焉不察而無心追究其精確涵義。至於一些有志探究因果觀念的學者，卻有不盡相同的、甚至大相逕庭的見解。當代著名學者Alex Rosenberg（1946-）曾經指出，前人討論因果觀念的專門著作，雖然層出不窮，可是眾說紛紜，至今依然沒有定論。Rosenberg感嘆說：「因果觀念的性質，已經爭論了數百年了。」（Rosenberg, 2000: 26）

晚近以來，西方一些學者也曾更有系統地致力於因果觀念的解析工作，但仁智之見，依然此起彼落，甚至惹起因果語詞的存廢爭議。二十世紀初期，英國著名學者Bertrand Russell（1872-1970）就曾指出，雖然不同派別的哲學家全都異口同聲地宣稱「因果概念乃是科學的公理」，但在先進的自然科學中，各種理論或定律的形式，概屬「函數關係」而毫無「因果」語詞或符號。顯而易見的，自先進科學的學術實況看來，「前因後果」之類的因果語詞，大可棄之如敝屣。Russell（1953 [1929]: 387）說：「因果律乃是舊時代的遺物，其被保存，只因人們誤以為它是無害的。」這種徹底拒斥「因果」語詞的見解，廣受學界的矚目，並博得多數社會科學家的響應。一位著名社會科學哲學家Abraham Kaplan（1918-1993）就

---

[1] 依據筆者的粗淺理解，英文中的causal relation、causal relationship、causal connection、causation、causality等，都是用來表示「因果關係」或「因果關聯」的因果語詞，儘管某些學者認為這些語詞仍可再作細緻區別。在本章中，一律運用「因果關係」一詞來翻譯英文中的這些因果語詞。

曾呼應說：「數十年來，因果概念的重要性，常被過度誇大……在行為科學中，方法論思維上的受苦受難，不是來自於模仿物理學，而是來自於仿效錯誤理解的物理學。這個錯誤理解的物理學，誠然不是現在的物理學，也非過去的物理學。」（Kaplan, 1965: 145）

　　然而，斷然拋棄「因果」語詞的見解，或許能夠自圓其說，但是許多專家學者卻置若罔聞。時至二十一世紀左右，不論在專門著作中或在方法論教科書中，建立因果關係的呼籲仍然響徹雲霄。例如，「經驗理論關切各種因果關係的建立」（Stoker, 1995: 17）；或如，「理論通常是以因果方式來陳述……經驗理論取向的政治研究，幾乎全然關注因果關係」（Shively, 1990: 14, 79）；又如，「所有的解釋，都是因果的」（Elster, 2007: 7）；再如，「因果關係乃是政治研究中所有主要研究法的核心」（Pierce, 2008: 29-30）。

　　誠然，在「因果」語詞的徹底拒斥與全盤接受之間，仍有一種試圖加以「調和」的見解：在邏輯上或在公式上拋棄因果語詞，但在實用上或在思考談論上繼續保留因果語詞。例如，一本曾經風行台灣政治學界的政治學方法論教科書，就曾宣稱：「因果語詞雖在邏輯上可以拋棄不用，但在實用上仍可繼續保留。」（Isaak, 1985: 125, 127）再如，一本探究因果關係的專門著作，在敘述「因果」語詞的拒斥主張與保留見解之後，打趣地說道：「我們得到的結論是，物理學家以因果方式去思考、去談論，但不以因果方式來書寫物理公式。」（Pearl, 2000: 337）

　　顯而易見的，在「因果」語詞的存廢爭議上，西方學者之間的見仁見智，十足展現出因果解析中的糾葛纏繞，從而披露出一些亟待釐清或解決的課題。

　　反觀數十年來的台灣學術界，台灣人文社會科學界的眾多學者雖然也關切因果關係的解析，但相關的專門論著，甚至是一般性的介紹文章，卻少如鳳毛麟角。就筆者所知，近四、五十年來的文章，總共僅有兩篇：殷海光先生（1919-1969）的〈因果的解析〉

（1957）與許冠三先生的〈史學致知中的因果關聯〉（1971）。許冠三先生的大作，乃從史學致知的角度，探究歷史學上的因果分析，但有關因果關係的意義說明，大體上沿用殷海光先生的論旨。如此說來，台灣學界內近五十年來探討因果關係的文獻，便僅餘殷先生的一篇論文了。然而，殷先生的這篇大作，不但殷先生本人於七年後坦承說「問題最嚴重」（殷海光，1964：3），甚至招致胡秋原先生（1910-2004）的無情批判。胡先生指責殷先生在一萬五千字的文章中：「顧左右而言他，一也；亂抄亂說，二也；裝模作樣，偽造名詞，三也。」（胡秋原，1966：85）不論胡先生的批評是否失諸尖酸刻薄，或者，是否收到嚇倒後進之效，半個世紀以來，台灣學者不曾投注心力於因果解析，則是一個不爭的事實。十分弔詭的，在台灣學術界內，「因果」竟然淪為一個無所不在但卻乏人問津的概念。

　　不論從西方學界或從台灣學界看來，因果關係的解析工作，確實是一件吃力不討好之事，甚至是一個人人避之唯恐不及的課題。筆者不揣簡陋也不計責難，試圖竭盡所知，特就經驗主義（empiricism）的論述，來解析此一糾纏已久的困難課題，從而希望能在華人學界中收到「拋磚引玉」的作用。當然，筆者不敢妄想本章能夠解決這個錯綜複雜的困難課題，甚至也不敢妄言可以降低其中的爭議程度。本章的主要目的，端在於從無數爭論中努力爬梳出經驗主義的因果解析。本章的爬梳工作，將從「論述的源頭」、「邏輯的必然性」、「模型的必然性」、以及「因果解釋」等四個主要部分，逐一分別進行。

（二）論述的源頭

　　經驗主義的因果解析，奠定在十八世紀英國著名哲學家David

Hume（1711-1776）的因果論述上。Hume的因果論述，素以「彈子球模型」（billiard-ball model）聞名（Elster, 2007: 9）。理解「彈子球模型」，就可瞭解經驗主義的基本因果觀念。

依據「彈子球模型」，一張桌子上放著兩個彈子球甲與乙，甲彈子球向另一個處於靜止的乙彈子球滾去，甲、乙兩球相撞，原先靜止的乙彈子球開始滾動；當我們使用同樣的彈子球在相同的情況下嘗試滾動碰撞時，我們總是重複發現到，一個彈子球的滾動碰撞，引起另一個彈子球的滾動。Hume指出，從這個「彈子球模型」，我們可以斷定，「甲彈子球的滾動碰撞，乃是乙彈子球滾動的原因」，或「乙彈子球的滾動，乃是甲彈子球滾動碰撞的結果」，或「因為甲彈子球的滾動碰撞，所以乙彈子球滾動」，或「乙彈子球滾動，是因為甲彈子球的滾動碰撞」。

如此說來，一旦兩個事件滿足下述三個條件，我們就可斷定它們之間具有因果關係。首先，時間的順序性。「因事件」總在「果事件」之先，或原因事件總是發生在結果事件之先，例如，甲彈子球的滾動碰撞，發生在乙彈子球滾動之先。其次，空間的接近性（contiguity）。一個原因在空間上接近一個結果，例如甲彈子球的滾動碰撞，在空間上接近乙彈子球的滾動。最後，關係的經常性。每一個與原因相似的事件（或對象），總是跟隨著某個與結果相似的事件（或對象）。例如，使用同樣彈子球在相同情況下嘗試碰撞，總是重複發現到，一個彈子球的碰撞，引起另一個彈子球的滾動。這就是說，「因事件」與「果事件」之間的關係，乃是一種「規律性序列」（regular sequence）的關係，也就是一種「經常連結」（constant conjunction）的關係。[2]所謂「規律性」或

---

2 精通David Hume學說的周曉亮先生，曾將constant conjunction譯為「恆常會合」（周曉亮，1996：137）。筆者認為「恆常」似具永遠不變的必然意思，從而可能背離Hume以降之經驗主義的基本主張，因此將之譯成「經常連結」。

「經常性」或「經常的規律性」，意指「在相同環境下總是相同」
（Bhaskar, 1997: 63; Outhwaite, 1987: 21）。總之，當C事件與E事件
的發生，滿足了上述三個條件時，那麼我們就可斷定C事件的發生
與E事件的發生之間具有因果關係。

誠然，Hume的因果論述雖然號稱爲「十九世紀與二十世紀多
數時期的主流見解」（Brady, 2008: 222），但是其所列舉的三個條
件，也曾引起強弱程度不一的一些質疑。

第一，在特定情境中，時間先後順序的測量，可能遭遇到一
些困難。質疑者指出，因爲時間的順序性，既可指涉「因事件」與
「果事件」之間存在著一個時段（time interval），又可指涉「因
事件」與「果事件」之間是時序接續。當時間的順序性，指涉「因
事件」與「果事件」之間存在著一個時段時，那麼無論時段的長
短，其他事件都可能在該時段內介入「因事件」與「果事件」之間
而破壞它們的先後順序，以至於毀壞它們之間的「經常連結」的關
係。當時間的順序性，指涉「因事件」與「果事件」之間是時序接
續時，也會引起困難。所謂「因事件」與「果事件」之間是時序接
續，乃指「因事件」與「果事件」的發生，沒有可覺的時間，也就
是有「因事件」瞬息而有「果事件」，例如「煮水百度」立即「水
沸騰」。一些質疑者指出，假使「因事件」是一種過程而含著變動
性，那麼「因事件」本身至少可以分成時間較早與時間較遲兩個部
分。然而，由於要求「時序接續」，所以「因事件」中的較早部
分，就非「果事件」的成因，以至於破壞原先界定的「因事件」的
意義，從而毀壞了原先設定的因果關係。假使「因事件」純粹靜止
而不含任何變動性，那麼「因事件」突然導致「果事件」的說法，
令人難以接受。

依據筆者的淺見，即使在某些情境中確實不易測量因果事件
的時間順序，但質疑者未能提出替代性的解決方案，從而大幅減弱
質疑的力道。這就是說，在質疑力道稍嫌不足之下，絕大多數學
者仍然接受「時間的順序性」乃是因果關係的一個條件。值得注

意的是，經驗主義者從如此質疑中引出另外一個重要論點：與其強調因果關係的時間順序性（temporal sequence of causation），毋寧著眼於因果關係的不可逆性（asymmetry of causation）。前者是指，「因事件」在時間順序上先於「果事件」；後者則指，在一個「理論模型」中，「因事件」在順序上先於「果事件」。因果關係的不可逆性，端在於強調一個理論模型中「因事件」與「果事件」之間的先後順序，而不特別著重於時間順序上的先後順序。事實上，因果關係的「不可逆性」，對應著函數關係的「可逆性」（symmetry）。兩個變數x與y構成一個函數關係，例如，y = x + 1。這一函數關係y = x + 1，可以寫成x = y − 1；兩個變數（x與y）之間的先後位置，乃是「可逆的」，也就是「可以對調的」，亦即可以寫成「x的函數」，也可以寫成「y的函數」。然而，當兩個事件x與y構成一個因果關係時，例如，「x事件是y事件的原因，y事件是x事件的結果」時，兩個事件x與y的先後位置，乃是「不可逆的」，也就是「不可對調的」，亦即不可寫成「y事件是x事件的原因，x事件是y事件的結果」。一般而言，在因果模型的設定上，因果關係的不可逆性，顯現出它的重要性（參見本章第四節的討論）。

　　第二，所謂「空間的接近性」中的「接近」一詞，究竟意指什麼呢？質疑者指出，兩個事件的發生，在空間上究竟距離多少，才能算做「接近」或「不接近」呢？顯然的，「接近」乃是一個意思含糊的語詞。根據Henry Brady的說明，「空間的接近性」這一條件，出自Hume在1738年寫成的《人性論》（*A Treatise of Human Nature*），但在1748年Hume本人重寫《人性論》時，便取消了「空間接近性」的要求（Brady, 2008: 226, n.15）。

　　第三，依據Hume的說明，兩個事件之間的「經常連結關係」，乃是兩個事件之間成立因果關係的第三個條件，也是最重要的條件。然而，一些質疑者指出，兩個事件之間的「經常連結關係」，未能排除兩個事件之間的「共同原因」（common cause），

從而不足以構成因果關係的成立要件。所謂兩個事件的一個「共同原因」，乃指該事件A的發生，既引起（cause）C事件的發生，又引起E事件的發生，從而使得C事件的發生，經常連結著E事件的發生。[3]例如大氣壓力的遽然升高，既引起氣壓計水銀柱的上升，又引起午後的暴風雨，從而使得氣壓計水銀柱的上升，經常連結著午後的暴風雨。質疑者指出，氣壓計水銀柱上升雖然經常連結著午後暴風雨，但是我們不會說：「氣壓計水銀柱的上升，乃是午後暴風雨的原因」，或「午後的暴風雨，乃是氣壓計水銀柱上升的結果」。可是，依據Hume之因果關係的三個條件，我們卻不得不說：「氣壓計水銀柱的上升，乃是午後暴風雨的原因」，或「午後的暴風雨，乃是氣壓計水銀柱上升的結果」；正如我們不得不說：「公雞啼叫乃是太陽東昇的原因」，或「太陽東昇乃是公雞啼叫的結果」。質疑者指出，這樣的說法，簡直就是胡說八道。

當代一位經驗主義者Judea Pearl告訴我們說：「十分難以相信Hume不瞭解其中固有的困難。Hume知道公雞啼叫經常連結著太陽東昇，也知道公雞啼叫確實不引起（cause）太陽東昇。Hume知道氣壓計讀針上升經常連結著下雨，也知道氣壓計讀針上升並不引起（cause）下雨。」（Pearl, 2000: 336）儘管不相信Hume不瞭解其中的固有困難，質疑者的批評，仍然使得Hume之後的經驗主義者，十分重視虛假相關（spurious correlation）的問題。在考慮到「共同原因」的作用之下，經驗主義者的一般方法教科書，便將「無虛假性」（nonspuriousness），作為兩個變項之間具有因果關係的主要條件。所謂的「無虛假性」，乃指兩個變項間的經常連結關係，不是其他變項所引起（cause）或不是「共同原因」所引起。Alan Monroe說：「為了結論性地斷說一事件引起另一

---

[3] 在英文中，「cause」一字既可作為名詞又可當作動詞；在中文裡，「原因」一詞僅作名詞用途，因而此處筆者勉強使用「引起」翻譯動詞「cause」一字。

事件，我們必須滿足三個判準。第一個判準，乃是兩個變項之間
具有「共變」（covariation）的關係……亦即兩個變項呈現出相關
（correlation）……第二個判準，乃是時序……第三個判準則是無
虛假性。我們必須確定，獨立變項與依賴變項之間的任何共變，不
是其他因素所引起的。」（Monroe, 2000: 31-32）

　　事實上，除了重視「共同原因」（或「虛假相關」）的課題之
外，Hume之後的經驗主義者也致力於斟酌「經常連結關係」的區
別判準，以期因應下述的另一種質疑。

　　第四，依據Hume的說明，兩個事件之間的「經常的規律性」
（constant regularity）（亦即「經常連結關係」），乃是兩個事件之
間成立因果關係的第三個條件，也是最重要的條件。然而，一些質
疑者指出，兩個事件之間的「經常的規律性」，未能排除兩個事件
之間的「偶然的規律性」（accidental regularity），從而不足以構
成因果關係的成立要件。

　　上文曾經指出，依據Hume的論述，所謂兩個事件之間的「經
常的規律性」，旨在斷定「一個屬於E類之個別事件的發生，乃
是另一個屬於C類之個別事件的發生的結果」，或「一個屬於C類
之個別事件的發生，乃是另一個屬於E類之個別事件的發生的原
因」。簡單說，兩個事件之間的「經常的規律性」，乃在斷言一般
所謂的「同因同果」：每當C類事件的發生，就會跟隨著E類事件
的發生。值得注意的是，「每當C類事件的發生，就會跟隨著E類
事件的發生」的全稱述句（universal statement），例如，「所有C
類彈子球的碰撞，都引起所有E類彈子球的滾動」，乃是一種「嚴
格全稱述句」（strictly universal statement）。「嚴格全稱述句」乃
是指涉無限數目之元素的一個開放類（open class）；它雖然斷定
某類的所有元素，但是對於該類本身並不設置特別限制。例如，
在「所有C類彈子球的碰撞，都引起所有E類彈子球的滾動」的嚴
格全稱述句中，所謂「所有C類與所有E類的彈子球」，並不限於
「當下的」所有C類與所有E類的彈子球，它還包含過去、現在、

未來的所有C類與所有E類的彈子球。顯然的，這樣的「嚴格全稱述句」，不能運用其有限數目的單稱述句（singular statement）來加以取代。例如，不能運用「現在的所有C類彈子球的碰撞，都引起現在的所有E類彈子球的滾動」，來取代「所有C類彈子球的碰撞，都引起所有E類彈子球的滾動」。

所謂兩個事件之間的「偶然的規律性」，在形式上如同兩個事件之間的「經常的規律性」，但其「規律性」乃是「碰巧如此」或「偶然如此」，而非「經常如此」。例如，「在十九世紀，曾為英國殖民地的國家，都是未經長期鬥爭就獲得獨立」這一全稱述句，就是一個「偶然的規律性」的全稱述句，在形式上也是「每當C類事件的發生（曾為英國殖民地的國家），就會跟隨著E類事件的發生（未經長期鬥爭就獲得獨立的國家）」，但其「規律性」屬於「碰巧如此」或「偶然如此」。這就是說，「在十九世紀，曾為英國殖民地的國家，都是未經長期鬥爭就獲得獨立」這一全稱述句，乃是一種「表數全稱述句」（numerically universal statement），指涉有限數目之元素的一個「封閉類」（closed class），而由「加拿大曾是英國殖民地並輕易獲得獨立」、「澳洲曾是英國殖民地並輕易獲得獨立」、「南非曾是英國殖民地並輕易獲得獨立」、以及「紐西蘭曾是英國殖民地並輕易獲得獨立」等四個單稱述句結合而成。這種指涉有限數目之元素的封閉類，不論其所含元素的多寡，在原則上能夠一一列舉出所有元素，因而可以運用所有單稱述句的結合來取代它的全稱述句。例如，可以結合「加拿大曾是英國殖民地並輕易獲得獨立」、「澳洲曾是英國殖民地並輕易獲得獨立」、「南非曾是英國殖民地並輕易獲得獨立」、以及「紐西蘭曾是英國殖民地並輕易獲得獨立」等四個單稱述句，來取代「在十九世紀，曾為英國殖民地的國家，都是未經長期鬥爭就獲得獨立」這一表數全稱述句。

一些質疑者就是基於兩個事件之間的「經常的規律性」（或「經常連結關係」），不能排除兩個事件之間的「偶然的規律

性」，因而在因果關係的構成條件上質疑「經常的規律性」的適當
性。換句話說，在質疑者看來，「經常的規律性」有別於「偶然的
規律性」，但是Hume未能加以區別，遂使因果關係的第三個條件
顯得不恰當。例如，「在十九世紀，曾爲英國殖民地的國家，都是
未經長期鬥爭就獲得獨立」這一表數全稱述句，就是一個「偶然
的規律性」的全稱述句。然而，依據Hume所謂的三個因果條件，
由於「曾爲英國殖民地的國家」（亦即「每當C類事件的發生」），
不但在時間上先於「未經長期鬥爭就獲得獨立的國家」（亦即「E
類事件的發生」）、在空間上接近於「未經長期鬥爭就獲得獨立的
國家」（亦即「E類事件的發生」），並且經常連結著「未經長期鬥
爭就獲得獨立的國家」（亦即「E類事件的發生」），因此，「曾爲
英國殖民地的國家」就是「未經長期鬥爭就獲得獨立的國家」的原
因，或「未經長期鬥爭就獲得獨立的國家」就是「曾爲英國殖民地
的國家」的結果。可是，質疑者指出，這樣的因果關係，遠遠超出
一般的理解之外，而顯得不恰當。

　　有鑑於此，Hume之後的一些經驗主義者便提出一些區別判
準，例如，「反事實條件句」（counterfactual conditional）、「擬
設條件句」（subjunctive conditional）、「解釋前提」、以及「理
論支持」等判準，來區別「經常的規律性」的嚴格全稱述句與「偶
然的規律性」的表數全稱述句。嚴格全稱述句可以用來支持「反事
實條件句」與「擬設條件句」，也可以用來作爲因果解釋中的前
提，又能獲得科學理論的支持，但表數全稱述句則都不可以。

　　所謂的「反事實條件句」，就是具有下述形式的述句：假使A
果會（果已）如此，則當會（當已）成爲B，而實際上A並非如此
（並非業已如此）。例如，「假使這根石蠟做成的蠟燭果被放入滾
水壺中，則它會融化，而實際上這根石蠟做成的蠟燭並未放入滾水
中」這一述句，就是一個「反事實條件句」。同樣的，「假使這顆
小石頭果被放入這個箱子，則它會含有鐵，但實際上這顆小石頭並
未放入這個箱子」這一述句，也是一個「反事實條件句」。一個

「經常的規律性」的嚴格全稱述句，可以用來支持一個「反事實條件句」。然而，一個「偶然的規律性」的表數全稱述句，就不能用來支持一個「反事實條件句」。例如，「石蠟過了攝氏六十度就變成液體」，乃是一個「經常的規律性」的嚴格全稱述句；這一嚴格全稱述句，可以用來支持「假使這根石蠟做成的蠟燭果被放入滾水壺中，則它會融化，而實際上這根石蠟做成的蠟燭並未放入滾水中」這一個「反事實條件句」。再如，「這個箱子裡的石頭都含有鐵」，乃是一個「偶然的規律性」的表數全稱述句；它不可以用來支持「假使這顆小石頭果被放入這個箱子，則它會含有鐵，但實際上這顆小石頭並未放入這個箱子」這一個「反事實條件句」。

十分類似於「反事實條件句」，所謂的「擬設條件句」，就是具有下述形式的述句：假使A要是通過的話，那麼B當也會通過，而A到底通過與否則不一定。例如，「假使這根石蠟做成的蠟燭放入滾水中，那麼它就會溶解，而這根石蠟蠟燭是否放入滾水中則不一定」這一述句，就是一個「擬設條件句」。同樣的，「假使這顆小石頭果被放入這個箱子，則它會含有鐵，但這顆小石頭是否放入這個箱子則不一定」這一述句，也是一個「擬設條件句」。一個「經常的規律性」的嚴格全稱述句，可以用來支持一個「擬設條件句」。然而，一個「偶然的規律性」的表數全稱述句，就不能用來支持一個「擬設條件句」。例如，我們可以運用「石蠟過了攝氏六十度就變成液體」這一嚴格全稱述句，來支持「假使這根石蠟做成的蠟燭放入滾水中，那麼它就會溶解，而這根石蠟蠟燭是否放入滾水中則不一定」這一個「擬設條件句」。可是，我們不可運用「這個箱子裡的石頭都含有鐵」這一表數全稱述句，來支持「假使這顆小石頭果被放入這個箱子，則它會含有鐵，但這顆小石頭是否放入這個箱子則不一定」這一個「擬設條件句」。

所謂「解釋前提」的判準，是指「經常的規律性」的嚴格全稱述句，可以作為「因果解釋」的前提（詳見本章第五節）；而「偶然的規律性」的表數全稱述句，則不能作為「因果解釋」的前提。

例如，「石蠟過了攝氏六十度就變成液體」這一嚴格全稱述句，可以用來解釋「此一石蠟蠟燭放入滾水中的溶解」的個別事件；但是「這個箱子裡的岩石都含有鐵」這一表數全稱述句，則不可以用來解釋「這個箱子中某一顆石頭含有鐵」的個別事件。所謂「理論支持」的判準，是指「經常的規律性」的嚴格全稱述句，可以獲得科學理論的支持或由科學理論推演出來；而「偶然的規律性」的表數全稱述句，則不可。例如，伽利略定律就是一個嚴格的全稱述句；它可以獲得牛頓理論的支持，或可以從牛頓理論推演出來（Hempel, 1966: 57）。可是，「這個箱子裡的岩石都含有鐵」的表數全稱述句，則不能獲得任何科學理論的支持，也不能從任何科學理論推演出來。

總括上述，依據Hume的因果論述，一旦兩個事件滿足下述三個條件，我們就可斷定它們之間具有因果關係：時間的順序性（亦即時序）、空間的接近性、關係的經常性。然而，從時間順序性的質疑意見，可以引出因果關係之不可逆性的觀念。Hume之後的經驗主義者，在因果模型的設定上，著重因果關係的「不可逆性」，而不強調因果關係的「時間順序性」，從而舒緩了質疑者的質疑力道（參見本章第四節）。此外，Hume之後的經驗主義者，也運用因果模型的設定來排除「空間接近性」的質疑。進一步說，在判斷兩個事件之間的「經常連結關係」上，Hume之後的經驗主義者除了致力於排除兩個事件之間的「共同原因」之外，還運用「反事實條件句」、「擬設條件句」、「解釋前提」、以及「理論支持」等判準，來區別「經常的規律性」與「偶然的規律性」，以期回應有關「經常連結關係」的一些質疑。

（三）邏輯的必然性

俗話常說：「善有善報，惡有惡報，若謂不報，時辰未到。」

又說：「有因必有果，同因必有同果。」不論主持因果報應的主體究竟是恢恢的「天網」，或是昭彰的「天理」，還是陰森的「閻王」，抑是威靈顯赫的「玉帝」，在日常用語中，「因事件」與「果事件」之間，似乎指謂一種「不得不然」或「別無選擇」的必然性。在因果關係的學術研究上，自古希臘哲學家Aristotle（384-322 B.C.）以降，也常有「究竟因」（final cause）之類的必然性的主張。[4]

然而，依據Hume以降的經驗主義的見解，經驗世界中諸事物之間的因果關係，乃是一種「適然關係」，從而在語句上屬於一種經驗述句，而非一種分析述句（參見本書第二章）。因此，「因事件」與「果事件」之間的關係，乃是介於必然性與不可能性之間的一種適然關係，而非一種必然關係。簡單說，自經驗主義者看來，因果關係就是一種適然關係，而不是一種必然關係。

如此說來，在面對因果關係具有必然性的見解之下，經驗主義者如何處理眾所認定的「必然性」而不致於失去其固有的立場呢？依據筆者的淺見，歷來的經驗主義者，先後採取了「習慣的必然性」、「邏輯的必然性」、及「模型的必然性」等三種方式，來處理此一棘手問題。晚近的經驗主義者，大都放棄第一個方式，保留第二個方式，尤其更重視第三個方式。那麼，這三種方式之間的轉折精義，究竟是什麼呢？本節評述「習慣的必然性」與「邏輯的必然性」的可行性，下一節說明「模型的必然性」的精義。

從Hume所謂之因果關係的三個條件看來，前因事件與後果事件之間的經常連結，乃是重心所在。然而，任何類似事件之間的經

---

[4] Aristotle曾將「原因」（cause）分成形式因（formal cause）、質料因（material cause）、效力因（efficient cause）、以及究竟因（final cause）等四種。「形式因」乃是決定一個事物創生出來的模樣。「質料因」即是構成一個事物的要素。「效力因」就是一種產生效果的能力。「究竟因」則是事物必然達成的最後目的，例如，國家就是群體發展所必然達成的最後目的。這四種「原因」的意思，不太相同於因果關係上的「原因」。

常連結，不論發生多少次，在形式上只是一種重複，從中不能引出任何「新關係」的觀念，遑論「必然性」了。可是，在日常生活中或在學術研究上，所謂的「因果關係」，為何時常蘊含著「必然性」呢？ Hume明快指出，這是由於人們的心理習慣。當我們一再觀察到「甲類事件發生，乙類事件隨之發生」後，這種反覆出現的情況，使得我們在心理上形成一種習慣：一旦甲類事件發生，乙類事件「必然」隨之發生。在因果關係上添加「必然性」的，就是我們的心理習慣。據此而言，「習慣的必然性」的見解，奠定在一個基本設想上：多次重複可以形成預期推斷，或者，將來事件的預期推斷植基在過去多次重複之上。

誠然，習慣的建立繫於經驗，從而使得「習慣的必然性」的見解，不會背離經驗主義的宗旨。可是，此一見解的基本設想，由於兩個理由而難以成立。第一個理由乃是心理事實上的理由，第二個理由則是邏輯形式上的理由。

首先，就心理事實上的理由，評述此一基本設想的困難之處。人們有時憑藉一次經驗，就可形成將來的預先推斷。例如，手指曾被燒紅鐵塊燙過一次，當再次看到燒紅鐵塊時，就可預先推斷，「若再碰到，手指就會再次燙傷」，而不必重複多燙幾次，才知避開燒紅鐵塊。如此說來，一次經驗也可形成預期推斷，而不限於多次經驗，因此「多次重複可以形成預期推斷」的基本設想，不易確立。

其次，就邏輯形式上的理由，評述此一基本設想的困難之處。由於「一次經驗也可形成預期推斷」的心理事實，破壞了「多次重複可以形成預期推斷」的基本設想，因此Hume本人必須針對上述的心理事實，提出辯駁性的進一步說明。Hume鄭重指出，「單憑一次經驗就可形成將來的預先推斷」這一事實，仍然奠基在一個普遍性的習慣原則上：在日常生活中，我們早已透過無數次的習慣，建立了「相似事件在相似情況下『必然』發生相似結果」的普遍原則，從而可以應用到特定事件中一次經驗的預先推斷上（參見周曉

亮，1996，第四章）。據此而言，促使人們在因果關係上添加「必然性」的，依然是「心理習慣」──即使有時候不是「多次重複」所形成的一個習慣，仍然是「多次習慣」所形成的普遍性的習慣原則。Hume這個進一步的說明，實際上無非在說，「普遍性的習慣原則的建立，乃是透過多次個別習慣的經驗。」可是，依據經驗主義的基本宗旨，觀察述句的真偽，乃是適然的真偽，而非必然的真偽，那麼多次個別的習慣經驗，又如何能夠確立「相似事件在相似情況下『必然』發生相似結果」之普遍性的習慣原則呢？顯而易見的，Hume這個進一步的說明，在經驗主義的基本宗旨之下，陷入了邏輯論證上的困難。

　　晚近的經驗主義者，至少基於上述兩個理由，放棄了「習慣的必然性」的見解，進而另尋出路以期處理「必然性」的棘手課題。這一個顯著的轉折，若隱若現地表達在當代著名經驗主義者Karl Popper（1902-1994）的一段話中。Popper指出：「Wittgenstein曾將Hume的論點改述如下：一個事件因為另一個已發生事件而發生的必然性，並不存在；彼處唯有邏輯的必然性。我大體上同意這種論點。」（Popper, 1972: 438）

　　如此我們可以問道：在否定「習慣的必然性」的見解下，我們可以運用「邏輯的必然性」來解析因果關係嗎？按照一些經驗主義者的見解，這個問題的答案，當然是肯定的。

　　一般而言，所謂的「邏輯的必然性」，意指「假使否定一個述句會陷於自相矛盾，那麼該述句是必然的；或者，假使一個述句的真值，乃是透過邏輯規則而取得，那麼該述句也是必然的」（Rosenberg, 2000: 33）。「邏輯的必然性」既可經由邏輯規則而取得，那麼因果關係就能透過如下的一連串詮釋，而自然具備這種必然性了：在P事件先於Q事件且P事件接近Q事件之下，「前因事件P經常連結著後果事件Q」這一語句，可以詮釋為「P是Q之因」（或「P引起（causes）Q」或「Q，因為P」）的語句；而「P是Q之因」這一語句，可以詮釋為「一旦P，則Q」，進而可以詮

釋為「若P，則Q」；如此一來，便可詮釋為邏輯上的「實質蘊含」（material implication）的關係，從而可以運用「充分條件」與（或）「必要條件」來詮釋或重新界定「因果關係」，進而保有因果關係的「邏輯必然性」（Brady, 2008: 233-239; Fay and Moon, 1994: 26）：[5]

> P是Q的一個充分條件：P發生，Q必然發生，或「P⊃Q」為真。
>
> P是Q的一個必要條件：P不發生，Q必定不發生，或「～P⊃～Q」為真。[6]

依據上述界說，在「實質蘊含」的詮釋之下，因果關係就是時間順序上必然相繼的一種關係。這種時間順序上必然相繼的因果關係，包含「充分條件」與「必要條件」兩種。依據邏輯規則，在P先Q後之下，充分條件乃指「有之必然，無之不必不然」。當P事件乃是Q事件的充分條件時，P事件發生，Q事件必然跟隨發生，亦即「P⊃Q」為真。例如，當抽菸乃是肺癌的充分條件時，人們一旦抽菸（P事件發生），必然跟隨著人們得到肺癌（Q事件發生），亦即「若抽菸則得肺癌」為真。據此而言，當運用「充分條件」來

---

[5] 依據Henry Brady的說明，一位當代著名哲學家David Lewis（1941-2001）就是運用「充分條件」與「必要條件」來界定因果關係。值得注意的是，Lewis說他的這種界定方式，在Hume的著作《人類理解研究》（*Enquiry Concerning Human Understanding*, 1748）中，找到一定程度的支持（Brady, 2008: 233, n. 27）。

[6] 值得注意的是，有些經驗主義者以為「Q⊃P」乃指P是Q的必要條件（參見郭秋永，2001: 89-100）。他們指出，按照「否定語示」的推論規則，亦即「Q⊃P，～P，∴～Q」，「Q⊃P」也可意指「P不發生（～P），Q必定不發生（～Q）」。然而，就「Q⊃P」而言，P的發生，非但不在Q發生之先，反而在後，從而明顯違反「因前果後」的順序性。

詮釋或界定因果關係時，兩個事件之間的因果關係，便具有必然性。同樣的，按照邏輯規則，在P先Q後之下，必要條件乃指「無之必不然，有之不必然」。當P事件乃是Q事件的必要條件時，P事件不發生，Q事件必然不跟隨發生，亦即「～P⊃～Q」為真。例如，當抽菸乃是肺癌的必要條件時，人們一旦不抽菸（P事件不發生），必然不跟隨著人們得到肺癌（Q事件不發生），亦即「若不抽菸則不得肺癌」為真。據此而言，當運用「必要條件」來詮釋或界定因果關係時，兩個事件之間的因果關係也具有必然性。

誠然，當運用「充分條件」與（或）「必要條件」來界定因果關係時，經驗研究者的主要研究工作，便在於證明「P⊃Q」為真，或「～P⊃～Q」為真，也就是在於證明P事件是Q事件的充分條件，或在於證明P事件是Q事件的必要條件。例如，經驗研究者必須證明「抽菸乃是肺癌的充分條件」（或「若抽菸則得肺癌」為真），或者，必須證明「抽菸乃是肺癌的必要條件」（或「若不抽菸則不得肺癌」為真）。

按照一些經驗主義者的見解，在證明P事件是Q事件的充分條件與必要條件上，我們可以訴諸十九世紀著名學者John Stuart Mill（1806-1873）的「歸納五法」。Mill提出的「歸納五法」，包含「一致法」（method of agreement）、「差異法」（method of difference）、「同異聯合法」（joint method of agreement and difference）、「剩餘法」（method of residues）、以及「共變法」（method of concomitant variation）等五種方法。這些經驗主義者認為，在證明P事件是Q事件的充分條件上，我們可以運用「一致法」與「共變法」；而在證明P事件是Q事件的必要條件上，我們可以運用「差異法」（Brady, 2008: 234-235; 234, n.31）。

Mill所謂的「一致法」，乃指「假使所在研究之現象的兩個或兩個以上的事例，只有一個共同情況，那麼所有事例中都一致存在的這個共同情況，就是現象發生的原因（或結果）」（cited by Brady, 2008: 234, n.31）。設有學生甲、乙、丙、丁、戊、己等六

位，在學校餐廳用餐後同時呈現「上吐下瀉」的病症。再設甲學生
患病前吃了豆腐、麵包、奶油、青菜、及鳳梨罐頭，乙學生吃了豆
腐、麵包、青菜、及鳳梨罐頭，丙學生吃了豆腐、奶油、沙拉、及
鳳梨罐頭，丁學生吃了麵包、奶油、沙拉、青菜、及鳳梨罐頭，戊
學生吃了豆腐、奶油、青菜、及鳳梨罐頭，己學生則吃了麵包、青
菜、及鳳梨罐頭。若以K、L、M、N、O、P分別代表學生吃了學
校餐廳所販賣的豆腐、麵包、奶油、沙拉、青菜、及鳳梨罐頭等六
個前項事件，而以Q代表學生「上吐下瀉」的後項事件，那麼這些
資料可以表示如下：

實例	前項事件	後項事件
甲	K L M　O P	Q
乙	K L　　O P	Q
丙	K　M N　P	Q
丁	L M N O P	Q
戊	K　M　　O P	Q
己	L　　O P	Q

　　從這些資料可以看出，P事件乃是六個事例中的「共同情
況」，因此依據「一致法」，可以推出P事件乃是Q事件的原因，
也就是「吃鳳梨罐頭」乃是「上吐下瀉」的原因。據此而言，P事
件與Q事件之間具有因果關係，也就是「吃鳳梨罐頭」與「上吐下
瀉」之間具有因果關係。當運用充分條件來詮釋因果關係時（亦即
當運用P事件是Q事件的充分條件，來詮釋P事件與Q事件之間的因果關
係時），「因事件」（P事件）與「果事件」（Q事件）之間的因果
關係，便是具有必然性的因果關係：學生在學校餐廳「吃鳳梨罐
頭」，必然導致「上吐下瀉」，也就是「P⊃Q」為真。

　　Mill所謂的「共變法」，乃指「不論某一現象如何變動，一旦
另一現象也以相似方式而隨之變動，那麼此一現象不是另一現象的
一個原因就是一個結果，或者，此一現象透過某種因果事實而關聯

到另一現象」（cited by Brady, 2008: 234）。假定一位農夫在三塊田地上耕種。在第一塊田地上，農夫進行一定數量的施肥、除草、灌溉等工作，分別以A、B、C來代表。經過一段時間之後，農夫獲得了一定數量的稻米、獎狀、休閒等收益，分別以a、b、c來表示。在第二塊田地上，農夫的工作與收益，除了較多施肥與較多稻米收穫外，其餘均未變動。這就是說，在第二塊田地上，農夫進行了A$^+$、B、C等工作，而有了a$^+$、b、c等收益。「A$^+$」代表較多的施肥，「a$^+$」代表較多的稻米收穫。在第三塊田地上，農夫的耕種與收益，除了較少施肥與較少稻米收穫外，其餘均未變動。換句話說，在第三塊田地上，農夫進行了A$^-$、B、C等工作，而有了a$^-$、b、c等收益。「A$^-$」代表較少的施肥，「a$^-$」代表較少的稻米收穫。這些資料可以表示如下：

實例	前項事件	後項事件
1	A　B　C	a　b　c
2	A$^+$　B　C	a$^+$　b　c
3	A$^-$　B　C	a$^-$　b　c

從這些資料可以看出，一旦A事件變動，a事件也隨之變動：A增加（亦即「A$^+$」），a就增加（亦即「a$^+$」）；反之，A減少（亦即「A$^-$」），a就減少（亦即「a$^-$」）。因此，依據「共變法」，可以推得A事件乃是a事件的原因，也就是「施肥量」乃是「稻米收穫量」的原因。據此而言，A事件與a事件之間具有因果關係，也就是「施肥量」與「稻米收穫量」之間具有因果關係。當運用充分條件來詮釋因果關係時，「因事件」與「果事件」之間的因果關係，便是具有必然性的因果關係：有了較多的施肥量，必然就有較多的稻米收穫量，也就是「P⊃Q」為真。

Mill所謂的「差異法」，乃指「假定所在研究的現象中一個事例發生了，而另一事例則未發生。除了此一事例發生在前之外，假

定這兩個事例的其他情況均屬相同。那麼，這兩個事例中唯一差異的情況，便是現象的原因、或結果、或原因之不可或缺的部分」（cited by Brady, 2008: 235）。例如，在上述六位學生於學校餐廳用餐後「上吐下瀉」的例子中，假定學校進一步調查後，發現另一位學生庚也在當天吃了學校餐廳所供給的豆腐、麵包、奶油、青菜，亦即K、L、M、O，但並未發生「上吐下瀉」的病症。假定我們比較學生甲與庚兩位學生的資料，則可以得到下表：

實例	前項事件	後項事件
甲	KLMOP	Q
庚	KLMO	−Q

從這些資料可以看出，在甲學生的實例中，前項事件是K、L、M、O、P；在庚學生的實例中，前項事件是K、L、M、O。兩個事例中的唯一差異，便是庚學生的實例中沒有P（亦即「−P」），也就是庚學生沒有吃鳳梨罐頭，因此依據「差異法」，P事件乃是Q事件的原因，也就是「不吃鳳梨罐頭」乃是「不上吐下瀉」的原因。如此說來，P事件乃是Q事件之間具有因果關係，也就是「不吃鳳梨罐頭」與「不上吐下瀉」之間具有因果關係。當用必要條件來詮釋因果關係時，「因事件」與「果事件」之間的因果關係，便是具有必然性的因果關係：P事件不發生，Q事件必然不跟隨發生（亦即「～P⊃～Q」為真），也就是學生一旦「不吃鳳梨罐頭」（P事件不發生，亦即「−P」），必然跟隨著「不上吐下瀉」（Q事件不發生，亦即「−Q」）。

從上述三個簡單例子看來，一些經驗主義者就是試圖運用Mill的「一致法」、「共變法」、以及「差異法」，來建立兩個事件之間的因果關係，進而透過充分條件與（或）必要條件的詮釋，去斷定兩個事件之間的因果關係即是具有必然性的因果關係。值得注意的是，依據筆者的淺見，Mill的「一致法」、「共變法」、以及

「差異法」，在邏輯推理上，密切關聯到當今更精緻的兩種統計分法，從而在學術發展上占有一定的地位。這兩種相互關聯而更精緻的統計方法，就是「變異數分析」（analysis of variance）與「共變數分析」（analysis of covariance）。

然而，運用Mill的「一致法」、「共變法」、以及「差異法」，或者運用當代統計分析上的「變異數分析」與「共變數分析」，是否就可建立起兩個事件之間的因果關係，甚至是必然性的因果關係呢？平實而言，至今為止，學界仍然抱持著懷疑見解。無論如何，依據筆者的淺見，在社會科學的研究領域上，假使經驗研究者要以「必要條件」與（或）「充分條件」來詮釋因果關係，那麼至少將會遭遇下述三大困難。

第一個困難，乃是無法獲得「反事實」的經驗資料。一般人相信，假使兩個事件之間具有因果關係，那麼其「反事實」理應成立。例如，假使如同一些歷史學家所說，德意志政治家Otto von Bismarck（1815-1898）在1866年決定開戰，乃是德意志統一的原因，那麼下述「反事實」理應成立：假使Bismarck在1866年「未」決定開戰，那麼德意志仍會處於分裂狀況。又如，許多人相信1914年6月28日奧匈帝國皇儲Archduke Ferdinand（1863-1914）被暗殺身亡，乃是第一次世界大戰的導火線（或一個原因）。若果如此，那麼下述「反事實」理應成立：假使Ferdinand「不」被暗殺身亡，那麼第一次世界大戰就不會在1914年發生。再如，許多美國人相信，在2000年美國大選中，美國Florida州Palm Beach郡使用蝶式選票（butterfly ballot），乃是造成共和黨總統候選人George Bush當選美國總統的原因。[7]假使蝶式選票與Bush當選美國

---

7 蝶式選票乃是依照「活頁筆記本」的方式來設計。一張選票打開來，左右兩頁中間排列著黑圓圈，左右兩面候選人和公投項目錯開且有箭頭指向黑圓圈。公民投票即是在黑圓圈處「打洞」，以利於機械的讀票與計票。2000年美國大選時，在Palm Beach郡發給選民的蝶式選票中，選票箭頭沒對準黑圓

總統之間具有因果關係，那麼下述「反事實」理應成立：在2000年美國大選中，假使美國Florida州Palm Beach郡「不」使用蝶式選票，那麼共和黨總統候選人George Bush便不會當選美國總統。如此說來，一般人都會認為，假使兩個事件之間呈現出因果關係，那麼其「反事實」理應成立。

上述三個時常被人提及的例子，基本上都是在追究「反事實」的經驗資料。這種「反事實」的經驗資料，就是上文曾經說過的「反事實條件句」，也就是兩個事件之間成立必要條件的證據。例如，「假使Bismarck在1866年『未』決定開戰，那麼德意志仍會處於分裂狀況，但實際上Bismarck在1866年決定開戰」；又如「假使1914年Ferdinand『不』被殺身亡，那麼第一次世界大戰就不會在1914年發生，但實際上Ferdinand在1914年被殺身亡」；再如，「在2000年美國大選中，假使美國Florida州Palm Beach郡『不』使用蝶式選票，那麼共和黨總統候選人George Bush便不會當選美國總統，但實際上Palm Beach郡已經使用蝶式選票。」對於這些相反於已經發生之事實的經驗資料，經驗研究者根本無法取得，因而完全無法作為兩個事件之間構成因果關係的佐證。

第二個困難，乃是詮釋上的困難。依據邏輯推論的規則，我們可從「P⊃Q」推論出「～Q⊃～P」。[8]例如，我們可從「若下

圈，許多選民原要圈「左2」卻變成「右1」。很多美國人相信，民主黨總統候選人AL Gore因為Palm Beach郡出錯的蝶式選票而痛失美國總統寶座。

[8] 這可從下述「因果條件句的真值表」（truth table for causal conditionals），明白看出來：

P	Q	～P	～Q	P・～Q	～（P・～Q）	P⊃Q	～P⊃～Q	Q⊃P	～Q⊃～P
T	T	F	F	F	T	T	T	T	T
T	F	F	T	T	F	F	T	T	F
F	T	T	F	F	T	T	F	F	T
F	F	T	T	F	T	T	T	T	T

雨,則張三穿雨衣」,推論出「若張三不穿雨衣,則沒下雨」;或者,可從「若天雨,則地滑」,推論出「若地不滑,則天未雨」。然而,當以「P⊃Q」來詮釋「P是Q之因」或「P引起(causes)Q」時,我們卻不能從「P引起(causes)Q」推論出「～Q引起(causes)～P」。假使如此推論,則會陷入荒謬情況。例如,我們不能從「下雨『引起』張三穿雨衣」或「下雨是張三穿雨衣的原因」,推論出「張三不穿雨衣『引起』不下雨」或「張三不穿雨衣乃是不下雨的原因」(Simon, 1957: 50)。

　　第三個困難,乃是應用上的限制。當以因果條件句(亦即「充分條件」與「必要條件」)來詮釋因果關係時,將會使得社會科學的經驗研究,限於「類別尺度」(nominal scale)的資料。在社會科學的研究領域上,研究者可能運用的因果條件句,概屬「定言命題」(categorical propositions)。「定言命題」通常斷言兩個級類(classes)的關係:肯定(或否定)此一類全部包含在彼一類中,或肯定(或否定)此一類部分包含在彼一類中。因此,當研究者運用因果條件句去詮釋因果關係時,基本上乃是根據「二分屬性」來思考問題,從而要求「全有或全無」的資料。這樣的要求,無形中便排除了「或多或少」之程度有別的順序資料,或排除了精確差別的數量資料。然而,社會科學的研究資料,不但包含二分的「類別尺度」,而且通常包括「順序尺度」(ordinal scale),甚至是「等距尺度」(interval scale)或「等比尺度」(ratio scale)(參見本書第二章第六節的第(二)節)。對於「順序尺度」、「等距尺度」、以及「等比尺度」的經驗資料,經驗研究者確實難以運用因

　　上表第一、二欄為指引欄,第三、四欄由第一、二欄推論而來,第五欄由第一與四欄推論而來,第六欄由第五欄推論而來,第七欄乃是第六欄的定義;依據同樣方法,可以推得第八、九、十欄。從上表得知,當「P⊃Q」為真時,「～Q⊃～P」也為真,這就是說,我們可從「P⊃Q」推論出「～Q⊃～P」。

果條件句去詮釋因果關係。當然，經驗研究者可將「順序尺度」之類的尺度，轉成二分的「類別尺度」，藉以配合因果條件句的討論。然而，這樣的轉換程序，除了浪費珍貴資料並洩漏出分截點（cutting point）的任意性質之外，並無多大的作用。值得注意的是，類別尺度的二分資料，限於「單因單果」的因果關係。它不但無法包含「一果多因」的因果關係或機率性質的因果關係，而且無法包括「互為因果」的因果關係。[9]

四　模型的必然性

　　運用「邏輯的必然性」來解析因果關係，既然有些困難，那麼是否尚有其他的解析方式？如果沒有，豈非如同Russell所說，因果語詞乃是多餘的累贅，而應棄之如敝屣嗎？依據筆者的淺見，此一質疑似可轉成下述問題：在科學研究上，保留日常用語之因果語詞所隱含的「必然性」，能夠發揮特有的作用嗎？答案若是肯定的，則應保留因果語詞；反之，則該拋棄因果語詞。根據當代著名學者Herbert Simon（1916-2001）的卓見，此一問題的答案，乃是肯定的。

　　Simon指出，假使社會科學家在「理論模型」（theoretical model）內詮釋並推論因果關係，那麼因果語詞所隱含的必然性，便可發揮特有的作用。為了驗證這個論點，Simon進一步提出因果

9　一些經驗主義者曾經提出INUS的因果條件句，以期包含「多因」的因果關係，但是仍然遭遇到一些難以克服的困難。所謂INUS的因果條件句，乃是運用「果事件」的條件句來界定「因事件」，界定項十分聱牙而難以翻譯成中文，茲將原文列出如下，以供讀者參考：a case be an insufficient [I] but necessary [N] part of a condition which is itself un-necessary [U] but exclusively sufficient [S] for the effect (Brady, 2008: 227-231)。

解析的技術。值得注意的是，Simon的眞知灼見與精巧的分析技術，經過Hubert Blalock, Jr.（1926-1991）的補充與發展後，成爲著名的「賽布技術」（the Simon-Blalock technique）（Asher, 1976: 14-29），進而連接統計學上的因徑分析（path analysis），終而匯成社會科學中因果分析的主流。

　　我們或可舉出一個簡單的例子，說明此種分析技術的精義所在。設X_1、X_2、X_3等三個變項，分別代表台灣地區近二十年的社經發展程度、政黨競爭程度、社會福利支出程度，並設我們可從近二十年的實際資料，計算出X_1與X_2、X_1與X_3、X_2與X_3之間的相關係數（correlation coefficients），亦即我們能夠算出社經發展程度、政黨競爭程度、以及社會福利支出程度等三個變項之間「經常連結」的程度，或「共變關係」的程度。再設，依據某位政治學者的主張，台灣近二十年的社經發展，分別提高了台灣的政黨競爭程度與社會福利的支出，而政黨的競爭也導致了社會福利支出的增加。這樣的主張，可以繪成如下的「理論模型」，並且可以運用各個變項的標準化形式，寫成如下的「結構方程式」（structural equations）：

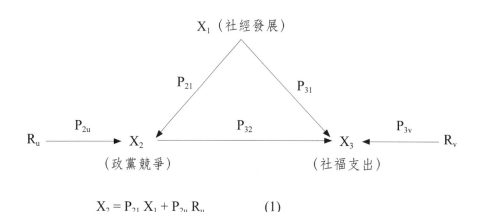

$$X_2 = P_{21} X_1 + P_{2u} R_u \qquad (1)$$
$$X_3 = P_{31} X_1 + P_{32} X_2 + P_{3v} R_v \quad (2)$$

圖一：三變項理論模型與結構方程式

在圖一中，R_u與R_v代表殘差項（residuals），並假定R_u與R_v之間、X_1與R_u之間、X_1與R_v之間、X_2與R_v之間等均無相關。P_{21}與P_{2u}乃是因徑係數（path coefficient），代表X_1與R_u兩個變項對X_2的因果作用（causal impact）。同樣的，P_{31}、P_{32}、P_{3v}也是因徑係數，代表X_1、X_2、R_v對X_3的因果作用。若以r代表「積差相關係數」，則以X_1與X_2分乘方程式(1)與(2)，則可求得下式（運算過程，請見附錄）：

$$P_{32} = \frac{r_{23} - r_{12}r_{13}}{1 - r_{12}^2} \qquad (3)$$

從這個「理論模型」的設定與所求得的式(3)，我們可以分作幾個要點，說明科學研究保留因果語詞的特定作用，以及「理論模型」中所謂因果關係的涵義。

第一，因果語詞所隱含的「必然性」，可以保存在經驗研究者所設定的「理論模型」中，而不會違背經驗主義的傳統主張。依據圖一的「理論模型」，造成台灣地區近二十年來社會福利支出逐步增加的原因，乃是社經發展與政黨競爭；而促成政黨競爭的因素，則只有社經發展一個變項。誠然，增加社會福利支出的原因本是多方面的，並不限於社經發展與政黨競爭這兩個原因。同樣的，促成政黨競爭的激烈化，也非限於社經發展這一個單一因素。尤其，社經發展本身更非「無因而至」。在它之前，一定還有原因，而此因之前更有彼因，甚至因因相隨而無終止。然而，當以社會福利支出作爲研究對象時，經驗研究者在面對不可勝數的近因與遠因之下，必須基於理論思維，從中篩選出幾個重要因素，設定一個「理論模型」，以期憑藉經驗資料檢定模型的適當性。圖一中有關殘餘項的各項假定，亦即R_u與R_v之間、X_1與R_u之間、X_1與R_v之間、X_2與R_v之間等均無相關的假定，旨在假定模型外的各種可能因素，不是「不存在」就是「爲數雖多但作用不大」（Blalock, 1961: 45-48; Asher, 1976: 16）。值得注意的是，在「理論模型」的設定中，各

個變項的因果順序純屬理論家本人的排列，因而X_1一定是X_2之因的必然性，以及X_1與X_2一定是X_3之因的必然性，皆維持在理論模型中，而未必成立在經驗世界上。這就是說，X_1與X_2之間具有必然的因果關係，以及X_1、X_2與X_3之間具有必然的因果關係，皆維持在理論模型中，而未必成立在經驗世界上。當然，圖一的「理論模型」，或許契合過去（或現在）的經驗世界而能描述或解釋經驗現象，但並不保證未來或永遠都能契合經驗世界，因而不會違背經驗世界中沒有必然關係的傳統主張。Simon（1957: 11）指出：

> 各個變項之間的唯一「必然關係」，乃是科學家之世界模型中所成立的邏輯必然關係……彼此之間的因果順序，純粹只是科學家的模型性質；當更改模型以期適合新觀察時，這些性質也就隨之改變。

第二，就各個變項之間的因果順序來說，「理論模型」所在設定的，乃是因果關係的「不可逆性」，而非因果關係的「時間順序性」。這樣的設定，不但可以避開「時間順序性」的難題，而且可以排除「空間接近」的含糊問題，更可以化解「單因單果」的限制困境。本章第二節曾經指出，在某些情境中，去測量各個變項之間的時間先後順序，有時會面臨一些困難。然而，當經驗研究者在「理論模型」內詮釋並推論因果關係時，經驗研究者乃是依據本身的理論興趣，來設定「理論模型」內各個變項之間的先後順序，而不必特別著眼於各個變項之間的「時序」先後。例如，當依據理論旨趣的設定，社經發展程度在「因果順序」上先於政黨競爭程度時，研究者不必特別著眼於社經發展程度在「時間順序」上是否先於政治競爭程度。如此一來，可以避開「時序」先後的精確測量或判斷的難題。此外，第二節也曾經指出，Hume用來界定因果關係的第二個條件（亦即「空間的接近性」），由於「接近」一詞的含糊意義，而成為一個可以取消的條件。然而，當運用「理論模型」

來詮釋因果關係時,所謂「空間的接近性」中的「空間」,完全限於整個「理論模型」,從而使得所謂的「接近性」,指涉「理論模型」中各個變項之間的明確距離而毫無含糊曖昧之處。進一步說,本章第三節曾經指出,當運用充分條件(或必要條件)來詮釋因果關係時,經驗研究者勢將限於「單因單果」的因果解析。可是,當運用「理論模型」來詮釋因果關係時,經驗研究者便可處理「多因一果」的因果關係。例如,圖一中的社會福利支出,就有兩個直接原因(社經發展與政黨競爭)與一個間接原因(社經發展)。

第三,在研究方法的入門書籍或在統計方法的教科書中,「相關不是因果關係」或「相關不能證明因果」,乃是人人耳熟能詳的論點。一般而言,這一個人人耳熟能詳的論點,大體上包含「不可逆性」與「控制」兩個課題。「不可逆性」的課題,指涉「理論模型」中各個變項的因果順序不能互換的問題。設有X與Y兩個變項,則它們之間的因果關係,總是因「先」果「後」;「X是Y之因、Y是X之果」,完全不同於「X是Y之果、Y是X之因」。然而,它們之間的相關,則無先後問題;X與Y之間的相關,全然等於Y與X之間的相關。即使我們把X當作獨立變項、把Y當作依賴變項,而將它們寫成函數關係$Y = a + bX$,這一函數關係仍然可以重寫成數學上完全相等的函數關係$X = -a/b + Y/b$,在其中,X是依賴變項、Y則為獨立變項。這就是說,數學上的獨立變項與依賴變項,不同於因果上的獨立變項與依賴變項;或者,X與Y之間的相關或函數關係乃是「可逆的」,而其因果關係則是「不可逆的」。值得注意的是,因果關係的「不可逆性」(例如X是Y之因,Y是X之果),並不排除「互為因果」的交互關係(例如X是Y之因、Y也是X之因,X是Y之果、Y也是X之果,亦即X⟷Y)。對於「互為因果」的交互關係,因果關係的「不可逆性」意指,「X對Y的因果分析」可以獨立在「Y對X的因果分析」之外。或者,如同一般研究方法教科書所說:「一個因果關係乃是一個單向的因果關係,而交互的因果關係可以理解成為兩個分離之單向的因果關係。」

（Pennings, Keman and Kleinnijenhuis, 2006: 134）這就是說，X←→Y之互為因果的關係，可以化成$X_{t0} \rightarrow Y_{t1}$與$Y_{t1} \rightarrow X_{t2}$的不可逆作用（Simon,1968: 355; Blalock, 1961: 57）。

　　第四，「相關不是因果關係」這一論點的另一個論據，涉及「控制」的課題。大體而言，兩個變項之間的相關，包含「真正相關」（real correlation）與「虛假相關」（spurious correlation）；「真正相關」未必就是因果關係，遑論「虛假相關」了。就三個變項的「理論模型」來說，所謂的「虛假相關」，乃指研究者依據兩個變項之間的經驗資料去計算（或觀察）得到的相關，實際上是由第三個變項所造成，因而當控制第三個變項的作用時，原先計算（或觀察）得到的相關就會消失不見。例如，研究者可以依據冰淇淋銷售量與溺水死亡人數，計算出一定程度的正相關數值；但在控制季節（或溫度）之下，再去計算冰淇淋銷售量與溺水死亡人數的相關時，原先計算得到的正相關數值就會消失不見。假使控制第三個變項之後，原先計算（或觀察）得到的相關依然存在，那麼這兩個變項之間的相關乃是「真正相關」。

　　此處所謂控制第三個變項的「控制」，約可分成「實驗控制」（experimental control）與「統計控制」（statistical control）兩種（Johnson and Reynolds, 2005: 404; Blalock, 1979: 315-320）。「實驗控制」是指，在一個實驗室中，研究者在物理上改變第三個變項，使得它在將要考察的所有事例中均屬相同，或者研究者分派各個研究對象到不同團體，從而控制每個團體接觸實驗刺激的方式或次數。「統計控制」包含下述兩種控制方式：(1)研究者選擇第三個變項均屬相同的事例，從而進行其他兩個變項之間的相關分析；(2)研究者針對第三個變項的作用，運用數學方式加以調整，例如計算「淨相關係數」（partial correlation coefficient），亦即計算那已扣除第三個變項之作用後所得到的相關。研究者選擇第三個變項均屬相同事例的「控制」，適用於非實驗研究情境中類別尺度的資料。研究者運用數學方式加以調整的「控制」，適用於非實驗研究

情境中等距尺度以上的資料，例如圖一的例子。然而，值得注意的是，在眾多的變項中，所要控制的第三個變項，究竟是哪一個變項呢？答案當然就是「理論模型」中所設定的相干變項了。如此說來，在三個變項的「理論模型」中，研究者的基本關切，端在於計算（或觀察）兩個變項資料所得到的相關，究竟是「虛假相關」還是「真正相關」？

就非實驗研究情境中類別尺度的資料來說，假定社會福利支出的態度、家庭收入的多寡、以及大選時的黨別投票等三個變項的資料，乃是類別尺度的資料。社會福利支出的態度，分為「降低社會福利支出」與「維持或提高社會福利支出」兩種態度類別；家庭收入的多寡，分為「高收入」、「中收入」、以及「低收入」等三個類別；大選時的黨別投票，分為「投票給國民黨總統候選人」與「投票給民進黨總統候選人」兩個類別。再設社會福利支出的態度、家庭收入的多寡、以及大選時的黨別投票等三個變項，構成下述一個「理論模型」：家庭收入的多寡，乃是社會福利支出態度與大選時黨別投票的原因，而社會福利支出態度也是大選時黨別投票的原因。又設研究者運用隨機抽樣方法從一個母體中抽出1000位公民，並得到下列類別尺度的資料：

	縮減社福支出	維持或增加社福支出	總和
國民黨總統候選人	352	207	559
民進黨總統候選人	198	243	441
總和	550	450	1000

從上述資料，研究者可以計算出Yule's Q = 0.64。[10]「0.64」這個數值，表示社會福利支出態度與大選時黨別投票之間呈現出中

---

[10] Yule's Q = ad − bc / ad + bc。在本例中，Q = 352×243−207×198 / 352 × 243 + 207 × 198 = 0.64。Q值介於「+ 1」與「− 1」之間，「0」代表兩個變項之間並無相關（Reynolds, 1977: 25-26）。

度的相關程度,從而意涵「愈贊成政府降低社會福利支出的公民,
愈可能投票給國民黨總統候選人」,或者「愈贊成政府維持或增加
社會福利支出的公民,愈可能投票給民進黨總統候選人」。其次,
再設研究者引入第三個變項(亦即「家庭收入的多寡」)時,獲得
下述資料:

	縮減社福支出	維持或是增加社福支出	總和
高收入			
國民黨總統候選人	200	40	240
民進黨總統候選人	50	10	60
總和	250	50	300
中收入			
國民黨總統候選人	120	90	210
民進黨總統候選人	80	60	140
總和	200	150	350
低收入			
國民黨總統候選人	30	75	105
民進黨總統候選人	70	175	245
總和	100	250	350

　　從上述資料,研究者可以分就高收入、中收入、以及低收入
等三個家庭收入的類別,各自計算出Yule's Q。在這三個類別中,
計算結果都是Yule's Q = 0。這表示社會福利支出態度與大選時黨
別投票之間原先呈現出的中度相關程度(Yule's Q = 0.64),乃是
「虛假相關」。這就是說,當控制第三個變項(「家庭收入的多
寡」)時,社會福利支出態度與大選時黨別投票之間就毫無關係
(Yule's Q = 0),從而意涵「社會福利支出態度不是大選時黨別
投票的一個直接原因」。然而,假使研究者引入第三個變項(亦即
「家庭收入的多寡」)時,獲得下述類別尺度的資料:

	縮減社福支出	維持或是增加社福支出	總和
高收入			
國民黨總統候選人	145	32	177
民進黨總統候選人	90	33	123
總和	235	65	300
中收入			
國民黨總統候選人	126	100	226
民進黨總統候選人	54	70	124
總和	180	170	350
低收入			
國民黨總統候選人	79	126	205
民進黨總統候選人	40	105	145
總和	119	231	350

　　從上述資料，研究者可以分就高收入、中收入、以及低收入等三個家庭收入的類別，各自計算出Yule's Q。在這三個類別中，計算結果都是Yule's Q = 0.24。這表示社會福利支出態度與大選時黨別投票之間原先呈現出的中度相關程度（Yule's Q = 0.64），不是「虛假相關」。這就是說，當控制第三個變項（「家庭收入的多寡」）時，社會福利支出態度與大選時黨別投票之間仍然呈現出一定程度的相關（Yule's Q = 0.24），從而意涵「社會福利支出態度也是大選時黨別投票的一個直接原因」。

　　進一步說，就非實驗研究情境中等距尺度以上的資料來說，從圖一中的(3)式，我們可以看出(3)式中P_{32}的分子，完全等於X_2與X_3之間的淨相關係數$r_{23.1}$的分子。[11]因此，當$P_{32} = 0$時，$r_{23.1} = 0$或$r_{23} = r_{12}r_{13}$；當$P_{32} \neq 0$時，$r_{23.1} \neq 0$或$r_{23} \neq r_{12}r_{13}$。這就是說，X_2與X_3之間

---

[11] $r_{32.1} = \dfrac{r_{23} - r_{12}r_{13}}{\sqrt{1 - r_{12}^2}\sqrt{1 - r_{13}^2}}$

的相關r_{23}，在扣除第三變項X_1的作用後，若其相關爲0，亦即P_{32} = $r_{23.1}$ = 0或r_{23} = $r_{12}r_{13}$，則X_2與X_3之間的相關，乃是「虛假相關」；反之，則爲「眞正相關」。當X_2與X_3之間的相關，乃是「虛假相關」時，X_2當然不是造成X_3變動的一個原因。當X_2與X_3之間的相關，乃是「眞正相關」時，X_2則是造成X_3變動的一個原因。同理，當$P_{31} \neq 0$時，X_1也是造成X_3變動的一個原因。因此，當$P_{31} \neq 0$與$P_{32} \neq 0$時，X_1對於X_3的因果作用可以分成兩種：其一爲X_1直接對於X_3的作用，而爲直接原因；另外一種則是經由X_2間接對於X_3的作用，而爲間接原因。這就是說，X_1既是X_3的一個直接原因，也是X_3的一個間接原因。值得注意的是，「直接原因」與「間接原因」兩種原因，乃是相對於特定「理論模型」中的特定變項而言；一旦更改「理論模型」的設定，原爲「間接原因」可能成爲「直接原因」，反之亦然。

　　總而言之，從上述的各個說明，我們可以掌握到經驗主義者所謂「因果關係」的精義。這個精義就是：「假使我們願意做一些假定……那麼相關或淨相關就是因果關係的一個證明。」（Simon, 1957: 42-42; 1968: 354）或者，「在因果模型中所有其他變項已被控制或未曾變動的假定下……若且唯若X中的一個變動，產生了Y中平均值的變動，那麼X是Y的一個直接原因。」（Blalock, 1961: 19）這就是說，經驗主義者乃在一個「理論模型」中，根據下述三個條件，來判定兩個變項之間存在著因果關係：(1)兩變項之間必須具有「相關」（或「共變關係」、或「經常連結」）；(2)兩變項之間必須具有「不可逆的」關係；(3)控制其他相干變項後，兩個變項之間的原先「相關」仍然存在（see also Pennings, Keman and Kleinnijenhuis, 2006: 133-136; Monroe, 2000: 31-32, 178-180; White, 1999: 141）。

五　因果解釋

科學研究通常始於「爲什麼」的問題，從而致力於探究「因爲所以」的答案，以期解釋某一事件之所以發生的原因。簡單說，因果解釋（causal explanation）向來就是科學研究的一個主要目標。然而，怎樣的因果解釋，才是「正當的」或「正確的」科學解釋呢？不同的學者，各有不盡相同的見解。經驗主義者宣稱「涵蓋定律模型」（covering-law model）與「歸納統計模型」（inductive-statistical model），乃是最正確的因果解釋的模型。一般研究方法的教科書常將這兩種因果解釋模型，列爲「科學知識的主要特徵」（Johnson and Reynolds, 2005: 31-32）。下文逐一加以說明。

（一）涵蓋定律模型

在因果解釋的剖析上，經驗主義者用力最深、並引起最廣泛討論的，莫過於「涵蓋定律模型」。這個模型中潛藏的因果觀念，正是前行事件與後起事件的「經常連結關係」（或「規律性序列」的關係）。

當代著名經驗主義者Karl Popper（1902-1994）指出：「去對一個事件給予一個因果解釋，乃是運用一個或多個全稱定律（universal laws）作爲演繹的前提，再加上某些單稱述句（singular statements）作爲先行條件，然後去演繹出一個描述該事件的述句。」（Popper, 1972: 59）這就是說，一個正確的因果解釋，是由兩個部分所組成的一個「涵蓋定律模型」。在「涵蓋定律模型」的兩個部分中，一個是解釋項（explanans），另一個是被解釋項（explanandum）。解釋項又包含兩類：一類是一組先行條件的述句，另一類則是一個或多個全稱定律或普遍定律（general laws）。被解釋項乃是企圖解釋的一個經驗事件的描述。如此一來，透過邏輯關係，便可從解釋項演繹出被解釋項。若以C_1, C_2, ……, C_k代表先行條件的述句、L_1, L_2, ……, L_r代表普遍定律、E代表所要解釋的

經驗事件的描述，那麼「涵蓋定律模型」就可圖示如下：

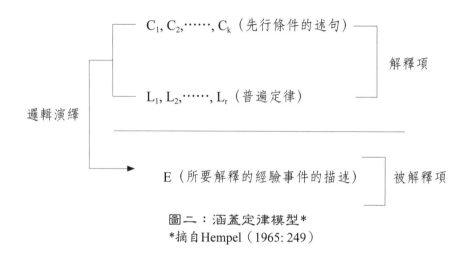

圖二：涵蓋定津模型*
*摘自Hempel（1965: 249）

　　依據當代著名經驗主義者Carl Hempel（1905-1997）所舉的一個例子，我們可以分就下述幾點，進一步說明圖二的涵義（Hempel, 1965: 231-243；易君博，1975：163-192；袁頌西，1981）。第一，被解釋項E必須是特定時空中一個經驗事件的描述，例如，一輛汽車的冷卻器於昨晚寒夜中破裂。第二，解釋項中的先行條件$C_1, C_2, \cdots\cdots, C_k$的陳述，乃是指涉某些發生於特定時空中的經驗事件的述句，例如，一輛汽車昨晚一直停在甲街上；該輛汽車中的冷卻器裝滿著水，並且蓋子扭得甚緊；昨夜氣溫下降至華氏二十五度；大氣壓力正常等等。第三，解釋項中的普遍定律$L_1, L_2, \cdots\cdots, L_r$，受到經驗證據的良好支持，例如，在大氣壓力正常下，水於華氏三十二度時結冰；在華氏三十九點二度以下，如果容量不變，水壓因氣溫降低而增強，當水結冰時，壓力再度增強；一條陳述水壓、氣溫、及容量的公式。第四，從解釋項（先行條件與普遍定律）可以演繹推論出被解釋項E，或者，被解釋項E乃是普遍定律中的一個個例。

　　或許，我們可以另行引用政治研究上的一個著名例子，以期更加簡潔地說明「涵蓋定律模型」。在投票行為的經驗研究中，

有一個足以號稱普遍定律的「立方律」（cube law）（Strom, 2005:
68-83；郭秋永，1988：48-49）。依據這個「立方律」，在競爭激
烈的兩黨制政治系統中，兩黨贏得議席數的比率，等於兩黨得票比
率的立方。若以X代表某一政黨的得票百分比、Y代表該政黨贏得
議席數的百分比，則這一「立方律」可以表示為：

$$\frac{Y}{1-Y} = \left[\frac{X}{1-X}\right]^3 \text{ 或 } Y = \frac{X^3}{3X^2 - 3X + 1}$$

將它應用到「涵蓋定律模型」中，此一「立方律」可以作為解釋項
中的一個普遍定律，而「美國共和黨在甲年眾議員選舉中獲得48%
的選票」，可以作為解釋項中的先行條件。如此一來，根據這個普
遍定律與先行條件，就可演繹出一個被解釋項：美國共和黨在甲
年眾議員選舉中獲得44%的議席數。這就是說，在解釋「美國共和
黨於甲年眾議員選舉中『為何』獲得44%的議席數」上，我們可以
訴諸「立方律」與「美國共和黨在甲年眾議員選舉中獲得48%的選
票」的先行條件。或者，我們可說，因為在競爭激烈的兩黨制政治
系統中，兩黨贏得議席數的比率，等於兩黨得票比率的立方，而
「美國共和黨在甲年眾議員選舉中獲得48%的選票」，所以，「美
國共和黨於甲年眾議員選舉中獲得44%的議席數」。

　　值得注意的是，在一個「涵蓋定律模型」中，普遍定律扮演
著關鍵性的角色：提供被解釋項E之所以發生的「理由」或「論
據」。這種普遍定律的基本特徵，乃是普遍形式的述句，也就是
「所有的P都是Q」，或「對每一x而言，若x為P，則x為Q」。而
如本文第二節的評述，經驗主義者所謂的「因果關係」，主要乃指
「前行事件與後起事件」之間經常連結的關係。這一種關係常被詮
釋為「一旦P，則Q」，或「若P，則Q」，進而詮釋為「所有的P
都是Q」，或「對每一x而言，若x為P，則x為Q」，以至於具有了
普遍定律的述句形式。簡單說，在這樣的詮釋下，普遍定律的形

式，就是經常連結關係的形式[12]，從而使得「涵蓋定律模型」成爲一種「因果的」科學解釋。例如，設「採取比例代表制的選舉方法」的經驗事件，經常連結著「多黨制國家」的經驗事件。再設此一經常連結的關係，可以詮釋爲「對每一國家x而言，若x採取比例代表制的選舉方法，則x成爲一個多黨制國家」，並足以成爲一個普遍定律。那麼，透過這個普遍定律，以及「甲國採取比例代表制的選舉方法」的先行條件，就可演繹推出「甲國乃是一個多黨制國家」的被解釋項了，或解釋了「甲國乃是一個多黨制國家」的原因。就是基於這樣的理由，Popper（1972: 60）才說：「對於正在探究的事件而言，先行條件描述著通常所謂的『原因』。」

（二）歸納統計模型

然而，對某些研究領域來說，例如社會科學中的調查研究，「歸納統計模型」才是最需正視的解釋模型。在社會科學的調查研究中，研究者皆從一個母體隨機抽出一個樣本，從而依據樣本資料檢定某些統計假設，以期獲得一些統計定律（statistical law）。「歸納統計模型」不同於「涵蓋定律模型」之處，端在於模型中所要運用的定律，乃是統計定律，而非普遍定律，從而使得其解釋性質成爲「歸納的」邏輯關係。如同「涵蓋定律模型」，「歸納統計模型」也是由解釋項與被解釋項兩個部分所組成。解釋項中包含統計定律與先行條件，而爲論證形式中的前提；被解釋項乃是所要解釋的對象，而爲論證形式中的結論。若以P、r、F、G、F_i、G_i分別代表機率、機率值、甲類事件、乙類事件、發生了甲類中一個個別

---

[12] 依據經驗主義的見解，表達「經常連結關係」與「普遍定律」的述句，雖然具有相同的語句形式，但實質上有所區別。大體而言，事件之間的經常連結關係，乃是普遍定律的一個必要條件，而非一個充分條件。那麼，尚須添加何種條件，一個表達「經常連結關係」述句，才能轉成一個普遍定律，從而有別於「偶然通則」（accidental generalization）呢？關於這個問題的詳細討論，參見Hempel, 1966: 54-58; Bhaskar, 1997: 127-142; 148-163。

的經驗事件、發生了乙類中一個個別的經驗事件，那麼「歸納統計模型」便可圖示如下：

$$P\ (G\ ,F)\ =r$$
$$F_i$$
$$============\ (r)$$
$$G_i$$

圖三：歸納統計模型*
*摘自Hempel（1965: 390）

　　依據圖三，我們可以提出兩點說明（詳細的評述，參見郭秋永，1988: 99-110）。首先，解釋項中P（G，F）= r，乃指統計定律的基本形式。P是機率，並依「機率的次數論」，詮釋爲「相對次數的極限」；r指機率的數值。因此，P（G，F）= r的意義便是：在隨機實驗F的一長系列履行中，出現結果爲G類事件的比例，幾乎接近於r；或者，在長期上，F類的事件，也是G類事件的比例，十分接近於r。值得注意的是，在這樣的詮釋下，r的數值不指實際的或推得的次數報告。在調查研究中，實際觀察或調查得到的次數報告，乃是基於特定時空中抽得的樣本，去計算某種樣本特徵的次數報告，以期推論一個「設定母體」（specified population）或一個「獨特的歷史情境」中某種母體特徵的次數，而非推論到一個超出抽得樣本所屬時空之外的「概念母體」（conceptual population）。據此而言，P（G，F）= r依然具有「普遍性」的特徵，而足以作爲「歸納統計模型」中的解釋項。其次，雙橫線右端方括弧內的r，表示解釋項與被解釋項之間的歸納關係，從而意指解釋項是以「近乎確定性」蘊含著被解釋項，並在能夠解析成機率計算的範圍內，它就是數值接近於1的歸納機率。所謂「近乎確定性」、或「高度蓋然」、或「十分可能」之類的語詞，乃是表達歸納論證式中前提與結論之間的一種關係：若前提爲眞，則結論十分可能爲眞，雖然也有妄的可能性。按照Hempel（1965: 387-390）的

見解，這個r的數值，應該「接近於1」。

若設F類為具有政治功效感的公民，G類為參加投票的公民，i為一位公民張三，Fi為張三是一位具有政治功效感的公民，Gi為張三會去投票。並設一個統計定律是：凡具有政治功效感的公民，會去參加投票的機率是0.95，亦即P（G，F）= 0.95。再設方括弧內r的數值也是0.95。那麼，在這個假想例子中，「歸納統計模型」的論證形式便是：凡具有政治功效感的公民，會去參加投票的機率是95%；張三是一位具有政治功效感的公民，因此，在95%的機率下，張三會去投票，或者，張三會去投票的機率是95%。

據此而言，在一個「歸納統計模型」中，經驗研究者也透過定律與先行條件，「因果」地解釋了一個經驗事件。誠然，「歸納統計模型」中所運用的定律，乃屬統計定律而非普遍定律，因而經驗研究者是在「機率形式下做成一個歸納統攝」（Hempel, 1966: 68）。然而，無論是「涵蓋定律模型」或是「歸納統計模型」，皆是經驗主義所謂之正確的因果解釋。

（六）結語

如同「權力」一詞，「因果關係」也是自然語言中的一個語詞，從而具有「意義豐富但含糊」的特徵。事實上，它的「豐富但含糊」的意義，不但顯現在所有包含「前因」與「後果」之類的因果語句中，而且隱藏在許多並未正式包括「前因」與「後果」之類的非因果語句裡。因此，當將「因果關係」引進學術研究時，此一概念的澄清與建構，乃是勢必要進行的工作。這樣的澄清與建構的解析工作，雖然植基在它的日常用法上，但不同的學者各有不同的取捨或強調，從而呈現出不盡相同的概念建構。依據筆者的淺見，在「因果」概念的當代解析上，經驗主義的建構方式，代表社會科

學中值得重視的主流。

經驗主義者David Hume，首將「因果關係」剖析成為「先行事件與後起事件之間的經常連結或規律性序列的關係」，從而認為因果關係具有「時間的順序性」、「空間的接近性」、以及「關係的經常性」（或「關係的規律性」）等三個特性。因此，當說「甲事件乃是乙事件的原因」時，僅是意指「先行事件甲的發生，經常連結著（或規律性伴隨著）後起事件乙的發生」，完全否認其中含有某種造成後起事件乙之發生的「產生力量」，不論這種「產生力量」是否來自冥冥之中的「主宰」，或是來自事物本身的「機制」。

在這樣的解析下，兩個變項之間的因果關係，只是一種介於不可能性與必然性之間的「適然關係」，全然沒有什麼「必然性」。然而，不論在日常用語中或在學術研究上，「因果關係」向來隱含著必然性的意義。為了處理此一棘手問題，在不違背原先界定的因果關係的意義下，晚近的經驗主義者先後提出「邏輯的必然性」與「模型的必然性」的分析方式。

當訴諸「邏輯的必然性」時，經驗主義者便以充分條件與（或）必要條件的因果條件句，再次詮釋因果關係。在這樣的詮釋之下，兩個變項之間的因果解析，就可運用Mill的「一致法」、「共變法」、以及「差異法」，來建立兩個事件之間的因果關係，進而透過充分條件與（或）必要條件的詮釋，去斷定兩個事件之間的因果關係即是具有必然性的因果關係。值得注意的是，Mill的「一致法」、「共變法」、以及「差異法」，在邏輯推理上，密切關聯到當今更精緻的兩種統計分法，亦即「變異數分析」與「共變數分析」。然而，當以充分條件與（或）必要條件來詮釋因果關係時，經驗研究者將會遭遇三個困難：無法獲得「反事實」的經驗資料、違反一個邏輯推論規則、侷限於類別尺度的經驗資料。

當訴諸「模型的必然性」時，經驗主義者便在「理論模型」中運用相關、不可逆的關係、真正的相關等三個條件，再度詮釋因果

關係，進而說明統計教科書上所謂的「相關不是因果關係」或「相關不能證明因果」的根本理由。這樣的因果解析，正是現行所有經驗研究方法教科書中的一個核心論點。

　　伴隨著經驗主義的因果解析，經驗主義者的研究目標，端在於建立起「普遍定律」或「統計定律」，以期作為科學解釋的前提。因此，在科學解釋的論述上，經驗主義者認為「涵蓋定律模型」與「歸納統計模型」，乃是最正確的（或最正當的）因果解釋的模型。「涵蓋定律模型」包含「普遍定律」，「歸納統計模型」則包括「統計定律」，從而最適於社會調查研究。

附錄：解「圖一」中的P_{31}與P_{32}

依圖一，$X_3 = P_{31} X_1 + P_{32} X_2 + P_{3v} R_v$　　(1)

以X_1與X_2，分乘方程式(1)，則得

$X_1 X_3 = P_{31} X_1^2 + P_{32} X_1 X_2 + P_{3v} X_1 R_v$

$X_2 X_3 = P_{31} X_1 X_2 + P_{32} X_2^2 + P_{3v} X_2 R_v$

各取期望值，則得

$E(X_1 X_3) = P_{31} E(X_1^2) + P_{32} E(X_1 X_2) + P_{3v} E(X_1 R_v)$

$E(X_2 X_3) = P_{31} E(X_1 X_2) + P32 E(X_2^2) + P_{3v} E(X_2 R_v)$

因爲兩個標準化變項之積的期望值，即爲這兩個變項的相關，而一個標準化變項之平方的期望值，即其變異數，也就是等於1，所以，$E(X_1 X_3) = r13$、$E(X_2 X_3) = r23$、$E(X_1^2) = 1$、$E(X_2^2) = 1$。此外，根據假定，X_1與R_v無關，X_2與R_v無關，因此$E(X_1 R_v) = E(X_2 R_v) = 0$。如此，上面兩式就可化爲下述兩式：

$r_{13} = P_{31} + P_{32} r_{12}$

$r_{23} = P_{31} r_{12} + P_{32}$

移項，則得

$P_{31} = r_{13} - P_{32} r_{12}$　　(2)

$P_{32} = r_{23} - P_{31} r_{12}$　　(3)

式(3)代入式(2)，則得

$P_{31} = r_{13} - P_{32} r_{12} = r_{13} - (r_{23} - P_{31} r_{12}) r_{12}$

$\qquad = r_{13} - r_{23} r_{12} + P_{31} r_{12}^2$

移項，則得

$P_{31} - P_{31} r_{12}^2 = r_{13} - r_{23} r_{12}$

$P_{31}(1 - r_{12}^2) = r_{13} - r_{23} r_{12}$

$P_{31} = \dfrac{r_{13} - r_{12} r_{23}}{1 - r_{12}^2}$

同理，可算得

$P_{32} = \dfrac{r_{23} - r_{12} r_{13}}{1 - r_{12}^2}$

參考書目

易君博

　1975　《政治理論與研究方法》。台北：三民書局。

周曉亮

　1996　《休謨及其人性哲學》。北京：社會科學文獻出版社。

胡秋原

　1966　《邏輯實證論與語意學及殷海光之詐欺》。台北：中華雜誌社。

殷海光

　1957　〈因果的解析〉，《現代學術季刊》，第一卷第四期，頁9-29。此文
　　　　後來改稱為〈因果底解析〉，從而收錄在殷海光，1964，《思想與方
　　　　法》。台北：文星書店。頁273-302。

　1964　〈引介〉，《思想與方法》。台北：文星書店。頁1-3。

袁頌西

　1981　〈當代政治學中的解釋問題：實徵論與詮釋派之論爭〉，《政治學
　　　　報》，第九期，頁53-107。台北：中國政治學會。

許冠三

　1971　〈史學致知中的因果關聯〉，《史學與史學方法》（下冊）。台北：
　　　　萬年青書店。頁93-134。

郭秋永

　1988　《政治學方法論研究專集》。台北：商務印書館。

　2001　〈權力與因果：方法論上的解析〉，《台灣政治學會》，第五期，頁
　　　　64-131。

Asher, Herbert

　1976　*Causal Modeling* (Beverly: Sage).

Blalock, Hubert. Jr.

　1961　*Causal Inferences in Nonexperimental Research* (Chapel Hill: The
　　　　University of North Carolina Press).

　1979　*Social Statistics* (New York: McGraw-Hill).

Bhaskar, Roy

    1997   *A Realist Theory of Science* (London and New York: Verso). First published in 1975 by Leeds Books. This edition first published in 1978 by The Harvester Press.

Brady, Henry

    2008   "Causation and Explanation in Social Science," Janet Box-Steffensmeier, Henry Brady, and David Collier, Eds., *The Oxford Handbook of Political Methodology* (New York: Oxford University Press), pp. 217-270.

Elster, Jon

    2007   *Explaining Social Behavior: More Nuts and Bolts for the Social Science* (Cambridge: Cambridge University Press).

Fay, Brian, and J. Donald Moon

    1994   "What Would an Adequate Philosophy of Social Science Look Like?" Michael Martin and Lee C. McIntyre, Eds., *Readings in the Philosophy of Social Science* (Cambridge: The MIT Press, 1994), pp. 21-35.

Hempel, Carl

    1965   *Aspects of Scientific Explanation* (New York: The Free Press).

    1966   *Philosophy of Natural Science* (N. J.: Prentice-Hall).

Isaak, Alan

    1985   *Scope and Methods of Political Science: An Introduction to the Methodology of Political Inquiry.* 4th edition. (Illinois: The Dorsey Press).

Johnson, Janet Buttolph, and H. T. Reynolds

    2005   *Political Science Research Methods.* 5th edition (Washington, D. C. CQ press).

Kaplan, Abraham

    1965   "Noncausal Explanation," Daniel Lerner, ed., *Cause and Effect* (New York: The Free Press), pp. 145-55.

Monroe, Alan D.

    2000   *Essentials of Political Research* (Boulder: Westview Press).

Outhwaite, William

  1987 *New Philosophies of Social Science: Realism, Hermeneutics, and Critical Theory* (London: Macmillan).

Pearl, Judea

  2000 *Causality: Models, Reasoning, and Inference* (New York: Cambridge University Press).

Pennings, Paul, Hans Keman, and Jan Kleinnijenhuis

  2006 *Doing Research in Political Science.* 2nd edition (London: Sage).

Pierce, Roger

  2008 *Research methods in Politics* (London: Sage).

Popper, Karl

  1972 *The Logic of Scientific Discovery.* 6th printing (London: Hutchinson).

Reynolds, H. T.

  1977 *Analysis of Nominal Data* (Beverly Hills and London: Sage).

Rosenberg, Alex

  2000 *Philosophy of Science: A Contemporary Introduction* (London and New York: Routledge).

Russell, Bertrand

  1953 "On the Notion of Cause, with Applications to the Free-Will Problem," H. Feigl and M. Brodbecks, Eds. *Readings in the Philosophy of Science* (New York: Appleton-Century-Crafts), pp. 387-407. Reprinted from B. Russell, *Mysticism and Logic*, and his *Our Knowledge of the External Word* (1929).

Shively, Phillips

  1990 *The Craft of Political Research.* 3rd edition (New Jersey: Prentice-Hall).

Simon, Herbert

  1957 *Models of Man, Social and Rational: Mathematical Essay on Rational Human Behavior in a Social Setting* (New York: John Wiley and Sons).

  1968 "Causation", David L. Sills and Robert K. Merton, Eds. *International Encyclopedia of the Social Sciences,* Vol. 2 (New York: Macmillan), pp.

350-56.

Stoker, Gerry

1995　"Introduction", D. Marsh and G. Stoker Eds. *Theory and Methods in Political Science* (New York: St. Martin's Press), pp. 1-18.

Strom, Kaare

2005　"The Cube Law," Stein Larsen, Ed., *Theory and Methods in Political Science: The First Steps to Synthesize a Discipline* (New York: Columbia University Press).

White, Louise G.

1999　*Political Analysis: Technique and Practice.* 4th edition (Orlando: Harcourt Brace & Company).

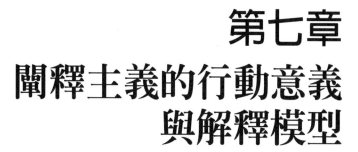

第七章
闡釋主義的行動意義
與解釋模型

（一） 引言

　　本書第一章第四節曾經運用「家族類似性」的觀念，將一百餘年來美國政治學界中正、反兩面的科學化主張，分成「經驗主義」與「闡釋主義」兩個對立陣營。長久以來，這兩個對立陣營分別在不同旗幟下，展開強弱程度不一的攻防論戰。依據筆者的淺見，在這些紛紛擾擾的攻防論戰中，下述兩個論述特點，值得我們特別注意。

　　第一，參與論戰的雙方學者，通常訴諸整個陣營的「共同」見解，而較少憑藉特定學者的精細主張。這種概括式的論戰方式，對「經驗主義」陣營來說，不易滋生疑義；但就「闡釋主義」陣營而言，則易於失諸籠統。因為「經驗主義」的主張，在概念製作、抽樣方法、以及假設檢定等方面上，都有十分明確的執行步驟，也都能逐一描述在入門的「方法教科書」中。可是，「闡釋主義」的主張，則十分缺乏逐一進行的研究步驟，至多令人產生社會研究不能脫離「意義脈絡」（或「歷史傳統」、「文化背景」、「社會觀念」、「話語情境」）的籠統印象，即使在專門論述的論文中（例如，Gibbons, 2006），仍然難以找出一系列明確而可逐一依循的研究步驟。兩相對照之下，闡釋主義者極力主張的闡釋方法，似乎顯得「不科學」或「不嚴謹」（Yanow and Schwartz-Shea, 2006: 383-384）。顯而易見的，概括式的論述，不易突顯「闡釋主義」的精緻論證。

　　第二，「闡釋主義」的理論焦點，端在於社會行動之「意義」（meaning）的「理解」（understanding）、或「闡釋」（interpretation）、或「詮釋」（hermeneutics）、或「解釋」（explanation）、或「闡釋性解釋」（interpretative explanation）、或「闡釋性理解」（interpretative understanding）、或「詮釋

性闡釋」（hermeneutic interpretation）。[1]當代一位闡釋主義者 DvoraYanow就曾指出：「各種不同闡釋方法的共通之處⋯⋯端在於將研究焦點集中在意義之上。」（Yanow, 2006: 9）然而，在概括式的論述中，「意義」這個語詞的意思，常隨不同論述脈絡而有所變動（Bevir and Rhodes, 2002: 131），或者「不但具有許多不同的用法，而且也是各種相互衝突之意義理論的題材」（Hollis, 1994: 157），從而易使論者陷入「驚惶失措」的困境中（Lerner, 2002: 31）。事實上，在相關的英文概述中，除了「meaning」之外，尚有「make sense」、「significance」、以及「point」等字

---

[1] 馮友蘭先生曾將「interpretation」翻譯為「釋義」，從而將其動詞「interpret」翻譯為「義釋」（1996: 865）。馮先生的翻譯，十分貼切，可惜中文學界無人沿用，筆者只得按照台灣學界的用法，將「interpretation」與「interpret」，都翻譯為「闡釋」。進一步說，根據一些闡釋主義者的主張，社會科學的首要任務乃在於「理解」社會現象，而自然科學則在於「解釋」自然現象，因此「理解」與「解釋」乃是兩個對立的語詞。然而，一位著名社會科學哲學家Jon Elster（1940-）卻一口斷定，「理解」（或「闡釋」）就是「解釋」，完全否定這些闡釋主義者的分類說詞（Elster, 2007: 52）。誠然，按照另外一些闡釋主義者的看法，「解釋」不是自然科學的專利，社會科學也有「解釋」課題，因而就有「闡釋性解釋」這個語詞的用法（參見Moon, 1975: 173, 204-209）。更進一步說，Bhaskar（1998: 135）將德文「verstehen」等同於「闡釋性理解」。Lerner（2002: 47）則把「詮釋性闡釋」對立於「因果解釋」。至於「理解」與「闡釋」之間的關係，不同的闡釋主義者也各有不同的見解。有些闡釋主義者認為「理解」有別於「闡釋」：「理解」是「闡釋」的前提，「闡釋」則是「理解」的發展。另外一些闡釋主義者則以為「理解」就是「闡釋」：「理解」必須通過「闡釋」才能實現，兩者合而為一。關於「理解」、「闡釋」、「詮釋」、以及「解釋」等德文、英文、拉丁文、希臘文之間的語源關係與對應意義，參見洪漢鼎（2003: 105-6, 102-3, 211-14）。本章在提到經驗主義的「解釋」觀念時，特別稱為「科學解釋」，藉以突顯其解釋觀念中「普遍定律」或「統計定律」的嚴格要求。

彙，被用來表達似同非同、似異非異的「意義」。[2]進一步說，假使誠如Martin Hollis與May Brodbeck兩位學者所說，「meaning」一字計有四種用法（Hollis, 1994: 144-5; Brodbeck, 1968: 60-66），並且如同Brodbeck指出，「understanding」一字共有五種用法（Brodbeck, 1968: 66-68），那麼姑且不論這兩位學者所說之四種「meaning」用法是否相同，社會行動之「意義」的「理解」，原則上便有二十種不同用法，從而易使讀者陷入五里霧中。假使再加上「understanding」、「interpretation」、「hermeneutics」、「explanation」、「interpretative explanation」、「interpretative understanding」、「hermeneutic interpretation」等語詞之間的各種差異用法，那麼「闡釋主義」的精緻論證，立即在治絲益棼之中消耗殆盡！

　　從上述兩個特點看來，在說明「闡釋主義」的基本主張上，與其採取概括式的論述方式，毋寧訴諸一位具有代表性之學者的特定理論見解。筆者相信，這樣的論述方式，方才足以展現出「闡釋主義」能夠長期對抗「經驗主義」的根本道理。依據筆者的淺見，在各種闡釋主義的論著中，英國著名學者Peter Winch（1926-1977）的大作（《社會科學的觀念及其與哲學的關係》），就是一本十分具有代表性的理論著作。[3]Winch的這本大作，素有「影響深遠」、「貢獻至大」、以及「近十五年來最重要的人文主義的著作之一」等美譽（Lerner, 2002: 1; Fay and Moon, 1994: 26; MacIntyre, 1973:

---

[2] 依據Moon（1975: 161）的說明，「point」也可表達「meaning」的意思，例如，「What is the point of that action?」表達了「What does that action mean?」的意思。

[3] *The Idea of a Social Science and Its Relation to Philosophy*。此書有兩個版本。1958年的版本，附有Winch的另一篇名著（"Understanding a Primitive Society"）；1990年的版本，則未附加此篇名著，但新增一篇「第二版序」。在這本名著中，不論舊版或新版，Winch並未區分「觀念」（idea or notion）與「概念」（concept），本文加以沿用，也不進行細緻的區別。

15），也有「化除社會科學之自大急躁症的一副解毒劑」的令名
（Pettit, 2000: 76），甚至博得敵對者之「不同凡響的精巧論證」
的讚揚（Rudner, 1966: 70n）。本文試圖運用Winch這本大作及其相
關評論，來論述「闡釋主義」的精緻論證，進而提出一些淺見，期
能降低這兩大陣營之間的對峙程度。爲了能夠達成此一目的，本文
的論述，將從「意義與意圖」、「意義與規則」、「意義與闡釋」
等三個主要層面，逐一進行。

（二）　意義與意圖

　　依據闡釋主義的概括論述，人類行動乃是組成社會世界的
基本要素，而原子、分子、電子之類的物質運動，則是構成自然
世界的基本要素。社會世界與自然世界的組成要素不一樣，認識
或研究的方式當然就有差別。值得注意的是，此處所謂的人類
「行動」（action），乃指人類的「有意義的行爲」（meaningful
behavior），而非人類的「運動」（movement）、或人類的「身
體運動」（physical movement）、或人類的「反射運動」（reflex
movement）。[4]顯然的，自闡釋主義者看來，「意義」（或「有意

---

[4] 有些闡釋主義者區別「行動」（action）與「行爲」（behavior）之間的差
　　異（參見Gerring and Yesnowitz, 2006: 122; Johnson and Reynolds, 2005: 40,
　　47）。在這種區別下，「行動」是由「行動者本身的觀念與自我理解」所
　　構成，從而是「行爲」的次級類別。這就是說，「行爲」包含「無意義的
　　動物行爲」與「有意義的人類行爲」；而「有意義的人類行爲」便是「人類
　　行動」。在這樣的區別之下，有些學者偶爾有意無意地將「行爲」等同於
　　「運動」（movement）（Moon, 1975: 164）。然而，Winch並未進行這樣的
　　區別，從而也不區分「action」、「behavior」、以及「activity」等字彙的用
　　法。本文依照Winch的用法，不區分「行爲」、「行動」、以及「活動」等
　　字彙的用法。

義」）正是劃分「行動」與「運動」的關鍵所在，從而就是區分社會科學與自然科學的分水嶺；或者，社會科學之研究對象的特有性質，在社會科學與自然科學之間構築了一個無法跨越的鴻溝，從而形成一道排斥自然科學之研究方法的天然屏障。

　　然而，所謂的「意義」（或「有意義」），究竟是什麼呢？闡釋主義者雖然時常提及「意義」（或「有意義」），但較少進行廣泛而深入的討論。本節企圖剖析各種「意義」的意思，從而指出一般闡釋主義者所謂的「意義」，藉以指明Winch的「意義」觀念。

　　儘管闡釋主義者向來高舉「意義」或「行動意義」的大旗，但「意義」的說詞並非他們的專利。正跟闡釋主義相互對峙的經驗主義，實際上也十分強調「意義」的解說。

　　大體而言，除了語詞的字面意思之外，經驗主義者特別重視述句（statement）的「認知意義」（cognitive meaning）的解析。依據經驗主義的基本主張，在所有的語句（sentence）中，只有述句才能判定為真或偽；至於其他的語句，例如價值語句、玄學語句、疑問句、祈使句、感嘆句等，均無真偽可言。可以判定真偽的述句，才具有「認知意義」；沒有真偽可言的語句，雖然具有其他意義（例如，評價意義或情緒意義），但不具有「認知意義」。進一步說，具有「認知意義」的述句，包含分析述句（analytic statement）與經驗述句（empirical statement）兩種。分析述句的「認知意義」，屬於邏輯意義，而其中所謂的「意義」，則指「在邏輯上，具有真偽可言」。經驗述句的「認知意義」，屬於經驗意義，而其中所謂的「意義」，則指「在經驗上，具有真偽可言」。據此而言，經驗主義者素所強調的「認知意義」，實質上包含「邏輯意義」與「經驗意義」兩種，而其中所謂的「意義」，乃指「在邏輯上或在經驗上，具有真偽可言」（參見本書第二章第二節）。

　　顯而易見的，經驗主義者所謂的「意義」，十分清楚明白。誠然，闡釋主義者雖然常以「意義」或「行動意義」作為論述核心，但自一向重視語詞精確性的經驗主義者看來，闡釋主義者的論述不

是失諸籠統，就是昧於辨識。

　　依據一位著名經驗主義者May Brodbeck（1917-1983）的解析，我們至少可從闡釋主義者籠統泛稱的「意義」語詞，分辨出下述四種意思：「指涉的意義」（referential meaning）、「事實的意義」（factual meaning）、「意圖的意義」（intentional meaning）、以及「心理的意義」（psychological meaning）等四種（Brodbeck, 1968: 60-66）。[5]茲按照Brodbeck的說明，依序概述如下。

　　首先，當我們知道某一語詞（例如，「餐桌」）被用來指涉某一狀態的特徵時（例如，「飲食」），該語詞便有了指涉，從而具有了「指涉的意義」。例如，「餐桌」的「指涉的意義」，乃是「飲食」，或者「餐桌的意義，乃在於飲食」。其次，當我們知道某一語詞（例如，「氣壓」）在定律上關聯著其他事物（例如，氣體的體積與溫度）時，該語詞便具有「事實的意義」。例如，「氣壓」的「事實的意義」，乃是「兩種氣體的體積在同溫同壓之下互為整數之比」，或者，「氣壓的意義，乃在於兩種氣體的體積在同溫同壓之下互為整數之比」。再次，當某一語詞（例如，「祈

5　這四種「意義」中的「事實的意義」一詞，乃是筆者依據Brodbeck所謂「meaning2」或「significance」的旨意而來稱呼其中第二種「意義」的語詞。這就是說，「事實的意義」一詞，乃是筆者改稱「meaning2」或「significance」的語詞，而非Brodbeck本人的原先用語。Brodbeck本人在其論文中大都使用「meaning」的數字底標來表示這四種「意義」，亦即「meaning1」、「meaning2」、「meaning3」、「meaning4」，偶爾也分別使用「referential meaning」、「significance」、「intentional meaning」、「psychological meaning」等四個語詞。進一步說，政治學家J. Donald Moon所謂的「律理關係」（nomological relation）的意義，基本上同於此處的「事實的意義」。Moon（1975: 178）指出，「它變成紅色的意義是什麼？」這一問題，實際上就是「什麼引起它變成紅色？」或「它變成紅色後將導致什麼？」的問題，旨在探問兩個現象之間的律理關係（或定律關係）。因此，Moon（1975: 178）說：「當自然科學家研究某一現象的『意義』時，其旨趣乃在於該現象與其他現象之間的律理關係。」

禱」）被用來表達某種意圖的思維時（例如，「國泰民安」或「獲得永生」），該語詞便具有「意圖的意義」。例如，「祈禱」的「意圖的意義」，乃是「國泰民安」或「獲得永生」，或者，「祈禱的意義，乃在於國泰民安或獲得永生」。最後，當某人運用某一語詞（例如，「火」）來表達其本身的特定心理感受時（例如，「溫暖」），對該人來說，該語詞便具有「心理的意義」。例如，對張三來說，「火」的「心理的意義」，就是「溫暖」，或者，對張三來說，「火的意義，乃在於溫暖」。

自Brodbeck看來，語詞的「指涉的意義」，乃是約定俗成之事，而語詞的「事實的意義」，則為經驗性的存在之事，因此，凡是具有「指涉的意義」或「事實的意義」的語詞，都是「適當的科學語詞」（Brodbeck, 1968: 61）。

至於語詞的「意圖的意義」，雖從一些行動者的視角來說，乃是「主觀的」或「獨特的」；但自科學研究者的視角看來，卻可將它轉成為一種經驗性的存在之事。例如，對基督徒來說，「祈禱的意義在獲得永生」乃是一種主觀之事；但對科學研究者來說，「祈禱是否可以獲得永生」則為一種可以判定真或偽的經驗事實。同樣的，語詞的「心理的意義」，雖從特定個人來說，乃是「主觀的」或「獨特的」；但自科學研究者的視角看來，也可將它轉成一種經驗性的存在之事。例如，對張三來說，「火的意義，就是溫暖」乃是一種主觀之事，但研究者卻可從張三的「身體狀況（行為的與生理的狀況）」來加以判斷「對張三來說，火的意義，是否就是溫暖」，從而可以將它轉成為一種可以判斷真或偽的經驗事實（Brodbeck, 1968: 65）。

依據筆者的淺見，所謂「意圖的意義」（或「心理的意義」）的主觀之事，可以轉成經驗性的存在之事，基本上乃是訴諸行動者之主觀意義的一種「引號性的用法」。例如，張三說：「甲書是一本好書。」對張三來說，「甲書是一本好書」乃是表達張三本人對於甲書的一種主觀之事；但對他人來說，張三是否說過「甲書是一

本好書」則是經驗性的存在之事，也就是「張三說：『甲書是一本好書』」這一引號性的整個語句，乃是可以判定眞或僞的說法（參見本書第二章第二節）。因此，在Brodbeck的見解中，「意圖的意義」或「心理的意義」雖然都是主觀之事，但從科學研究者的視角看來，則爲經驗性的存在之事，全然可以進行科學研究，而不必訴諸任何特有的認識或研究方式。

總之，依據Brodbeck的見解，在解析闡釋主義所謂「意義」的四種意思之後，我們就可明白看出，「行動意義」雖是組成社會世界的基本要素，但這並不要求「主觀的」、或「獨特的」、或有別於自然科學的認識或研究方式！

另外一位著名經驗主義者Richard Rudner（1921-1979）則認爲闡釋主義者所謂的「意義」，實際上包含兩種。第一種乃指「語義的意思」（semantical sense），他稱爲「meaning1」或「significance1」，例如，「『象』這個字彙的意義是什麼？」這一問句中的「意義」。第二種則指「評價的意思」（evaluational sense），他稱爲「meaning2」或「significance2」，例如，「法國拒絕簽署〈禁止核子試爆協定〉的意義是什麼？」與「去年希臘國王訪問英國之行，乃是一次毫無意義之行」這兩個語句中的「意義」，表示「重要後果」或「重要性」之類的評價作用（Rudner, 1966: 79-80）。Rudner所謂「意義」之於「語義的意思」，雷同Brodbeck所說的「指涉的意義」；所謂「意義」之於「評價的意思」，則類似Brodbeck所說的「意圖的意義」或「心理的意義」，都指行動者的主觀心理作用。

顯而易見的，根據上述兩位經驗主義者的解析，闡釋主義者素所強調的「行動意義」，就是「意圖的意義」（或「心理的意義」或「評價的意思」），而「行動意義」中的「意義」，乃指行動者本人的特定意圖、目的、情緒、觀念、評價等主觀心理作用。值得注意的是，在這樣的解析下，所謂「行動意義」中的「意義」，便具「個體性的」或「私人性的」，而無「社會性的」或「公共性

的」。

　　然而，我們不免要問，闡釋主義者所謂的「意義」或「行動意義」，果真如同經驗主義者的解析，純屬「個體性的」或「私人性的」嗎？或者，經驗主義者針對闡釋主義所謂之「意義」或「行動意義」的一連串解析，是否引喻失義或故意誣陷呢？

　　當代一位科學哲學家Martin Hollis（1938-1998）曾經指出，當學者主張「意義」是社會世界的特有範疇時，其所謂的「意義」，應該計有下述四種：「行動的意義」、「語言的意義」、「實踐的意義」、以及「理論的意義」（Hollis, 1994: 144-145, 160-162）。下文依次加以說明。

　　首先，按照Hollis的解析，人類由於某種意圖、理由、情緒、以及價值觀念，而採取某種行動。這些意圖、理由、情緒、以及價值觀念，基本上取自一個彼此可以確認的、符號性的「意義儲藏庫」。動物行為雖然也會具體展現出某些意圖、理由、或情緒，但並不依賴一個符號性的「意義儲藏庫」，因而有別於人類行動。簡單說，「行動的意義」中的「意義」，不但指涉行動者的意圖、理由、情緒、以及價值觀念，而且蘊含一個符號性的「意義儲藏庫」。例如，降半旗這一行動的「意義」，不但具體表現出哀悼某位偉人或某些烈士往生的情緒，而且這種情緒表達乃取自一個人人可以確認的、符號性的「意義儲藏所」。其次，「語言的意義」乃指人人共享共用之語言的意思，也就是一般辭典上的字詞意思。因此，「語言的意義」中的「意義」，便指字詞的「意思」。例如，旗桿的「意義」，就是「懸旗的桿子」。再次，「實踐的意義」乃指社會實踐觀念中的「規範性的期望」或「道德觀念」。因此，「實踐的意義」中的「意義」，便指某種「規範性的期望」或「道德觀念」。例如，生命的意義，乃在創造宇宙繼起之生命；生活的目的，乃在增進全體人類之生活。最後，「理論的意義」乃指人類行動的瞭解或採取，依賴在社會世界中既有的某種理論上，從而使得行動具有特定理論的「意義」。例如，我們通常依靠Sigmund

Freud（1856-1939）的心理學理論，而將「吸手指頭」的習慣，瞭解爲「小時候口腔經驗並未得到滿足或過度滿足」的結果。因此，人們吸手指頭之習慣的「意義」，便是「小時候口腔經驗並未得到滿足或過度滿足」。

依據筆者的淺見，Hollis所謂的四種「意義」，實際上概屬「社會性的」或「公共性的」，而非純屬「個體性的」或「私人性的」。特別值得注意的是，其所謂的「行動意義」，雖指行動者本人的意圖、理由、情緒、以及價值觀念等，從而意涵「個體性」或「私人性」，但行動者本人的意圖、理由、情緒、以及價值觀念等，卻又依賴在一個符號性的「意義儲藏庫」上，進而蘊含著「社會性」或「公共性」。因此，Hollis所謂的「行動的意義」，既具「個體性」（或「私人性」）的意涵，又具「社會性」（或「公共性」）的意涵。至於其所謂的其他三種「意義」，亦即「語言的意義」、「實踐的意義」、以及「理論的意義」，由於分別指涉「人人共享共用之語言的意思」、「規範性的期望」、以及「社會世界中既有的某種理論」，因而都明確具有「社會性」或「公共性」。

走筆至此，我們可以明白看出兩個要點。第一，在諸如Brodbeck與Rudner之類的經驗主義者眼中，闡釋主義者素所強調的「意義」或「行動意義」，就是「意圖的意義」（或「心理的意義」或「評價的意思」），從而指涉行動者本人的特定意圖、目的、情緒、觀念、評價等純屬「個體性的」（或「私人性的」）主觀心理作用。第二，當闡釋主義者主張「意義」或「行動意義」乃是社會世界的特有範疇時，應該意涵Hollis所謂的「社會性」或「公共性」，不論是「行動的意義」、或是「語言的意義」、或是「實踐的意義」、或是「理論的意義」。

綜合上述兩個要點，筆者相信，造成經驗主義與闡釋主義遙相對峙的原因之一，乃是闡釋主義者在論述「意義」或「行動意義」時，雖然隱含「社會性」或「公共性」，但行文之間仍給經驗主義者留下「個體性」或「私人性」的解讀空間。闡釋主義的這種

行文方式，在明確標明行動意義之「社會性」（或「公共性」）的
Winch論著中，依然清晰可見。

　　Winch曾經引述德國著名社會科學家Max Weber（1864-1920）
的著作，指出「意義」乃指「主觀意圖」，而「有意義的行為」
的觀念，密切關聯著諸如「理由」、「動機」、「意圖」之類的觀
念。Winch說：

> 我們能夠合適地說，這種活動形式具有一種「意義」，
> 一種「符號性」的特徵。使用Max Weber的話來說，
> 「假使當事者或諸當事者將一種主觀意義連結著它，並
> 在當事者或諸當事者將一種主觀意義連結著它的範圍
> 內」，那麼我們關切人類行為。現在，我要考察有意義
> 行為的這個觀念，究竟包含了什麼。Weber指出，他所
> 說的「意義」，乃是「主觀意圖」之事，並且有意義行
> 為的觀念，密切關聯著諸如「動機」與「理由」之類的
> 觀念。（Winch, 1958: 45）[6]

　　Winch曾舉投票例子，進一步說明上述引文的意思。依據
Winch的說明，人類的「行動」不同於人類的「身體運動」之
處，端在於前者含有「理由」（或「動機」、或「目的」、或「意
圖」），或者，端在於行動者將某一種「主觀意義」（或「主觀意
圖」）連結著其「身體運動」。例如，張三在特定的時空中、於一
張特定紙張上蓋上一個印記，乃是張三的一些「身體運動」。當張
三爲了某個理由，比如「投票給工黨，可以保持工業穩定」，而做
了這些「身體運動」時；或者，當張三將「投票給工黨，可以保持

---

[6] Winch並未區別「meaning」、「make sense」、「significance」、以
　　及「point」等字彙的用法，也不區分「action」、「behavior」、以及
　　「activity」等字彙的用法。

工業穩定」的「主觀意義」，賦予這些「身體運動」時，這些「身體運動」方才成為張三的「投票行動」。社會科學家所要研究的對象，乃是張三的「投票行動」，而非張三的那些「身體運動」；或者，社會科學的研究對象，乃是人類的「行動」，而非人類的「身體運動」。從這個例子，我們可以清楚看出，Winch在此處所說的「意義」，乃指「主觀意圖」，而「有意義的行為」，則是行動者由於某種「理由」（或「動機」、或「目的」、或「意圖」）而採取的行動。

那麼，在將「意義」視為「主觀意圖」，從而把「有意義的行為」看作行動者由於某種「理由」而採取的行動之下，社會科學研究者如何理解或闡釋張三的「投票活動」呢？

因為「有意義的行為」就是行動者鑑於某種「理由」而採取的行動，或者，因為行動者的「行動意義」乃指行動者的「主觀意圖」，所以一些闡釋主義者便認為，掌握了行動者的行動意義（或行動理由或主觀意圖），就理解或闡釋了該行動。可是，行動者的「主觀意圖」，不同於原子、電子、分子之類的自然世界中的物質，乃是一種難以直接觀察或不易間接觀察的對象，那麼，研究者如何掌握行動者的行動意義（或行動理由）呢？或者，研究者如何確定行動者的「主觀意圖」（或「主觀意義」）呢？這些闡釋主義者主張，研究者應該運用一種迥異於自然科學、而為社會科學不可或缺的獨特方法。這種獨特的方法，就是社會科學特有的一種研究方法，也就是「理解」（或「闡釋」）的方法。這種「理解」（或「闡釋」）的方法，有時被解讀為「內省方法」或「神入的理解方法」（method of empathetic understanding，或譯「設身處地的理解方法」）（Gibbons, 2006: 563; King, et al., 1994: 36-37）。

所謂的「神入的理解方法」，乃指研究者透過想像力，去設身處地的忖度行動者在特定行動情境中的「主觀意圖」或「行動理由」。這就是說，研究者發揮想像力，努力想像其本身就是處於特定情境中的行動者，然後想像他在特定情境中將會基於何種理

由（或動機或意圖）去採取特定的行動。根據這樣的設身處地的想像，研究者便可理解行動者的行動理由或「主觀意圖」了。著名學者Robin Collingwood（1889-1943）就曾力主，歷史家與社會科學家的工作，端在於「再生」（re-live）歷史行動者的思想（cited by Moon, 1975: 180）。

然而，自經驗主義者看來，所謂的「神入的理解方法」，根本不是社會科學特有的適當研究方法。大體而言，經驗主義者的批評，主要集中在「主觀主義」（subjectivism）與「複製謬誤」（reproductive fallacy）兩個論點上，進而指出它至多是一種啓發性的輔助方法。

首先，經驗主義者通常指出，即使社會科學的研究對象，乃是行動者的「主觀意圖」，但因社會科學的研究對象，不是單獨一個的行動者，而是成群結隊的行動者，因此所謂的「行動者的主觀意圖」，乃指「大量行動者」的主觀意圖，而非「單個行動者」的主觀意圖。可是，依據闡釋主義自詡的「神入的理解方法」，社會科學的研究對象，卻是單獨行動者的「主觀意圖」。顯而易見的，這種自我限制之「神入的理解方法」，不但易於陷入自矜自是的「主觀主義」，而且難以掌握大量行動者共有的「主觀意圖」。

其次，所謂的「神入的理解方法」，實際上就是研究者在自己腦海中「複製」行動者的「心理狀態」的一個過程。這樣的「複製」過程，實際上混淆了「描述」與「被描述」之間的區別，從而違犯了「複製的謬誤」。著名經驗主義者Rudner指出，社會科學研究的一個基本功能，乃在描述社會現象，而非「複製」社會現象；研究者去「複製」研究對象之心理作用的「複製過程」，根本違背了科學研究的基本功能。Rudner（1966: 80, 83）說：「去驅趕肥胖的牛群，並不需要肥胖的牧牛人……一個颶風的描述，『不是』颶風。颶風的描述，不會因為不完全的、裁剪的、通則化的、抽象的，而『不足以』成為颶風。即使它是一個颶風的一個『完全的』描述（不論這種完全描述究竟是什麼），它仍然是一個颶風的

一個『描述』，而不是一個颶風。一個颶風的描述不是一個颶風，
正如一個颶風不是一個颶風的描述一樣。」

　　最後，一位著名經驗主義者Carl Hempel（1905-1997）指出，
「神入的理解方法」，既非科學研究的必要條件，亦非科學研究的
充分條件，至多只不過是一種提出假設的啟發方法而已。就它不是
科學研究的必要條件來說，理解希特勒的行為，不必自我想像成為
希特勒，心理病理學的行為理論，足以用來理解希特勒的行為。這
就是說，沒有「神入的理解方法」，科學研究依然可以順利進行。
因此，「神入的理解方法」不是科學研究的必要條件。就它不是科
學研究的充分條件而言，儘管研究者的想像力多麼豐富，無論研究
者的設身處地多麼貼切，其「神入的理解方法」所提供的理解，根
本尚待驗證，從而未必正確無誤。這就是說，有了「神入的理解方
法」，科學研究仍須依賴驗證程序。因此，「神入的理解方法」不
是科學研究的充分條件。總之，研究者自我想像研究對象之心理作
用的方法，至多僅是有助於提出一個尚待驗證之假設的方法罷了
（Hempel, 1965: 161-164; see also King, et al., 1994: 37-38）。

　　依據筆者的淺見，經驗主義的上述批評，即使言之成理，但
是仍然動搖不了Winch的「行動意義」的見解。因為Winch所謂的
「行動意義」，雖然偶爾明文指涉「個體性」或「私人性」，但根
本上指涉「社會性」或「公共性」，至少蘊含「社會性」或「公共
性」。基於這個主要原因，Winch方才一方面揭露「神入的理解方
法」（或「內省方法」）的侷限性，另一方面指出「缺乏理由的行
動」也是一種有意義的行動。Winch說：

　　　　這意味我們必須謹慎處理……Weber將「意義」特徵化
　　　　為「主觀意圖」之事；Morris Ginsberg據此以為Weber是
　　　　在主張：社會學家對於他人行為的理解，必須依賴在社
　　　　會學家本人之內省經驗的類比上。Morris Ginsberg誤解
　　　　了Weber的主張……有意義行為的範疇，也擴展到當事

者毫無「理由」或「動機」的行動……假使張三不假思
索地投票給工黨，而事後也提不出投票給工黨的任何理
由……假使張三只是毫無疑問地追隨其父親與其朋友而
投票給工黨。現在，儘管張三不是為了某一理由而採取
行動，但張三的行動，仍然具有一個明確的意義。張三
的所為，不「僅僅」是在一張紙上做一個記號；張三是
在投票。（Winch, 1958: 47-49）

從上述引文，我們可以清楚看出，在Winch的見解中，人類的「身
體運動」轉成人類的「行動」的關鍵，並不在於「理由」（或「動
機」、或「目的」、或「意圖」）的有無。一方面，當張三在投票
之前已經考慮過投票給工黨的得失，並得到「投票給工黨，可以保
持工業穩定」的結論時，張三的一些「身體動作」轉成了張三的
「投票行動」，不論張三推得的結論是否正確，也不管工黨執政後
是否維持了工業穩定。誠然，張三也可基於其他理由而投票給工
黨，例如，「投票給工黨，可以促進世界和平。」重點在於，有了
行動理由，「身體運動」方才轉成「行動」，不論其行動理由是什
麼。然而，另一方面，當張三不基於任何理由而投票給工黨時，張
三的一些「身體運動」依然可以轉成「投票行動」。顯然的，從這
兩方面看來，我們不得不追問：Winch究竟根據何種判準來區別有
意義的與無意義的行動呢？

　　Winch（1958: 50-51）指出，張三投票的可能性，實際上依賴
在兩個預設之上。首先，張三必須生活在一個民主制度的社會中。
在這種民主制度的社會中，政黨、立法、行政、司法等都具有一定
的規則，藉以規定各自的組成方式與彼此的互動關係。假使張三生
活在一個族長制的社會中，那麼「張三投票給一個政黨」的說法，
就毫無意義，儘管張三的一些「身體運動」可能雷同於生活在民主
制度社會中之張三的投票行動。其次，張三必須熟悉那些制度規
則。張三的投票行動，乃是張三參與政治生活的一種方式，而這預

設張三瞭解投票結果與政黨政治之間的密切關係。假使張三毫不瞭解這些關係，那麼張三的一些「身體運動」（在特定的時空中，於一張特定紙張上蓋上一個印記）就不能說是張三的「投票行動」。

據此而言，在Winch的見解中，區別有意義的與無意義的行動的判準，端在於制度規則的有無。這種制度規則一方面「約束」行動者，另一方面使得行動者的「身體運動」能夠轉成有意義的「行動」，或者，使得行動者的「主觀意圖」依賴在制度規則之上而具有「社會性」（或「公共性」）。Winch說：

> 有意義的行動，乃是符號性的：它「約束」當事者會在未來以某一方式而行動……這種約束的觀念，明顯應用於一些具有直接社會意義的行動，例如，經濟交換或遵守承諾的行動，也運用於較具「私人」性質的有意義行為……假使當前行動乃是「一種規則的應用」，那麼才能通過現在所為而來拘束未來行為。只在行動關係到社會脈絡之處，這才是可能的：即使最具私人性質的行動，若要成為有意義的，也是這樣。（Winch, 1958: 50）

總而言之，Winch所謂的「行動意義」，根本上指涉制度規則之類的「社會性」（或「公共性」），即使偶爾涉及「個體性」（或「私人性」）之類的「主觀意圖」，依然預設著「社會性」（或「公共性」）。因此，經驗主義者對於「神入的理解方法」的兩大批評要點，亦即「主觀主義」與「複製謬誤」，即使言之有物，但依然動搖不了Winch的「行動意義」的基本主張。

（三）　意義與規則

依據上節的評述，Winch所謂「行動意義」中的「意義」，雖

然偶爾涉及行動者的「主觀意圖」，但行動者的「主觀意圖」，實際上依附在制度規則內；正如說話者的言說，雖然出自說話者的「主觀意圖」，但實際上依附在語言規則內一樣。因此，Winch在其論著中方才一直強調，「有意義的行為」就是「規則支配的行為」（rule-governed behavior）或「遵守規則的行為」（rule-following behavior）。Winch（1958: 45, 51-52）說：

> 由於一些顯而易見的理由，對於什麼是遵守規則的說明，Wittgenstein主要上注意到語言的性質。現在，除了言說之外，我必須指明這種處理方式如何照亮其他形式的人類互動……我已經指出，對於有意義行為的分析，必須將核心角色賦予規則觀念；全部有意義的行為（從而是全部之特殊的人類行為）實際上都是規則支配的行為。[7]

從上述引文我們可以看出，在Winch的見解中，所有的人類行為，未必都是「有意義的行為」；只有「特殊的人類行為」才是有意義的行為，而所謂的「特殊的人類行為」，就是「規則支配的行為」或「遵守規則的行為」。這就是說，社會科學的研究對象，乃是人類的「有意義的行為」（或「特殊的人類行為」、或「規則支配

---

[7] 從此一引文，我們可以窺知一個風行見解：Winch的社會科學的觀念，奠基在英國哲學家維根士坦（Ludwig Wittgenstein, 1889-1951）的語言哲學上。然而，Pleasants（2000）卻撰文指出，Winch的社會科學的觀念，不是維根士坦式的，而是康德（Immanuel Kant, 1724-1804）式的，從而是當代「批判社會理論」的一個原型。Roth（1987: 229-244）則指出，在討論「邏輯」與「非邏輯」之間的區別上，Winch的見解，非但距離維根士坦哲學甚遠，反而接近著名經驗主義者Rudolf Carnap（1891-1970）的立場。不論這些正、反見解的對錯，這個議題確實超出本章範圍之外，有興趣的讀者，請參見本註解引用的相關文獻。

的行為」、或「遵守規則的行為」），但其他人類行為（或「非有意義的行為」、或「非特殊的人類行為」、或「非規則支配的行為」、或「非遵守規則的行為」）的研究，例如，生理學或病理學的研究，並非不重要的活動，或並非無意義的活動。

　　然而，什麼是「規則」呢？什麼是「規則支配的行為」或「遵守規則的行為」呢？Berel Lerner（2002: 134, N.1）指出，在日常用語中，「規則」一詞乃指，敘述一些「管制某種活動」的祈使語句；但在Winch的用法中，除了日常用語的這種用法之外，它還包含那些不能使用語言來表示的規則觀念。Winch（1958: 58）曾經指出：「一個人的行動是否在應用一個規則的檢驗，不在於該人是否能夠『陳構』該規則。」據此而言，「規則」的狹義用法，乃指明文敘述之管制（或約束）的規定；而「規則」的廣義用法，則還包含一些沒有明文敘述的管制（或約束）的規定。Winch採用廣義的「規則」用法。

　　在「規則」的廣義用法之下，所謂的「遵守規則的行為」，至少具有下述三種行為特徵：可錯性、理解性、反思性（Lerner, 2002: 13-15）。「規則」既是管制（或約束）某種活動的規定，那麼它自然能被用來判定「特定情境」中某一行為的正確與否。正確的行為，乃是遵守規則的行為；不正確的行為，則是違反規則的行為。Winch（1958: 58）說：「一個人的行動是否在應用一個規則的檢驗……乃在於能夠合理區別對的與錯的行事方式。」因此，「可錯性」是指，對應用某一規則來說，確有錯誤應用該規則的可能性。「理解性」乃指，在應用某一規則上，行動者能夠理解他正在做些什麼，從而能夠理解他不這樣做將會怎麼樣。Winch（1958: 91）說：「因為理解某事物包含著理解該事物的對立面，所以一個具有理解而做甲事物之人，必定能夠設想去做非甲事物的可能性。」這就是說，在遵守某一規則上，行動者應該去做「甲」事物，但也可能做出「不遵守」該規則的決定，而去做「非甲」事物。「反思性」是指，當行動者面臨新穎的情境時，為了能將規則

應用到新情境，便對規則進行應用性的省察。Winch（1958: 63）
說：「我要指出，沒有反思的『可能性』……我們就不在處理有意
義的行為，而是在處理刺激的單純反應之事，或在處理盲目的習慣
現象。」

　　然而，值得注意的是，在Winch的見解中，「可錯性」、「理
解性」、「反思性」等三個行為特徵，實際上完全依附在「遵守規
則的行為」之「社會性」內，從而在本質上具有社會性質。就是
基於這個緣故，Winch方才明白反對Weber所做的一個區別。依據
Winch的引述，Weber曾經區別「有意義的行為」與「既是有意義
的又是社會的行為」，也就是將「有意義的行為」分成「有意義
的但非社會的行為」與「既是有意義的又是社會的行為」兩種行
為，從而使得「既是有意義的又是社會的行為」成為「有意義的行
為」的次級類別。Winch反對Weber所做的這個區別，進而力主所
有的「有意義的行為」（或所有的「遵守規則的行為」）都是社會
行為，都具「社會性」或「公共性」。因此，自Winch看來，去建
立一個純屬「個體性」的規則雖屬可能，但對社會世界而言卻無足
輕重。Winch（1958: 116, 32-33）說：

> Weber在僅是有意義的行為與既是有意義的又是社會的
> 行為之間，做出一個區別。現在，顯然的，任何這種的
> 區別，不相容於本書第二章中的論證；所有的有意義行
> 為，必定都是社會的行為，因為只有在規則的支配下，
> 它們才是有意義的，並且一組規則預設一種社會背景。
> 正如我們所知，人類社會已經建立起語言和制度。在人
> 類社會中，一個個體堅持一種「私人的」行為規則，當
> 然是可能的。然而，Wittgenstein堅持兩個要點。首先，
> 一個規則在原則上必須能讓他人掌握，並能讓他人判斷
> 它何時已被遵守。其次，如果某人從未經驗過人類社會
> 所建立的各種既有規則，那麼去想像該人能夠建立一個

純屬私人的行為標準，乃是一件毫無意義之事。

事實上，「遵守規則的行為」本身固有的社會性質，從其行為的「可錯性」特徵，就能清楚看出，因為它明確要求社會脈絡中的「外部檢核」。Winch（1958: 32）指出：「遵守規則的觀念，在邏輯上，不可分離於犯錯的觀念……一個錯誤，乃是『已被建立為正確』的一個背離。如此，它必須『可被確認出』是這樣的一個背離。這就是說，若我在使用一個字彙時犯了一個錯誤，那麼其他人一定可以指出我的錯誤。如果不是這樣，我就可以為所欲為，而不存在一個外部檢核了……建立一個外部檢核的標準，不是一種完全孤立的個體活動，因為個體活動關聯著其他諸個體，才能使得外部檢核成為可能，而這種外部檢核不可分離於既有標準。」

據此而言，所謂「遵守規則的行為」的社會性質，至少包含下述三個要點：(1)支配特定行動者的任何行動規則，實際上乃為其他人所熟知；(2)支配特定行動者的任何行動規則，原則上都能為其他人學習而得知；(3)唯在人際互動的社會脈絡中，才有規則支配的行動。Winch（1958: 28-31）曾經舉出一個書寫「自然數」的簡單例子，來說明這三個要點。

首先，假設張三在黑板上寫出「1、3、5、7」四個自然數，並問李四應該如何寫出「繼續下去」的數字序列。如同知道算術規則的任何其他人，李四答說：「9、11、13、15。」其次，假設張三否定李四的答案，從而寫出正確的答案是「1、3、5、7、1、3、5、7、9、11、13、15、9、11、13、15」的數字序列，並再問李四應該如何寫出「繼續下去」的數字序列。這個時候，李四面臨著幾個如何書寫數字序列的不同選項。再次，假設李四從中選出一個選項，進而說出繼續下去的數字序列，但又遭張三否定。最後，當這個過程重複了幾遍之後，李四最終會說，張三完全不遵守「算術規則」，即使張三自創的規則十分巧妙。Winch指出，從這個簡單例子，我們就可看出：「遵守規則的一個重要特徵是……不僅要

考慮到該人的行動，更要考慮到『其他人對其所爲的回應』……這些評論並不限於數學公式的事例，而是可以應用於遵守規則的所有事例。」（Winch, 1958: 30-31）顯而易見的，其所謂「更要考慮到『其他人對其所爲的回應』」的言論，至少意涵上述的三個要點。第一，其他人（例如，李四）也熟知算術規則；第二，即使其他人（例如，李四）不知道算術規則，仍可學習而得知；第三，支配規則的行動，發生在人際互動的社會脈絡中。誠如Moon（1975: 168）指出：「去依據規則而行動，乃預設一個意義脈絡（context of meaning）；規則需被安置在意義脈絡內。知道如何書寫自然數序列，便是理解一些有關順序、大小、數量、以及計算之事。在社會環境中，社會的構成意義（constitutive meaning），提供了這種意義脈絡。」

　　依據Moon的說明，Winch所謂「遵守規則的行爲」的社會性質，基本上預設著「意義脈絡」：在算術世界中的人際互動中，去繼續書寫自然數之序列的行動，預設著一些有關順序、大小、數量、以及計算之事的「算術意義」；在社會世界的人際互動中，去採取某一社會行動，預設著該一社會行動的「構成意義」。按照筆者的淺見，Moon所在強調的「構成意義」，實際上就是當代著名哲學家John Rawls（1921-2002）所說之規則的「實踐觀」（practical view），或當代著名哲學家John Searle（1932-）所說的「構成規則」（constitutive rule）。

　　Rawls（1967）曾經指出，「規則」大體上具有兩種概念：「概括觀」（summary view）與「實踐觀」。規則的「概括觀」，乃將「規則」看成「過去各種決定的摘要」。這就是說，假使不同的人於相同的特定事例中作了相同的決定，那麼，我們常以「規則的形式」來記錄這些過去的相同決定；一旦重現了同類的特定事例，則作同樣的決定。因此，在邏輯上，先有了行動，才有規則。例如，「男生赴宴時要打領帶」的禮儀規則，乃是不同男生在赴宴會時作了「打領帶」的相同決定；一旦重現了赴宴的時機，則男生

重作「打領帶」的相同決定。在邏輯上，先有了男生赴宴時打領帶的行動，才有男生赴宴時「要打領帶」的規則。然而，「概括觀」的規則，容許每一位行動者再次思考規則的正確性，並詰問規則本身的適當性。例如，每位男生都可在赴宴時機中再次思考此一禮儀規則的正確性，並詰問它的適當性，而作出是否要打領帶的決定。總之，「男生赴宴時要打領帶」的禮儀規則，乃是許多男生過去赴宴時所作決定的摘要。在邏輯上，先有男生赴宴時打領帶的赴宴行動，才有男生赴宴時「要打」領帶的禮儀規則；沒有「男生赴宴時要打領帶」的禮儀規則，仍有男生赴宴的行動，或者，男生「不打領帶」仍可赴宴。

　　規則的「實踐觀」，乃將「規則」視同於「新行動形式的指明」，而從此種指明中，行動者得知採取行動的方式。這就是說，規則不是來自各個行動者的決定，而是源自公共的界定；先有了指明行動形式的規則後，某一特定行動才可視為隸屬於該規則之下。採取規則所指明的行動，即在遵守規則。因此，在邏輯上，規則本身先於各種特定行動；於規則所指定的脈絡之外、去從事規則所指明的行動，乃是邏輯上不可能之事。例如，棒球比賽的規則，就是屬於「實踐觀」的規則。棒球比賽的規則，界定了（或創設了）棒球比賽的行動方式。脫離了棒球比賽的規則，棒球比賽便不存在。例如，根據棒球比賽的「全壘打」規則，張三手拿了一根棍子而把一個圓形物體打到某一距離之外的「身體運動」，才能說是「張三擊出全壘打」；沒有「全壘打」的規則，完全相同的張三動作便純屬張三的「身體運動」。「全壘打」規則所指明的行動，在邏輯上，完全依賴在「全壘打」規則之上。因此，在邏輯上，先有了棒球比賽的規則，才有棒球比賽的行動。當採取規則所指明的行動時，去詰問規則本身的適當性，乃是不合理之事。例如，當張三打不到三個好球時，依據「三振出局」的棒球規則，張三應該回到球員休憩區。假使張三在被判「三振出局」時去質問「三振出局」的棒球規則，例如去跟裁判抗議說，「打不到四個好球才應被判出

局」，那麼張三是在詰問規則本身的適當性。在舉行棒球比賽時，張三的這種詰問，乃是不合理之事。總之，「實踐觀」的規則，基本上都是「在系絡甲中，乙可當作丙」的形式。

Searle（1969a: 185-186; 1969b: 131-133）根據Rawls的兩種規則概念，而將「規則」區分成「構成規則」與「調整規則」（regulative rule）。「調整規則」乃在調整先前存在的各種行動方式，或者，乃在調整那些獨立存在的各種行動方式。例如，「在進餐時不可狼吞虎嚥」的禮儀規則，調整了進餐行動，但進餐行動則獨立在此一禮儀規則之外。這就是說，「調整規則」所調整的各種進餐方式，在邏輯上，獨立在「調整規則」之外。縱然缺乏「在進餐時不可狼吞虎嚥」的禮儀規則，仍可採取進餐行動。「構成規則」乃是界定（或創設）行動方式的規定。Searle指出，「構成規則」即指社會制度。在「構成規則」之內所發生的事實，乃是「制度事實」（institutional fact）；不預設「構成規則」而發生的事實，則爲「粗略事實」（brute fact）。張三在特定的時空中於一張特定紙張上蓋上一個印記，乃是張三所做的一些「粗略事實」；唯在預設選舉制度之下，張三的這些「粗略事實」，才可成爲一種「制度事實」，從而才會被描述爲「張三在投票」。同樣的，李四擁有一張彩色長方形紙張的「粗略事實」，唯在預設貨幣制度下，才可成爲一種「制度事實」，而被描述爲「李四擁有一千元」（參見郭秋永，1988：288-298；本書第三章第四節）。

Winch雖在《社會科學的觀念及其與哲學的關係》一書的第二版序言中，表達了「區分規則」的必要性（Winch, 1990: xiv），但實際上從未針對「規則」進行分類。然而，我們從其所謂之「遵守規則的行爲」的三種行爲特徵（「可錯性」、「理解性」、「反思性」）以及社會性質，可以明白看出，Winch所謂的「規則」，實際上包含Rawls或Searle所在分辨的兩種規則，尤其著重於其中的「實踐觀」或「構成規則」。換句話說，我們可從Rawls或Searle的兩種規則觀念，更加能夠掌握到Winch之「有意義的行爲即是遵

守規則的行為」的論點精髓。[8]

　　進一步說，不論是「調整規則」或是「構成規則」，Winch所謂的「規則」，本質上既然具有社會性質，那麼當然蘊含著人際互動的社會關係，從而預設著社會觀念。值得注意的是，在Winch的見解中，人際互動的社會關係，以及諸社會觀念之間的關係，乃是一種「內在關係」（inner relationship）。Winch（1958: 123）說：

　　　假使人際之間的社會關係，只存在於人類的觀念之中，
　　　並且透過人類觀念而存在，那麼因為觀念之間的關係乃
　　　是內在的關係，所以社會關係必定也是一種內在關係。

　　那麼，什麼是「內在關係」呢？Winch（1958: 121-128）曾經舉例說明，進而斷定一個重要論點：在自然世界中，自然事件之間的關係，獨立在人類觀念之外而存在；在社會世界中，人際互動的社會關係，依賴在人類觀念之上。例如，在自然世界中，當我們聽到一個聲音而將之視作為雷鳴時，我們相信另外一個自然事件（亦即，閃電）早已發生。我們從聽到雷鳴而推論出閃電。然而，我們有關閃電與雷鳴的觀念，乃是「理論植入的」（theory-

---

8　MacIntyre（1973: 21-24）曾經指出，在Winch所著的《社會科學的觀念及其與哲學的關係》一書中，不遵守規則的行為，僅有一個例子（亦即「瘋子的無意義行為」）；而遵守規則的行為例子，則無所不在，從而使得「規則支配」或「遵守規則」的語詞意思，成為十分模糊不清。MacIntyre進一步質問說，諸如散步之類的行為，可以算是一種具有「可錯性」的行為嗎？從而可以算是「遵守規則的行為」或「規則支配的行為」嗎？簡單說，自MacIntyre看來，多數的人類行為，不能被描述為「遵守規則的行為」或「規則支配的行為」。然而，一些贊成Winch見解的學者，則將Winch所說的「規則」，分成「評價規則」（rule of evaluation）與「執行規則」（rule of execution）兩種規則，來答覆MacIntyre的指責（參見Lerner, 2002: 37-40）。依據筆者的淺見，Rawls或Searle的兩種規則觀念，較能掌握Winch所謂的「規則」精義。

impregnated）觀念：在人們形成「閃電」與「雷鳴」的觀念之前，閃電與雷鳴兩種自然事件早已存在自然世界中。這就是說，「閃電」與「雷鳴」的觀念，本質上不屬於閃電與雷鳴這兩種自然事件；閃電與雷鳴這兩種自然事件的存在，既不依賴「閃電」觀念，又不依靠「雷鳴」觀念。正如「地圓說」與「地平說」兩種觀念，本質上不屬於地球本身；地球本身的存在，既不依賴「地圓說」，又不依靠「地平說」。

然而，在社會世界中，情況就大相逕庭。例如，當一位中士班長面向一群士兵喊到「向右看齊」時，這群士兵的眼睛，便都轉向右邊。這位中士班長的命令行為與這群士兵的服從行為，乃是他們擁有「命令」與「服從」這兩種觀念的主要表現；他們的命令行為與服從行為，依賴在他們的「命令」觀念與「服從」觀念上。「命令」與「服從」的觀念，本質上屬於命令與服從的行為。Moon（1975: 170）指出：「除非服從觀念乃是社會的構成意義之一，否則就無頒布命令與接受命令的現象了。」這就是說，去設想人們在形成「命令」與「服從」觀念之前，就有命令與服從的行為，乃是一件毫無意義之事。據此而言，Winch所謂的「內在關係」乃指，在社會關係中或在諸觀念之間的關係中，「缺乏其中之一就無另外之一」的關係，或「其中之一的存在，必然預設另外之一的存在」的關係：缺乏「命令」就無「服從」，缺乏「服從」便無「命令」；正如沒有「父母」就無「子女」，沒有「子女」便無「父母」。

更進一步說，「遵守規則的行為」既具社會性質，那麼各個「遵守規則的行為」，必定發生在一個廣泛的行動範疇內，而不會發生在真空之中。Winch將這種廣泛的行動範疇，稱為「生活方式」（way of life or way of living）、或「生活形式」（form of life）、或「社會生活形式」（mode of social life）。[9]Winch（1958:

---

[9] 誠如Pleasants（2000: 89, n.3）所說，Winch多詞一義地使用「way of life」、

100）說：

> 對於「非邏輯的行為」（non-logical behavior）與「不合邏
> 輯的行為」（illogical behavior）之間的區別來說，行動的
> 一個普遍範疇（亦即「社會生活形式」）與落入這一種普
> 遍範疇內的特定行動種類之間的分別，至關重要……邏
> 輯的標準，不是上帝直接賜予的禮物，而是來自於生活
> 方式（或社會生活形式）的脈絡中，並且只有在生活方式
> （或社會生活形式）的脈絡中才可瞭解（intelligible）。

上述引文中的「不合邏輯的行為」，乃指違犯了「邏輯錯誤」的行
為，例如，將「拾金不昧」之類的德行，形容為「快的」或「慢
的」行為。所謂的「非邏輯的行為」，則指無關邏輯標準的行為。
在Winch看來，一套相互關聯的規則，組成了行動的一個「普遍範
疇」，也就是組成了一個「生活方式」。特定的各個「遵守規則的
行為」，就發生在特定的「生活方式」之中。一個特定的社會世
界，包含許多特定的「生活方式」。每一種特定的「生活方式」，
各有其本身的「可瞭解性」（intelligibility），從而才有各自的
「合乎邏輯的行為」與「不合邏輯的行為」之分。例如，科學是一
種特定的「生活方式」，而宗教則是另一種特定的「生活方式」。
在科學的「生活方式」中，接受一個正確實驗結果的行為，乃是一
個「遵守規則的行為」，也是一個「合乎邏輯的行為」；反之，拒
斥一個正確實驗結果的行為，則是一個「不遵守規則的行為」，也

「way of living」、「form of life」、以及「mode of social life」等語詞，而
不加以分辨。Lerner（2002: 135-136, n.12）則指出，有些學者將Winch所謂
的「mode of social life」，等同於Wittgenstein所說的語言遊戲規則；但其他
學者則將將Winch所謂的「mode of social life」，等同於Wittgenstein所說的
「form of life」。

是一個「不合邏輯的行為」。同理,在宗教的「生活方式」中,祈求上帝賜福添壽的行為,乃是一個「遵守規則的行為」,也是一個「合乎邏輯的行為」;反之,單憑一己之力去抗衡上帝的行為,則是一個「不遵守規則的行為」,也是一個「不合邏輯的行為」。

然而,科學的「生活方式」本身,乃是「非邏輯的」,因此,「科學的生活方式本身合乎邏輯(或不合乎邏輯)」的說詞,便是毫無意義的說法。同樣的,宗教的「生活方式」本身,乃是「非邏輯的」,因此,「宗教的生活方式本身不合乎邏輯(或合乎邏輯)」的說詞,就是牛頭不對馬嘴的說法。科學的「生活方式」本身乃是「非邏輯的」,正如宗教的「生活方式」本身乃是「非邏輯的」一樣。Winch(1958: 101)說:「科學本身就是最完美形式的邏輯行為,而宗教本身則純屬信仰的、欠缺周密思慮的『非邏輯行為』的說法,乃是不能容許的說法。」據此而言,自Winch看來,在同一個社會世界之各種不同的「生活方式」中,並沒有一種放諸四海而皆準的、普遍可以應用的、單一的邏輯標準,遑論所有不同的社會世界了。

總括上述,Winch所謂的「社會世界」,基本上是由下述三種層次組合而成。在最底的層次上,乃是社會成員的「有意義的行為」,也就是社會成員的「遵守規則的行為」。這種「遵守規則的行為」,具有「可錯性」、「理解性」、及「反思性」等三個行為特徵,從而包含社會性質,並預設一種「內在關係」的社會觀念(或社會關係)。「遵守規則的行為」中的「規則」,至少包含「構成規則」與「調整規則」兩種規則,從而便有「遵守構成規則的行為」與「遵守調整規則的行為」兩種行為。在中級的層次上,乃是各種「生活方式」。「生活方式」是由相互關聯的規則所組成;一個「生活方式」則由一套相互關聯的規則所組成。不同的「生活方式」,各有不同套的規則,從而各自內含不同的邏輯標準。不同的「生活方式」之間,雖然也有「交疊」之處,但無放諸四海而皆準的一套規則,從而沒有單一可應用之普遍性的邏輯標

準。[10]在最高的層次上，則指特定的整個社會世界。

四 意義與闡釋

　　根據上一節的評述，在Winch的見解中，「社會世界」的組成，有如三層的夾層蛋糕，分由三層的各種「有意義的行為」（或「遵守規則的行為」）所砌成；這些不同層級的各種「有意義的行為」，各自預設不同的社會觀念（或社會關係）；而不同的社會觀念（或社會關係），雖然分別隸屬於不同的層級，但都具（或都是）一種「內在關係」。在面對這樣的「社會世界」，社會科學家的研究對象，便是預設著「內在關係」的各種「有意義的行為」，而社會科學家的主要任務，則在於理解（或闡釋、或詮釋、或闡釋性理解）這些「有意義的行為」。然而，誠如本文第一節指出，「理解」、「解釋」、「闡釋」、「詮釋」、「闡釋性解釋」、「闡釋性理解」、「詮釋性闡釋」等語詞，常隨不同學者而有不盡相同的用法。因此，在評述Winch的闡釋見解之前，勢必要進行一些澄清工作。

---

[10] Winch在《社會科學的觀念及其與哲學的關係》一書的第一版中曾經指出：「不同的社會生活形式，具有交疊的特性……例如，某人可以為了宗教的理由，而一生獻身於科學事業。」（Winch, 1958: 101）但在第二版的序言中則說：「社會生活的不同面向，不僅是『交疊』；它們常以一種方式而內在地關聯在一起；這一種方式就是，我們甚至不能在瞭解上將之設想為相互孤立地存在著。」（Winch, 1990: xv-xvi）顯然的，第二版序言中所謂的「內在關聯」，僅指「不是獨立的關係」或僅指「互有關係」，從而等同於「交疊」的關係，也就是「交集」的關係。據此而言，第二版序言中的「不僅是『交疊』」意思，不但等同於第一版正文中「交疊」的意思，而且有別於第一版正文中一直強調的「內在關係」的意思。因此，此處有關不同「生活方式」之間「交疊」關係的說明，不引述第二版序言中的「內在關聯」。

　　「詮釋學」（Hermeneutics）一詞，源自古希臘神話中諸神的一位信使的名字Hermes（楊深坑，2002：48；洪漢鼎，2003：1-3）。Hermes雙足上生有雙翼而可飛速行走。這位世人稱為「快速之神」的信使，往返於奧林匹亞山上諸神與山下凡夫俗子之間，將山上諸神的消息和指示，迅速傳遞給山下的世人。由於諸神的語言不同於世人的語言，因此，Hermes的傳達訊息，就不是單純的報導或簡單的重複，而是需要「翻譯」和「闡釋」（或「解釋」）。其所要進行的「翻譯」，是把世人不熟悉的諸神語言，轉換成世人本身的語言；而其所要進行的「闡釋」，則是針對諸神之一些晦澀不明的指令，加以進一步說明，以使其中所含的旨意，能從世人陌生的世界轉換到世人熟知的世界。

　　如此說來，在緣起上，詮釋學就是「翻譯」與「闡釋」之學，而詮釋學的工作，就是一種語言或語意的轉換：一種從「神的世界」到「人的世界」的語言轉換或語意轉換。這就是說，在語源上，「詮釋」的工作包含「翻譯」與「闡釋」兩種工作，因而在指涉範圍上，「詮釋」大於「闡釋」。在這樣的語境下，「闡釋」即是「解釋」，也是「理解」；這三個語詞乃是多詞一義的語詞。不過，值得注意的是，「闡釋」工作之所以成為必要，端在於必須進一步說明「一些晦澀不明的指令」。

　　實際上，詮釋學具有源遠流長的漫長歷史。大體說來，在古往今來的逐漸演變中，詮釋學歷經了三大轉向（參見洪漢鼎，2003：26-27）。就本文而言，其中比較值得注意的轉向，乃是從「特殊詮釋學」到「普遍詮釋學」的轉向。

　　在「特殊詮釋學」中，所要闡釋的對象，乃是《聖經》與《羅馬法》這兩本特殊的卓越文本。這兩本卓越文本的文字意思或作者的意圖，早已通過權威機關的認定而十分明確固定，大致上無須闡釋者重新加以鑽研；闡釋工作之所以成為必要，端在於文本意思（或作者意圖）是否可以應用於當前情境。正如我們查閱字典一樣，牧師引述《聖經》文字以期回答宗教問題，或者，法官援引

《羅馬法》條文以便針對個別案例進行裁決。牧師的引述或法官的援引，只是把文本意思（或作者意圖）應用於當前的具體情況。簡單說，這種闡釋的工作，只不過是把文本意思（或作者意圖）應用於當前一些「晦澀不明的情境」中的現實問題；而其闡釋的原則，則在於「複製作者的意圖」。

在「普遍詮釋學」中，所要闡釋的對象，已從神聖的卓越文本，轉換成一般的世俗文本，尤其是歷時久遠的古典文本。由於時間的距離和語言的差別，過去文本的文字意思對當代人們來說，變成了陌生，因而需要把陌生的文本語意，轉換成熟悉的文本語意。值得注意的是，在這種轉換過程中，衍生出兩種不盡相同的闡釋觀點。第一種闡釋觀點延續「特殊詮釋學」的闡釋觀點，認定世俗文本如同神聖文本一樣，作品的文字意思與作者的意圖，也是固定不變的、獨一無二的，而闡釋工作之所以成為必要，端在於文本意思（或作者意圖）產生了一些「晦澀不明」（或「扞格不通」或「衝突不合」）之處。其闡釋的原則，仍是「複製作者的意圖」。然而，按照新增的第二種詮釋觀點，世俗文本的文字意思，與其說是展現作者的意圖，毋寧說是超越作者意圖之外而呈現出歷時而變的「內容意義」。這就是說，世俗文本的「內容意義」，每隨不同人士或不同時代人士的不同闡釋而不斷地改變；或者，作品所要刻畫的「內容意義」，並不固定在作品本身，而是存在於作品的不斷闡釋之中。[11]因此，其闡釋的原則，乃是「作者視域」與「闡釋者視域」的融合，而非「複製作者的意圖」。

從上文的簡單敘述看來，我們至少可以得知兩個要點。第一，闡釋之所以成為必要，端在於一些「晦澀不明」的文字意思或應用

---

[11] 根據Lerner（2002: 31）的引述，一些文學理論家甚至宣稱，世俗文本的「內容意義」，不但獨立在作者意圖之外，並且正跟作者意圖背道而馳，因而在作者意圖中去探究文本的「內容意義」的方法，乃是一種稱為「意圖謬誤」（intentional fallacy）的錯誤方法。

情境，不論是神聖文本的闡釋，或是世俗文本的闡釋。第二，闡釋的原則，除了原有的「複製作者的意圖」之外，尚有融合「作者視域」與「闡釋者視域」的原則。根據這兩個要點，我們可以斷說，著名經驗主義者Rudner針對Winch的一個重要控訴，實際上失諸公允。

Rudner（1966: 70-83）曾經指出，假使「社會世界」的組成元素，如同Winch所說，乃是隸屬不同層級的各種規則與各種遵守規則的行為，因而社會科學家的任務，端在於「理解」或「闡釋」這些既有的各種規則與各種遵守規則的行為，那麼社會科學家的「理解」或「闡釋」工作，形同在「複製」既有的規則及其行為，從而違犯了另一種型態的「複製謬誤」。

本章第二節曾經指出，Rudner所謂的「複製謬誤」，乃指研究者混淆了「描述」與「被描述」之間的區別，從而在描述報告中力求毫無遺落地完全呈現出「被描述對象」的一種謬誤。依據筆者的解讀，Rudner所謂的「複製謬誤」，基本上可以分成兩種型態。第一種型態的「複製的謬誤」，乃指研究者在自己腦海中「複製」研究對象的「主觀意圖」；第二種型態的「複製的謬誤」，則指研究者在論文上「複製」社會世界中既有的各種規則及其行為。據此而言，在Rudner看來，Winch所在強調的「理解」或「闡釋」，即使不違犯第一種型態的「複製的謬誤」，依然違犯了第二種型態的「複製的謬誤」：社會科學家的「闡釋」工作，端在於「複製」既有的規則及其行為。

誠然，乍看之下，Winch概述的「社會世界」，似乎如同一個整合的、一致的、靜止的單一社會，因而使得社會科學家的任務，似乎僅在於「複製」全部既有的規則及其行為。然而，依據筆者的淺見，Winch所概述的「社會世界」，即使好像一個層次分明的夾層蛋糕，但也非鉅細靡遺地將所有的規則及其預設的所有觀念，井井有條地連綴成一串串的、一條條的、有跡可尋的「規則群集」及其行為。進一步說，正因為各種規則及其預設的各種觀念之間，確

有某些「晦澀不明」或「扞格不通」或「衝突不合」之處，方才引起社會科學家的研究旨趣，而認爲有加以闡釋的必要，如同神聖文本或世俗文本的闡釋需要一樣。Moon曾經舉例說，正因爲英國近四百年來，某些「遵守規則的行爲」預設著相互牴觸的某些觀念，方才需要政治學者的闡釋。例如，對保守黨來說，「階級」乃是分享共同訓練背景的一個職業團體；這些共同的訓練背景，使得團體成員的行爲符合某些行爲規則。對工黨來說，「階級」乃是分享相同經濟地位的一個團體，從而也是對抗不同經濟地位團體的一個鬥爭團體；相同的經濟地位，促使團體成員的行爲，符合某些行爲規則。兩相對照之下，不盡相同的行爲規則，預設著相互牴觸的「階級」觀念，從而引起闡釋的必要性（Moon, 1975: 176-177）。據此而言，Winch所在強調的「理解」或「闡釋」，並未違犯第二種型態的「複製的謬誤」，遑論第一種型態的「複製的謬誤」了！經驗主義者Rudner的批評，失諸公允。

　　Winch主張的闡釋，既然不是「複製研究對象的主觀意圖」、也不是「複製社會世界中既有的各種規則及其行爲」，那麼社會科學家如何在某些「晦澀不明」或「扞格不通」或「衝突不合」之處，進行闡釋工作呢？Winch首先駁斥經驗主義的「因果解釋」（causal explanation），進而力主一種「哲學論證」的方法。

　　Winch所謂經驗主義的「因果解釋」，就是當代蔚爲風潮的「科學解釋」，也就是本書第六章所說的「涵蓋定律模型」與「歸納統計模型」兩種解釋模型。

　　自Winch看來，即使「涵蓋定律模型」與「歸納統計模型」乃是自然世界中正確的因果解釋的模型，依然不可生硬地套用於社會世界。因爲社會世界中各種「有意義的行爲」都預設著各種社會觀念或社會關係，從而蘊含著各種「內在關係」。這樣的研究對象，唯待社會科學家的闡釋；社會科學家不可能僅從外在觀察來推出（或印證）規律性的「全稱定律」或「統計定律」。

　　Winch至少舉出三個例子，來說明外在觀察與「科學解釋」難

以適用於「有意義的行爲」的道理。第一個例子是佛陀的「拈花微笑」。某天，在靈山的一個講道會場上，佛陀拈花示眾，聽眾都默然，唯有佛陀的一位門徒（名叫「迦業」）破顏微笑，佛陀因而指出，萬千聽眾中只有迦業一人理解其中的寓意，從而掌握到不立文字的「微妙法門」。第二個例子是美國電影《原野奇俠》中的一個片段。一位孤單的騎士，來到美國大草原上一座遠離人群的小農場。這位離群索居的小農場主人，剛剛遭受過一群惡徒的劫掠。儘管默默無語，這位騎士幫忙小農場主人合力整理已被破壞殆盡的庭院。在休息的時候，兩人偶爾目光交會，彼此羞澀微笑。從第一與第二兩個微笑例子，Winch（1958: 130）指出：「我所要堅持的是，正如談話場合中一個評論（或一個停頓）的要點，乃是依賴在它跟前所發生之事的內在關係上，電影情節中的目光交會也是如此。目光交會的整個意義，來自它跟其情境的內在關係：孤寂的落寞、危險的威脅、困境中共同生活的分享、體力勞動的暢快等等。」第三個例子是中文字彙的統計。一位懂得中文的人，十分可能不知道中文內各個字彙在日常使用中的出現機率；而一位不懂中文的人，能夠針對中文內各個字彙在日常使用中的出現機率，歸結出一個統計定律。那麼，我們能夠說，這位只知中文字彙之統計定律的人理解中文嗎？顯然不能夠。Winch（1958: 115）據此指出：「在這種情況之下，『理解』乃在掌握所做或所說的『要點』或『意義』。這是遠離統計世界與因果定律的一個觀念；它比較接近於論述領域、以及論述領域中連結各個部分的內在關係。」

　　從上述三個例子，我們可以看出，在Winch的見解中，不論是單純的外在觀察，或是抽樣的民意調查，都不是確定「有意義的行爲」所預設之社會觀念（或社會關係）的適當方法，如同我們不能透過外在的字彙計算而來確定世俗文本的「內容意義」一樣。外在觀察（或民意調查）既然不能確定「有意義的行爲」所預設的社會觀念，那麼當然無從發現其中的統計定律（或全稱定律）以作爲「科學解釋」的前提了。研究者必須透過闡釋程序而來確定其所預

設的社會觀念，正如我們必須通過闡釋程序而來決定文學作品的
「內容意義」。

　　值得注意的是，Winch進一步指出，經驗主義者或會如同
Weber一樣，雖然承認「闡釋」乃是提出假設的一個啟發性技巧，
但卻主張「闡釋」不是檢定假設的一個適當方法。[12]這就是說，依
據經驗主義者與Weber的見解，當不同社會科學家針對相同「有意
義的行為」提出不同的「闡釋」時，統計學就是判定正確與否的一
個「上訴法庭」。然而，Winch堅持，經驗主義者與Weber的這種
見解，基本上只將「闡釋」當作一種「心理技巧」，從而誤解它的
「邏輯特性」。Winch慎重指出：

　　對於闡釋性理解的「邏輯」特性，Weber從未給過一個
　　清楚的說明。Weber時常僅將它當作一種心理技巧：一
　　種設身處地之事。這引導許多學者去斷定Weber弄混了
　　提出假設的技巧與驗證假設的邏輯性質……我之所以反
　　對Weber，端在於Weber對於社會學闡釋之效力的檢核過
　　程，提出一個錯誤的說明……Weber的錯誤說明如下：
　　那使行為意義成為「不證自明」（或「當下有理」）的闡
　　釋本身，只不過是一個或許可行的假設罷了；檢證這一
　　種假設的適當方法，端在於奠基在觀察之上而去建立起
　　統計定律。按照Weber這種錯誤的說明，理解便是邏輯
　　上不完全之事，從而需要藉助統計方法來加以補充……
　　我要堅持主張，假使研究者針對「有意義的行為」所提
　　出的闡釋，乃是一種錯誤的闡釋，那麼統計學不是社會

---

[12] 在指控Weber主張「闡釋」只是一種提出假設的啟發性技巧上，Winch曾經引
　　述Weber著作中的一些文字，來加以佐證。然而，在Weber的著作中，也有否
　　定這樣見解的一些文字。因此，Winch對於Weber著作的解讀，仍然是一個尚
　　待商榷的解讀。請見Moon（1975: 219-220, n.19）。

學闡釋效力之一個決定性的、最終極的上訴法庭……
最後所在要求的，乃是一種「哲學的」論證。（Winch,
1958: 111-113）

我們可從上述引文清楚看出，除了交互使用「闡釋性理解」、
「理解」、「闡釋」等語詞而不加以區分之外，Winch堅持「闡
釋」的邏輯特性，端在於「哲學論證」的方法，而不是經驗主義者
與Weber所主張之一種發現有用假設的「心理技巧」。

經驗主義者所謂之「發現有用假設的一種心理技巧」，實際
上是將「闡釋方法」看作一種「可遇而不可求」之事，從而隱含濃
濃的貶抑意味。本書第二章第二節曾經指出，經驗主義者將科學活
動區分為二：發現系絡（context of discovery）與驗證系絡（context
of justification）。這就是說，當研究者構成一個或一組可以判定真
偽的述句後，我們可以提出兩種不同的問題：(1)如何想出這種述
句？(2)支持這種述句的理由是什麼？前一課題所涉及的範圍，乃
屬「發現系絡」，基本上關切研究者如何獲得良好述句。後一課題
所涵蓋的範圍，乃屬「驗證系絡」，主要上關切述句的保留或拒
斥。在「發現系絡」中，研究者如何獲得良好述句，幾無定則可
尋；它可能來自上帝的啟示、或別人的沉思結晶、或個人的偶現靈
感等等。在「驗證系絡」中，支持述句的理由，端在於經驗檢定與
邏輯考驗。顯而易見的，在這樣的區別之下，經驗主義者所謂之
「發現有用假設的一種心理技巧」，便如同「上帝的啟示」或「個
人的偶現靈感」一樣，乃是一種「可遇而不可求」之事，從而隱含
著強烈的貶抑意味。

Winch既然堅持「闡釋」的邏輯特性，不是經驗主義者所謂
之「一種發現有用假設的心理技巧」，而是一種「哲學論證」的
方法，那麼，Winch所謂之「哲學論證」的方法，究竟是什麼方法
呢？

Winch雖然堅決主張「哲學論證」的方法，但實際上並未加以

形式化，也沒列出可以明確依循的進行步驟。依據筆者的淺見，我們或許可用一般所謂的「雙重闡釋」（或「雙重詮釋」）（double interpretation or double hermeneutic）與「闡釋循環」（或「詮釋循環」）（interpretative or hermeneutic circle），來加以說明。

　　類似上文提及的「作者視域」與「闡釋者視域」，一般所謂的「雙重闡釋」，包含兩個層次的闡釋：「研究對象的自身闡釋」與「研究者對於研究對象的闡釋」。Winch（1958: 89）曾將「研究對象的自身闡釋」稱爲「非反思性的理解」（unreflective understanding），而將「研究者對於研究對象的闡釋」稱爲「反思性的理解」（reflective understanding）。

　　依據Winch的見解，研究者所要闡釋的對象，乃是社會世界中「有意義的行爲」及其預設的社會觀念（或社會關係）。在研究者進行闡釋研究之先，這樣的一個社會世界，實際上乃是一個早被社會成員闡釋過而充滿複雜意義的社會世界。就生於斯、長於斯、思於斯的社會行動者來說，這個充滿複雜意義的社會世界，存在於他們誕生之先，而早爲其前人所闡釋，目前則爲他們所闡釋。他們對其社會世界的闡釋，基本上奠定在前人的闡釋之上。例如，商業交易後的握手行動，雖在自然世界中屬於一種「筋肉運動」，但在社會世界中包含著一些特定意義。握手行動中所含的這些特定意義，早爲前人所闡釋，目前則爲他們所闡釋。如此說來，社會行動者在社會世界中察覺社會行動的方式，不僅止於簡單的感官呈現，而是憑藉「預先的」闡釋：大部分早已受到父母、朋友、師長、媒體等「預先闡釋」的影響，小部分則受到私人經驗的左右。

　　然而，誠如Potter（2000: 169）指出，在第一層次的闡釋上，社會現象的理解（或闡釋），如同語言的理解（或闡釋）。這就是說，當要判定某一言談說法是否正確時，土生土長之人的直覺，具有決定性的作用；然而，當要說明各種構成該一言說的語言規則及其預設觀念時，土生土長之人十分可能毫無所知；語言規則及其預設觀念的說明工作，因而落在研究者身上。如此說來，在面對這種

「早被社會成員闡釋過而充滿複雜意義的」社會世界，研究者為了闡釋其中某些「晦澀不明」（或「扞格不通」或「衝突不合」）的規則及其預設的觀念，就須奠基在第一層次的闡釋（「預先闡釋」）之上，而來進行第二層次的闡釋。假使研究者本人就是所在研究之社會世界中的成員，那麼其所要進行的闡釋，必須建基在其社會成員的「預先闡釋」上。假使研究者不是所在研究之社會世界中的成員，那麼在進行闡釋之前，必須先徹底理解該社會世界的「預先闡釋」。

　　然而，不論研究者是否身為所在研究之社會世界的成員，研究者在第二層次上進行闡釋的方法，基本上就是「闡釋循環」：研究者一方面根據社會整體的行為規則及其預設的社會觀念，來闡釋各個特定的「有意義的行為」及其預設的社會觀念；另一方面則依據各個特定的「有意義的行為」及其預設的社會觀念，來修正並擴展社會整體的行為規則及其預設的社會觀念。換句話說，研究者先要具有「全部整體」的觀念，才能闡釋各個「特定部分」，而「全部整體」的觀念，乃透過各個「特定部分」來建立並校正。「特定部分」與「全部整體」之間的這種往返過程，一直持續進行，直到澄清了某些「晦澀不明」之處、或釐清了某些「扞格不通」之處、或解決了某些「衝突不合」之處，方才停止（參見Taylor, 1994: 181-183）。

　　大體而言，這樣的「闡釋循環」，基本上遭遇到下述兩個問題。首先，由於研究者所提出的闡釋，必須反映研究對象的「預先闡釋」，因而產生了研究者是否可以使用研究對象不熟悉的「專技概念」（technical concept）或「專門術語」的問題：研究者使用了研究對象不熟悉的「專技概念」，是否就不能反映研究對象的「預先闡釋」？換句話說，在第二層次的闡釋上，研究者本人究竟保有多大的「闡釋自主性」呢？依據Winch的見解，只要社會研究者所引介或製作的「專技概念」，奠基在社會世界中的「固有概念」上，那麼便可使用研究對象不熟悉的「專技概念」。例如，經濟學

家時常使用的「流動偏好」這一專技概念，雖然不是實際商業活動中商人經常運用的一般概念，但卻預設著商業活動中一般商業概念的「預先闡釋」，比如，預設著資金、利潤、成本、風險等一般商業概念的「預先闡釋」。Winch（1958: 89）指出：

> 我確實要說，假使要將任何更具「反思性的理解」視作真正的理解，那麼任何更具「反思性的理解」必然預設諸參與者的「非反思性的理解」。將它類比於自然科學家對於科學資料的理解，乃是一種錯誤引導的類比。同樣的，針對社會進行反思性研究的學者，或者，針對特定社會生活形式進行反思性研究的學者，可能發現到一種必要性：必須使用一些出自其研究脈絡本身的專技概念；這些專技概念雖然不是取自其所在研究的活動形式，但仍然蘊含其他概念（屬於其所在研究之活動形式的概念）的預先理解。

其次，「闡釋循環」是否就是邏輯上無效的「循環論證」（vicious circle）？所謂的「循環論證」，乃指「根據甲事物來論述乙事物，然後反過來再根據乙事物來論述甲事物」的一種論證形式。在邏輯上，這種兜圈子的論證形式，乃是一種無效的或謬誤的論證形式。依據經驗主義的見解，闡釋主義者所提出的「闡釋循環」，正是邏輯上無效的「循環論證」。因為所謂的「闡釋循環」，實質上就是：研究者根據「全部整體」來闡釋「特定部分」，然後反過來再依據「特定部分」來闡釋「全部整體」。因此，經驗主義者斷定，「全部整體」與「特定部分」之間的這種往返過程，就是邏輯上無效的「循環論證」。

對於經驗主義者的這種質疑，筆者認為闡釋主義者至少可以提出下述兩點回應。第一，「闡釋循環」的方法，雖是「全部整體」與「特定部分」之間的一種往返過程，但並非一種漫無標準的

兜圈子，而是一個具有明確標準的闡釋程序：是否澄清了某些「晦澀不明」之處、是否釐清了某些「扞格不通」之處、是否解決了某些「衝突不合」之處。簡單說，「融貫性」（coherence）乃是「闡釋循環」的一個明確判準，從而使之不至於淪為「循環論證」。第二，「闡釋循環」不是「循環論證」的見解，實際上可從經驗主義者辯護「科學解釋」的說詞，得到一個強烈的佐證。為了辯護「科學解釋」的正確性或正當性，著名經驗主義者Hempel說：「在各種事例的說明上，它公平對待一般同意的各種說明，並對經驗科學中所使用的解釋程序，提供一個豐碩的、邏輯的、有系統的、方法論的分析。」（Hempel, 1965: 489）依據Hempel這個辯護，經驗主義者必須先要具有什麼是解釋的「整體觀念」，然後才能「在各種事例的說明」上或在各個「特定部分」上，去分別檢視一般同意的各種說明，進而根據各個「特定部分」上之一般同意的各種說明，去進行一個豐碩的、邏輯的、有系統的、方法論的分析，從而提出「涵蓋定律模型」與「歸納統計模型」兩種科學解釋的模型，以期作為經驗科學中標準的解釋模型。據此而言，Hempel的這個辯護理路，不正是「闡釋循環」嗎？不正是「全部整體」與「特定部分」之間的一種往返過程嗎？假使「闡釋循環」就是「循環論證」，那麼Hempel對於「科學解釋」所提出的辯護理路，也就淪為「循環論證」了。

　　誠然，一旦社會世界中所有行動未必都是「遵守規則的行為」，或者，一旦社會世界中所有「遵守規則的行為」並未必窮盡了所有社會行動，那麼「雙重闡釋」與「闡釋循環」的作用，也就有所侷限。換句話說，一旦社會世界中的社會行動，除了一個社會特有的「遵守規則的行為」之外，尚有不同社會共同具有的「規律性的行為」或「非意圖的」行為後果，那麼經驗主義者主張的「科學解釋」，便有立足之地而可自成一家之言。

　　Winch曾在《社會科學的觀念及其與哲學的關係》第二版的序言中指出，「遵守規則的行為」所預設的社會關係（或社會觀

念），有時是一種「力量支配」的關係，而非全屬「內在關係」
（Winch, 1990: xviii; see also Lerner, 2002: 41），甚至坦承說：

> 更加糟糕的是，我曾在第二章第三節中宣稱：「全部有
> 意義的行為（從而是全部之特殊的人類行為）實際上都是
> 規則支配的行為。」誠然，我曾經企圖透過不同種類的
> 規則區分，而來修正此節的後段部分。然而，現在我認
> 為這樣仍然不足以將事情做得正確。（Winch, 1990: xiv）

當然，這樣的說詞與坦承，仍然不足以證明Winch在1990年時已經
有所讓步，從而主張「全部有意義的行為」包含一個社會特有的
「遵守規則的行為」與不同社會同時具有的「規律性的行為」兩大
類，而不再堅持「全部有意義行為都是遵守規則行為」的原本主
張。然而，依據筆者的淺見，這樣的說詞與坦承，足以暗示Winch
晚期也承認某些「規律性的行為」的存在。然而，值得注意的是，
不論Winch是否承認，自1958年以降，經驗主義之社會科學的蓬勃
發展，在在證明了某些「規律性的行為」的存在。例如，在歷來的
政治參與行為上，「雙元模型」中參與行為的規律性，一再於不
同社會中得到強烈的印證（參見郭秋永，1993：93-115）。據此而
言，長期對峙的經驗主義與闡釋主義，應該可在「遵守規則的行
為」與「規律性的行為」上，各自發揮所長，從而彰顯「不同題材
要求不同方法論」的古樸灼見。

　　進一步說，上文曾經引用Winch本人說過的一段文字，藉以指
出Winch並未明確區分「闡釋性理解」、「理解」、「闡釋」等語
詞。然而，Winch後來曾在《社會科學的觀念及其與哲學的關係》
第二版的序言中，企圖區別「理解」與「解釋」。Winch說：

> 第六節的標題是「理解社會制度」。在這個至關緊要之
> 處，我使用「理解」一字而非「解釋」一字。在如此使

用上，我確實不是在提示Max Weber所做的區別，亦即
我確實不是在提示「因果解釋」與「闡釋性理解」之間
的區別。我心中所想的要點，乃是一個相當不同的要
點……現在，解釋密切關聯著理解。理解是解釋的目
標，從而是成功解釋的成品。然而，從這種密切關聯
當然不能推論說：只在解釋之處，才有理解……除非
有一種理解形式不是解釋的成品，否則解釋之事就不
可能了。只在理解不足之處，或者，只在理解被認為不
足之處或有缺陷之處，方才要求解釋。然而，去測量這
種缺陷之處，必須要有某種標準；而這種標準只能是我
們早已擁有的理解。進一步說，我們早已擁有的理解，
表達在那些構成我們所在關切之題材形式的概念中。
（Winch, 1990: x）

從這段引文可以看出兩個論點。第一，Winch不贊成「因果解
釋」與「闡釋性理解」之間的截然區分，亦即不贊成一般闡釋主
義者對於「解釋」與「理解」之間所做的區別，也就是不贊成本
文所謂「科學解釋」與「闡釋」（或「理解」）之間的區別。顯然
的，在Winch的用法中，「解釋」不是自然科學的專利品。第二，
「解釋」之所以不是自然科學的專利品，因為「解釋」與「理解」
之間，具有十分密切的關係。這種密切關係就是：「理解」乃是
「解釋」的目標，或者，「理解」乃是「解釋」的成品。至此為
止，「理解」與「解釋」之間的關係，乃是一種十分清楚的關係，
也就是「目的」與「手段」之間的密切關係。可是，Winch卻又繼
續指出，這種密切關係的密切程度，超過了「目的」（或「目標」
或「成品」）與「手段」之間的關係，從而便有「不是只在解釋之
處，才有理解」、「只在理解不足之處，才要求解釋」、「測量目
前有缺陷之理解的標準，乃是早先擁有的理解」之類的詰屈聱牙的
文字，以及其所意涵之糾葛纏繞的複雜關係。

　　爲了排除這類詰屈聱牙的糾葛纏繞，並爲了彰顯社會科學固有「解釋」課題的事實，筆者建議，除了使用「科學解釋」語詞來指涉經驗主義的兩個解釋模型之外，闡釋主義者應在下述兩種情境中，分別使用「闡釋」與「解釋」兩個詞彙：當各種「有意義的行爲」及其預設的各種社會觀念之間確有某些「晦澀不明」（或「扞格不通」或「衝突不合」）之處時，使用「闡釋」一辭去加以澄清或解決；當某種「有意義的行爲」及其預設的某種社會觀念之間已無「晦澀不明」（或「扞格不通」或「衝突不合」）之處時，運用「解釋」一辭去說明社會成員的意圖行爲。

　　假使按照筆者上述的建議，那麼我們便可引入闡釋主義的解釋模型，藉以對照經驗主義的「涵蓋定律模型」與「歸納統計模型」兩個科學解釋模型。依據Bhaskar（1998: 139）的見解，Winch的解釋模型，可以建構如下：

（一）某甲確實採取了A行動。

（二）A行動受到S_i規則所支配而成為有意義的行動（i = 1, 2, ..., n）。

（三）某甲為什麼採取A行動呢？

　　(1)因為S_i規則的規定。

　　(2)為了R_i理由（i = 1, 2, ..., n）。

（四）當是(1)時（因為S_i規則的規定），便不再要求進一步的解釋。

　　當是(2)時（為了R_i理由），則進一步追問：

　　某甲為何為了R_i理由而採取A行動呢？

（五）(3)因為T_i規則的規定（i = 1, 2, ..., n）。

　　(4)因為C_i高階理由（i = 1, 2, ..., n）。

　　(5)完全沒有進一步的理由（R_i理由是自發性地或機械性地引起）。

（六）當是(3)時（因為T_i規則的規定），則不要求進一步

的解釋。

當是(5)時（完全沒有進一步的理由），則不可能有
進一步的解釋。

當是(4)時（因為C_i高階理由），則可進一步追問：
甲為何為了C_i理由而採取A行動呢？

（七）再次的，又有(3)、(4)、(5)類型的三種選項。繼
續進行（六）步驟，直到沒有(4)類型的選項。

五　結語

無庸諱言，在當代的社會科學研究領域中，經驗主義乃是獨領
風騷的學術主流，而長期與之對峙的闡釋主義，則顯現出欲振乏力
的窘境。促使闡釋主義陷入這種窘境的原因，固然是多方面的，但
通常採取概括式的籠統論述與使用一些涵義模糊的專門術語，則是
其中的主要理由。有鑑於此，本章企圖透過Winch重要著作的詳細
解析，來論述闡釋主義的精緻論證，並釐清一些關鍵術語的重要涵
義，尤其更要指出「闡釋方法」不僅是「發現系絡」中的一種心理
技巧，而且也是「驗證系絡」中一種重要的有用方法。大體而言，
本章的解析，獲得下述幾個比較值得注意的論點。

第一，自經驗主義者看來，闡釋主義者素所強調的「行動
意義」，就是「意圖的意義」（或「心理的意義」或「評價的意
義」），而「行動意義」中的「意義」，乃指行動者本人的特定
意圖、目的、情緒、觀念、評價等主觀心理作用。在這樣的解讀
下，闡釋主義所謂的「行動意義」，便僅具「個體性的」或「私人
性的」，從而使得闡釋主義一向標榜的「闡釋方法」或「理解方
法」，立即陷入「主觀主義」與「第一種型態的複製謬誤」的困
境。

　　第二，闡釋主義者在論述「意義」或「行動意義」時，雖然或隱或顯地蘊含「社會性」（或「公共性」），但在字裡行間的行文之中，確實給了經驗主義者留下「個體性」（或「私人性」）的解讀空間。這可從Winch的論述，得到強烈的佐證。然而，無論如何，一旦確認闡釋主義所謂的「行動意義」確實具有「社會性」（或「公共性」），那麼經驗主義提出的「主觀主義」與「第一種型態的複製謬誤」這兩項指控，也就形同無的放矢了。

　　第三，Winch所謂的「社會世界」，基本上包含下述三種層次。在最底的層次上，乃是社會成員的「有意義的行為」，也就是社會成員的「遵守規則的行為」。這種「遵守規則的行為」，具有「可錯性」、「理解性」、及「反思性」等三個行為特徵，從而包含社會性質，並預設一種「內在關係」的社會觀念（或社會關係）。在中級的層次上，乃是各種「生活方式」。「生活方式」是由相互關聯的規則所組成；一個「生活方式」則由一套相互關聯的規則所組成。不同的「生活方式」，各有不同套的規則，從而各自內含不同的邏輯標準。不同的「生活方式」之間，雖然也有「交疊」之處，但無「放諸四海而皆準」的一套規則，從而沒有單一可應用之普遍性的邏輯標準。在最高的層次上，則指特定的整個社會世界，是由各種「生活方式」所組成。

　　第四，Winch概述的「社會世界」雖然有如三層的夾層蛋糕，但是引起社會科學家的研究旨趣而認為有加以闡釋的必要，端在於各種「遵守規則的行為」及其預設的各種觀念之間，確有某些「晦澀不明」、或「扞格不通」、或「衝突不合」之處，因此，Winch所在強調的「闡釋方法」，並未違犯「第二種型態的複製謬誤」。

　　第五，經驗主義者雖然承認「闡釋方法」乃是發現有用假設的一種心理技巧，但卻主張它不是檢定假設的一個適當方法。在「發現系絡」與「驗證系絡」的區分之下，「闡釋方法」如同「上帝的啟示與個人的偶現靈感」一樣，都屬於科學活動中的「發現系絡」，也都是一種「可遇而不可求」之事。因此，經驗主義者將

「闡釋方法」看作發現系絡中一種「發現有用假設的一種心理技巧」的說法，實際上隱含濃濃的貶抑意味。

第六，Winch雖然堅持「闡釋」的邏輯特性，端在於「哲學論證」的方法，而不是經驗主義者所謂之「一種發現有用假設的心理技巧」，但對於「哲學論證」的方法並未加以形式化，也沒列出可以明確依循的進行步驟。然而，我們可用「雙重闡釋」（或「雙重詮釋」）與「闡釋循環」（或「詮釋循環」），來說明Winch之「哲學論證」的方法。值得注意的是，「闡釋循環」的方法，雖是「全部整體」與「特定部分」之間的一種往返過程，但實際上具有一個明確的判斷標準，也就是「融貫性」的判斷標準，因而不是兜圈子式的、邏輯上無效的、謬誤的「循環論證」。進一步說，闡釋主義之「闡釋循環」的辯護理路，基本上如同經驗主義之「科學解釋」的辯護理路，從而具有同樣厚實的立論基礎。

第七，長期對峙的經驗主義與闡釋主義，應該可在「遵守規則的行為」與「規律性的行為」上，各自發揮所長，從而彰顯「不同題材要求不同方法論」的古樸灼見。

第八，為了排除語詞不清的困擾，並為了彰顯社會科學固有「解釋」課題的事實，筆者建議，除了使用「科學解釋」語詞來指涉經驗主義的兩個解釋模型之外，闡釋主義者應在下述兩種情境中，分別使用「闡釋」與「解釋」兩個詞彙：當各種「有意義的行為」及其預設的各種社會觀念之間確有某些「晦澀不明」（或「扞格不通」或「衝突不合」）之處時，使用「闡釋」一辭去加以澄清或解決；當某種「有意義的行為」及其預設的某種社會觀念之間已無「晦澀不明」（或「扞格不通」或「衝突不合」）之處時，運用「解釋」一辭去說明社會成員的意圖行為。在這樣的分辨之下，我們就可建構出闡釋主義的解釋模型，藉以對照經驗主義的兩個科學解釋模型，而收到平分秋色的效用。

參考書目

洪漢鼎

　2003　《詮釋學史》。台北：桂冠圖書公司。

郭秋永

　1988　《政治學方法論研究專集》。台北：商務印書館。

　1993　《政治參與》。台北：幼獅文化事業公司。

馮友蘭

　1996　《貞元六書》（下）。上海：華東師範大學出版社。

楊深坑

　2002　《科學理論與教育學發展》。台北：心理出版社。

Bevir, Mark, and R. A. W. Rhodes

　2002　"Interpretive Theory," David Marsh and Gerry Stoker, Eds., *Theory and Methods in Political Science*, 2nd edition (New York: Palgrave Macmillan), pp. 131-152.

Bhaskar, Roy

　1998　*The Possibility of Naturalism: A Philosophical Critique of the Contemporary Human Sciences* (London and New York: Routledge, Third edition).

Brodbeck, May

　1968　"Meaning and Action," May Brodbeck, Eds., *Readings in the Philosophy of the Social Sciences* (New York and London: Macmillian), pp. 58-78.

Elster, Jon

　2007　*Explaining Social Behavior: More Nuts and Bolts for the Social Science* (Cambridge: Cambridge University Press).

Fay, Brian, and J. Donald Moon

　1994　"What Would an Adequate Philosophy of Social Science Look Like?" Michael Martin and Lee C. McIntyre, Eds., *Readings in the Philosophy of Social Science* (Cambridge: The MIT Press, 1994), pp. 21-35.

Gerring, John, and Joshua Yesnowitz

  2006 "A Normative Turn in Political Science," *Polity* 38: 101-33.

Gibbons, Michael

  2006 "Hermeneutics, Political Inquiry, and Practical Reason: An Evolving challenge to Political Science," *The American Political Science Review*, Vol.100, No. 4, pp. 563-571.

Hempel, Carl

  1965 *Aspects of Scientific Explanation and Other Essays in the Philosophy of Science* (New York: The Free Press).

Hollis, Martin

  1994 *The Philosophy of Social Science* (Cambridge: Cambridge University Press).

Johnson, Janet and H. T. Reynolds

  2005 *Political Science Research Methods,* fifth Edition (Washington, D. C.: CQ Press).

King, Gary, Robert Keohane, and Sidney Verba

  1994 *Designing Social Inquiry: Scientific Inference in Qualitative Research* (Princeton: Princeton University Press).

Lerner, Berel

  2002 *Rules, Magic, and Instrumental Reason: A Critical Interpretation of Peter Winch's Philosophy of the Social Sciences* (London and New York: Routledge).

MacIntyre, Alasdair

  1973 "The Idea of a Social Science," Alan Ryan, Eds., *The Philosophy of Science Explanation* (Oxford: Oxford University Press), pp. 15-32.

Moon, J. Donald

  1975 "The Logic of Political Inquiry: A Synthesis of Opposed Perspectives", Fred Greenstein and Nelson Polsby, Eds., *Handbook of Political Science Vol. I, Science: Scope and Theory* (Mass.: Addition-Wesley), pp. 131-228.

1982 "Interpretation, Theory, and Human Emancipation," Elinor Ostrom, Eds., *Strategies of Political Inquiry* (Beverly Hills: Sage Publications), pp. 149-178.

Pettit, P.

2000 "Winch's Double-Edged Idea of a Social Science," *History of the Human Sciences*, 13(1): 63-77.

Pleasants, Nigel

2000 "Winch, Wittgenstein and the Idea of a Critical Social Theory," *History of the Human Sciences*, 13(1): 78-92.

Potter, Garry

2000 *The Philosophy of Social Science: New Perspectives* (Harlow: Pearson Education Limited).

Rawls, John

1967 "Two Concepts of Rule," Philippa Foot, Ed., *Theories of Ethics* (Oxford: Oxford University Press), pp.144-170.

Roth, Paul

1987 *Meaning and Method in the Social Sciences: A Case for Methodological Pluralism* (Ithaca and London: Cornell University Press).

Rudner, Richard

1966 *Philosophy of Social Science* (N. J.: Prentice Hall).

Searle, John

1969a *Speech Act: An Essay in the Philosophy of Language* (Cambridge: Cambridge University Press).

1969b "How to Derive 'Ought' from 'Is,'" W. Hudson Ed., *The Is-Ought Question: A Collection of Papers on the Central Problem in Moral Philosophy* (New York: St. Martin's Press), pp.120-134.

Taylor, Charles

1994 "Interpretation and the Sciences of Man," Michael Martin and Lee C. McIntyre, Eds., *Reading in the Philosophy of Social Science* (Cambridge:

The MIT Press), pp. 181-211.

Winch, Peter

　1958　*The Idea of a Social Science and Its Relation to Philosophy* (London: Routledge and Kegan Paul).

　1972　*Ethics and Action* (London: Routledge and Kegan Paul).

　1990　*The Idea of a Social Science and Its Relation to Philosophy*, 2nd edition (N. J.: Humanities Press).

Yanow, Dvora

　2006　"Thinking Interpretively: Philosophical Presuppositions and the Human Sciences," in Dvora Yanow and Peregrine Schwartz-Shea, Eds., *Interpretation and Method: Empirical Research Methods and the Interpretive Turn* (New York: M. E. Sharpe), pp. 5-26.

Yanow, Dvora, and Peregrine Schwartz-Shea

　2006　"Doing Social Science in a Humanistic Manner," in Dvora Yanow and Peregrine Schwartz-Shea, Eds., *Interpretation and Method: Empirical Research Methods and the Interpretive Turn* (New York: M. E. Sharpe) pp. 380-393.

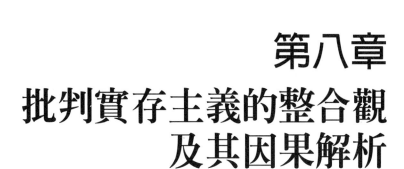

第八章
批判實存主義的整合觀
及其因果解析

一　引言

　　至少自二十世紀以降，社會研究者便在社會世界的構成元素、認識方式、以及研究方法等層面上，形成「經驗主義」與「闡釋主義」兩個對立陣營。長久以來，這兩個對立陣營分別在不同議題下，展開強弱程度不一的攻防論戰。

　　二十世紀八十年代左右，英國科學哲學家Roy Bhaskar（1944-）提出「批判實存主義」（critical realism），試圖整合這兩大陣營的主要見解，從而希望終結長久以來的對立僵局。Bhaskar一方面傳承「經驗主義」的一些論點，例如，「自然科學與社會科學皆在運用相同的研究方法」，另一方面則排斥「經驗主義」的其他論點，例如，「感官經驗乃是科學知識的基礎」、或「涵蓋定律模型就是正確的科學解釋模型」、或「價值中立原則」。類似的，Bhaskar一方面傳承「闡釋主義」的一些論點，例如，「社會世界乃是一個意義世界而完全不同於自然世界」、或「社會研究首在理解社會行動」、或「社會科學無法保持價值中立」，另一方面則排斥「闡釋主義」的其他論點，例如，「社會科學具有自成一格的研究方法」、或「意圖解釋乃是社會科學中正確的解釋模型」。

　　兩相對照之下，我們不免要問：在「經驗主義」與「闡釋主義」之間的對峙中，以及在「傳承」與「排斥」之間的激烈牽扯中，「批判實存主義」究竟如何整合兩個長期對峙的研究陣營呢？或者，「批判實存主義」果真如同Bhaskar本人的自詡，已經造成了當代科學哲學研究上的「哥白尼革命」（Bhaskar and Lawson, 1998: 3），從而成功整合了「經驗主義」與「闡釋主義」嗎？

　　誠然，Bhaskar的著作，素具「艱深晦澀」的特色（Collier, 1994: x-xi），甚至「經常引入新字或特殊用法而使讀者陷入重重迷宮中」（Whitbeck, 1977; Krige, 1975）。可是，Bhaskar的著作，不但博得歷久不衰的盛名，而且獲得國際學術組織的進一步推廣。

當代一位哲學家Andrew Collier曾經稱讚說：「在本半世紀中，Bhaskar的著作，乃是英語系哲學研究領域上最令人深感振奮的發展……不但可跟Popper、Lakatos、Kuhn、Harré等學者的名著並駕齊驅，並且有過之而無不及。」（Collier, 1994: ix）國際學界則在1997年與1998年分別成立「批判實存主義中心」（The Center for Critical Realism）與「批判實存主義國際協會」（The International Association for Critical Realism）兩個學術機構，以期進一步推動「批判實存主義」的研究。

總而言之，Bhaskar提出的「批判實存主義」及其追隨者的進一步詮釋，確實值得深入探究。本章試從「超驗實存主義」與「批判自然主義」，論述Bhaskar整合「經驗主義」與「闡釋主義」的基本方式，進而透過「機制模型」來突顯批判實存主義者獨樹一格的因果解析。

（二）超驗實存主義

依據一位哲學研究者Justin Cruickshank的說明，「批判實存主義」這一語詞，雖為二十世紀二十年代一些哲學家共同創用，但後來被一群追隨Bhaskar的學者援用而Bhaskar本人也接受，終而成為Bhaskar科學哲學的標誌（Cruickshank, 2003: 14, n.2）。另一位哲學研究者Neil Curry甚至指出，「Bhaskar」這一名字，乃是「批判實存主義」此一語詞的同義詞（Curry, 2002: 119）。

按照Bhaskar（1998a: ix）本人的說法，「批判實存主義」實際上包含「超驗實存主義」（transcendental realism）與「批判自然主義」（critical naturalism）兩種主義；「批判實存主義」只不過是扼要表達這兩種主義的一個省略式的語詞。[1]大體而言，「超驗

---

[1] 依據Andrew Collier的見解，Bhaskar使用transcendental一字的意義，接近康德

實存主義」乃是奠基在自然科學之科學實驗活動的剖析上，從而運用「超驗論證」（transcendental argument）建立起來的一種科學觀；「批判自然主義」則是「超驗實存主義」在社會科學中的應用。由於學術界時常充斥著許多意義分歧的術語，從而惹起不少的無謂紛爭，因此在評述「批判實存主義」之先，我們勢須釐清幾個術語的基本涵義。

在文藝研究的領域上，國內學者常將「realism」譯成「寫實主義」或「現實主義」，從而認為它是文學藝術中的一種創作原則。這種創作原則刻意摒棄理想化的、宮廷式的、或浪漫式的筆調，從而試圖透過典型人物與環境的描寫，尤其是凡夫俗子或卑微小民的日常瑣事，以期刻畫現實生活的本質。因此，它的核心要點，乃是「文藝作品首在反映現實生活」。至於究竟如何反映現實生活，或到底反映怎樣的現實生活，或畢竟反映哪一個社會階級的現實生活，則屬見仁見智的議題。大體而言，二十世紀的「寫實主義」，呈現出兩種風貌。其一欲以更忠實的、更準確的、非理想化的觀點，展現日常生活，另一則試圖透過文藝作品，批判現實的社會與政治。

在國際政治上，「realism」通常譯成「務實主義」或「現實

的用法，但所謂transcendental realism的意義與作用，卻有別於康德。這些精細的差異，請見Collier, 1994: 25-29。在康德哲學的引介上，國內哲學研究者有時將transcendental翻譯成「先驗的」，而將transcendent譯為「超驗的」。前者意指「先於經驗的」，從而所謂的「先驗知識」，乃指一種不涉及對象、只涉及我們認識對象之形式的知識。後者意指思維或意識的一種活動性質，從而指涉理性的辯證表現。依據筆者的淺見，若將transcendental譯為「先驗的」，則勢需分辨一向也譯為「先驗的」*a priori*的意義。不過，筆者不想捲入這些字彙之細緻意義的辯論，因而沿用政治學方法論學者的既有翻譯，也將transcendental譯為「超驗的」（參見莊錦農與魏中平，〈解釋與批判：論批判實存論的科學解釋觀〉，《政治科學論叢》，第九期，1998，頁121-144，頁125）。

主義」，基本上用來指涉某一國家在國際政治舞台中採取行動的一種方針。這種行動方針強調「國際政治叢林」中的特定國家，應該權衡客觀的國際環境與本國條件，從而採取一種損失最小或收益最大的政策，而不應好高騖遠地去追求一些不切實際的道德目標或一些華而不實的口號標語。

在政治研究的領域上，「realism」可以譯成「實在主義」或「現實主義」。[2]我們或許可從美國政治學的發展趨勢，來掌握這種「實在主義」的精義。著名政治學家David Easton（1917-）認為二十世紀五十年代以前的美國政治學的發展，歷經兩個階段的「實在主義」（Easton, 1971: 159-199）。第一個階段的「實在主義」，乃是「單純實在主義」（simple realism），約從十九世紀八十年代至第一次世界大戰（Easton, 1971: 159, 177）。這個階段的實在主義者，不滿傳統的法律研究途徑，從而主張我們應將「政治」視為一種「過程」。在重視政治過程之下，政治研究者便不應僅僅埋首於法律文件中，而應超越法律制度之外去探究憲法或法律的「實際運行狀況」，以期爬梳實際上制訂政策的權力所在。Easton指出，「單純實在主義」雖然擺脫法條的拘束，但其研究對象仍然拘泥於法律制度內的政治活動。第二個階段的「實在主義」，乃是「複雜實在主義」（complex realism），約從第一次世界大戰至二十世紀五十年代（Easton, 1971: 177）。第二個階段的實在主義者，雖然也將「政治」視為一種「過程」，但進一步擴大「過程」的涵義，主張「政治過程」乃指政治制度、社會團體、以及政策制訂之間的一種互動關係。因此，在研究政策制訂上，除了政治制度之外，政治研究者應該探討社會團體，尤其是下述兩類的社會團體：其一為利益團體或壓力團體之類的「非政治性組織」，另一則為

2　郭仁孚教授曾將「realism」譯成「現實主義」。請見郭仁孚，〈美國政治學研究上的「多元主義」：行為主義、反行為主義及超行為主義（壹）〉，《人與社會》，創刊號，1973，頁46-59，頁52。

社會階級、宗教性、區域性、及種族之類的「社會總體」（social aggregates）。我們試以法案研究爲例，簡略說明「單純實在主義」與「複雜實在主義」之間的差異。就立法機關通過某一法案的研究來說，除了正式的法規探討外，第一階段的「單純實在主義者」，十分著重議會本身及其附屬委員會的各種實際活動。第二階段的「複雜實在主義者」，除了正式法規與議會本身（或委員會）各種實際活動的探討外，更進一步地探究利益團體、遊說團體、職業團體、及區域性組織等的影響力量。

在哲學、或科學哲學、或方法論的研究領域中，「realism」一般譯成「實在主義」、或「實在論」、或「實存主義」、或「實存論」。爲了對應本章中將要提及的各種「主義」，筆者將它譯爲「實存主義」。根據Bhaskar（1983: 362）的說明，在最廣泛的意義上，「實存主義」乃是斷言「知識對象」獨立在人類知識之外而存在的一種學說。Bhaskar（1983: 362）指出，「實存的」（"real"）一詞，基本上對照著「印象的」（"imaginary"）或「表象的」（"apparent"）語詞，因此實存主義者所探究的「知識對象」，乃是「表象」之下的、底部的、深處的「實存」部分或「實存」結構，而非僅是「表象的」或「印象的」部分或結構。

大體而言，實存主義所斷定的「知識對象」，通常是某種爭議性的對象或事物，因而在學術史上，呈現出不盡相同的各種類型。根據Bhaskar的分析，其中最重要的三種類型是：柏拉圖式的（或亞理斯多德式的）實存主義（Platonic or Aristotelian realism）、知覺實存主義（perceptual realism）、科學實存主義（scientific realism）。

柏拉圖式的（或亞理斯多德式的）實存主義，斷言「抽象元目或共相」（abstract entities or universals）獨立存在於時間與空間之外，或者，斷言柏拉圖所謂之「理型」（form）的獨立存在、如同一般個別物質之性質的存在一樣。知覺實存主義斷言「物質對象」獨立在人類知覺之外、而存在於時間與空間之中。科學實存主義斷

言「科學的研究對象」，尤其用來解釋可觀察現象的「理論元目或過程」（theoretical entities or process），獨立在科學家及其活動之外而存在與起作用。換句話說，科學實存主義斷言「正確理論」所描述的元目、狀態、及過程等，確確實實地存在，而非純屬一種「啓發性的假定」或「方便性的設想」；例如質子、光子、力場、及黑洞等的「實存性」，就像腳趾甲、渦輪機、溪流漩渦、及火山等一樣（Hacking, 1993: 21; Outhwaite, 1987: 2, 19）。

　　這三種類型雖然都在斷言「知識對象」獨立在人類知識之外而存在，但各自所謂的「知識對象」卻不盡相同。柏拉圖式的（或亞理斯多德式的）實存主義，指的是「共相」或「理型」，知覺實存主義指的是「物質對象」，科學實存主義指的是「科學的研究對象」，尤其是「理論元目或過程」。因此，Bhaskar（1983: 362）指出，假使「科學的研究對象」乃指柏拉圖式的「理型」或指「物質對象」，那麼科學實存主義便化約成爲柏拉圖式的實存主義或知覺實存主義。

　　實存主義雖在學術史上呈現出三大類型，但「當代實存主義」（contemporary realism）的興起，則濫觴於一些科學哲學家對於1930s年代邏輯實證論（logical positivism）的批判。由於不同科學哲學家採取不同的批判角度，因而所謂的「當代實存主義」，也就顯現出不盡相同的各種型態（Godfrey-Smith, 2003: 173-189; Collier, 1994: 6-12; Hacking, 1993; Putnam, 1987; Bhaskar, 1983: 362）。Bhaskar（1983: 362）指出，其所倡議的「超驗實存主義」，強調我們理解科學實驗活動與應用活動的一個條件，乃是「科學研究對象」獨立在科學實驗與應用活動之外，因而是傳承學術史上之科學實存主義的一個當代分支。

　　「超驗實存主義」中明確標示著「超驗」一詞的主要理由，端在於支撐此一學說的論證，乃是「超驗論證」。大體而言，一般所謂的「超驗論證」，是指答覆下述問題的論證形式：必須存在著何種條件，才能使得「甲」成爲可能？或成爲可理解？此種論證形式

中的「甲」，通常指涉人類活動的某些特徵，例如，一般知識或科學知識，因而所要答覆的問題便是：必須存在著何種條件，才能使得一般知識（或科學知識）成為可能？或成為可理解？進一步說，在此種論證形式中，從「甲」推論出來的「條件」，大都存在於「超出經驗」的領域中，也就是「超驗」的領域中，例如，下文將要引述的「眞實（realities）的構成」。Collier指出，一般所謂的「超驗論證」，乃指一種「從一個已經發生的現象，推論到一個持久性結構」的論證形式，或指一種「從一個實際上的某事物，推論到一個更根本的、更深處的、奠定該事物之可能性的某一事物」的論證形式（Collier, 1994: 20）。Bhaskar所說的「超驗論證」，雷同於Collier所謂一般的「超驗論證」。不過，Bhaskar自稱其論證形式包含「積極」與「消極」兩大部分。我們可將這兩大部分的論證形式，表示如下：

積極部分：「A」使得「甲」成為可理解（或成為可能）

消極部分：「－A」是荒謬的

（參見Bhaskar, 1997: 259; 1998b: 6）

上述的「積極部分」，即是一般所說的「超驗論證」。「A」指「必須存在著何種條件」；「甲」指「人類活動的某些特徵」，而在Bhaskar的論證中，特指「科學實驗活動」。因此其「超驗論證」首在於答覆這個問題：究竟存在著何種條件（「A」），才能使得科學實驗活動（「甲」）成為可能？或成為可理解？上述的「消極部分」，則指接受「－A」（即不接受「A」），便無法理解「甲」的論證。援用Bhaskar本人的術語，其所謂的「超驗論證」，乃是一種「追溯論證」（retroductive argument），也就是「從某現象的描述，回溯到產生該現象之某事物的描述；或從某現象的描述，回溯到促成該現象之某條件的描述」的一種論證（Bhaskar, 1986: 11, n.26）。

　　值得注意的是，Bhaskar的「超驗論證」，始於科學家的實驗活動（或「實踐」），而非科學家既有的研究成果（或「理論」）。一般而言，在一個「超驗論證」中，若將論證奠定在眾所同意的前提上，那麼據以追溯而得的「條件」，就比較具有決斷性的論證力量，從而足以迫使對手不得不接受原本排斥的結論。若將論證建基在既有的科學知識或研究成果上，則可能會因科學知識本身的「可誤性」（或「易錯性」或「變動性」）而削弱了論證力道。眾所周知，科學實驗活動正是自然科學最具魅力的特徵，也是近二十年來科學哲學上許多學說的建構憑藉。因此，Bhaskar特別強調其「超驗論證」，始於科學家的實驗活動，而非科學家既有的研究成果。援用Bhaskar的話說，科學實驗不但是其「超驗論證」的前提，而且更是「參與論戰的正、反雙方、或所有各方都會接受的根本前提」（Bhaskar and Lawson, 1998: 4）。

　　Bhaskar強調科學實驗活動（而非科學研究成果）的見解，基本上繫於他對科學知識之對象的分類。依據Bhaskar（1975）的說明，科學知識的對象，包含下述兩種：「不變的實存對象」（unchanging real objects）與「變動的認知對象」（changing cognitive objects）。[3]前一種的知識對象，乃指獨立在人類描述之外而存在的世界。後一種的知識對象，乃是描述或解釋前一種知識對象的人為產物，包含既有的各種假設、定律、模型、理論、研究

---

[3]　在1975年以及其後的所有論著中，Bhaskar特將這兩種知識對象的名稱，改為intransitive objects與transitive objects。數十年來，這兩個英文語詞雖為Bhaskar慣用的專門術語，也為其學派內、外學者常用的詞彙，但確實難以譯成適當的中文；國內政治學者曾將它們譯成「終行對象」與「暫止對象」（莊錦農與魏中平，1998：129）。一位批判實存主義者Andrew Sayer則將intransitive objects與transitive objects改稱為「實存對象」（real objects）與「思想對象」（thought objects）（Sayer, 1992: 71, 275, n.57）。另一位批判實存主義者William Outhwaite認為Bhaskar所謂的intransitivity，基本上意指「事物獨立在我們描述之外而存在與起作用」（Outhwaite, 1987: 46）。基於這些思慮，在本文中，筆者將intransitivity譯為「實存性」。

法、以及研究技術等等。兩相對照而言，前一種知識對象乃是不變的存在，後一種知識對象則屬可變的存在。後一種知識的變動特性，充分展現在各自言之成理的對立理論上，或分別表現在理論本身的刪修中。例如，地球本身的存在，獨立在諸如「地平說」或「地圓說」之類的人類描述外，乃屬「不變的實存對象」，或者，地球本身的存在，既不依賴「地圓說」，又不依靠「地平說」。至於特定時空中人類堅信的「地平說」或「地圓說」，則是描述地球的人為產物，乃屬「變動的認知對象」，而其變動性充分展現在「地圓說」取代「地平說」的變化上。

　　那麼，究竟存在著何種條件，才能使得科學實驗活動成為可能呢？或成為可理解呢？大體而言，在整個論證過程中，Bhaskar追溯科學實驗活動的顯著特徵，從而得到三個條件，並論述其中的重要意涵，進而完成其「超驗論證」中的「積極部分」。這三個條件分別是：「真實」（realities）的構成、「封閉系統」的設定、以及「因果關係」的雙重性。簡單說，由於科學研究者預設這三個條件，方能使得科學實驗活動成為可能，或成為可理解。

　　「真實」的構成，乃指「真實」（或「世界」或「不變的實存對象」）是由三種重疊領域（或「層面」）所組成。這三個由淺至深的重疊領域，分別是「經驗領域」（the empirical）、「表存領域」（the actual）、以及「實存領域」（the real）。Bhaskar曾經將它圖示如下：

表一：真實的構成*

	實存領域	表存領域	經驗領域
機制	ν		
事件	ν	ν	
經驗	ν	ν	ν

*本表摘自Bhaskar, 1997: 13, 56。
但表一的標題乃是筆者添加。

　　表一中的「經驗領域」（或「經驗層面」），是指我們知覺事物的領域。所謂「經驗的」（empirical），乃指「可觀察的」（Sayer, 1998: 133），從而可將「經驗」（experience）詮釋爲「感覺資料」（Collier, 1994: 42）。Bhaskar（1997: 31）指出，不同的觀察者，誠然可能以不同的方式，來知覺（或經驗）相同的對象，因此，「經驗領域」中的「經驗」，確實預設知覺對象具有「實存性」（intransitivity），也就是預設知覺對象乃屬「不變的實存對象」。例如，張三可能知覺到地球繞日而運行，李四則可能知覺到太陽繞地球而運行，張三與李四各以不同的方式，知覺（或經驗）相同的實存對象。

　　誠然，知覺事物的領域，不能窮盡「眞實」的範圍，也就是不能窮盡整個世界中發生的所有「事件」（event）。依據Bhaskar（1997: 84）的說明，「事件」乃指「事物中的實質變動」。顯然的，「眞實」中的事件，能在不被知覺下而發生，或者，並非所有發生的事件皆被我們知覺到。當然，這些未被知覺到的事件，可以透過它們本身的作用，來斷定它們的存在。例如，早晨醒後看到花園裡一片泥濘，就可據以推定昨夜熟睡時發生傾盆大雨的事件。然而，在特定時期中，當我們對於未被知覺到的事件（或對於不可知覺到的事件）一無所知時，我們當然不能斷定這一種事件已經發生了，但我們並無理由去斷言這種發生乃屬不可能，或並無理由去設想這種發生毫無認知意義。無庸置疑的，Bhaskar所謂的「表存領域」的範圍，由於包含「經驗」與「事件」，從而大於「經驗領域」的範圍。援用Bhaskar（1997: 32）的話說，「事件在範疇上獨立在經驗之外。在缺乏經驗之下，仍有事件世界。」

　　值得注意的是，依據Bhaskar的見解，歷來的經驗主義者常將表一中的「經驗領域」與「表存領域」合而成爲一個領域，並稱之爲「經驗世界」（empirical world）。Bhaskar（1997: 16, 28, 58）一再指出，這樣的「經驗世界」的概念，由於下述三個理由而陷入了「致知謬誤」（epistemic fallacy）的困境。第一，僅運用直接與

間接的經驗（或知覺）來界定「眞實」（或「世界」），從而縮小了「眞實」（或「世界」）的範圍，並使之等同於「經驗世界」。換句話說，在這樣的等同下，經驗主義者竟將「整個世界」視同於「經驗世界」。第二，斷定「經驗世界」中「已被經驗的或可經驗的」乃是「眞實」（或「世界」）的基本性質。這種魯莽的斷定，顯然是自我設限，從而違犯了「以偏蓋全」的錯誤。第三，忽視那突顯經驗之認知意義的社會環境。人類直接或間接經驗的認知意義，可能隨著不同的社會環境而變動；在某一社會環境中屬於不具認知意義的經驗，在另一社會環境中可能頗具認知意義。可是，所謂的「經驗世界」的概念，忽視這種可能性。總之，在Bhaskar的見解中，經驗主義者所謂的「經驗世界」，乃是一種「人爲萬物尺度」的概念（anthropocentric concept）：完全以人類爲中心，從而僅僅運用人類的直接或間接的經驗，來界定「眞實」或「世界」；至於人類並未直接或間接經驗到的「眞實」部分，則一概視爲「子虛烏有」。誠然，自Bhaskar看來，這種純以直接或間接經驗而來斷定「眞實」的觀點，無法說明人類觀察力常隨科技進步而變動的史實，例如，「基因」的結構曾屬「無法直接或間接觀察」的猜想，現今則爲可以間接觀察的事實。

從表一可知，在「經驗領域」與「表存領域」兩個重疊領域之外，還有一個包含「經驗」、「事件」、及「機制」（mechanism）的「實存領域」。上文曾經指出，在Bhaskar的見解中，「經驗」乃指「感覺」，「事件」則指「事物中的實質變動」。那麼我們可以問道，「事件」如何發生呢？亦即，事物如何產生實質的變動呢？在Bhaskar看來，促使事物產生實質變動的，乃是事物本身所具有的「底層結構」（underlying structure）或「內在結構」（inner structure）。事物之所以成爲某種「事物」，其本身一定具有某種「底層結構」。例如，火藥一定具有某種化學結構，也就是一定具有某種「底層結構」，否則不足以稱爲「火藥」。可是，「底層結構」爲何能夠促使事物產生實質變動呢？

這是因為「底層結構」中含有一種促使事物起作用的方式，也就是含有一種「機制」。因此，自批判實存主義者看來，所謂的「機制」，乃指「事物起作用的方式」（ways of acting of things）（Bhaskar, 1997: 14, 51; Sayer, 1992: 105）。[4]

　　大體而言，「機制」不是存在於事物本身的「底層結構」內，就是存在於事物與事物之間所組成之事物的「底層結構」中。例如，一包火藥引起爆炸的「機制」，存在於火藥本身的特定化學結構，而一輛機車可以行駛的「機制」，則存在於各個機械組成的結構中。當然，一個事件（即「事物的實質變動」）是否發生，取決於是否啓動了事物中的「機制」（即是否啓動了「事物起作用的方式」）。例如，一包火藥（一個具有特定化學結構的事物）具有爆炸的「機制」（火藥起作用的方式），但實際上是否爆炸（是否成為一個事件），則繫於是否啓動了爆炸的「機制」（比如，是否點火）。這就是說，一個事物雖然具有特定的「機制」，但其「機制」未必會被啓動〔或未必被「行使」（exercised）〕。例如，一包火藥的爆炸「機制」雖然存在，但未必會被啓動。進一步說，當事物的「機制」已被啓動時，該「機制」的作用力卻未必會被「體現」（realized）。例如，一包火藥接觸到火花時，可能由於濕度太高、或缺乏氧氣、或被吹熄，因而沒有爆炸。再進一步說，當事物的「機制」已被「體現」時，該「機制」的作用力未必為人查知。例如，深山中一包火藥的爆炸，未必為街上行人所見、所聞。

　　誠然，經驗主義者十分可能會將這種機制觀念視為一種「子虛烏有」的空想，但按照Bhaskar的見解，世界中的種種機制，「雖

---

[4] 在科學哲學或社會科學哲學的研究領域上，不同學者常以不同意思去使用「機制」一詞（Hedstrom, 2008: 321-326），甚至同一位學者也常在不同論述中運用不同意思去使用「機制」一詞，例如，素以倡導「因果機制」而著稱的學者Jon Elster，就曾坦承其所使用的「機制」一詞，前後定義不一（Elster, 2007: 32, n.1）。顯而易見的，「機制」術語的混亂使用，造成閱讀與理解上的極大困擾。

然少在表存層面上顯現，尤其更少在經驗層面上為人指認，但確屬實存的……它們獨立存在，既不是不可知的，也不是『人為構成體』，更不是『柏拉圖式的理型』（Platonic form）。」（Bhaskar, 1997: 47）換言之，自經驗主義者看來，去說「甲事物是實存的（real）」，乃在說「我們業已經驗到或能夠經驗到甲事物」；但自Bhaskar而言，去說「甲事物是實存的」，乃在說「甲事物獨立在致知者之外而存在，不論我們是否已經或能夠經驗到甲事物，更不管我們是否適當瞭解甲事物」。

無論如何，若以Dr、Da、De分別代表「實存領域」、「表存領域」、「經驗領域」，那麼這三個領域之間的關係，便是Dr≧Da≧De，也就是「實存領域」大於或等於「表存領域」，「表存領域」大於或等於「經驗領域」。值得注意的是，當這種關係中的一個特例成立時，亦即當Dr＝Da＝De時，Bhaskar推得一個十分重要的論點：在「真實」的構成中，雖然Dr≧Da≧De，但科學研究者可以透過實驗情境，建立一個「封閉系統」，使得Dr＝Da＝De，或使得「實存領域」等於「表存領域」等於「經驗領域」，藉以啟動並探究一個我們深感興趣的「底層結構」或「機制」。據此而言，「封閉系統」的設定，乃是使得科學實驗成為可理解的第二個條件。

科學研究者若要建立一個「封閉系統」，那麼應該滿足兩個要件。第一，研究對象（事物）沒有實質的變異，並且其「機制」能夠順利啟動而前後一致地運行。第二，所有可能影響研究對象的其他對象（事物），均被排除或被控制，從而使得研究對象的「機制」的啟動與運行，能夠獨立在其他對象的各種「機制」之外。當一個系統不能滿足這兩個要件時，則為「開放系統」。在「超驗論證」中，「封閉系統」與「開放系統」之間的區別，扮演一個十分重要的角色。

依據Bhaskar的見解，除了太陽系之類的天體、以及少數的系統之外，整個世界（或整個「真實」）中的各種系統，大體上皆屬

「開放系統」，而非「封閉系統」。在一個「開放系統」中，各種事物的「機制」，彼此互動而交相干涉，以至於在一個特定事件的發生上，有些「機制」雖然存在（或啓動），但由於相互抵銷而失去作用；有些「機制」則發揮顯著的效用，甚至能夠支配或凌駕其他各種對象的「機制」。值得注意的是，在一個特定事件的發生上，究竟哪一個或哪些「機制」發揮顯著影響力，大體上隨著不同情境而變動，並無一定的規律性或固定的重複性。這就是說，在一個「開放系統」中，由於各種不同事物之各種不同「機制」的複雜互動，因而事件與事件之間的相互關係，每隨不同情境中各種「機制」的不同互動而變化，並無規律性的連結關係，或者，並無固定性的重複關係。例如，一包火藥接觸到一根火把時，有時由於空氣或水之類的其他事物的「機制」作用，而「未必」總是引起爆炸。簡單說，各種事件之間具有規律性或固定性的連結關係，僅在於「封閉系統」中，而不見諸「開放系統」。

如此說來，在Bhaskar的見解中，科學研究者的主要工作，端在於一個有限的時、空中，建立一個「封閉系統」，使得Dr = Da = De，或使得「實存領域」等於「表存領域」等於「經驗領域」，藉以排除或控制其他事物之「機制」的作用，從而啓動並探究一個我們深感興趣的「機制」。Collier（1994: 51-59）曾經指出，這種科學工作乃是「運用既有的科技或特殊設備去干擾自然」；若要使用比喻來彰顯它的特色，則人人耳熟能詳的「螞蟻、蜘蛛、蜜蜂」不太適當，「建築師」或許較爲貼切。[5]因爲科學家既非如同螞蟻一般地只知蒐集資料，亦非如同蜘蛛似地僅用本身物質織網。誠然，在比喻上，採集花蜜並予以轉化的蜜蜂，優於螞蟻與蜘蛛，但蜜蜂卻缺乏建立一個「封閉系統」所需的想像力與洞察力，因而建

5　運用「螞蟻、蜘蛛、蜜蜂」三種昆蟲來例釋科學工作性質的，乃是十七世紀英國著名哲學家Francis Bacon。Collier有關「建築師」的譬喻，正是回應Bacon的比喻，旨在強調「人的想像力」。

築師的比喻勝過蜜蜂。

　　科學家運用想像力與洞察力去進行實驗的主要目標，乃在試圖改變「開放系統」中的事件序列，以期在一個特定的「封閉系統」中，孤離出一個「機制」，使它不受其他「機制」的干擾，藉以檢定此一「機制」在特定事件序列中的作用：相同的特定刺激（或原因）是否總是產生相同的反應（或結果）？或者，甲類事件是否經常連結著乙類事件？或者，甲類事件是否規律性地伴隨著乙類事件？大體而言，唯在「封閉系統」中，方才會有「每當甲類事件發生，乙類事件便跟隨發生」的經常連結關係。換句話說，先行事件「規律性地伴隨著」後起事件，乃是一個「封閉系統」的主要特徵。從「封閉系統」這個主要特徵，Bhaskar推得兩種「原因」觀念：一為「先行條件或事件」（antecedent condition or event）的原因觀念，另一為「動因者」（causal agent）或「機制」的原因觀念（Bhaskar, 1997: 107, 252-254; 1998: 171-172）。這就是說，在一個封閉系統中，造成一個結果或事件的原因觀念，具有「先行條件」與「機制」兩種原因觀念，因而所謂的因果關係，既指事件之間在時序上的經常連結關係，又指某「機制」造成一個結果（或事件）的產生關係。值得注意的是，經驗主義者歷來主張的因果解析，乃指「先行條件」的原因觀念（參見郭秋永，2003）。

　　進一步說，自Bhaskar看來，既然唯在「封閉系統」中，方才會有「每當前一事件發生、後一事件便會發生」的固定關係或重複關係，那麼在一個缺乏此種固定性或重複性的「開放系統」中，魯莽引入「先行條件」的原因觀念，便無異於「錯把馮京當馬涼」。這就是說，在一個「開放系統」中，我們不能將因果關係詮釋為「事件序列間的經常連結」的關係，或不能將因果關係詮釋為「事件序列間的規律性伴隨」的關係，而應該引用「動因者」（或「機制」）的原因觀念，從而將因果關係闡釋為「產生」或「造成」某一結果（或事件）的變動關係。

　　如此說來，Bhaskar所在強調的因果關係的觀念，具有下述的

雙重意義：在一個「開放系統」中，因果關係乃指某一事物（或某些事物）的「機制」造成一個結果（或事件）的產生關係；在一個「封閉系統」中，因果關係既指先、後事件之間的經常連結關係，又指某一事物（或某些事物）的「機制」造成一個結果（或事件）的產生關係。在Bhaskar的見解中，因果關係的這種雙重性，正是使得科學實驗成為可理解的第三個條件，從而也是本章第四節說明「機制模型」的主要憑藉。

　　綜合上述，Bhaskar從科學實驗活動的追溯，推得「真實」的構成、「封閉系統」的設定、以及「因果關係」的雙重性等三個條件，進而完成其「超驗論證」中的「積極部分」。在接受這樣的論證之下，一些反面的條件，當然也就無法答覆科學實驗如何成為可能的問題。這就是說，根據Bhaskar的論證，假使逕將「經驗世界」等同於整個「世界」（或「真實」）、從而強將「經常連結關係」視為「開放系統」中的顯著特徵、並且特將「因果關係」完全闡釋為一種具有時序性的「經常連結關係」，那麼科學實驗立即成為一種多餘的、不必要的科學活動。或者，如同Collier所說：「科學研究者就不必為了發現『自然界』中運行的機制，而去建立『不自然』的事件序列了。」（Collier, 1994: 34）簡單說，在不預設這三個條件就不能理解科學實驗的說明下，Bhaskar完成了其「超驗論證」中的「消極部分」：不接受這三個條件（或接受其反面條件）乃是荒謬的。

　　總而言之，儘管「超驗實存主義」涵蓋十分寬廣的論述範圍，但掌握「超驗論證」中的三個條件，就足以瞭解「超驗實存主義」的精義了。

（三） 批判自然主義

　　上一節曾經指出，Bhaskar力主的「批判實存主義」，實際上包含「超驗實存主義」與「批判自然主義」兩種主義。「超驗實存主義」建基在自然科學中的實驗活動上，而「批判自然主義」則是「超驗實存主義」在社會科學中的應用。「超驗實存主義」的論證效力，繫於「不變的實存對象」與「變動的認知對象」之間的區別，從而斷定「不變的實存對象」是由「經驗領域」、「表存領域」、以及「實存領域」等構成，以期引入「機制」或「結構」的觀念，並在「封閉系統」中解析因果關係的雙重意義。那麼，我們不禁要問，奠定在自然科學之實驗活動上的「超驗實存主義」，當真能夠應用在社會科學之中嗎？尤其要問，社會世界確實如同自然世界，也是一種「不變的實存對象」而可以引入「實存領域」中的「機制」或「結構」的觀念嗎？或者，假使社會世界根本就是一種「變動的認知對象」而十分不同於自然世界，那麼如何應用自然科學中的「超驗實存主義」呢？

　　實際上，在社會科學的研究領域中，社會科學是否可以仿效自然科學的一般性問題，尤其社會科學是否可以仿效自然科學之研究方法的特定課題，長久以來便是一個爭論不休的根本議題。在這個無休無止的爭論議題上，至少從十九世紀末期以來，便有兩個持續性的對峙立場：堅持肯定答案的「自然主義」（naturalism）與抱持否定答案的「反自然主義」（anti-naturalism）。處在這個歷時久遠的對峙立場中，Bhaskar的「批判自然主義」，致力於突破正、反雙方素來高築的藩籬，從而希望能夠從中加以調和。然而，根深柢固的對峙立場，如何調和呢？能夠調和嗎？下文試就此一課題，進行評述性的剖析。

　　Potter與Lopez（2001: 8）曾經指出，在「社會科學的哲學」（philosophy of social science）的研究領域中，多數歷時久遠的激烈爭論，大體上都可追溯到「自然主義」的立場。然而，「自然主

義」究竟意指什麼，學者之間未必具有一致的見解。有些學者認
為它就是運用「自然性質」（例如，「快樂」）來界定「非自然性
質」（例如，「善」）的一種主張（參見郭秋永，1988：228）；有
些學者以為它乃是強調科學與哲學之間的連結關係的一種哲學研
究法（Godfrey-Smith, 2003: 149-150, 238）；有些學者認為它是宣
稱每一存在事物終極上皆具物理性質的一種主義（Godfrey-Smith,
2003: 238）；有些學者則以為它是試圖透過某種方式而將道德原則
化約成為描述通則的一個主張（Benton and Craib, 2001: 183; Moon,
1975: 217, n1）。儘管「自然主義」的意義，常隨不同論述脈絡而
互有出入，就本章所要處理的研究脈絡而言，我們應該重視一位批
判實存主義者William Outhwaite的說明。

　　依據Outhwaite（1987: 50-51）的敘述，「自然主義」可以區
分成為兩種形式：其中之一為「強式的自然主義」，另外之一則為
「弱式的自然主義」。「強式的自然主義」，乃指二十世紀三十年
代一些邏輯實證論者力主的科學統一觀。大體而言，這個科學統一
觀的主張，約略如下：社會科學中各個學門已經獲得檢證的各種定
律或理論，最終可以化約成為生物學的定律或理論，而生物學的定
律或理論，最終可以化約成為物理學的定律或理論，從而使得各個
不同學科都可奠基在物理學上而完成科學的統一。依據「強式的自
然主義」，科學統一之後，一旦掌握了物理學的定律或理論，便可
解釋或預測生物現象，從而可以解釋或預測社會現象，進而也可解
釋或預測人類心理現象。這種「強式的自然主義」，不在本章的討
論範圍內。Outhwaite所謂的「弱式的自然主義」，實際上乃是一
般所說的、也是本節所要處理的「自然主義」。[6]按照這種「自然

---

[6] Neil Curry（2002: 120）曾將一般所說的「自然主義」或Outhwaite所謂的
　「弱式的自然主義」，稱為「誇大的自然主義」（hyper-naturalism）；
　Harold Kincaid（1996）則從社會科學中的一些研究爭議，力圖辯護「自然主
　義」或「弱式的自然主義」。

主義」的主張，社會科學能夠應用自然科學的研究方法，或者，自然科學與社會科學運用相同的研究方法。誠然，為免滋生誤解，這種原則性的主張，必須加以進一步說明。

大體而言，對於此一原則性主張中所指的「研究方法」，一些異議者有時故意將之「極端化」，進而認為它所指的，不是實驗方法、就是運用望遠鏡之類的觀察方法。如此一來，這些異議者就能大聲質問，難道錯綜複雜的社會現象，能夠訴諸實驗方法嗎？或者，能夠使用望遠鏡之類的觀察方法來探究社會現象嗎？此一問題的答案，當然是否定的；異議者的質疑，也就顯得理直氣壯了。然而，持平而論，自然主義者雖曾提出一種類似實驗方法的「準實驗」（quasi-experiment）或「控制性研究」（controlled investigation）的觀念（Nagel, 1961: 450-453），但從未高懸過異議者所指的如此幼稚的主張。事實上，自然主義者所謂的「研究方法」（research method），乃指本書第一章中曾經提及的「方法論」（methodology），而非「研究法」（approach），更非「方法」（method）。

對於「方法論」、「研究法」、以及「方法」等三個語詞的意義，諸自然主義者之間雖然未必具有一致的見解，但下文敘述的詞義分辨，基本上不會偏離「自然主義」的立場（參見本書第一章第一節）。一般而言，依據自然主義者的見解，「研究法」乃指選擇問題與資料的準則，例如，功能研究法（functional approach）、系統研究法（system approach）、決策研究法（decision-making approach）、制度研究法（institutional approach）、法律研究法（legal approach）等等。這種意義之下的「研究法」，旨在建立一個組織性的概念（an organizing concept）或一套概念架構（a conceptual framework），以期確定研究方向，並彙整各種經驗資料，而其最大功用，則在憑藉所建立的組織性概念或概念架構，提出一些可以訴諸檢定的各種假設（Isaak, 1985: 185-192）。「方法」只是蒐集與處理資料的技術。例如，抽樣方法、問卷法、訪問

法、以及參與觀察法等，乃是蒐集資料的一種技術，而統計方法則是處理資料的一種技術。誠然，不同學科各有不同的「研究法」與「方法」，即使同一學科中，也常因選擇問題與資料的不同準則，而衍生出各種不同的「研究法」與「方法」。顯而易見的，自然科學中所運用的「方法」或「研究法」，十分有別於社會科學，從而難以應用於社會科學中。

至於自然主義者所謂的「方法論」，則有廣義與狹義兩種。「狹義方法論」乃指一套有關科學研究之基本原則的主張，主要探討概念的製作、假設的檢定、定律的性質、理論的作用、解釋的模型、預測的模型、證據的性質、客觀性的意義、真理的條件、知識的成長、以及推理的形式等等（Burnham, et al., 2004: 4, 276-277）。此處所謂的「狹義方法論」，也就是本書第一章所說的「方法論」。「廣義方法論」包含「狹義方法論」、「研究法」、以及「方法」等三種意義（Mukherji, 2000: 13-14, 79-80）。依據自然主義者的主張，儘管不同學科運用不同的「方法」或「研究法」，但成為「科學」的任何學科，實際上皆在本著相同的基本原則以進行研究，從而在概念的製作、假設的檢定、定律的性質、理論的作用、解釋的模型、預測的模型、證據的性質、客觀性的意義、真理的條件、知識的成長、以及推理的形式等層面上，展現出相同的要求標準，不會隨著學科的不同而有所差別，更不會言人人殊。因此，在自然主義者的見解中，社會科學能夠應用自然科學研究方法之主張中的「研究方法」，或者，自然科學與社會科學運用相同研究方法之主張中的「研究方法」，乃指「狹義方法論」，而非泛指「廣義方法論」，更非專指「方法」或「研究法」。

值得注意的是，「自然主義」雖然密切關聯著「經驗主義」（或「實證主義」），但兩者並非異詞同義的語詞。我們或許可以這樣說，「自然主義」與「經驗主義」（或「實證主義」）原先乃是意義十分相似的兩個語詞，但在Bhaskar提出「批判實存主義」之後，兩者就顯然有別了。

在二十世紀七十年代，政治學方法論家J. Donald Moon就曾根據一般見解，而將「自然主義」等同於「實證主義」（或「經驗主義」）。他說：「在政治學方法論上，最風行的模型，也許就是『自然主義者』的模型，或『科學的』模型了。因為它企圖根據自然科學的方法論原則來建構政治學，所以我們概括地將它稱做『自然主義者』的模型，或『科學的』模型。同時，這種模型的廣被接受，至少在部分上可以歸功於自然科學方法論中實證主義的大力推動，因此我們也可將它稱做『實證主義者的』模型。」（Moon，1975: 132）按照Moon的進一步說明，在否認自然科學與社會科學之間存有任何的根本差異下，自然主義者（或經驗主義者、或實證主義者）不但主張前因事件與後果事件之間的「經常連結關係」，就是「因果關係」，並且以之做為論述「狹義方法論」的基礎，進而在定律的性質、理論的作用、解釋的模型、以及預測的模型等層面上，提出一系列的特定主張。

按照本章第二節的解析，Bhaskar既然駁斥經驗主義的因果解析，那麼當然反對其所衍生出來的這一系列的特定主張。Bhaskar曾將經驗主義這一系列的特定主張，稱為「實證主義的自然科學觀」（positivist account of natural science），並指出「反自然主義」雖然反對「自然主義」（或「實證主義」、或「經驗主義」），但實際上卻接受「實證主義的自然科學觀」（Bhaskar, 1998b: 2）。這就是說，自Bhaskar看來，「反自然主義」雖然反對經驗主義有關自然科學與社會科學運用相同研究方法的主張，但實際上卻深信經驗主義者對於自然科學知識的各種說明，亦即深信經驗主義者對於自然科學中的定律性質、理論作用、解釋模型、以及預測模型等層面上的一系列特定解說。

針對經驗主義的這些主張，Bhaskar首先論述科學研究上所謂的因果關係，實際上包含「先行條件」與「機制」兩種原因觀念，其次透過「真實的構成」來認定下述一個重要論旨：唯有「機制」觀念的因果關係，才能適用於自然世界或社會世界之類

的「開放系統」中。Bhaskar將這個重要論旨作為論述「狹義方法論」的基礎，進而在定律的性質、理論的作用、解釋的模型、以及預測的模型等層面上，提出另外一系列的特定主張。因此，如同「自然主義」（或「實證主義」、或「經驗主義」）一樣，「批判實存主義」也認為自然科學與社會科學運用相同的研究方法，而其所謂的研究方法，也指「狹義方法論」。運用Bhaskar本人的用語來說，所謂相同的研究方法，乃指「科學方法的本質一致性」（an essential unity of scientific method）（Bhaskar, 1998b: 18）。「批判實存主義」不同於「自然主義」（或「實證主義」、或「經驗主義」）之處，端在於自然科學知識本身的解說，或在於「狹義方法論」上各個議題的解說。「自然主義」（或「實證主義」、或「經驗主義」）的自然科學知識的解說，植基在「先行條件」的因果解析上，「批判實存主義」的自然科學知識的解說，則奠基在「機制」觀念的因果解析上。因此，Bhaskar（1998b: 3）說：「我所在主張的，乃是一種修正的、反實證主義的自然主義（a qualified anti-positivist naturalism）。」「批判實存主義」既然奠基在「機制」觀念的因果解析上，那麼其所謂的定律性質、解釋模型、以及預測模型等「狹義方法論」上的重要主張，當然有別於「自然主義」（或「實證主義」、或「經驗主義」）。尤其在「狹義方法論」的研究領域上，「批判實存主義」特別著重於研究對象之「機制」的深究。這種既可適用於自然科學、又可運用於社會科學的「機制」探究，大體上計有下述幾個步驟（Outhwaite, 1987: 33）：

(1)指認並描述一個深感興趣的結果事件。

(2)設定一個足以解釋該結果的「機制」，從而設想此一「機制」乃是產生該結果的根本原因。

(3)透過(a)或(b)的方式，證明此一「機制」的存在與運行：

(a)憑藉實驗活動而在某些事件序列中直接觀察此一
　　「機制」。

(b)剔除其他可供選用的「機制」。

　　總之，「批判實存主義」仍爲一種「自然主義」的理由，端
在於它也主張自然科學與社會科學兩者皆應運用相同的「狹義方法
論」。至於在「廣義方法論」上的見解，批判實存主義者則主張
「方法必須適於研究對象」的原則，從而廣納各種「研究法」與
「方法」。一位著名的批判實存主義者Andrew Sayer指出：「比起
實證主義與詮釋主義，批判實存主義贊成（或相容於）一個相當廣
泛範圍的研究方法，從而意涵研究方法的特定選擇，應該依賴在研
究對象的性質與我們要去從中獲得什麼之上。例如，人種學研究法
雖然十分不同於量化研究法，可是這兩種研究法卻適於不同的、各
具正當性的工作；前者適於團體規範與習俗的研究，後者則適於世
界貿易流量的探究。或許，最重要的是，實存主義排斥食譜式的方
法指引；這種方法指引誘使我們去設想，在缺乏研究對象的學術知
識下，僅藉運用它們就可進行研究。」（Sayer, 2000: 19）

　　進一步說，「批判實存主義」在社會科學研究領域中特別稱
爲「批判自然主義」的一個緣故，則在於「狹義方法論」上各種
議題的不同解說；這些議題的不同解說，使得它有別於「自然主
義」──幾乎等同於「經驗主義」（或「實證主義」）的「自然
主義」。因此，在「批判實存主義」逐漸風行之下，「自然主義」就
跟「經驗主義」（或「實證主義」）漸行漸遠了。據此而言，在今
後的術語運用上，我們或許可將「經驗主義」（或「實證主義」）
與「批判自然主義」，視爲「自然主義」的兩個次級類別；並在此
一分類之下，將「經驗主義」（或「實證主義」）轉稱爲「實證主
義式的自然主義」（或「經驗主義式的自然主義」）。這就是說，
「自然主義」包含「批判自然主義」與「實證主義式的自然主義」
（或「經驗主義式的自然主義」）兩種。或許基於這個緣故，當代

一位政治學者Colin Hay才會引述Bhaskar的見解，從而鄭重指出：「自然主義的基本前提，乃是假定自然科學與社會科學之間並無尖銳的區別，從而主張相同方法論標準都能（並且應被）引入科學研究的每一領域中。雖然自然主義通常關聯著實證主義，但絕不可化約成為實證主義。然而，去披露社會科學與政治學的題材，在某些重要素質的層面上，顯然有別於自然科學的題材，乃是一件如同折枝反掌的輕易之事……在做這個宣稱上，我追隨Bhaskar。Bhaskar指出：『決定其科學的形式，乃是對象的性質……去研究自然主義的限制，實際上乃在研究那使社會科學成為可能的條件。』」（Hay, 2002: 85）

誠如Hay的引述，「批判自然主義」不同於「實證主義式的自然主義」的另外一個理由，乃是Bhaskar接受「反自然主義」的一個基本見解：社會科學的研究對象或研究題材，顯然有別於自然科學，或者，社會世界十分不同於自然世界。值得注意的是，Bhaskar一方面接受「反自然主義者」這一基本見解，但如前述，另一方面卻譴責「反自然主義者」從未質疑過「實證主義的自然科學觀」。那麼，在這種「接受」與「譴責」之間，Bhaskar如何固守一個言之成理的立場呢？

「反自然主義」的主張，實際上就是本書所謂「闡釋主義」的基本見解。依據這種主張或基本見解，社會科學的研究對象，乃是社會世界中的人類及其行動，十分不同於自然世界中的原子、分子、電子之類的自然科學的研究對象。誠然，人類及其行動實際上分別隸屬於自然世界與社會世界兩種世界。當隸屬於自然世界而為一種物理對象或生物有機體時，我們確可運用自然科學的研究方法，來加以描述或解釋。當隸屬於社會世界而為社會行動者時，便需使用不同於自然科學的研究方法。這種自成一格的研究方法，就是「闡釋主義」一直在倡導的理解或詮釋（參見本書第七章）。

對「反自然主義者」來說，社會世界基本上乃是一種「意義世界」。就於生於斯、長於斯、思於斯的社會行動者而言，社會世

界早已具有各種複雜的意義網絡。這種充滿複雜意義的世界，存在於我們誕生之先，早為前人所理解或詮釋，目前則為我們所理解或詮釋。我們對於社會世界的理解或詮釋，大體上奠定在前人的理解或詮釋上。例如，商業交易後的握手行動，雖從自然世界的角度看來，乃屬於物理對象或有機體的一種「筋肉運動」；但自社會世界的角度看來，它另外包含著一些更重要的、更豐富的特定意義。握手行動中所包含的這些特定意義，隱含在行動者的意圖或動機中，早為前人所理解或詮釋，目前則為我們所理解或詮釋。再如，法定投票日的投票行動，僅從自然世界看來，乃是某些有機體在一張紙上畫記號的物理運動；但從社會世界看來，它另外包含著一些更重要的、更豐富的特定意義。投票行動中所包含的這些特定意義，早為前人所理解或詮釋，並已規定在選舉制度中而為我們所理解或詮釋。沒有選舉制度，就無投票行動；選舉制度界定了（或創設了）投票行動。又如，棒球比賽中擊出「安打」之類的行動，若只從自然世界的角度看來，則是一位有機體將一個圓形物體打到某一距離；但從社會世界的角度看來，它另外包含著一些更重要的、更豐富的特定意義。「安打」行動中所包含的這些特定意義，早為前人所理解或詮釋，並已規定在棒球比賽規則中而為我們所理解或詮釋。沒有棒球規則，就無「安打」之類的行動；棒球規則界定了（或創設了）「安打」之類的行動。

　　據此而言，對於他人的「外顯行為」，我們均以社會行動者的行動來看待，而不會視為一種有機體或物理對象的物理運動。換句話說，社會行動者在社會世界中察覺社會行動或社會事務的方式，不僅止於簡單的感官呈現，而是憑藉「預先的」或「類型的」理解或詮釋：大部分早已受到父母、朋友、師長、制度、規則等「預先理解」或「預先詮釋」的影響，而成為「類型的」理解或詮釋，小部分則受到私人經驗的左右。因此，就「反自然主義」而言，社會科學的研究，首在於理解社會行動者的行動意義；而行動意義的理解，則需掌握行動者的動機、或需掌握那些約定行動意義的制度、

或需掌握那些界定行動意義的規則。總之，依據「反自然主義」的見解，社會科學之研究對象的特有性質，在社會科學與自然科學之間構築了一個無法跨越的鴻溝，從而形成一道排斥自然科學之研究方法的天然屏障。

值得注意的是，Bhaskar雖然接受社會世界乃是「意義世界」的見解，但不從動機、制度、及規則等來論述，而是另從結構（或機制）來解析社會世界的特有性質。

Bhaskar指出，一般所謂的「社會」、或「社會世界」、或「社會系統」，乃是諸個體相互之間各種關係的總和，而不是僅由諸個體所組成；或者，乃是「相對上獨立的、持久的諸結構所組成的一個整體，也就是能夠隨著諸組成分子及其相互關係的更動而變動的一個複雜整體」（Bhaskar, 1998b: 26, 38）。因為社會不是僅由諸個體（或諸團體）所組成，所以能夠展現出諸個體原先所無的新性質，如同「水」能夠呈現出不同於「氫」或「氧」的性質。這種有別於諸個體性質的新性質，一般稱為浮現性質（emergent properties），乃從諸個體相互之間的各種關係中浮現出來，既不可化約到諸個體性質，也不能從諸個體性質來加以預測，如同「水」的性質，既不可化約到「氫」或「氧」的性質，又不能從「氫」或「氧」的性質來加以預測（Sayer, 2000: 12-14; Collier, 1994: 183-185）。依據Bhaskar（1998b: 38, 45）的見解，社會世界的浮現性質，計有「活動依賴」（activity-dependence）、「概念依賴」（concept-dependence）、以及「時空依賴」（space-time-dependence）等三種，從而不同於自然世界；或者，社會結構由於具有這三種浮現性質，因而不同於自然結構。

「活動依賴」是指，社會結構的存在，並不獨立在其所影響的行動之外；因此，社會結構不同於自然結構。[7]依據Jeffrey Isaac

---

[7] 誠如John Scott所說，「社會結構」（或「結構」）雖是社會科學中的核心概念之一，但是對於「它究竟意指什麼？可在何處發現到它？」這類問題，

的詮釋，Bhaskar所謂的「社會結構」，乃指「在履行明確的社會
實踐中，諸行動者之間相當持久的社會關係」（Isaac, 1987a: 57;
1990: 18）。例如，家庭乃是一種社會結構，而由履行「養育子
女」或「維持家計」之社會實踐的諸行動者（父、母、子、女等）
所組成的一種持久性的社會關係。按照Andrew Sayer的說明，這種
「持久性的社會關係」，乃是一種具有必然性的「內在關係」。
其所謂的「內在關係」，乃指「某一對象究竟是什麼，取決於它
跟其他對象之間的關係……其中之一的存在，必然預設另外之一
的存在」（Sayer, 1992: 89, 92; 2000: 14）。[8]例如，家庭結構中「父
母」與「子女」之間的關係，乃是內在的：沒有「父母」就無「子
女」，沒有「子女」便無「父母」。再如，主奴結構中「主人」與
「奴隸」之間的關係，也是內在的：沒有「主人」就無「奴隸」，
沒有「奴隸」便無「主人」。又如，師生結構中「老師」與「學

　　至今仍然缺乏清楚的明確答案，甚至參與結構議題之論戰的學者，也一直有
　　意無意地迴避它的界定議題，以至於「論戰各造是否使用同一概念，依然曖
　　昧不明」（Scott, 2001: 77. see also Lopez and Scott, 2000: 1-2）。Bhaskar雖
　　然暢談社會結構，但從未提出正式的界說。關於社會科學中各種著名的「社
　　會結構」的意義分析，以及這些「社會結構」的意義分析，如何關聯到政
　　治學上的新制度論（new institutionalism）、理性選擇理論（rational choice
　　theory）、公共選擇理論（public choice theory），參見Hay, 2002: 101-134;
　　McAnulla, 2002: 271-291; Porpora, 1998: 339-355。

8　事實上，Bhaskar本人曾經正式界定過「內在關係」的意義，但其用語稍
　　嫌艱深晦澀，因而在正文中引述另外一位批判實存主義者Sayer的定義。
　　依據Bhaskar（1998b: 42-43）的用語，「一種關係RAB可被界定為『內在
　　的』，若且唯若A不會成為其本質上的樣子，除非B以一種如其然方式關
　　係到A。」Bhaskar並將「內在關係」區分成兩種：「可逆的內在關係」
　　（symmetrically internal relation）與「不可逆的內在關係」（asymmetrically
　　internal relation）。前者是指上述定義中A與B位置可以對調的內在關係，例
　　如，「資產階級」與「無產階級」之間的關係；後者則指A與B位置不可以
　　對調的內在關係，例如，「交通管理員」與「國家」之間的關係。

生」之間的關係，也是內在的：沒有「老師」就無「學生」，沒有「學生」便無「老師」。

社會結構既指諸行動者間相當持久的社會關係，而不獨立在諸行動者的行動之外，那麼社會結構非但未跟社會行動截然分立，反而密切關聯著社會行動，從而展現出「雙重性」：社會結構不但是社會行動的「常在條件」（ever-present condition），而且是社會行動的「再生結果」（reproduced outcome）（Bhaskar, 1998b: 34-36）。就社會行動的「常在條件」而言，社會結構雖然「限制」社會行動，但並不「決定」社會行動。如同文法規則雖然「限制」言說行動，但並不「決定」言說行動。值得注意的是，除了限制行動者的行動外，社會結構還具一種使得行動者能夠採取行動的作用。例如，金融結構不但限制行動者開立支票的行動，而且使得行動者能夠據以開立支票。正如文法規則一方面限制說者的言說行動，另一方面則使說者能夠進行言說行動。就社會行動的「再生結果」而言，社會結構雖是社會行動的「常在條件」，但社會行動通常無意識地「再生」（甚至「轉換」）社會結構，或者，社會行動的進行過程，通常無意識地維持（甚至改變）社會結構。例如，美國大學畢業生進入就業市場，大抵上無意識地「再生」了資本主義的經濟結構，即使他們不是爲了「再生」資本主義的經濟結構而進入就業市場。正如說者的言說行動，「再生」了文法規則，縱然不是爲了「再生」文法規則而採取言說行動。Bhaskar（1998b: 35）說：「人們的意識活動，泰半無意識地產生（有時是轉換）了那支配其活動的結構。如此，人們並非爲了產生核心家庭而去結婚，或者，並非爲了維持資本主義經濟而去工作。然而，結構是其活動之非意圖的後果，也是其活動的一個必要條件。」總之，社會結構的存在，並不獨立在其所影響的行動之外：不預設「社會結構」而去談論「社會行動」，或不預設「社會行動」而去論述「社會結構」，蓋屬無意義。

進一步說，社會世界的「概念依賴」的浮現性質，是指社會

結構的存在，並不獨立在行動者的行動觀念之外。依據前述，社會結構既然並不獨立在社會行動之外而存在，那麼理所當然的，社會結構自然蘊含著行動者本身的觀念。例如，在一個金融結構中，行動者對於「一張長方形的小紙張」意指什麼或代表什麼，一定具有某種程度的觀念或理解；不然的話，金融結構中開立支票的行動，便僅是某人在一張小紙張上塗塗畫畫的物理運動罷了。William Outhwaite（1987: 46）指出：「在人類行動與社會結構中，行動者的觀念，組成了所描述事實中的一部分，而不外在於這些事實。例如，除非參與者知覺到敵意，否則不能適當描述『爭吵』……對參與者來說，『爭吵』乃是概念依賴：以一種不是兩個小行星的碰撞方式或兩個原子的碰撞方式而概念依賴。」Bhaskar（1998b: 33）本人則言簡意賅地說：「除非行動者具有其本身正在做什麼的觀念，否則不會發生人類活動……這正是詮釋傳統的真知灼見。」

依據Sayer（1992: 29, 269, n.36）的說明，Bhaskar所謂的「概念依賴」，即是一般所說的「內在有意義」，因而社會世界之「概念依賴」的性質，乃指社會現象之「內在有意義的性質」（intrinsically-meaningful nature）。然而，幾乎人人耳熟能詳的「意義」或「內在有意義」，究竟何在呢？按照筆者的粗淺理解，於詮釋學的傳統中，神聖文本或世俗文本的「意義」，乃在於作者的意圖、或其時代的普遍精神、或作者的特殊精神、或作者視域與讀者視域之間的融會，而社會現象的「意義」，則在於行動者的行動意圖、或行動規則、或社會制度、或社會文化等（參見本書第七章）。Bhaskar所謂的「概念依賴」的性質，雖然指涉社會結構依賴在行動者的行動觀念上，但由於行動者的觀念，可以泛指行動者的行動意圖、行動規則、社會制度、或社會文化等，因而可以視同於「內在有意義的性質」。Sayer（1992: 30-31）說：「使用金錢的一個必要條件，乃是使用者對於交換小金屬圓狀物之行為所代表的意思，尤其對於交換通貨紙張之行為所代表的意思，具有某種程度的理解……舉行選舉的一個必要條件，乃是人們對於選舉、投

票、選票、民主政治等意指什麼，必須具有某一程度的瞭解。」
據此而言，在這樣的闡釋之下，確實能夠進一步彰顯Bhaskar
（1998b: 46）的格言：「意義不能被測量，只能被理解。」

　　再進一步說，社會世界的「時空依賴」的浮現性質，是指社
會結構只有相對的持久性，以至於其所顯現出來的趨勢，不具時空
不變的普遍性。比起自然世界中的結構，例如，太陽系的結構或一
包火藥的化學結構，社會世界中的結構，由於包含「活動依賴」與
「概念依賴」兩個浮現性質，因而僅具相對的持久性，不會超越時
空之外而永遠存續或一成不變。這就是說，社會結構中的行動者，
不會永無休止地進行「再生」社會結構的任務，有時也會從事「轉
換」或「改變」社會結構的工作，即使社會結構通常不會急遽變
動。

　　對於這三種浮現性質的論述，批判實存主義者中的少數學者，
提出了一些質疑或檢討意見，例如，Ted Benton（1998）與Andrew
Collier（1994: 242-248; 1989: 137-141）。然而，此處值得我們特別
注意的質疑，乃是「反批判實存主義者」的一個根本異議。大體而
言，「反批判實存主義者」通常根據下述兩個相關論證來質疑「批
判實存主義」。首先，假使Bhaskar有關三種浮現性質的論述，正
確無誤而站得住腳，那麼社會世界誠然不同於自然世界。這就是
說，假使社會世界果然由於「活動依賴」與「概念依賴」兩種性質
而不能獨立在社會行動者及其行動觀念之外，那麼社會世界非但不
是一種「不變的實存對象」，反而是一種研究主體與研究客體「部
分同一」（partial identity）的對象。其次，一旦社會世界不是一種
「不變的實存對象」（或一旦社會世界並不獨立在人類知識或觀念之
外而存在，或一旦社會世界不像地球一樣地獨立在「地圓說」或「地
平說」之外而存在），那麼Bhaskar建基在「不變的實存對象」之上
的「超驗實存主義」，就難以應用到社會世界了，從而使得「批判
自然主義」頓失憑藉。

　　面對異議者這種直指核心的抨擊，Bhaskar不得不略做修正。

這個修正就是將「『不變的實存對象』獨立在人類知識或觀念之外而存在」這一基本原則中的「獨立」，區分成為「因果上的獨立」與「存在上的獨立」兩種，從而使得社會世界雖在「因果上」依賴在人類知識或觀念上，但在「存在上」卻可獨立在人類知識或觀念之外。Bhaskar（1998b: 47）指出：

> 在社會活動的複雜性與互賴性之下，社會科學十分可能因果地影響到社會對象；在這些事例中，社會對象的存在，並不獨立於社會科學之外……如此，當自然世界中知識對象的存在（及其起作用）獨立於知識產生過程之外時，在社會舞台中，並不如此。……然而，我要區別「因果互賴性」（causal interdependency）與「存在實存性」（existential intransitivity）。前者是知識產生過程的一個適然特徵；後者則是任何研究的一個先驗條件，並以相同方式應用於社會世界與自然世界中……那麼，在看待實存對象上，人文科學如同其他科學。釐清此一要點，至關重要。因為漠視（或低估）互賴性，乃是實證主義的大錯特錯，而拋棄「實存性」則是詮釋學的顯著謬誤。

這就是說，既往的社會科學家（或研究主體）的知識，在「因果上」或許可以影響到社會成員（或研究客體）的知識，從而影響到社會結構的組成與運行，但對現今的特定社會科學家來說，社會結構確實在「存在上」獨立於該位社會科學家之外而存在，或社會結構並非該位社會科學家之知識的一個產物，或社會結構不會隨著該位社會科學家的觀念轉變而變動。例如，當張三研究台北市之權力分配的結構時，雖然此種權力分配結構在「因果上」依賴在前人與台北市民的知識或觀念上，但就現今的研究者張三來說，台北市的權力分配的結構，在「存在上」獨立於張三知識或觀念之外，既非

張三知識的一個產物，更不會隨著張三的觀念改變而轉變：台北市的權力分配結構「如其然地存在」，不論張三是否研究它，也不管張三的權力知識或觀念是什麼，更不顧張三的權力觀念是否正在轉變。簡單說，社會科學家乃在「解析」而非「建造」社會世界。一位曾將「不變的實存對象」與「變動的認知對象」改稱為「實存對象」與「思想對象」的著名批判實存主義者Andrew Sayer，就曾基於這樣的修正說明而指出：「雖然社會現象不能獨立在行動者或諸主體之外而存在，但它們通常獨立在那位正在研究它們之特定個體之外而存在。社會科學家與歷史家闡釋諸對象，但一般上並不產生對象本身。如此，在適當的修正之下，思想對象與實存對象之間的區別，仍可應用到社會科學。」（Sayer, 1992: 49；see also Sayer, 2000: 33-35）

在做了這個修正後，社會科學中的「批判自然主義」，就成功應用了自然科學中的「超驗實存主義」，從而完成了所謂「自然主義」與「反自然主義」之間的調和工作。Bhaskar（1998b: 3）指出：「我所在主張的，乃是一種修正的、反實證主義的自然主義。這種自然主義植基在實存主義的科學觀之上……對於自然科學與社會科學兩者『專有的方法與多少是特殊的方法』，它都可接納。同時，它並不否認這些方法的顯著差異。這些方法的顯著差異，乃植基在研究題材的真正差別上，以及奠基在研究題材與其學科之間的關係的真正差別上。」

總括本節的評述，「批判自然主義」同於「實證主義式的自然主義」、但不同於「反自然主義」之處，乃在於它也主張自然科學與社會科學兩者皆應運用相同的「狹義方法論」。「批判自然主義」不同於「實證主義式的自然主義」與「反自然主義」之處，乃在於「狹義方法論」上各種議題的不同解說，或乃在於自然科學本身的不同說明，例如，自然事件之因果關係與解釋模型的差異見解；或者，就自然科學本身的說明而言，「反自然主義」實際上接受「實證主義式的自然主義」的科學觀，而「批判自然主義」則提

出另外一個科學觀。「批判自然主義」同於「反自然主義」、但不同於「實證主義式的自然主義」之處，乃在於它也肯定社會世界是一個「意義世界」，從而斷定「意義不能被測量或計算」，進而在「方法必須適於研究對象」的原則下，接受理解或詮釋的方法。

（四）機制模型

上文曾經指出，「批判實存主義」實際上包含「超驗實存主義」與「批判自然主義」兩種主義；「超驗實存主義」乃是奠基在自然科學之科學實驗活動的剖析上，從而運用「超驗論證」建立起來的一種科學觀；「批判自然主義」則是「超驗實存主義」在社會科學中的應用。如此說來，「超驗實存主義」建立起來的因果解析及其解釋模型，當然可以應用到「批判自然主義」；或者，自然科學中建立起來的因果解析及其解釋模型，當然可以應用到社會科學。

依據本章第二節的引述，自Bhaskar看來，世界是由「經驗層面」、「表存層面」、以及「實存層面」等三個重疊層面所組成。在這個大體上屬於「開放系統」的整個世界中，「實存層面」大於或等於「表存層面」，「表存層面」大於或等於「經驗層面」。科學研究者的主要工作，端在於探究「實存層面」中的各種「機制」，而不是「表存層面」中的各種「事件」，也不是「經驗層面」與「表存層面」中的各種「經驗」。Bhaskar既然著眼於實存層面的「機制」，則其因果關係的詮釋，自然環繞著「機制」觀念而逐漸展開。一位科學哲學家就曾經指出，在因果關係的解析上，Bhaskar運用「隱藏的機制模型」（hidden mechanism model）來取代經驗主義的「彈子球模型」（billiard ball model）（Sharpe, 1976: 284）。

　　值得注意的是，由於科學研究者可以透過實驗情境去建立一個「封閉系統」，使得「實存層面」等於「表存層面」等於「經驗層面」，藉以啓動並探究一個深感興趣的「機制」。因此，Bhaskar所謂的因果關係，具有下述的雙重意義：在一個「開放系統」中，因果關係乃指某一事物（或某些事物）的「機制」造成一個結果的產生關係；在一個「封閉系統」中，因果關係既指先、後事件之間的經常連結的關係，又指某一事物的「機制」造成一個結果的產生關係。這就是說，在Bhaskar的批判實存主義中，「原因」具有兩種觀念。其中之一是「先行條件」的原因觀念，另外之一則是「機制」的原因觀念。下文透過Bhaskar常用的一個化學式例子，並配合一個簡單的圖示，進一步說明「封閉系統」中的因果關係。

　　一個常被Bhaskar引用的例子，便是「$2Na + 2HCl \rightarrow 2NaCl + H_2$」的化學式：在「兩個鈉加上兩個氯化氫」產生「兩個氯化鈉加上一個氫氣」的化學實驗中，前一事件乃是後一事件之「先行條件」的原因，後一事件乃是前一事件的結果。這就是說，每當前一事件發生（亦即，每當「兩個鈉原子加上兩個氯化氫分子」發生），後一事件便跟隨發生（亦即，「兩個氯化鈉分子加上一個氫分子」便跟隨發生）。這就是封閉系統中「先行條件」的原因觀念，也就是經驗主義者一再強調的原因觀念。

　　然而，我們可以進一步追問，爲何每當「兩個鈉原子加上兩個氯化氫分子」，便會跟隨著「兩個氯化鈉分子加上一個氫分子」呢？或者，更一般性地說，爲何每當前一事件發生，後一事件便會發生呢？Bhaskar指出，在這個例子中，這是因爲啓動了這些物質之原子結構中的「機制」作用，才會產生了「兩個鈉原子加上兩個氯化氫分子」與「兩個氯化鈉分子加上一個氫分子」兩個前、後事件。這就是說，產生這兩個事件的原子序與原子價的「機制」，就是前、後兩個事件的「機制」。若以Ea代表「兩個鈉加上兩個氯化氫」的事件、Eb代表「兩個氯化鈉加上一個氫氣」的事件、M代表原子序與原子價的「機制」，那麼Ea便是事件序列中的「先

行原因」、Eb就是事件序列中的「結果」、M則為事件序列中的
「機制」。這就是說，在一個層次上，Ea乃是Eb的原因，而在另
一個更加深入的層次上，M乃是產生「Ea是Eb之原因」的原因，
從而也是產生Eb的一個原因。依據Bhaskar的說明，這兩種原因觀
念可以圖示如下：

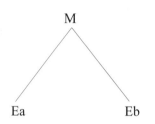

圖一：封閉系統中的機制模型*
*摘自Bhaskar（1997: 165），
但圖的名稱乃是筆者添加。[9]

　　如此說來，在一個封閉系統中，一個結果（或事件）的原因，
具有兩種。一種是「先行條件」的原因，另一種是深藏於事件序列
底層之「機制」的原因。前一種的因果觀念，正是經驗主義所謂的
因果關係，後一種則是批判實存主義特別重視的「產生關係」。因
此，在一個封閉系統中，因果關係既指事件之間在時序上的經常連
結關係，又指某「機制」產生一個結果（或事件）的產生關係。

　　特別需要注意的是，從上述兩種原因看來，進一步探究事件序
列的「機制」，代表研究者不滿意於僅是建立事件序列的「經常連
結關係」。事件序列之「機制」的探究，可為事件序列之間的「經
常連結關係」，提供更進一步的深入說明。一位當代著名社會科學
哲學家Jon Elster，就曾基於這個緣故而將「機制」的探究，稱為
一個「打開黑箱」的研究過程（Elster, 2007: 32）。例如，假設研

---

[9] 依據Peter Hedstrom與Richard Swedberg兩位學者的說明，機制模型的圖示，
　　乃是Ea→M→Eb（Hedstrom and Swedberg, 1998: 9）。不同的圖示，或許意
　　謂著不同的「機制」意義。參見註4。

究者在「封閉系統」中，發現「抽菸」與「肺癌」之間呈現出經常連結的關係。如果依據「先行條件」的原因觀念，那麼「抽菸」乃是「肺癌」的原因，或者「肺癌」乃是「抽菸」的結果。爲了進一步掀開某種連結「抽菸」與「肺癌」之間的「黑箱」，研究者便需探究某種連結「抽菸」與「肺癌」這兩個事件的「機制」，例如，某種「基因」。在發現這種「基因」之後，便可掀開那個連結「抽菸」與「肺癌」之間的「黑箱」，而「抽菸」與「肺癌」之間的經常連結關係，更可獲得進一步的堅強證據。如果依據「機制」的原因觀念，那麼某種基因乃是產生「抽菸是肺癌之原因」的原因，也是產生「肺癌」的原因。總之，自批判實存主義者看來，圖一就是封閉系統中正確的因果解釋模型。

　　進一步說，依據Bhaskar的見解，除了太陽系之類的天體、以及少數的系統之外，自然世界與社會世界中的各種系統，大體上皆屬「開放系統」，而非「封閉系統」。既然唯在「封閉系統」中，方才會有「每當前一事件發生、後一事件便會發生」的固定關係或重複關係，那麼在一個缺乏此種固定性或重複性的「開放系統」中，當然不得引入「先行條件」的原因觀念。這就是說，在一個「開放系統」中，我們不能將因果關係詮釋爲「事件序列間的經常連結關係」，而應該引用「機制」（或「動因者」）的原因觀念，從而將因果關係闡釋爲「產生」（或「造成」）某一結果（或事件）的變動關係（Bhaskar, 1998: 83）。

　　在一個「開放系統」中，各種事物或結構的「機制」，彼此互動而交相干涉，以至於在一個特定事件的發生上，有些「機制」雖然存在（或啓動），但由於相互抵銷而失去作用；有些「機制」則發揮顯著的效用，甚至能夠支配或凌駕其他各種對象的「機制」。就一個特定事件的發生而言，究竟哪一個或哪些「機制」發揮顯著影響力，大體上隨著不同情境而變動，並無一定的規律性或固定的重複性。簡單說，在一個「開放系統」中，諸事件之間不具規律性的連結關係。因此，在探究「結果」事件的「原因」上，研究者的

工作，端在於辨認出一個或一些正在運行的、足以產生結果的「機制」，而非汲汲於觀察或計算該事件的發生次數。例如，在探究「工人失業」這一事件的原因上，研究者應在工人的身心狀況、新技術的應用性、就業市場的供需、經濟成長的正負、政治發展的策略、以及國際經濟的景氣等等的「機制」中，指認一個或一些正在運行的「機制」，而非匆忙於觀察或計算「一旦身心不堪，則失業」之類的規律性次數。這種強調「產生」觀念的因果關係，可以圖示如下：

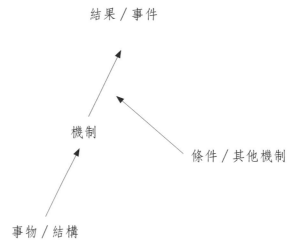

圖二：開放系統中的因果關係*
*摘自Sayer（2000: 15），但更動其圖名稱
（原本的圖稱是：批判實存主義的因果觀）。

　　依據上圖，在一個開放系統中，一個結果或事件的原因，乃指一個或一些正在發揮作用的「機制」，從而使得因果關係成為一種保持時序性的「產生關係」，而非前因與後果之間的「經常連結關係」。例如，在探討街上一包火藥的爆炸原因上，我們可以指出，由於該包火藥乃是具有特定化學結構的事物（圖二中的「事物／結構」），在一定濕度與氧氣（圖二中的「條件／其他機制」）下，一旦點火而啟動火藥起作用的方式（圖二中的「機制」），便導致

了該包火藥的爆炸（圖二中的「結果／事件」）。簡單說，在一個開放系統中，因果關係乃指某一事物（或某些事物）的「機制」，造成一個結果（或事件）的產生關係。

更進一步說，Bhaskar既然強調科學研究的主要工作，端在於探究實存層面中的「機制」，而非表存層面或經驗層面的「事件」或「經驗」，那麼在「必然性」的解析上，當會環繞著「機制」觀念，從而展開一個迴異於經驗主義的特有論述。在這種特有的論述中，Bhaskar十分重視兩種「必然性」的觀念；其一為「自然的必然性」（natural necessity），另一為「概念的必然性」（conceptual necessity）。

依據Bhaskar的見解，在一個開放系統中，所謂的「前行事件乃是後起事件之因」，不是意指「前行事件經常連結著後起事件」；即使在一個封閉系統中，「前行事件乃是後起事件之因」的意義，仍然多過於「前行事件經常連結著後起事件」的意義。這個不同的或「多過於」的部分，就是事物（或對象）中促使因果關係具有必然性的「機制」。這就是說，在一個開放系統中，當一個事物（或對象）的「機制」被啟動而起作用時，在其他事物（或對象）的「機制」不起干擾作用下，必然產生一個後果事件。在一個封閉系統中，前行事件與後起事件之間的「經常連結關係」，由於其「機制」的作用，而成為一種具有必然性的因果關係：有了前行事件，必定跟隨著後起事件。Bhaskar指出（1997: 200）：「去說事件序列Ea‧Eb是一個必然的序列，乃是在說其中有一個產生機制在起作用，以至於當Ea發生時，在無其他干擾原因之下，Eb傾向於發生。若有這一種機制，則事件序列乃是必然的；並且此一必然性獨立在它的任何知識之外。」

值得注意的是，事物（或對象）的「機制」，雖可促使後果事件必然發生，但其啟動與否、或其是否「體現」，卻是適然的。例如，一旦啟動並「體現」一包火藥的「機制」，則必然發生爆炸事件，但它是否被啟動與「體現」，卻依賴在低濕度、火花、氧氣等

條件上，而成為「可以然但不必然」的適然性。這就是說，一個事物（或對象）的「機制」可被啟動與「體現」，意涵它必然存在；即使在未被啟動之下，仍屬必然地存在。顯而易見的，在批判實存主義的見解中，除了發生後果事件的必然性外，尚有一種特殊的必然性的觀念。這種特殊的必然性觀念，就是指涉事物（或對象）的「機制」的必然存在，從而使得因果關係具有必然性。

那麼，一個事物（或對象）的「機制」的存在，為何具有必然性呢？Bhaskar指出，一個事物（或對象）的「機制」，憑藉其「實存本質」（real essence）而必然存在。這就是說，一個事物（或對象）所具有的性質，可以分成「實存本質」與「附帶性質」（accidental properties）兩種。「實存本質」乃是使得一個或一類事物（或對象）成為該事物（或對象）或該類事物（或對象）——而非其他事物（或對象）——的性質。「附帶性質」則是一個或一類事物（或對象）適然具有的性質。例如，象棋賽局的「實存本質」，乃指一套特定的規則，而象棋賽局的「附帶性質」，則指木製棋子、或鐵製棋子、或塑膠棋子所含的一些性質。缺乏特定的成套規則，則象棋賽局就不可能進行；但在特定的一套規則之下，不論使用木製棋子、或是鐵製棋子、還是塑膠棋子，皆可進行象棋賽局。象棋賽局的「機制」，就是憑藉其成套規則的「實存本質」而必然存在；缺乏這種「實存本質」，象棋賽局就非象棋賽局了。同樣的，一包火藥的爆炸「機制」，憑藉其化學結構之不穩定的「實存本質」而必然地存在；缺乏這種化學結構及其「實存本質」，該包火藥已非火藥了。Bhaskar（1997: 172）指出，一個事物（或對象）的「實存本質」，「構成事物的身分，或者，將事物固定在它的類別之中。無之，則事物不會如其然。」

顯而易見的，這樣的必然性，既無關於觀察者的心理習慣，也無關於研究者的理論模型，更無關於諸述句之間的邏輯關係，而是「自然存在」於事物或（對象）的「機制」中。因此，批判實存主義者所謂的「自然的必然性」，乃指「運用一類事物（或對象）的

『機制』性質，作爲判斷某類後果的根據」（Bhaskar and Lawson, 1998: 9; Sayer, 1998: 125; Harré and Madden, 1998: 114）；或者，乃指「事物本身中的必然性」（Collier, 1994: 65）。所謂的「概念的必然性」，則指「使用某類事物（或對象）的『自然的必然性』，作爲描述該類事物（或對象）的概念意義的基礎」（Bhaskar, 1997: 19; Harré and Madden, 1998: 115）；或者，「概念的必然性，乃用來指謂經驗上所發現之自然的必然性。」（Sayer, 1992: 160）換句話說，假使我們具有某類事物（或對象）之「機制」性質的經驗知識，那麼我們便知該類事物（或對象）的「自然的必然性」；當用語言文字表達這種知識、從而引入或排除該類事物（或對象）的某些意義時，我們就有了「概念的必然性」。

當將某類事物（或對象）的「概念必然性」形諸正式的界說時，便稱爲「實存界說」（real definition）。因此，在批判實存主義的見解中，所謂的「實存界說」，「既非現有語詞用法的綜述，亦非我們應以某一特殊方式去使用一個語詞的約定……而是有關某實體或結構之基本性質的陳述。」（Outhwaite, 1987: 45）例如，「空氣」的「實存界說」乃是：氧、氮、以及惰性氣體，依據一定比例合成的氣體。此一界說的「界定項」，乃是基於經驗研究的成果，而非「被界定項」之舊用法的一個概述，也非其新用法的一個約定。

據此而言，這種「實存界說」具有一個值得注意的要點。這個要點就是，一類事物（或對象）具有一定「實存本質」之「機制」的方式，如同孩童擁有父母的方式。這就是說，科學研究者在探究某類事物（或對象）的「機制」及其「實存本質」上，如同眾人在替一位走失孩童尋找雙親一樣。當小明伴隨父母上街而在人群中走失時，眾人雖然不知其父母是誰，但是知道他有父母，並曉得有找到的可能性，更明白如何尋找。如果經過一段時間尚未找到，那麼重新設定另一個找尋方向，或改進找尋技巧。無論如何，終究尋找得到。同樣的，科學研究者雖然不知某類事物（或對象）的「機

制」及其「實存本質」是什麼，但知道該事物（或對象）一定含有某種「機制」及其「實存本質」，並曉得有找到的可能性，更瞭解如何去尋找。如果經過一段時日尚未找到，那麼改弦更張另做假設，或更新研究技巧。不管如何，假以時日，終會發現到。簡單說，建立一類事物（或對象）的「實存界說」，必須奠基在經驗研究上。

綜合上述，在解析因果關係的必然性上，批判實存主義迥異於經驗主義。經驗主義乃是一種「人類中心論」，總在人類的心理習慣、人類的邏輯推理、以及人類的理論模型中，探究因果關係的必然性。批判實存主義則是一種徹頭徹尾的「機制論」，完全在事物（或對象）的「機制」中，斷定因果關係的必然性，從而引出「自然的必然性」與「概念的必然性」兩種觀念。

批判實存主義者既然主張「自然的必然性」與「概念的必然性」，那麼對於開放系統中的因果解釋，當然不贊成經驗主義的「涵蓋定律模型」與「歸納統計模型」，而是主張「機制模型」。值得注意的是，在社會科學的研究領域中，這種「機制模型」具有「解釋性批判」（explanatory critiques）的重要涵義。

依據批判實存主義的主張，在一個「開放系統」中，經驗主義所謂之正確的因果解釋，由於缺乏「機制」觀念，因而根本不是「因果」解釋，至多僅是「多餘的重複」（Sayer, 1992: 171-174; Bhaskar, 1997: 63-69）。為了突顯此一主張，批判實存主義者喜歡引用下述一個例子：設有一群旅客問道：「今天早上八時一刻出發的火車，為何誤點？」如果按照經驗主義的「涵蓋定律模型」，那麼解釋項中的普遍定律便是「凡是預定早上八時一刻出發的火車，都會誤點」，先行條件則是「今天早上的這班火車，乃是預定八時一刻出發的火車」，從而推論出「預定今天早上八時一刻的火車，延誤出發」的被解釋項。

誠然，「凡是預定早上八時一刻出發的火車，都會誤點」此一普遍形式的述句，應否引入模型中而作為一個普遍定律，甚至是

否爲一個普遍定律，經驗主義者或許抱持迥異的見解。可是，批判
實存主義者指出，這種運用「總是發生」或「規律性發生」來解釋
「爲何發生」的方式，確實令人難以信服。在本例中，不但難令旅
客釋疑，即使是鐵路當局也不見得膽敢如此解釋。這就是說，正確
的或正當的因果解釋，必須奠定在「機制」觀念上，否則不是因果
解釋，甚至稱不上是一種解釋。

　　如同前述，「機制」不是存在於事物本身的結構內、就是存
在於事物與事物之間所組成的結構中。例如，一包火藥引起爆炸的
「機制」，存在於火藥本身的特定化學結構；而一輛機車可以行駛
的「機制」，則存在於各個機械組成的結構中。進一步說，根據批
判實存主義的主張，當事物（或對象）的「機制」被啓動時，可依
其作用形式而分成「因果作用力」（causal power）與「因果接納
力」（causal liability）。例如，當一包火藥的「機制」被啓動時，
火藥可以傷人的「機制」形式，稱爲火藥的「因果作用力」，而人
可被炸傷的「機制」形式，則稱爲「因果接納力」。同樣的，人類
具有工作、言行、推理等「因果作用力」，也具有承受團體壓力、
火藥炸傷、乾旱影響等「因果接納力」。一個事物（或對象）的
「機制」，必然地獨立存在，不論是否啓動，因而「因果作用力」
與「因果接納力」也是必然地獨立存在，不管是否啓動。失業工人
具有工作的「因果作用力」，即使目前賦閒在家；鐵塊具有生鏽
的「因果接納力」，縱然尚未被氧化。一個事物（或對象）的「機
制」是否啓動，乃是適然的，亦即繫於其他條件的啓動上，也就是
繫於其他事物（或對象）之「機制」的啓動上。因此，「因果作用
力」與「因果接納力」是否啓動，也是適然的，亦即取決於其他條
件的啓動，或其他事物（或對象）之「因果作用力」與「因果接納
力」的啓動。

　　若以X代表事物（或對象），S代表結構，P1、P2、P3代表
「因果作用力」，L1、L2、L3代表「因果接納力」，C1、C2、
C3、Ck代表條件（或其他具有「因果作用力」與「因果接納力」的對

象），E1、E2、E3、Ek代表結果事件，那麼圖二（「開放系統中的因果關係」）便可進一步圖示如下：

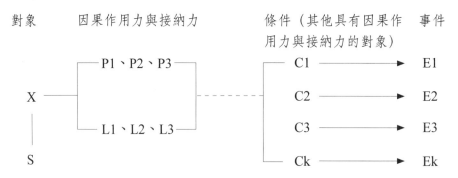

圖三：開放系統中的機制模型*

*摘自Sayer（1992: 109），但稍微更動其圖名稱
（原本的圖稱是：因果解釋的結構）。

　　依據上圖的「機制模型」，一個具有結構S的對象X，必然具有「因果作用力P1、P2、P3」與「因果接納力L1、L2、L3」，從而在特定條件Ci之下，必然產生Ei類事件的變動。這些條件約可分為C1、C2、C3……Ck，因而各在C1、C2、C3……Ck條件下，個別產生E1、E2、E3、Ek事件。對象X具有「因果作用力」與「因果接納力」，乃是必然的，因此圖中的線段是用「實線」表示。可是，對象X的「因果作用力」與「因果接納力」是否啟動，依賴在其他條件上，亦即依賴其他對象之「因果作用力」與「因果接納力」是否啟動上，從而是適然的，因此圖中的連接線段是用「虛線」表示。根據圖三，在一個「開放系統」中，一包火藥爆炸的因果解釋，便如下述：一包具有特定化學結構S的火藥X，必然具有爆炸的「因果作用力P」，在氧氣、火花、及低濕度等適然發生的條件C下，發生了爆炸事件E。一位批判實存主義者Andrew Sayer特別指出：「因果解析的關注所在，不是兩個分離事件之間的一個關係，亦即不是因事件與果事件之間的一個關係，而是諸對象（或諸關係）的因果作用力或因果接納力，或者更一般性地說，是它們

之起作用的方式或它們的機制。」（Sayer, 1992: 104-105）

　　值得注意的是，自批判實存主義者看來，開放系統中因果解釋的「機制模型」，對社會研究來說，別具一個意義深遠的重要效用。這個意義非凡的重要效用，就是所謂的「解釋性批判」（參見本書第三章第四節的評述）。

　　依據批判實存主義者的見解，社會科學不同於自然科學之處，莫過於研究對象的特殊性質。社會科學的研究對象，乃是社會行動者及其組成的社會世界。社會行動者總是根據其「信念」而採取行動，因而社會科學的研究對象也包含社會行動者本身的「信念」。因此，理解社會中廣泛接受的「信念」，遂為社會科學家的一個重要工作。然而，在解釋社會現象上，社會中廣被接受的「信念」，未必就是正確的解釋憑據。例如，在十九世紀的英國社會中，一般社會行動者皆相信「懶惰乃是貧窮之因」，從而在任何社會態度或政治行為的解釋上，總是訴諸此一「信念」。可是，按照一些社會科學家的研究，導致十九世紀英國社會中多數人貧窮的原因，乃是產業革命、政府政策、以及世界市場等結構因素或「因果作用力」。兩相對照，在解釋貧窮的原因上，一般社會行動者的「信念」，牴觸了社會科學的研究成果。假使後者正確而前者錯誤，那麼社會科學家無異於正在「批判」其研究對象。

　　進一步說，在批判研究對象所抱持的「虛假信念」（false belief）上，社會科學家通常追溯其成因至特定的社會結構或「機制」，從而發現兩者之間存在著一種功能性的關係：特定的「虛假信念」的功能，主要乃在保護特定的社會結構或「機制」，進而維持它的穩定性。據此而言，在訴諸社會結構以解釋「虛假信念」的成因上，社會科學家不但批判「虛假信念」，而且貶損社會結構，甚至破壞社會結構。依據批判實存主義者的見解，社會科學家所在進行的這種批判工作，就是「解釋性批判」，而Karl Marx（1818-1883）的「勞動工資論」（theory of wage-labor），正是一個古典例子。

　　按照「勞動工資論」的基本論點，勞工缺乏工廠、原料、以及機器等生產工具，只得出賣勞力給那些擁有生產工具的雇主。在這樣的基本結構下，勞工產生「工資乃是勞動給付」的信念或意識型態，從而在下述兩種意義上成為「虛假信念」或「虛假意識型態」。首先，雇主一方面剝奪勞工生產的絕大部分利潤，使得勞工一直無法累積金錢去購置生產工具；另一方面運用工資方式給付勞工出賣的勞力，促使雇主與勞工之間的關係，呈現出一種「交換的」而非「剝奪的」關係。其次，假使勞工能夠促使工資的多寡，成為勞、資雙方的協商議題，進而爭取到某一水準的工資，那麼他們便覺公允正當了。在這個例子中，勞工與雇主之間所形成的基本結構，乃是造成勞工本身的「虛假信念」的主因，而此一「虛假信念」發揮了自我防衛的功能，藉以排除勞工被剝奪的不滿情緒。因此，當社會研究者批露出這個基本結構時，不但是在批判「虛假信念」，更在挑起不滿情緒。

　　誠然，「虛假信念」不是桎梏勞工的唯一鎖鍊。當勞工透過社會科學家的批判，而能去除這種認知上的「蒙蔽」後，他們雖然能夠明白雇主的剝削、也能知曉工資水準的不公道，但他們未必能從雇主的奴役中解放出來。這就是說，認知上的啓蒙，只是解放的一個必要條件，而非一個充分條件。除了排除認知上的「蒙蔽」外，勞工尚須從事許多「實踐」活動，以期推動「結構的轉化」，而非僅僅止於當前事態的改善。Bhaskar（1986: 171）指出：「解放……既受解釋性理論的因果預示，亦受解釋性理論的邏輯衍遞，但是只在實踐上才能奏效。在這個特別意義下，一種解放的政治或實踐，必然奠基在科學理論上。」

　　總之，自批判實存主義者看來，開放系統中因果解釋的「機制模型」，不但是唯一正確的解釋模型，而且另具一個意義深遠之「解釋性批判」的重要效用。

五　結語

　　兩位社會科學方法論家David Marsh與Paul Furlong曾經指出，社會研究者本身抱持的本體論（ontology）與認識論（epistemology）立場，左右了其所要研究的題材、其所要採取的理論、以及其所在主張的方法論（Marsh and Furlong, 2002: 17-22）。

　　這兩位學者所謂的「本體論」，乃指「存在的理論」（theory of being），旨在研究「存在」的性質。根據他們的見解，「本體論」所在關切的關鍵議題，乃是整個世界中是否具有一個獨立在我們知識之外的「實存世界」（real world）。假使社會研究者答覆「有」，那麼他便是抱持「根基主義的本體論」（foundationalist ontological position）；假使社會研究者答覆「沒有」，那麼他便是抱持「反根基主義的本體論」（anti-foundationalist ontological position），從而強調社會現象之特定時空（或特定文化）的「社會構成意義」。這兩位學者所謂的「認識論」，乃指「知識的理論」（theory of knowledge），旨在探究「我們如何認識世界」。「認識論」關切兩個關鍵議題：(1)社會研究者能夠指認出社會現象之間的「實存關係」（real relations）或「客觀關係」（objective relations）嗎？(2)假使能夠，那麼如何指認呢？在答覆第(1)個關鍵議題上，假使社會研究者抱持「反根基主義的本體論」，那麼他便會完全否認一個獨立在社會行動者之外的「實存世界」，從而全盤否認研究者能夠保持「客觀」；假使社會研究者抱持「根基主義的本體論」，那麼他的答案便是「能夠」指認出社會現象之間的「實存關係」。在答覆第(2)個關鍵議題上，有些社會研究者訴諸「直接觀察（或間接觀察）」的指認，有些社會研究者則在「直接觀察（或間接觀察）」之外，還需憑藉「不可直接觀察」的指認。[10]

---

[10] 在一般的教科書中，「本體論」乃指有關「存在」的研究或理論，向來包含兩種不盡相同的用法。第一種用法包括「宇宙論」（cosmology），第二種

　　值得注意的是，社會研究者本身抱持的本體論與認識論立場，通常是「內隱」而未外顯，不論社會研究者本人是否承認。這兩位學者進一步指出，這兩種「內隱」的立場，如同研究者本人的「皮膚」，而非如同研究者本人的「毛線衣」。這就是說，社會研究者不能在討論「社會科學的知識」的性質時「穿上」它們，而在實地進行研究時「脫下」它們；它們一直附著在社會研究者身上，不能隨著不同論述脈絡而隨意「穿上脫下」（Marsh & Furlong, 2002: 17, 21）。[11]

　　假使這兩位學者的論述及其「皮膚」比喻，果然正確無誤，那麼批判實存主義「整合」經驗主義與闡釋主義的主要方式，或者，批判實存主義一方面傳承經驗主義、另一方面排斥經驗主義的主要方式，或者，批判實存主義一方面傳承闡釋主義、另一方面排斥闡釋主義的主要方式，端在於本體論與認識論立場的調整了。

　　一位批判實存主義者Andrew Sayer曾將經驗主義與批判實存主義的本體論，分別稱為「扁平的本體論」（flat ontology）與「層化的本體論」（stratified ontology）（Sayer, 2000: 12）。根據本章

用法則不包含「宇宙論」。「宇宙論」是指有關於宇宙的起源、結構、發生史、以及歸宿等的研究。至於「存在本性」的研究，從本體性質來分類，計有唯物論、唯心論、中立論、合一論；從本體數量來分類，則有一元論、二元論、多元論。關於宇宙的起源與生成的研究，則有機械論、決定論、目的論。「認識論」是指有關人類認識的來源、能力、範圍、限度等的研究。從認識能力來分類，便有獨斷論、懷疑論、實證論等，或可分為「可知論」與「不可知論」；從知識來源來分類，則有理性主義、經驗主義、批判主義。

[11] 對於「皮膚」的比喻，另外兩位學者Jonathon Moses與Torbjoen Knutsen，十分不以為然，進而宣稱「夾克」才是比較適當的比喻（Moses and Knutsen, 2007: 6）。然而，根據筆者的交互比對，Marsh與Furlong兩位政治學者的「皮膚」比喻，指的是「本體論」與「認識論」，而非「方法論」；Moses與Knutsen兩位學者的「夾克」比喻，指的是「方法論」，而非「本體論」或「認識論」。這就是說Moses與Knutsen兩位學者的批評，失諸粗心大意而弄錯了批判對象。

第二節的解析，自批判實存主義者看來，「眞實」（或「世界」）是由三種由淺至深的重疊領域（或重疊層面）所組成，也就是由「經驗領域」、「表存領域」、以及「實存領域」等三個重疊領域所組成，從而展現出「層化的本體論」。經驗主義者一方面否認「實存領域」的存在，另一方面則將「經驗領域」與「表存領域」壓縮成爲一個單一領域，並稱之爲「經驗世界」。這就是說，經驗主義者在否認「實存領域」之下，將「層化的本體論」壓縮成一個「扁平的本體論」。顯而易見的，批判實存主義者的「層化的本體論」，包含經驗主義者的「扁平的本體論」。值得注意的是，批判實存主義者的「層化的本體論」，不但包含經驗主義者的「扁平的本體論」，而且其「實存領域」中的「機制」觀念，透過「活動依賴」、「概念依賴」、「時空依賴」等三種浮現性質的詮釋，容納了闡釋主義之「意義世界」的基本見解。據此而言，批判實存主義者乃是透過本體論之既廣又深的調整論述，來「整合」經驗主義與闡釋主義，或者來「涵蓋」經驗主義與闡釋主義。

　　誠然，對於這樣的整合方式，經驗主義者可能由於其本身否定「實存領域」的存在而不會接受，闡釋主義者則可能因爲它容納了「意義世界」而會接受。不過，值得注意的是，即使接受這樣的整合方式，社會研究者依然必須處理下述一個難題：在這樣的整合之下，社會世界就是闡釋主義者所謂之主體與客體「部分同一」的對象，而不是批判實存主義者原先堅持的「不變的實存對象」，或不是批判實存主義者原先堅持的「獨立在人類知識之外的對象」，因而使得建基在「不變的實存對象」之上的批判實存主義，在社會世界的應用中遭受到頗大的困難。在面對這個困難時，Bhaskar不得不將「『不變的實存對象』獨立在人類知識或觀念之外而存在」這一基本原則中的「獨立」，區分成爲「因果上的獨立」與「存在上的獨立」兩種，從而使得社會世界雖在「因果上」依賴在人類知識或觀念之上，但在「存在上」卻可獨立在人類知識或觀念之外。顯然的，這個排解困難之方式的有效性，取決於「因果上的獨立」與

「存在上的獨立」之間的有效區別。無論是否接受這樣的區別，在
批判實存主義之本體論的論述中，我們特別需要注意兩個論點。

第一，批判實存主義所謂的因果關係，具有下述的雙重意義：
在一個「開放系統」中，因果關係乃指某一事物（或某些事物）的
「機制」造成一個結果（或事件）的產生關係；在一個「封閉系
統」中，因果關係既指先、後事件之間的經常連結關係，又指某一
事物（或某些事物）的「機制」造成一個結果（或事件）的產生關
係。

依據筆者的淺見，社會科學的研究對象，幾乎都是「開放系
統」。在這樣的情況下，假使我們承認「機制」的存在，那麼社會
科學中比較正確的因果解析與因果解釋模型，乃是批判實存主義提
出的「產生關係」與「機制模型」，而非經驗主義主張的「經常
連結關係」與「涵蓋定律模型」（或「歸納統計模型」）。無論如
何，批判實存主義的因果解析，顯然已將經驗主義的因果解析完全
涵蓋在內。進一步說，假使我們不接受「因果上的獨立」與「存在
上的獨立」之間的區別，那麼在社會科學的因果解釋上，必須特
別注意闡釋主義的解釋模型（參見第七章第四節）。假使我們接受
「因果上的獨立」與「存在上的獨立」之間的區別，那麼批判實存
主義提出的「產生關係」與「機制模型」，依然是比較正當的因果
解析與因果解釋模型。

第二，由於批判實存主義主張「不變的實存對象」，因此如
同經驗主義一樣，它也宣稱「自然科學與社會科學兩者皆在運用相
同的研究方法」。不過，批判實存主義所謂的「研究方法」，由於
著重「機制」觀念，從而在「狹義方法論」的主張上，尤其是因果
解析與因果解釋，有別於經驗主義。進一步說，批判實存主義雖然
如同闡釋主義一樣，也主張「社會世界乃是意義世界而有別於自然
世界」，但是因為它堅持「不變的實存對象」，所以不同於闡釋主
義。值得注意的是，Bhaskar指出，闡釋主義雖然明確反對經驗主
義的「社會科學觀」，但卻默默接受經驗主義的「自然科學觀」。

　　無論如何，筆者十分同意兩位社會科學家Garry Potter與José López的評述。這兩位社會科學家曾經指出，在二十一世紀中，批判實存主義的一些新穎見解，可以針對社會科學、哲學、及科學等研究領域上的各種新挑戰，提供某些合理而有用的回應（Potter and López, 2001: 4）。

參考書目

郭仁孚

1973 〈美國政治學研究上的「多元主義」：行為主義、反行為主義及超行
為主義（壹）〉，《人與社會》，創刊號，頁46-59。

郭秋永

1988 《政治學方法論研究專集》。台北：商務印書館。

2003 〈科學哲學中的兩種因果解析〉，《政治與社會哲學評論》，第四
期，頁121-177。

莊錦農與魏中平

1998 〈解釋與批判：論批判實存論的科學解釋觀〉，《政治科學論叢》，
第九期，頁121-144。

Benton, Ted

1998 "Realism and Social Science: Some Comments on Roy Bhaskar's' *The
Possibility of Naturalism*," Margaret Archer, Roy Bhaskar, Andrew Collier,
Tony Lawson and Alan Norrie, Eds. *Critical Realism: Essential Readings*
(London and New York: Routledge), pp. 279-312.

Benton, Ted, and Ian Craib

2001 *Philosophy of Social Science: The Philosophical Foundations of Social
Thought* (New York: Palgrave).

Bhaskar, Roy

1975 "Feyerabend and Bachelard: Two Philosophies of Science," New Left
Review, 94(1975), reprinted in Bhaskar, *Reclaiming Reality* (London:
Verso, 1989).

1983 "Realism," W. F. Bynum, E. J. Browne, R. Porter, Eds. *Dictionary of the
History of Science* (London: Macmillan), pp. 362-3.

1986 *Scientific Realism and Human Emancipation* (London: Verso).

1997 *A Realist Theory of Science* (London and New York: Verso). First published
in 1975 by Leeds Books. This edition first published in 1978 by The

Harvester Press.

1998a "General Introduction," Margaret Archer, Roy Bhaskar, Andrew Collier, Tony Lawson and Alan Norrie, Eds. *Critical Realism: Essential Readings* (London and New York: Routledge), pp. ix-xxiv.

1998b *The Possibility of Naturalism: A Philosophical Critique of the Contemporary Human Sciences* (London and New York: Routledge, 3rd edition).

Bhaskar, Roy, and Tony Lawson

1998 "Introduction: Basic Texts and Developments," Margaret Archer, Roy Bhaskar, Andrew Collier, Tony Lawson and Alan Norrie, Eds. *Critical Realism: Essential Readings* (London and New York: Routledge), pp. 3-15.

Burnham, Peter, Karin Gilland, Wyn Grant, and Zig Layton-Henry

2004 *Research Methods in Politics* (New York: Palgrave).

Collier, Andrew

1989 *Scientific Realism and Socialist Thought* (Colorado: Lynne Reinner).

1994 *Critical Realism: An Introduction to Roy Bhaskars's philosophy* (London and New York: Verso).

Cruickshank, Justin

2003 "Introduction," Justin Cruickshank, *Critical Realism: The Difference It Makes* (London and New York: Routledge), pp. 1-14.

Curry, Neil

2002 "Critical Realism: Beyond the Marxism / Post-Marxism Divide," Andrew Brown, Steve Fleetwood and John Roberts, Ed., *Critical Realism and Marxism* (London and New York: Routledge), pp. 116-130.

Easton, David

1971 *The Political System: An Inquiry into the State of Political Science,* 2nd edition (New York: The Free Press).

Elster, Jon

2007 *Explaining Social Behavior: More Nuts and Bolts for the Social Science*

(Cambridge: Cambridge University Press).

Glaser, Daryl

    1995　"Normative Theory," David Marsh and Gerry Stoker, Eds. *Theory and Methods in Political Science* (New York: St. Martin's), pp. 21-41.

Godfrey-Smith, Peter

    2003　*Theory and Reality: An Introduction to the Philosophy of Science* (Chicago: The University of Chicago).

Hacking, Ian

    1993　*Representing and Intervening: Introductory Topics in the Philosophy of Natural Science.* Reprinted (New York: Cambridge University Press).

Harré, Rom, and E. H. Madden

    1998　"Conceptual and Natural Necessity," Margaret Archer, Roy Bhaskar, Andrew Collier, Tony Lawson and Alan Norrie, Eds. *Critical Realism: Essential Readings* (London and New York), pp. 104-19.

Hay, Colin

    2002　*Political Analysis* (New York: Palgrave).

Hedström, Peter

    2008　"Studying Mechanisms to Strengthen Causal Inferences in Quantitative Research," Janet M. Box-Steffensmeier, Henry E. Brady, and David Collier, Eds., *The Oxford Handbook of Political Methodology* (New York: Oxford University Press), pp. 319-335.

Hedström, Peter, and Richard Swedberg

    1998　"Social Mechanism: An Introductory Essay," Peter Hedström and Richard Swedberg, Eds., *Social Mechanism: An Analytical Approach to Social Theory* (New York: Cambridge University Press), pp. 1-31.

Isaac, Jeffrey

    1987a　*Power and Marxist Theory: A Realist View* (Ithaca: Cornell University Press).

    1987b　"After Empiricism: The Realist Alternative," Terence Ball, Ed. *Idioms of Inquiry: Critique and Renewal in Political Science* (Albany: State University of New York Press), pp. 187-205.

1990　"Realism and Reality: Some Realistic Reconsiderations," *Journal for the Theory of Social Behaviour*, Vol. 20, pp. 1-31.

Isaak, Alan

1985　*Scope and Methods of Political Science*, 4th edition (Illinois: The Dorsey Press).

Kincaid, Harold

1996　*Philosophical Foundations of the Social Science: Analyzing Controversies in Social Research* (New York: Cambridge University Press).

Krige, J.

1975　"Review of A Realist Theory of Science," *Radical Philosophy* 12 (Winter), pp. 37-39.

López, José, and John Scott

2000　*Social Structure* (Philadelphia: Open University Press).

Marsh, David, and Paul Furlong

2002　"A Skin, not a Sweater: Ontology and Epistemology in Political Science," David Marsh and Gerry Stoker, Eds. *Theory and Methods in Political Science*, 2nd edition (New York: Palgrave), pp. 17-41.

McAnulla, Stuart

2002　"Structure and Agency," David Marsh and Gerry Stoker, Eds. *Theory and Methods in Political Science*, 2nd edition (New York: Palgrave), pp. 271-291.

Moon, Donald

1975　"The Logic of Political Inquiry: A Synthesis of Opposed Perspectives," Fred Greenstein and Nelson Polsby, Eds. *Handbook of Political Science Vol. 1, Political Science: Scope and Theory* (MA: Addison-Weseley), pp. 131-228.

Moses, Jonathon, and TorbjOrn Knutsen

  2007 *Ways of Knowing: Competing Methodologies in Social and Political Research* (New York: Palgrave Macmillan).

Mukheji, Partha

  2000 "Introduction: Methodology in Social Research: Dilemmas and Perspectives," Partha Mukheji, Ed., *Methodology in Social Research* (New Delhi: Sage), pp. 9-84.

Nagel, Ernest

  1961 *The Structure of Science* (New York: Harcourt, Brace and World).

Outhwaite, William

  1987 *New Philosophies of Social Science: Realism, Hermeneutics, and Critical Theory* (London: Macmillan).

Plant, Raymond

  1991 *Modern Political Thought* (MA: Basil Blackwell).

Porpora, Douglas

  1998 "Four Concepts of Social Structure," Margaret Archer, Roy Bhaskar, Andrew Collier, Tony Lawson and Alan Norrie, Eds. *Critical Realism: Essential Readings* (London and New York: Routledge), pp. 339-355.

Potter, Garry, and José López

  2001 "After Postmodernism: The New Millennium," José López and Garry Potter, Eds. *After Postmodernism: An Introduction to Critical Realism* (London and New York: Athlone), pp. 1-16.

Putnam, Hilary

  1987 *The Many Faces of Realism* (Ill.: Open Court).

Sayer, Andrew

  1992 *Method in Social Science: A Realist Approach* (London and New York: Routledge, 2nd edition).

  1998 "Abstraction: A Realist Interpretation," Margaret Archer, Roy Bhaskar, Andrew Collier, Tony Lawson and Alan Norrie, Eds. *Critical Realism:*

Essential Readings (London and New York), pp. 120-43.

2000　*Realism and Social Science* (London: Sage Publications).

Scott, John

2001　"Where is Social Structure?" José López and Garry Potter Eds. *After Postmodernism: An Introduction to Critical Realism* (London and New York: The Athlone Press), pp. 77-85.

Sharpe, R.

1976　"Review of A Realist Theory of Science," *Philosophical Quarterly* (July), pp. 284-285.

Whitbeck, Caroline

1977　"Review of A Realist Theory of Science," *Philosophical Review*, pp. 114-118.

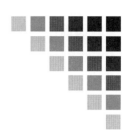

第九章
哲學小工觀的整合研究：
「公民意識」的例釋

一　引言

　　根據上一章的解析，批判實存主義者「整合」經驗主義與闡釋主義的主要方式，端在於本體論與認識論立場的調整。這樣的整合方式，屬於「哲學大師觀」的巨大工程。誠然，筆者才疏學淺不敢「東施效顰」，只敢站在「哲學小工觀」的視角，針對實證研究與規範研究上的citizenship概念，在「相同研究題材」的整合方式上，進行一個嘗試性的整合研究。[1]

　　在無數的重要概念中，筆者甄選citizenship這一概念的理由是，在當代的政治研究領域中，不論是規範性的或是實證性的研究領域，citizenship都是一個方興未艾的核心概念。

　　就規範性的政治研究而言，自由主義與社群主義之間長達數十年的爭議，似乎可在citizenship這一概念的探究上，獲得一定程度的紓解效果。1970年代，自由主義者試圖奠基在「權利」概念上，以期建立一個有別於功利主義的正義理論，從而使得「正義」與「權利」概念成為政治哲學的討論核心。1980年代，社群主義者企圖證明自由主義不能說明政治社群的共同感情、認同、以及邊界等重要議題，因而使得「正義」、「權利」、「社群」、以及「成員身分」等相關概念，成為爭論不休的課題。時至1990年代，一個既可包含「正義」與「權利」、又可涵蓋「社群」與「成員身分」的重要概念，在自由主義者與社群主義者之間的激烈辯論中，逐漸浮現出來，從而成為一個超越雙方爭論層次之外的一個核心概念。這個方興未艾的核心概念，就是citizenship。它一方面密切關聯到自由主義的個人權利觀念，一方面緊密關係到社群主義的社群觀念，從而足以構成一個溝通平台，藉以融通雙方的不同論述，並化除「個體」與「社群」之間固有的對立。當

---

[1] 關於「哲學大師觀」與「哲學小工觀」的說明，請見本書第一章第四節。至於社會科學家所謂的各種整合方式，參見郭秋永，2009：39-41。

代著名政治哲學家Will Kymlicka指出，於1978年，學者還曾信心滿滿地宣稱「在政治思想家之間，citizenship已經過時」；但到了1990年左右，citizenship卻成為「各種不同思想家之間的流行用語」（Kymlicka, 2002: 284; 2001: 294; Kymlicka and Norman, 2000: 5; 1994: 352）。

　　就實證性的政治研究來說，1950年代以降，政治學者確實進行了無數的參與行為和選民心理的研究。這些不可勝數的實證研究，雖然多多少少也牽涉到citizenship，但卻未直接針對citizenship進行有系統的深入探討。Thomas Janoski（1998: 8, 238, n.10）就曾指出，從1961年至1992年之間，在六本最重要的社會科學百科全書中，都無「citizenship」或「公民」（citizen）詞條。直到Robert Putnam（1993, 2000）運用一個包含公民彼此信任與合作概念的「社會資本模型」（social capital model）而來探究義大利與美國的區域政治之後，citizenship的研究，方才在環保、社會福利、低政治參與率、低民主態度、少數族裔團體、獨立運動、移民、歐洲聯盟、以及全球化等議題的推波助瀾之下，掀起千堆雪而蔚為大觀（Beiner, 1995: 2-3; 2006; Isin and Turner, 2002; Axtmann, 2003; Heisler, 2005）。在2000年與2001年間，英國政治學者針對citizenship進行了大規模的全國調查研究（Pattie, Seyd and Whiteley, 2004）。於2004年，「國際社會調查合作計畫」成員針對citizenship進行了三十三個國家的跨國調查研究，調查規模之大，堪稱空前（徐火炎，2006a: 2, 6, n.3）。顯而易見的，citizenship儼然成為實證性政治研究的一個核心概念。

　　一般而言，citizenship既然已經成為規範性與實證性兩個研究領域的核心概念，那麼這兩個研究領域內的政治學者，理應彼此借鏡以期收到截長補短之效。然而，無庸諱言，他們一向各行其是而互不聞問，甚至偶爾也會出言不遜。Janoski（1998: 10, 238-240, n.11）就曾批評政治哲學家的citizenship研究，充滿著價值判斷而不足取。Charles Pattie等學者更加不客氣地說：「我們相信，在

探究citizenship的性質上，許多當代的哲學辯論，都跟社會的政治真實與嘗試解決這些問題的政府，完全脫節。」（Pattie, Seyd and Whiteley, 2004: 4）就在這樣的畫地自限之下，規範性與實證性政治研究者便在不同陣營內各自埋頭伏案。這種分道揚鑣式的研究發展，雖能各盡其妙，但卻使citizenship的涵蓋範圍，愈來愈顯得龐雜而混亂。

誠然，長久以來，國內、外的政治學者，都十分重視規範性與實證性兩種研究之間的整合工作。然而，寬容筆者的放肆，這些信誓旦旦的重視言論，幾乎完全流於一時的口惠；在空口說白話之餘，雙方陣營依然各行其是。有鑑於此，筆者不揣簡陋，試圖做個「拋磚引玉」的前哨小兵，期能針對citizenship的相關議題，進行初步的整合研究工作。這樣的初步整合工作，將憑藉規範性與實證性兩種研究領域內既有的研究成果，解析citizenship的概念製作與測量項目。這個解析工作旨在指明，與其迷失在citizenship龐雜而混亂的涵蓋範圍中，不如將研究焦點，經由「公民德性」（civic virtue）的中介，[2]轉而集中在「公民意識」（consciousness of citizen）。為了完成這一解析工作，本章分就「三個神話」、「數個概念製作」、以及「一串測量項目」等三個主要部分逐一進行。

2　英語系學者在提及「公民德性」時，大多使用「civic virtue」，但有時也用「citizen virtue」（Macedo, 1990: 254; Galston, 1991:224）、或「virtue of citizenship」（Galston, 1991: 224）、或「citizenship virtue」（Kymlicka, 2002: 316; Kymlicka and Norman, 1994: 379）。

（二）三個神話

　　Citizenship雖在當今貴爲規範性與實證性兩種研究領域的一個核心概念，但其內涵與外延，自古以來就一直處於見仁見智的爭議狀態。早在古希臘時代，著名政治哲學家Aristotle就曾感嘆說：「citizenship的性質，通常是一個爭議的問題。」（轉引自Heater, 1999: 45）二千三百餘年後，學界依然認爲它是「一個頗有爭議的概念；它的意義，未曾清澈見底」（van Steenbergen, 1994: 1）。

　　事實上，citizenship意義的紛紜情況，至少可從其中文翻譯，窺見一斑。依據筆者手邊的資料，「citizenship」一詞的中文翻譯，至少計有「公民資格」（陳治世，1971：40；劉莘，2003：369）、「公民身分」或「公民身份」（許國賢，1997：95：林火旺，1995：1071；1998：380；陳秀容，1999：144；郭秋永，1999：66；鄧紅風，2004：36）、「公民地位」（鄧紅風，2004：36）、「公民權」（蕭高彥，2002：89；鄧紅風，2004；李建良，2006：2；徐火炎，2006a：1；2006b：1）、「公民權責」（張静，2006：6）、「公民意識」（張福建，2006：11）、「公民」（鄧紅風，2005；王鼎銘，2006：7）、「公民德行之實踐」（蔡英文，1999：89）等等。進一步說，從上述的列舉可知，「citizenship」之中文翻譯的前後不一，不但見於同一學者同一本英文書籍的翻譯書名，而且見諸同一研究團隊。[3]

---

[3] 鄧紅風教授曾以繁體與簡體中文，翻譯Kymlicka, *Politics in the Vernacular: Nationalism, Multiculturalism, and Citizenship*（2001）一書；2004年繁體版的書名爲《少數群體的權利：民族主義、多元文化主義和公民權》，但2005年簡體版的書名卻變成《少數群體的權利：民族主義、多元文化主義和公民》。徐火炎、張福建、王鼎銘等三位教授都是同一研究團隊的成員，但卻將「citizenship」分別譯爲「公民權」、「公民意識」、「公民」。這三位教授都是「台灣地區社會變遷基本調查第四期第五次政治組公民權調查」（下文簡稱爲「台灣公民權調查小組」）的成員。此一調查小組的成員，包

　　造成「citizenship」一詞的紛紜意義的原因，固然是多方面的，但長久以來它一直糾纏著「三個神話」，則是其中一個主要理由。這三個不同時空上的神話，分別是「古希臘的神話」、「古羅馬的神話」、及「近代的神話」。誠如Martin Heisler（2005: 669, n.1）指出，「citizenship」乃是「概念綿延」（conceptual

_____

括徐火炎、張福建、黃秀端、蘇國賢、王鼎銘、蔡佳泓、黃長玲等教授，而由徐火炎教授擔任召集人。此外，「台灣地區社會變遷基本調查」乃是「國際社會調查合作計畫」的成員。進一步說，在翻譯「citizenship」一詞時，鄧紅風、劉莘、及徐火炎等三位教授，都曾說明其所以如此翻譯的理由或無奈。鄧紅風教授說（2004：36）：「它可以指公民的一切品質，如公民的權利、義務、法律地位（身分），甚至公民應有的教育和道德品質，因此很難用中文的一個詞表達清楚，只能根據它在實際運用時的意義，選擇一個相近的中文術語來翻譯，所以有時用『公民身分』、有時用『公民地位』、有時用『公民』。」劉莘教授說（2003：369，譯註）：「『公民資格』（citizenship）包含有『公民身分』、『公民地位』、『公民權利』、『公民狀態』等諸多意思。」徐火炎教授則基於「中文用語的一般習慣」與「英文用語的傳統強調」兩大理由，而將「citizenship」翻譯爲「公民權」。徐教授說：「citizenship在中文的翻譯上也被譯爲『公民身分』或『公民資格』，但在一般用語上都習慣稱爲『公民權』；因此，本文採取一般的習慣用語；傳統上，英文的citizenship概念也傾向於強調權利。」（徐火炎，2006a：1，註1；另見2006b：2）依據筆者的管見，「公民權」的譯名，尚有商榷的餘地，理由有二。第一，從本文上面所列舉的形形色色的譯名看來，「公民權」尚不足以構成「中文用語的一般習慣」。假使中文百科全書或大辭典（例如，《雲五社會科學大辭典》）中的用語，堪稱「中文用語的一般習慣」，那麼理應沿襲陳治世教授在《雲五社會科學大辭典》中的翻譯，將「citizenship」譯成「公民資格」，而不應譯成「公民權」。第二，假使要將「citizenship」譯成「公民權」，那麼當我們面對「citizenship right」（Castles, 2005: 689; Benhabib, 2005: 673; Faulks, 2002: 77; Barbalet, 1988, passim; Janoski, 1998, passim; Heater, 1999: 33）或「right of citizenship」（Faulks, 2000: 2; Heater, 1999: 155; Ignatieff, 1995: 61）或「citizenship obligation」（Faulks, 2000: 18; Janoski, 1998: 1）的時候，即使捻斷數根鬍鬚也不易翻譯成中文。

stretching）的一個樣版：它被用來指涉十分不同環境中經常變異的各種現象，從而使得它的意義，日益模糊不清。依據筆者的淺見，這三個不同時空上的神話，正足以反映出「citizenship」之「概念綿延」的特性。

此處所謂的「神話」意義，採取Ignatieff（1995）的見解。按照Michael Ignatieff的說法，「神話」一詞具有兩種意義。當指涉古人古事時，它通常透過寓言形式而來訴說宇宙與人生的真理，從而具有「高貴」意義；換言之，「神話」的第一種意義，就是「真理的改裝形式」（Ignatieff, 1995: 53）。當指涉近人近事時，它通常經由故事傳承而使人們「浸泡在懷疑主義的酸味浴缸中」（Ignatieff, 1995: 53），從而具有「諷刺」意義；換句話說，「神話」的第二個意義，便是「憑空幻想」或「誇張不實」。當將「神話」用到「citizenship」概念時，Ignatieff認為西方歷來就有兩種口耳相傳的神話：古希臘的高貴神話與近代的諷刺性神話。值得注意的，Ignatieff（1995: 54）鄭重指出，在「citizenship」概念的探討上，其所謂的古希臘神話與近代神話，乃屬「理念型」（ideal type）的建構。至於本文所謂的「三個神話」，乃在Ignatieff所說的古希臘與近代兩種神話之外，再加上John Pocock（1995）所敘述之古羅馬時代的「citizenship」意義，並將之視為本文所說的第三個神話：「古羅馬的神話」。[4]

（一）古希臘的神話

Ignatieff指出，古希臘的高貴神話，出自Aristotle所著的《政

---

[4] 筆者將Pocock（1995）所敘述之古羅馬時代的「citizenship」意義，稱為「古羅馬的神話」的理由，除了配合Ignatieff的建構之外，尚有一些史實的詮釋考慮。依據許國賢教授的比較研究（1997：96-100），在「citizenship」概念的歷史分析上，Pocock與Peter Riesenberg兩位學者對於第二種意義的「citizenship」（亦即古羅馬時代的「citizenship」意義）的解讀，「相差了一千多年」！

治學》。[5]Aristotle所謂的政治學，乃指「城邦之學」，而城邦則是公民追求「共善」（common good）的政治社群。在希臘文中，「政治學」（politike）、「城邦」（polis）、及「公民」（polites）等語詞，皆出於同一字源，從而意謂著這三者之間的密切關係。[6]依據Aristotle的見解，人們組合而成的社群，具有下述三種特徵。第一，社群必須是由平等的、相似而又不同的成員所組成，也就是必須是由「彼此互不隸屬」的、不盡相同的人們所組成。第二，社群成員之間必須具有共同分享的基礎。共同分享的基礎，可以是土地、血緣、宗教信仰、或風俗習慣，也可以是利益、享受、或感情。第三，情誼與正義乃是鞏固社群的兩個要素。情誼是指朋友之間「凡事為對方設想的善意」，正義則是「給予他人應有的對待」。至於其所謂的政治社群，乃是社群的次級類別。「政治社群」中的「政治」一詞，乃指公民透過「理性言說」而去追求「共善」。因此，除了社群的三種特徵之外，政治社群特有的特徵，便是公民具有「理性言說」的能力，並以追求「共善」為目的。換句話說，政治社群乃是「一群具有理性言說之人，為了追求共善，從而組成的團體組織」。組成政治社群的各個公民，彼此平等、相互關愛、並依正義原則行事（參見江宜樺，1995: 42）。

　　所謂的「共善」，就是「幸福美好的生活」。然而，怎樣的生活，才是「幸福美好的生活」呢？在Aristotle看來，一個「幸福美好的生活」必須兼具三種「善」：外在的善（如財富、權力、生育）、身體的善（如健康、美貌）、靈魂的善（如勇敢、節制、正義、明哲、哲學沉思、實踐智慧）（參見江宜樺，1995: 56）。

---

[5] Ignatieff（1995: 58）認為Aristotle《政治學》中的一些描述，未必符合史實，例如，最著名的「公民輪流統治」。或許，Ignatieff就是基於這樣的理由，便將Aristotle的《政治學》視為古希臘神話的來源，而不看作古希臘的史實描述。

[6] 依據Charles Pattie等學者的說法，英文「citizen」一字，源於拉丁文「civitas」一字（Pattie, Seyd, and Whiteley, 2004: 5）。

「靈魂的善」中的勇敢、節制、正義、及明哲等德性,依據Derek Heater(1999: 60)的說明,乃是四種特殊形式的「善」,也就是四種公民美德。據此而言,一個理想的政治社群,就是各個公民都能過著「幸福美好的生活」,從而養成各種美德的一個城邦。

進一步說,政治社群中各個公民既然「彼此互不隸屬」,那麼每位公民就是「同時適於統治與被統治」之人,也就是「主動制訂法律與被動服從法律」之人。各個公民在參與統治和被統治的過程中,將「共善」置於個人私利之上,從而養成各種美德。這樣的一個公民,才是一個「真正的人」,才是一個「政治動物」。因此,citizenship的意義,就是公民「統治與被統治」;「公民」即是統治者與被統治者;「公民德性」(civic virtue),則是擔任「統治與被統治」必須具備的智能與美德。Ignatieff(1995: 55)指出:「citizenship意涵積極與消極兩種形式:一方面透過國家政府中的任職和選舉而來參與,另一方面則服從其他公民制訂的法律。如此一來,適於citizenship之文化氣質的公民德性,也是雙重的:擔任公職的意願與個人私利隸屬於公共服從的意願。」

Aristotle雖然未曾否定私人消遣(例如,沉思)的價值,也不曾否認「私人領域」或「家計領域」的價值,但是堅信「公共領域」的重要性,遠遠超過「私人領域」或「家計領域」。因為唯有在「公共領域」中,公民才能發揮「政治動物」的最高能量。那麼,適於成為公民的人,究竟是怎樣的一個人呢?Aristotle認定「公共領域」中的政治討論,乃是選擇「共善」的一種練習;而唯一適於這種練習之人,就是具有「理性言說」的、不依賴他人生存的自由人。依賴他人生存之人,例如,奴隸、女人、兒童、商人,都不能成為公民。換句話說,只有擁有土地財產的成年男性,才夠格成為公民。Heater(1999: 60)指出,「公民德性」(civic virtue)一詞中的「virtue」,源自拉丁文的「vir」,而「vir」的意思就是「男人」(man),因此,Aristotle所謂的公民德性或「靈魂的善」,都是指男性而言,從而帶有「男子氣概」的意義。

至於「公民德性」（civic virtue）一詞中的「civic」，則意指「公民介入公共事務，藉以追求共同利益」（Heater, 1999: 44）。據此而言，我們或許可將「公民德性」詮釋爲：公民爲了公共利益而行動的一種品德，或者「公民爲了整個社群的善而行動的一種傾向」（Dagger, 1997: 127）。

　　Ignatieff指出，Aristotle這種citizenship概念，具有下述幾個特點。第一，它是一種排斥性的父權主義。政治社群中的公民身分，專屬於一個特殊階層（擁有財產的成年男性），其他人都不夠格成爲公民。第二，它是一種愛國主義。在Aristotle的觀念中，所謂的「財產」，主要是指「土地」。公民的利益，不論是私利或是公益，都跟國家領土息息相關。因此，透過土地的擁有，公民自然就是愛國者。至於不夠格成爲公民的商人，儘管擁有一些可以移動的貨物，但依然談不上愛國與否——「商人無祖國」的一個古希臘寫照。第三，它是一個「以財產爲基礎的」概念（property-based citizenship），因而注定會跟「以平等權利爲基礎的」概念（equal right-based citizenship），發生強烈的衝突。前者是一種限制性的citizenship概念，後者則是一種普及性的citizenship概念。第四，它拒斥官僚體制，尤其反對職業軍人的常備制度。由於各個公民既是統治者又是被統治者，所以採取輪流的政治運作方式。這樣的政治運作方式，自然沒有固定的管理階層，因而缺乏獨立的、專業的官僚體制。一旦發生戰爭，則跟國土息息相關的每一位公民，都需負起保家衛國的神聖任務。若將防衛任務交給傭工式的職業軍人，則會減損公民的愛國德性。[7]第五，它反對帝國主義。公民既

---

[7] 二十世紀著名社會科學家Max Weber曾將古希臘的「城邦」稱爲「戰士協會」（warriors' guild），而Peter Risenberg則指出古希臘軍事編隊的戰術（亦即「重裝步兵列成密集的方陣」），依賴在各個士兵之間的密切合作，從而是一個邁向citizenship觀念的重要步驟。簡單說，在古希臘時代，citizenship、戰爭、以及陽剛氣質之間具有十分緊密的關係。參見Faulks, 2000: 16。

然彼此認識而輪流統治，那麼最佳的政體規模，當然就是小國寡民了。小國寡民的政體規模，才能維持公民之間面對面的密切關係、從而產生情如手足的情誼；不斷擴張的帝國主義，自然牴觸這樣的條件。基於這些特點，Ignatieff（1995: 59）將古希臘神話上的citizenship意義，綜述如下：擁有財產之成年男性的自我統治；它是反官僚體制或反帝國主義的一種理想。

就當今的實證性政治研究而言，Ignatieff所指出的第二個特點，亦即「愛國主義」，十分密切關聯著國家認同、國家驕傲感、社群意識等測量項目。除此之外，筆者認為古希臘神話尚有一個值得注意的啓示：「公民德行」有別於「公民德性」。古希臘神話中的公民「德行」，不但指涉公民（統治者與被統治者雙方）必須具備的知識與美德，而且指涉公民的實際政治參與行為。至於所謂的公民「德性」，則僅指公民必須具備的知識與美德，而不指涉公民的實際政治參與行為。這正是「德行內外之稱，在心為德，施之為行」的分辨（〈周禮・地官篇〉註解）。因此，在citizenship的概念製作上，必須分辨「公民德性」與「公民德行」。「公民德性」密切關聯著政治功效感、政治信任感、政治知識、政治興趣、以及民主態度等政治「心理」的測量項目，而不涉及實際的政治參與行為。除了「公民德性」之外，「公民德行」還指公民實際採取的各種政治參與「行為」，不論是「慣常性」或是「非慣常性」的政治參與行為。當然，公民的政治參與行為，乃指公民的實際參與行為，而不指涉公民的行為「傾向」或「取向」之類的心理。

（二）古羅馬的神話

古羅馬的高貴神話，出自公元第二世紀羅馬法學家Gaius的《法理學階梯》。Pocock指出，在詮釋citizenship概念上，Aristotle著眼於「政治性」，從而將公民視為一種「政治性存在」；而Gaius則強調「法律性」，從而將公民看作一種「法律性存在」。

　　在Gaius的法理學體系中，世界被區分成三個範疇：人、行動、物。「政治性存在」的公民，乃是彼此起作用之社群成員，而不是通過「物」來相互作用的社群成員。他們雖然也會關切「物」、也占有「物」、也管理「物」，但都將「物」留在「家計領域」中，因而不會通過「物」的媒介而彼此發生關係，也不會相互視為「物」的占有者與管理者。「法律性存在」的公民，乃是透過「行動」去獲得（或保持）「物」的社群成員。經由這種獲得（或保持）「物」的「行動」，公民之間才起了作用，從而進入了一種需要「管制規則」的相互關係，也就是進入了法律關係。這就是說，「物」是公民生活中的主要媒介；通過「物」的媒介，公民方才形成、調節、及闡明彼此之間的關係。Pocock（1995: 40）指出：「希臘公民從家庭進入城邦、從物的世界進入人的互動世界……羅馬公民不但生活在人與行動的世界中，並且活在物的世界中……既回到家庭，又回到占有的物與人。」

　　在社群生活中，一位「法律性存在」的公民的行動，約可分成兩個部分。首先，公民所採取的「行動」，直接針對著「物」與其他公民；其次，其他公民與他本人所採取的「行動」，都是有關法律的「行動」，亦即有關授權、占有、轉讓、訴訟、檢舉、辯護等的「行動」。他本人與「物」之間的關係，受到法律的管轄，而他本人的「行動」，不是針對「物」，就是針對其他「也受到法律管制的行動」。因此，citizenship乃指，對於某些「物」擁有權利的一種法律地位（Pocock, 1995: 36）。在這樣的理解之下，公民的意義，便是「根據法律而自由行動、自由提問、期望法律保障之人」（Pocock, 1995: 35-36）；或者，「公民乃是法律所界定的社群成員」（Pocock, 1995: 37）。

　　然而，公民雖是法律社群中的成員，但在羅馬帝國的不斷擴張之下，不同的地區就有不盡相同的法律規定，從而使得公民有了「高下之別」。例如，一位羅馬公民擁有不受「鞭刑」的權利，而一位Tarsus地區的公民則無此種豁免權利。Pocock（1995: 37-38）

指出：「法律有很多目的，有些適用於所有地方，有些並非如此。一旦使用『公民』一詞來表示法律界定的社群成員時，『公民』的定義可能就會像法律的種類那樣多。羅馬公民無論走到帝國何處，都可獲得同樣的地位……但在無數的社群中，公民身分只是市政性的，並不適用於市政當局管轄之外的地區。」

　　值得注意的是，這樣的citizenship迥異於古希臘神話中的citizenship。這就是說，在「法律性存在」的公民觀念之下，「公民」不但不是統治者或立法者，而且「公民」與「子民」（subject）之間的區別界線，更會變得十分模糊不清。因為當將公民界定成「法律社群的成員」時，公民便是法律的「子民」，也是執行法律之統治者與地方官吏的「子民」。Pocock（1995: 38-39）指出：「法理學的發展，使得『公民』的概念，從政治動物轉向法律人、從公民或城邦人轉向資產階級或市鎮人。它進一步產生了『公民』與『子民』之間的等同……不論就保障與忠貞而言，或是就權利與權威來說，『子民』與『公民』或許是兩個可以互換使用的語詞……這兩個語詞曾經具有相同的涵義。」

　　一旦「公民」如同「子民」，「公民」便不再是菁英階級的「特權」，也不再是人人覬覦的政治身分或政治地位，而是人人易得的法律身分或法律地位。對於古羅馬帝國開放citizenship的政策，當時學者就有這樣的批評：「很久以前，citizenship的授與，十分慎重而少見；它僅當作英勇的一種獎賞。假使榮譽被大量稀釋，那麼它就毫無意義了。對於值得贏到它的人來說，它的稀釋，乃是一種侮辱。」（Heater, 1999: 85）可是，citizenship的稀釋政策，卻是古羅馬帝國籠絡人心的手段。Keith Faulks（2000: 19）指出：「在羅馬帝國，citizenship變成社會控制與安撫……允許帝國人民享有citizenship，羅馬的統治，在被征服者心中便具有一定程度的正當性。這意謂著更易課稅、更易降低軍事需要、更易化解社會不滿情緒。」

　　然而，無論如何，古羅馬的高貴神話，奠定了公民乃是「權利

的載體」（bearer of rights）的觀念。就當代政治研究而言，古羅馬神話乃是運用權利而來界定citizenship的一個古老源泉。

（三）近代的神話

近代的諷刺性神話，出自十八世紀的政治思潮。依據Ignatieff的說明，十八世紀初，英國學術界掀起了一連串的激烈辯論。辯論的主題，乃是政治德性的物質條件，而辯論的焦點，則集中在商人（或擁有動產之人）是否能夠成爲眞正無私的公民。一般而言，十八世紀英國鄉紳瞧不起金融業者、投機者、暴發戶、國際商人、經濟富豪等新近竄起之人。在英國鄉紳眼中，這些新近竄起之人的財產，完全「不繫於土地」，則在公共事務的討論上如何可能成爲公正的審議之人、甚至如何可能成爲忠貞的公民呢？英國鄉紳的議論，終在citizenship議題上轉成了「古代理想與新類型經濟人」之間的爭論（Ignatieff, 1995: 60）。肯定「新類型經濟人」的一些政治思想家，認爲citizenship乃是一種脫離社會眞實的幻想。

這些政治思想家指出，能爲人們提供食物、庇護、必需品、以及奢侈品的「市場領域」或「私人領域」，乃是人類生活的本質所在；而能爲最貧窮成員提供一定生活水準的一個社會，便是一個公正的社會。因此，比起一個雖有德性、但物質落後的舊共和國，新類型的商業社會非但無庸責備，反而是一個值得持續發展的社會型態。

在這樣的一個新類型社會中，每一位社會成員都能運用自己的方法，去追求本身的幸福。每一位社會成員都是本身利益的最佳判斷者，無庸政府或別人越俎代庖而來開示「人民的眞正利益」。爲了個人與社會的發展，不但需要儘量排除一切的自然障礙，並且還要儘可能排斥所有的人爲干涉，尤其是政府的干涉行爲。「私人領域」或「市場領域」中不可或缺的，乃是享受財產、累積財產、免受任意逮捕、自由表達言論等等的消極自由。至於「古代理想」中所強調的公民德行，諸如參與政治和制訂法律之類的行爲，或追求

「共善」之類的公民德性，則屬無須理會的憑空幻想。

誠然，每一位社會成員雖然都應自由發展，但各自的發展目標與方法，未必相互契合，彼此之間難免發生衝突。當相互之間的「寬容」或「妥協」無法解決這些衝突時，就得訴諸政治權力以資仲裁。政府的功能，主要乃在制訂社會生活的各種規則，並公正執行這些規則，以期化解社會成員之間的相互衝突。依據他們的見解，「國家的本質，乃是一種工具性的創造物，用來裁決或牽制私人領域與市場領域中的自利行為。公共領域不是公民超越私利以實現本性的舞台……人類是熱情、欲望、及利益的創造物；政治的工作，乃在最小自由代價與最小管制代價之下，去找出一種能夠滿足人類熱情與欲望的政治形式。」（Ignatieff, 1995: 61）

在這樣的見解之下，這些政治思想家相信，即使社會成員缺乏「公民德性」，只要建立制度與程序上的制衡，就可阻止潛在的壓迫者或獨裁者；即使每個社會成員都只追求本身私利而罔顧公共利益，一組私利仍然將會制衡另一組私利。十八世紀德國著名哲學家Immanuel Kant的一句話，十分精確而巧妙地反映出這些政治思想家的見解：「甚至一群魔鬼也可解決一個如何建立優良政府的問題。」（轉引自Kymlicka, 2002: 285; 2001: 295; 1995: 176; Kymlicka and Norman, 1994: 359, n.11）。

總而言之，依據近代的諷刺性神話，citizenship乃是一種誇大不實的憑空幻想，因此其所蘊含的政治參與行為，根本就是一種無須理會的玄想，而其另外蘊含的「公民德性」，依然是一種一廂情願的空想。

（三）　數個概念製作

上一節概述的三個神話，雖然歷時久遠，但充分反映在當代

的政治研究領域中。漠視citizenship的「近代的神話」，投射到二十世紀六十年代以降的經驗性民主理論中；重視citizenship的「古希臘的神話」與「古羅馬的神話」，則先後引導近數十年來citizenship的概念製作。

在經驗性民主理論的研究領域上，二十世紀六十年代以降的各種調查研究報告一再顯現出，即使在西方民主國家中，多數公民的心理特徵，仍然傾向於低度的政治信任感、低度的政治興趣、低度的政治功效感、低水準的政治知識、高度的政治疏離感等欠缺「公民德性」的心理特徵，而其政治參與行為，除了大選的投票率之外，也都是極低水準的少許數量，遑論理性思辨的積極參與了。事實上，直到二十一世紀，調查資料依然顯示出，當前各個先進民主國家所面臨的嚴峻挑戰，不是來自國外的敵人，而是來自國內本身的公民：公民懷疑民主制度、公民不相信政治人物、公民對政治過程的功能感到極度失望（Dalton, 2004: 1）。

為了契合這些一再重現的調查資料，二十世紀中葉之後的經驗性民主理論家，先後提出了「民主菁英論」（或「社會實在論」）、「民主經濟論」（或「社會選擇論」）、以及「多元主義的民主模型」（Bohman and Rehg, 1997）。這三種經驗性民主理論的理論建構，雖然不盡相同，但在否定「公民追求共善」上、在契合「多數公民是政治冷漠的、政治無知的」調查資料上、在回應「高度參與量促成法西斯政體」的歷史事象上，則具有一致的見解。簡單說，這三種經驗性民主理論，雖然各盡其妙，但都在承認多數公民缺乏「公民德行」之下，去進行民主理論的經驗建構。

根據筆者的淺見，這樣的經驗性民主理論，至少在下述兩個論點上，再次訴說著「近代的神話」。第一，多數公民欠缺「公民德性」與缺乏政治參與行為，或者，多數公民的「心理缺陷」與「行為缺陷」，乃是穩健民主系統的運行要件。這就是說，一般公民缺少政治功效感、缺乏政治知識、欠缺政治興趣等的「心理特徵」，以及極少從事政治參與行為的「行為特徵」，乃是穩健民主系統

的運行要件。Bernard Berelson等經驗性民主理論家就曾指出：「在理性公民辭退之處，天使就行走而來……個別的『缺憾』，卻爲社會提供了周全的服務。」（B. Berelson, P. Lazarsfeld, and W. McPhee, 1971: 34, 39）Heater（1999: 156-157）則轉引說：「充分數量的冷漠，乃是良好政治的要素……公民的熱情，在脫韁的放縱氣氛中，可能窒息了私人生活……湯汁絕不是在剛剛煮好時猛喝下去……法國的雅各賓黨、俄國的布爾什維克黨、中國的紅衛兵，可以見證一二。」第二，即使多數公民缺乏特定的「公民德行」，民主的政治系統仍可透過制度設計而良好運行。這些制度設計包含立法機關、行政機關、及司法機關等的權力制衡，中央政府與地方政府的權力分立、以及定期改選統治者。

　　無論如何，「近代的神話」雖在這些經驗性民主理論中起了一定程度的作用，但近數十年來，先後引導citizenship的概念製作，則是「古希臘的神話」與「古羅馬的神話」。這兩個神話的引導作用，分別呈現在citizenship之「權利」、「權利與義務」、「公民德行」、「公民德性」、及「態度與行爲」的概念製作上。下文個別加以說明。

（一）權利

　　在這兩個神話中，最先引導citizenship的概念製作，就是「古羅馬的神話」。依據「古羅馬的神話」，citizenship乃指「對於某些『物』擁有權利的一種法律地位」，而公民則是「權利的載體」。近數十年來，政治學者對於citizenship所進行的概念製作，雖然先後略有出入而不盡相同，但基本上仍延續著古羅馬神話中的權利觀念。

　　在1949年的一項演講中，英國著名學者Thomas Marshall指出（Marshall and Bottomore, 1992: 8），citizenship包含「民權」（civil right）、「政治權」（political right）、及「社會權」

（social right）等三個要素或部分。[8]所謂的「民權」，是指個體自由所不可或缺的各種權利，包含人身自由、言論自由、思想自由、信仰自由、契約自由、財產權、司法權等權利。最直接關聯著「民權」的制度，乃是法治與法院體系。所謂的「政治權」，乃指行使政治權力的各種權利，例如，選舉權與被選舉權。對應著「政治權」的制度，就是國會與地方政府委員會。所謂的「社會權」，則泛指社會福利與社會安全的各種權利；用Marshall本人的話說，就是「從一些經濟福利權利與安全權利、直到分享全部社會遺產的權利與去過文明生活（符合社會基本標準的文明生活）的權利」這一整個範圍的各種權利。最密切關係到「社會權」的制度，便是教育體系與社會服務。

　　顯然的，Marshall透過一組權利以及實現權利的社會制度，而來理解citizenship。在這樣的理解之下，citizen便是具有社會成員身分（或地位）、從而享有權利之人。Marshall進一步指出，citizen雖是權利擁有者，但不同時空中的citizen，享有不同的權利。這就是說，citizen享有的權利，將隨不同時期的不同社會而變動。就上述三組權利在英國歷史上的出現順序來說，「民權」、「政治權」、「社會權」，分別出現在十八、十九、二十世紀。不過，這三個出現時期的區分，不是一刀兩斷的截然劃分。Marshall說：「當我將citizenship之三個要素的形成時期，分派到不同世紀時……最後兩種之間確有相當的重疊。」（Marshall and Bottomore, 1992: 13）無論如何，英國社會中citizenship的歷史發展，基本上沿循著兩種方式而進行：其一乃是「權利項目」的逐漸增加，另一則

8　1949年Thomas Marshall應邀在劍橋大學「Alfred Marshall講座」中演講。演講題目是「citizenship and social class」。隔年，在稍做增訂後，以專文形式出版此一演講內容。此後，這一篇名著分別重印在Marshall, *Class, Citizenship, and Social Development*（New York: Anchor, 1965），以及Marshall and Tom Bottomore, *Citizenship and Social Class*（London: Pluto, 1992）。

爲享有「權利人數」的逐漸增多。

　　不論在社會科學界或在歷史學界，Marshall的這些論點，不但備受矚目，而且廣受討論。大體而言，歷來學者的討論重點，乃在於三組權利的出現順序、三組權利之間的演化關係、三組權利與社會制度之間的互動關係、以及三組權利與社會階級之間的衝突關係。誠然，在這些無數的討論中，既有正面的評價、也有負面的評價。然而，無論評價的高低，參與討論者都同意，在citizenship的概念製作上，Marshall可以說是一位「開山祖師」（參見Barbalet, 1988: preface）。在Marshall的影響下，政治學者也運用「權利」與「地位」（或「身分」），而來界定citizenship：有了地位（或身分），便有相應的權利。例如，著名政治哲學家Kymlicka就曾指出，某些自由主義者將citizenship界定爲「對待諸個體之事；這些個體在法律上享有平等的各種權利」，而他本人所提出的「differentiated citizenship」，則界定爲「特定團體的多族裔權利、代表權利、或自治權利之探行」（Kymlicka, 1995: 174）。顯然的，不論是否涉及特定的團體，citizenship的界說，都圍繞著「權利」與「身分」（所有個體或特定團體的「身分」）。

　　有些政治學更將Marshall所謂的「民權」與「政治權」合稱爲「第一代的權利」，並把「社會權」稱爲「第二代的權利」，進而在citizenship的界說中另外增加一種所謂的「第三代的權利」（Heater, 1999: 29-31）。新增的這一組權利，就是「環境權」（environmental right）；它分成個體性與全球性兩種環境權利。個體性的環境權利，乃指公共場所中免受二手菸毒害、或家居中免被鄰居噪音干擾之類的權利。全球性的環境權利，則指呼吸新鮮空氣、飲用乾淨水源、免除地球暖化、維護臭氧層之類的權利。有些學者則將Marshall所謂的「民權」、「政治權」、及「社會權」，分別稱爲第一代的、第二代的、及第三代的權利，進而把「集體權利」（collective right）或「團體差別權利」（group differentiated right）稱爲第四代的權利，並將「環境權」與「動物權」（animal right）合稱爲第五代的權利（Erman, 2005: 26-27）。

（二）權利與義務

　　然而，對於這種運用「權利」而來界定citizenship的方式，許多學者批評爲「顧此失彼」。例如，Charles Pattie等學者就曾評說：「Marshall……Kymlicka……他們都將citizenship視爲擴展權利或創造權利之事……然而，權利僅是一半故事。當在建構citizenship的理論時，權利不能脫離責任（responsibilities）與義務（obligation）。因爲在某一顯著程度上，一個人的權利就是另外一個人的義務。」（Pattie, Seyd, and Whiteley, 2004: 16）

　　誠然，「權利」與「義務」通常是互爲表裡之事；權利之所在，常有義務；義務之所在，常有權利。例如，提高養老年金的福利權利，就得加重課稅的義務；享有人身安全的權利，就有服兵役的義務；擁有陪審團審訊的權利，便負有擔任陪審員的義務；享有教養子女的權利，就有教養子女的義務。既然「權利」與「義務」通常乃是一體兩面之事，那麼運用「權利」來界定citizenship時，就不得忽視「義務」。

　　依據筆者的淺見，由於歷來學者討論Marshall的見解時，都將注意焦點集中在「民權」、「政治權」、「社會權」等三組權利的相關議題上，因而難免令人以爲Marshall的citizenship概念，只重「權利」而忽視「義務」。事實上，除了權利之外，Marshall的citizenship概念，還包含義務〔他稱爲「職責」（duty）〕；這僅從其對citizenship所下的正式界說，就可清楚看出來：「citizenship乃是授與社群之完整成員的一種地位（status）。每個擁有這種地位的人，在地位所賦予的權利與職責上，都是平等的。」（Marshall and Bottomore, 1992: 18）

　　姑且不論Marshall的citizenship概念是否包含「義務」（或「職責」、或「責任」），當絕大多數學者體認到「權利」與「義務」互爲表裡之後，都在其citizenship界說中添加「義

務」（或「職責」、或「責任」）。例如，Janoski（1998: 9）認
為citizenship應該包含「權利」與「義務」兩個向度，從而將
citizenship界定為：「民族國家中諸個體之消極性與積極性的成員
身分，從而在設定的平等程度上具有某些普遍性的權利與義務。」
此一界說中的「消極性的成員身分」乃指，擁有生存、福利、遷
徙、教育、言論自由、人身自由等消極性權利或義務的成員身分；
「積極性的成員身分」則指，擁有選舉、被選舉、擔任公職等介入
政治之積極性權利或義務的成員身分。界說中的「設定的平等程
度」是指，權利與義務應在一定限度內保持平衡；它通常意涵社會
中、下階層者的權利增加。界說中的「普遍性的權利與義務」，乃
指所有國家成員所行使的法定權利或所負擔的法定義務，而不指
涉法令之外的權利或義務，也不指涉一些僅供特殊團體行使（或負
擔）的權利（或義務），例如，退伍軍人所享有之補償性的福利權
利。

　　再如，Gardner（轉引自Heater, 1999: 34-35）曾經仿效Marshall
的建構方式，在「民權」、「政治權」、及「社會權」等三個要
素中，個別增加一個「職責」項目，從而條列出下述citizenship清
單：(1)民權與職責：不但包含居住自由、旅行自由、人身自由、
言論自由、財產權、審判權、外交保障權、護照權、法律救濟權等
權利，而且包括納稅、服兵役、擔任陪審員等職責；(2)政治權與
職責：包含投票權利（有時也是職責）、擔任公職權利、政治言論
自由等；(3)社經權與職責：不但包含福利津貼、失業津貼、健保
津貼、退休金、就業權等社會權利與經濟權利，而且包括公務員或
國營事業提供一定服務水準的職責。

　　然而，在界定citizenship概念上，「義務」、「職責」、以及
「責任」等三個概念之間，究竟有何區別呢？依據筆者手邊的一點
資料，將這三者中的任何一個概念引入citizenship界說中的學者，
通常存而不論，甚至在同一段話中竟然一起混用而徒然留下團團的

疑雲。[9]例如，Faulks說：「除了權利之外，citizenship還意涵**職責**與**義務**。即使像美國這樣不在意責任的一個國家，仍有忠貞誓言，從而包含擁護憲法、服兵役、甚至『當法律有所要求時，承擔國家重要任務』等**職責**。」（Faulks, 2000: 1；引文中的粗體字型乃筆者為求醒目而添加）此一引文中的「擁護憲法、服兵役、以及『當法律有所要求時，承擔國家重要任務』」等三個項目，究竟是「義務」呢？還是「職責」呢？或是「責任」呢？Faulks非但毫無隻字片語的說明，反而透露出「互換使用」的隨意性。

總之，無論如何區分「義務」、「職責」、以及「責任」，依據筆者的淺見，在台灣公民議題的經驗研究上，運用這樣的「權利」與「義務」而來界定citizenship，或認定citizenship包含這樣的「權利」與「義務」兩個向度，乃是一個頗值得商榷的界定方式或製作方式。最主要的理由，端在於歷來所謂的三組或四組的權利義務，就《中華民國憲法》來說，絕大部分不是「公民特有」的權利義務，而是「人民共有」的權利義務。

在《中華民國憲法》中，提到「人民」與「國民」兩個語詞，但未提到「公民」一詞。「國民」的意義，十分清楚明白。憲法第三條明訂：「具有中華民國國籍者為中華民國國民。」「人民」一詞，見於憲法第二章〈人民之權利與義務〉的第七條至第二十四條。第七條規定：「中華民國人民，無分男女，宗教，種族，階級，黨派，在法律上一律平等。」第八條至第二十四條規定人民具

---

9 薩孟武教授曾經區分「義務」與「責任」。依據薩教授的見解，「義務」乃法律上的拘束，「責任」則為違反義務時應受民事上、刑事上、或其他法律上某種制裁的根據。薩教授進一步指出，義務由於責任，才會發揮拘束力，所以義務通常附隨責任；責任乃以義務為前提，於義務的範圍內負履行的責任。然而，薩教授卻又說：「無責任的義務，亦有之……雖無義務，亦須負責任」，從而使得讀者不易掌握這兩者之間的區別標準。參見薩孟武，1973：309。此外，依據薩教授的見解（1973：307），「權利」乃是「法律賦予各人以法律上的力，使他們能夠享受其應得的利益」。

有身體自由、不受軍事審判、居住自由、遷徙自由、言論自由、講學自由、著作自由、出版自由、祕密通訊自由、信仰宗教自由、集會自由、結社自由、生存權、平等權、工作權、財產權、請願權、訴願權、國民教育權、訴訟權、審判權……等等的權利，以及納稅、服兵役、及受國民教育等義務。這些林林總總的權利義務，都是「人民」的權利與義務。

值得注意的是，憲法第七條明指「中華民國人民」，而第八條至第二十四條則泛指「人民」而無「中華民國」一詞，從而引起不同的詮釋。劉慶瑞教授認為第七條的保障對象，「對外國人亦適用」，但林紀東教授則主張「應以本國人為限」（林紀東，1978：89）。然而，不論第七條中的「人民」如何詮釋，在憲法第二章〈人民之權利與義務〉中，第八條至第十四條所稱的「人民」，「不妨解為包括外國人在內」；而第十九條（「人民有依法納稅之義務」）所稱的「人民」，「實兼指外國人」；至於其他各條所稱的「人民」，除了第十七條之外，都指中華民國的「國民」（林紀東，1990：150，161）。

那麼，憲法第十七條（「人民有選舉、罷免、創制及複決之權」）所稱的「人民」，究竟意指什麼呢？依據憲法第一百三十條的規定（亦即，「中華民國國民年滿二十歲者，有依法選舉之權。除本憲法及法律別有規定者外，年滿二十三歲者，有依法被選舉之權」），憲法第十七條條文中的「人民」，應指年滿二十歲而享有選舉、罷免、創制、複決等政權的國民，也就是「公民」。因此，所謂的「公民權」，便指公民享有選舉、罷免、創制、複決等四種權利。林紀東教授說：「非任何人民，均得享有，必須具備法定條件之公民，始得享有，故有稱為**公民權**者。」（1978：262）（引句中的粗體字型乃筆者為求醒目而添加）

據此而言，自Marshall以降，政治學者或社會科學家所列舉的各種權利義務，不論三組或是四組，就《中華民國憲法》來說，絕大部分都是「人民共有」（或「國民共有」）的權利義務，而

非「公民特有」的權利義務。因此，在台灣公民議題的實證研究上，運用這樣的「權利」與「義務」而來界定citizenship，或認定citizenship包含這樣的「權利」與「義務」，便不在研究「公民」的議題，而是在探討「人民」（或「國民」）的議題。至少，在台灣公民議題的實證研究上，向來界定citizenship的方式或其概念製作的方式，確有商榷的餘地。[10]

（三）公民德行

　　上文曾經指出，漠視citizenship的「近代的神話」，反映在二十世紀六十年代以降的三種經驗性民主理論。時至二十世紀末期，這些經驗性民主理論，卻因漠視「公民德行」而備受質疑，從而引起「古希臘的神話」的重新探討。這就是說，時至二十世紀九十年代，在號稱穩健運行的各個民主國家中，逐漸突顯出一種重要事實：「公民德行」非但不是無足輕重，反而重要無比。這種重要的事實，顯現在總體與個體兩個層次。

　　就總體層次而言，長期依賴國家救濟金的多數低收入者（或無收入者），竟然逐漸成為「唯賴救濟而不思上進」的公民；多元文化之間的齟齬，時常造成不同種族（或族裔）之公民間的緊張關係；「避鄰現象」（「不要在我家後院」的現象，例如，反對垃圾焚化場興建在住家附近）導致環保政策的捉襟見肘等。這些總體層次上呈現出來的現象，在在削弱了民主系統的穩健運行。顯然的，民主政治系統的穩健運行，不但需要依靠適當的制度設計，而且需要依賴系統成員的「公民德行」。

---

[10] 西方學者在進行公民議題的實證研究時，也許由於「國籍」（nationality）與「citizenship」，或「國民」（national）與「公民」（citizen），常被當作同義詞而互換使用（Castles, 2005: 689; Kastoryano, 2005: 693; Faulk, 2000: 7; Heater, 1999: 99），因而在citizenship的概念製作上，至今尚未重視「公民特有」與「國民共有」（或「人民共有」）之間的分辨。

就個體層次而言，許多公共政策的成敗或存續，一部分依賴在公民的個人德行上。例如，公民消費過量的菸酒、或攝取過多的垃圾食物，則政府不易提供足夠的全民健保或醫療保險。次如，一般公民不願分擔親屬的照顧，則政府難以妥善照顧老人、幼童、及殘疾者。又如，一般公民不願使用循環再製產品，則政府不易推動環保政策。再如，一般公民不節制本身的卡債與貸款，則會拖累政府的金融管理能力。顯然的，一般公民的個人德行，也會左右民主系統的穩健運行；除了制度設計之外，確實尚須一定水準的「公民德行」。

「公民德行」既然重要，那麼在citizenship的概念製作上，當然不能再如往昔一樣地視若無睹了。有鑑於此，不論是規範性或是實證性的政治理論家，都在「權利」與「義務」兩個向度之外，另行引入「公民德性」或「公民德行」的向度。

1.公民德性

規範性政治理論家大體上都認為citizenship的概念製作，必須包含「公民德性」。例如，William Galston（1991: 221-226; 2005: 75）認為citizenship的概念，應該包含兩大類的德性：「政治社群應有的一般德性」與「自由主義社群的特有德性」。前者乃指每一政治社群成員應該具備的一般德性，包含勇氣、守法、及忠貞等德性。除了一般德性之外，自由主義社群應該另行包含下述三種「自由主義社群的特有德性」：「社會德性」、「經濟德性」、及「政治德性」。「社會德性」包括獨立德性與寬容德性；前者乃指自我照顧、自我負責、不必依賴他人等德性，後者則指不判定不同生涯規劃的優劣。「經濟德性」包含經濟角色的德性與經濟生活的德性。經濟角色的德性，包括企業家的德性與雇員的德性；前者乃指想像、創造、幹勁、決心等德性，後者則指守時、可靠、禮貌、積極工作等德性。經濟生活的德性，包含工作倫理、節制、調適等德性。「政治德性」包括公民的德性、領導的德性、及一般的政治德性等三種德性。公民的德性，除了勇敢、守法、忠貞等德性外，還

包含尊重他人權利、不要求國家難以提供的服務、接受必要的痛苦措施、認清候選人、評估公職人員等德性。領導的德性，包含堅忍不拔、不屈不撓、不譁眾取寵、不媚俗、凝聚社會等德性。一般的政治德性，包含政治論述的意願、傾聽不同意見的意願、及明確提出本身觀點的意願、縮小原則與實踐之間差距的意願。

　　這一長串的德性，對台灣公民議題的研究來說，由於下述兩個個理由，而顯得相當不足取。第一，要求公民具備高達三十幾種的德性，無異於要求公民成為「聖人」，從而流露出不切實際的空想特性。我們大可借用Kymlicka說過的一段話而來批評這一長串的德性。Kymlicka曾說：「近幾年來，討論公民德性的許多著作，似乎顯得相當空洞……而可化約成一個陳腔濫調：假使社會成員更親切、更善思考，那麼社會就會更好。」（Kymlicka, 2002: 316; Kymlicka and Norman, 2000: 7; 1994: 369）第二，這一長串的德性，如同中國傳統上高懸的各種德性，例如，三達德（智、仁、勇）、四維（禮、義、廉、恥）、五倫（君臣、父子、夫婦、兄弟、朋友）、八德（忠、孝、仁、愛、信、義、和、平），雖然可以適用於民主時代的台灣「公民」，但也適用於威權時代的台灣「子民」、日據時代的台灣「皇民」、甚至清朝帝國的台灣「臣民」。簡單說，這一長串的德性，無法突顯出「公民」的特性。因此，與其籠統涵蓋各種優良德性，不如將研究焦點集中在「公民意識」上。

　　依據筆者的淺見，在心理意識上，民主國家的「公民」不同於威權國家的「子民」（或專制帝國的「臣民」）之處，端在於「公開質疑政治權威」與「公開論述政策良窳」的兩大意願（參見kymlicka, 2002: 289-290; 2001: 296-297; Kymlicka and Norman, 2000: 8-10; 1994: 365-368; Macedo, 1990: 40-46）。一般而言，在民主國家中，選任官員皆以「公民」或「選民」名義治理國家，從而時常自稱「公僕」。因此，監督這些選任官員的言行、並判斷其政策的良窳，既是公民的權利、也是公民的義務或責任。運用著名政治學家Gabriel Almond與Sidney Verba（1963: 17）政治文化類型的術語來

說，威權國家的「子民」或專制帝國的「臣民」，只意識到政治系統及其「輸出項」，從而默默承受政府的權威與政策。民主國家的「公民」所意識到的對象，除了政治系統及其「輸出項」之外，尚有政治系統的「輸入項」與「積極參與者的自我」。因此，除了承受政府的權威與政策之外，民主國家的「公民」，另外還會表達自我的需求、彙整眾人的需求、並企圖影響政策。這就是說，「輸入項」與「積極參與者的自我」兩種意識，正是民主公民特有的意識，從而充分表現在「公開質疑政治權威」與「公開論述政策良窳」的兩種意願上。我們或許可將「公民意識」界定如下：

> 公民意識乃是公民監督選任官員，並判斷其政策良窳的一種意願。這種意願不但包含公開質疑政治權威的意願，而且包括公開表達本身政治意見、聽取不同政治意見、修正本身政治意見的意願。

從上述界說我們可以清楚看出，「公民意識」乃是一種「參與倫理」，從而是「公民」有別於「子民」或「臣民」的一個關鍵性的界定特徵：公民的意識，乃是積極而主動；「子民」或「臣民」的意識，則是消極而被動。即使就忠貞或愛國而言，公民的意識，依然帶有力求改善的積極性，從而有別於子民意識（或臣民意識）只圖辯護的消極性。Karol Soltan（1999a: 18）指出：「子民乃是不批判地忠貞於其制度之人。對於扮演子民角色之人來說，只藉辯護制度而來表達忠貞，從而隱含地假定，制度不能被改善……對一位公民來說，儘可能改善制度、儘可能改革制度、儘可能使得制度成為最佳，也是一種表達忠貞的方式。」台灣推行民主政治已有數十年之久，一般公民業已逐漸脫離「子民」或「臣民」的意識，從而孕育出公民的意識。對威權時代的台灣「子民」、或日據時代的台灣「皇民」、或清朝帝國的台灣「臣民」來說，「公開質疑政治權威」或「公開論述政策良窳」，即使不是一件不可想像之事，至

少也是一件非同小可之事。因此，掌握到公民意識中「公開質疑政治權威」與「公開論述政策良窳」兩大意願，或許就能深入台灣公民議題的核心。

2.態度與行為

大體而言，實證性政治理論家向來有意無意地力求「價值中立」的形象，因而時常運用一些看起來較為中性的語詞（例如，「態度」或「規範」），來取代一些似乎飽含道德色彩的語詞（例如，「德行」或「德性」）。在這樣的心態之下，一旦體認到citizenship的概念製作，除了「權利」與「義務」之外，尚須引入「公民德行」時，他們通常使用「態度」與「行為」，來取代「德性」與「德行」。因此，在實證性的政治研究上，規範性政治理論家所謂的「公民德行」，就轉成政治參與行為（或參與行為）與「公民德性」，而「公民德性」再次轉成公民的「態度」或「規範」。透過這樣的轉換，在實證研究的概念製作上，citizenship便包含「行為」與「態度」兩個向度。

「行為向度」乃指政治參與行為或一般的參與行為。「態度向度」乃是「公民德性」的變體，指涉公民對於一些權利與義務的心理感覺，因而仍指公民的心理特徵。就在如此的轉換之下，實證性政治理論家進行了citizenship的概念製作。例如，Charles Pattie等學者便將citizenship界定為：「citizenship乃設計來解決集體行動問題的一組規範、價值、及實踐；它包含諸個體之間的一個確認：若要解決問題，則彼此要有權利與義務……citizenship根本就是一組規範、價值、及實踐；它們的推展，使得諸個體能夠解決集體行動的問題。據此而言，我們的注意焦點，僅集中在兩個關鍵向度上；其中之一就是態度向度，另外之一則是行為向度。態度的向度，關聯著諸個體的權利感覺與義務感覺之間的均衡。行為的向度，關係到諸個體的參與方式是否在於支持民主政治與市民社會……我們將citizenship分成兩個相關向度，一方面包含態度與信念，另一方面包括行為。」（Pattie, Seyd, and Whiteley, 2004: 22,

129, 262）

　　依據筆者的淺見，Pattie等學者的概念製作，由於下述四個理由而不值得效法。第一，Pattie等學者雖在概念製作中提及citizenship固有的「權利」與「義務」，但卻未分辨「公民特有」的權利義務與「人民共有」的權利義務，因而使得他們將要使用的測量項目（請見本文下節的討論），呈現出隨興列舉的特性。第二，Pattie等學者雖在概念製作中保持citizenship原有的「權利」與「義務」，卻將原有的這兩個向度，壓縮成為一個向度，亦即壓縮成為「態度向度」，也就是壓縮成為「公民對於權利義務的感覺」。值得注意的是，既然要將citizenship視為公民感覺之類的一種心理特徵，那麼不如改用筆者所提議的「公民意識」。第三，在實證研究上，研究者常將「態度變項」（例如，政黨認同）當作「獨立變項」，而來解釋那被當作「依賴變項」的「行為變項」（例如，投票行為）。因此，一旦將citizenship製作成「態度向度」與「行為向度」，則會弄混了「獨立變項」與「依賴變項」之間的區別，從而不易設定一個適當的「因果模型」。第四，Pattie等學者在citizenship的概念製作上，運用了「價值」、「規範」、「態度」、「信念」等許多類似名詞，卻不做進一步的區分或說明，徒令讀者嘆息不已。

　　總括上述，在citizenship的概念製作上，規範性的與實證性的政治研究者，都傳承Marshall的見解，首將citizenship視同於三組或四組「權利」，隨後添加一些「義務」，最後再增加許多的「德性」與不少的「行為項目」。然而，當運用權利義務來界定citizenship時，由於不區分「公民特有」的權利義務與「人民共有」（或「國民共有」）的權利義務，因而不但使得citizenship概念，涵蓋著十分龐雜的範圍，並且常將其原有的「權利義務」涵義，轉成「對於權利義務的態度」。當添加「德性」時，所要包含的優良德性竟然高達三十幾種，形同無所不包。這種幾乎無所不包的德性要求，無異於要求每位公民皆須成為「聖人」。當添加

「行為項目」時，則常混淆「獨立變項」與「依賴變項」之間的區別，從而不易設定一個適當的「因果模型」。因此，與其迷失在citizenship龐雜而混亂的廣大範圍中，不如將研究焦點集中在「公民意識」上。

四　一串測量項目

上一節的解析，推得兩個主要論點。第一，歷來所謂的三組或四組的權利義務，絕大部分不是「公民特有」的權利義務，而是「人民共有」的權利義務。第二，在公民議題的研究上，尤其是台灣公民議題的探究，與其關切各種優良德性或一些包含權利義務的「態度向度」，不如將研究焦點集中在「公民意識」上。本節企圖檢視兩個研究團隊所使用的測量項目，藉以進一步佐證上一節推得的兩個主要論點。第一個研究團隊，乃是英國Pattie等學者的「民主和參與計畫小組」；第二個研究團隊則是徐火炎教授召集的「台灣公民權調查小組」。

（一）民主和參與計畫小組

在Pattie等學者對於citizenship所下的正式界說中（亦即，「citizenship乃設計來解決集體行動問題的一組規範、價值、及實踐；它包含諸個體之間的一個確認：若要解決問題，則彼此要有權利與義務」），主要的界定項，乃是「一組規範、價值、及實踐」（Pattie, Seyd, and Whiteley, 2004: 22）。依據他們隨後的敘述，界定項中的「實踐」，應指「行為」。然而，界定項中的「規範、價值」究竟意指什麼呢？Pattie等學者非但存而不論，反而在隨後的敘述中突然變成「態度、規範、價值」（20004: 22）、以及「態度與信念」（2004: 262）——不但憑空多出了「態度」與「信念」兩

個語詞，而且毫無雙字片語的說明。citizenship正式界說中的主要界定語詞（「規範」、「價值」、「態度」、及「信念」）既然任意變動、隨意增減而不加以說明，那麼它的量表及其測量項目呈現出隨意性質，也就不足爲奇了。

　　依據Pattie等學者的表列與附錄，所謂citizenship的「態度向度」的測量項目，簡直多到不可勝數的地步。在筆者的耐心檢視之下，這些不可勝數的測量項目，約可分成「信念」、「感覺」、及「態度」等三大部分。在「信念」部分上，計有「個人信任」、「個人幫助」、「個人公平」、「制度信任」、「容忍其他團體公開論述」、「容忍其他團體進駐社區」、「政府對民意的反應性」、「個人的政治影響力」、「投票對政治制度的影響力」等九個量表，共計十三個測量項目。在「感覺」部分上，計有「歸屬感」、「國家認同感」、「英國公民驕傲感」、及「政治職責感」等四個量表，共計五個測量項目。在「態度」部分上，計有「參與意願」、「對公民義務的態度」、「民主態度」、「對個人義務的態度」、「對私人權利、國家提供權利及個體主義權利等的態度」等五個量表，共計三十二個測量項目。總括而言，citizenship的「態度向度」，共計十八個量表（9 + 4 + 5 = 18），包含五十個測量項目（13 + 5 + 32 = 50）。事實上，除了十八個量表（五十個測量項目）之外，尚有「政治興趣」、「政治知識」、及「政治功效感」等也是測量心理特徵的三個量表（二十個測量項目）。因此，僅是測量研究對象的心理特徵，就多達二十一個量表（18 + 3 = 21），七十個測量項目（50 + 20 = 70）。

　　至於測量citizenship的「行爲向度」的量表，乃是他們所謂的「政治參與行爲」量表，總共包含十七個測量項目。然而，事實上，這個量表卻憑空倍增，從而包含兩大部分、三十四個測量項目。其中一個部分，乃是「實際的」政治參與行爲；另外一個部分，則是「潛在的」政治參與行爲。前者是指調查對象在「過去一年」中實際從事的十七個政治參與行爲項目，後者乃指調查對象

在「未來」中可能從事的十七個政治參與行為項目（2004: 78, table 3.1）。Pattie等學者鄭重指出，「潛在政治參與行為」的測量，具有兩大重要理由。第一，對於人們如何排列各種政治參與行為的優先順序，它是一個「有價值的規範引導」。第二，在若有機會則何種人將會介入政治的判斷上，它是一個「有用的指標」（2004: 82）。依據筆者的淺見，不論這兩個理由是否重要，「潛在政治參與行為」的測量，主要乃在偵測調查對象的「行為傾向」，也就是在測量調查對象的一種「心理特徵」。因此，加上上述測量「心理特徵」的二十一個量表、七十個測量項目，Pattie等學者在測量調查對象的「心理特徵」上，總共使用了二十二個量表（21 + 1 = 22）、八十七個測量項目（70 + 17 = 87）。一般而言，僅在設定二十二種「心理特徵」之間的因果關係上，調查研究者就會陷入「束手無策」的窘境，遑論再添加其他各種的獨立變項與依賴變項了。

進一步說，Pattie等學者雖然先後運用了「規範」、「價值」、「態度」、及「信念」等語詞來界定citizenship，但有時也說：「在我們的觀念中，citizenship是根據權利與義務而來界定。」（2004: 22）這樣的說法，旨在契合Marshall以降的傳統。然而，在上述列舉的二十二個量表中，直接而明白提及權利義務的量表，僅有「對公民義務的態度」、「對個人義務的態度」、以及「對私人權利、國家提供權利、及個體主義權利等的態度」等三個量表。顯然的，前兩個量表乃在測量調查對象「對於義務」的態度，而非測量「義務」；第三個量表則在測量調查對象「對於各種權利」的態度，而非「權利」。因此，Pattie等學者的上述說法，亦即「在我們的觀念中，citizenship是根據**權利**與**義務**而來界定」（2004: 22）（引句中的粗體字型乃筆者為求醒目而添加），實際上應該改成「在我們的觀念中，citizenship是根據**權利態度**與**義務態度**而來界定」。

然而，無論根據權利義務或是訴諸權利義務的態度，Pattie等

學者所謂的「權利」與「義務」，仍有商榷的餘地。我們逐一檢視這三個量表。

首先，他們的「對公民義務的態度」量表，包含下述五個測量項目（2004: 48, table 2.10）：

一、總是守法
二、絕不逃稅
三、規律性慈善捐款
四、加入志工團體
五、下次大選時參加投票

在這五個測量項目中，Pattie等學者把「守法」與「納稅」視為公民應盡的義務。然而，筆者不禁要問，「守法」與「納稅」只是公民的義務嗎？難道不是全體國民應盡的義務嗎？甚至，難道不是那在本國中有所收入之外國人應盡的義務嗎？公民一旦犯法或逃稅，就會被政府懲罰。難道「非公民」的國民或居留本國的外國人，不會因為犯法或逃稅而被政府處罰嗎？尤其令人質疑的，就是第三個與第四個測量項目。一般而言，「規律性慈善捐款」與「加入志工團體」乃屬自願性行為，絕非公民或國民應盡的義務。不捐助慈善團體與不加入志工行列，雖然令人遺憾，但絕不會受到政府的處罰，甚至不會受到社會的譴責。最令筆者深感意外的，莫過於Pattie等學者竟將「投票」視作一種義務。事實上，在現今的英國或台灣，選舉時去投票，不是一種義務，而是一種權利。不論是大選或是地方性選舉，公民不去投票，並不會受到政府的任何處罰或譴責。

其次，檢視他們的「對個人義務的態度」的量表。這個量表包括下述八個反面敘述的測量項目（2004: 53, table 2.11）：

一、向政府要求你不夠資格要求的好處

二、吸食大麻

三、未成年性交

四、酒醉駕車

五、購買贓物

六、拾金而昧

七、停車場內不小心擦撞他車但隱匿不說

八、公共場所中亂丟垃圾

依據筆者的淺見，這八個測量項目所指的內容，即使屬於「個人的義務」，依然不是公民特有的義務，而是全體國民應該共盡的義務：每一國民（包含公民）做了上述八種行為，都要受到政府的懲罰或社會的譴責。

最後，檢視他們的「對私人權利、國家提供權利、及個體主義權利等的態度」量表。這個量表包含下述十一個測量項目（2004:55, table 2.12）：

一、同性戀者應有同等的結婚權利

二、每個人都有選擇死亡的權利

三、子女出生後父親應有三個月假期

四、婦女應有墮胎權利

五、政府應為無屋者提供住所

六、政府應該縮小貧富差距

七、應該取消高等教育學費

八、政府有責任幫助任何意圖就業者找到工作

九、個人不應該依賴政府提供退休生活費

十、有能力照顧本身健康者應該自行負擔醫療費用

十一、政府應該取消罷工權的現有法律限制

依據Pattie等學者的說詞，前四個項目屬於「私人的權利」的測量

項目，第五個項目到第八個項目屬於「國家提供的權利」，最後三個項目則屬於「個人主義的權利」。依據筆者的淺見，這些林林總總的權利，大部分不是法定的公民權利、甚至不是法定的國民權利，至多只是尚待力爭的權利。無論如何，運用這些有關權利態度的測量項目，尤其是「同性戀者應有同等的結婚權利」這樣的測量項目，能夠稱得上在測量「公民權」嗎？

　　總括上述，由於Pattie等學者用來界定citizenship的主要語詞，任意添加、隨意更動，從而使得其量表與測量項目也呈現出隨意性質。這種隨意性質，不但顯現在高達十八個量表、五十個測量項目之「態度向度」的測量，而且顯露在兩個量表、三十四個測量項目之「行為向度」的測量，甚至表露在「實際行為」與「行為傾向」之間、「公民特有的權利義務」與「國民共有的權利義務」之間、以及「權利義務」與「對於權利義務的態度」之間的混淆中。

（二）台灣公民權調查小組

　　台灣學界最先針對citizenship進行調查研究的學者，首推徐火炎教授召集的「台灣公民權調查小組」，而徐教授運用此一調查資料所撰寫的兩篇研究論文（2006a; 2006b），可以說是頗具指標意義的開山大作。下文奠基在這兩篇大作之上，進一步檢視citizenship的測量項目。

　　在這兩篇深究citizenship的開山大作中，徐教授提及許多著名的規範性理論與實證性理論，並介紹它們各自的citizenship概念。徐教授的敘述與介紹，雖然鞭辟入裡，但無餘暇逐一檢討各個名家所下的citizenship界說，也未正式提出本身所要運用的citizenship界說。不過，依據徐教授使用的測量項目及其分析，我們或可掌握到徐教授所謂的「公民權」的意義。

　　筆者大膽判定，徐教授所謂的「公民權」，實際上包含廣義與狹義兩種。狹義的公民權，包括「權利」、「義務」、「禮儀」等三個向度（2006a: 3），或「公民權利」、「市民義務」、

「政治義務」、「公民禮儀」等四個向度（2006a: 15, table 3; 29, table 6），或「愛國與人道義務」、「政治義務」、「社會經濟權利」、「政治參與權利」、及「公民禮儀」等五個向度（2006b: 6, table 2）。廣義的公民權，則包含狹義的公民權與其他一些心理變項。徐教授說：「在公民權的經驗測量上，側重於一般人認為『好公民』的觀感……根據經驗民主理論，所謂一個好公民，除了會善用權利、盡義務與有禮貌之外，也常被預期要有政治容忍、政治功效感、選舉以外的政治參與、政治信任等特質。因為這些心理的**特徵**，不但是構成民主參與文化的個人條件，同時也是民主政治運作過程的基礎。」（2006a: 3）（引句中的粗體字型乃筆者為求醒目而添加）換句話說，廣義的公民權，除了狹義的公民權之外，還包含徐教授所謂的七種心理特徵：政治容忍、政治功效感、政治信任、政治參與行動取向、民主實施評估、政治興趣、媒體接觸與使用等（2006a: 3-4）。[11]

依據徐教授的說明與表列，「狹義的公民權」的測量項目，計有下述十八個（2006a: 3-4; 2006b: 6; table 1）：[12]

---

[11] 徐教授在此處列舉之公民權的內涵，跟徐教授在另外一篇論文中的列舉，略有出入。在另一篇論文中，徐教授說：「本文以調查所得的資料，來分析『公民的權利義務』、『公民禮儀』、社會與政治面的『容忍』與『參與』、『權利範疇』、『權力賦予與信任』等角度，來看台灣公民權的經驗內涵。」（2006b: 5）在此一引文中雙引號內的六項內容，少於徐教授在（2006a: 3-4）論文中所列的十項內容（「權利」、「義務」、及「禮儀」等三個向度，再加上七種心理特徵）。值得注意的是，在為數較少的六項內容中，卻額外多出「權利範疇」與「權力賦予與信任」兩項內容。假使再加上這兩項內容，那麼徐教授的「廣義的公民權」，除了狹義的公民權之外，還要包含徐教授所謂的九種心理特徵。

[12] 「台灣公民權調查小組」的面訪工作，委由中央研究院「調查研究專題中心」執行。然而，在該中心兩位教授合撰的一篇論文中，所謂的「公民權態度題組」，不但僅有六個測量題目（而非十八個），並且這六個測量項目的「平均數」與「標準差」，竟跟徐教授所列數字，大不相同。依據杜素

一、選舉都去投票

二、從不逃漏稅

三、遵守法律與規定

四、隨時注意政府的施政作為

五、積極參與社會或政治團體

六、儘量去瞭解不同意見的人的想法

七、有些東西就是貴了一點也會為了政治的、倫理（道德）的或環保的考慮去買

八、幫助國內（台灣）在生活上比您差的人

九、幫助世界上各地生活比您差的人

十、國家有需要，願意從軍（當兵）

十一、所有公民都有起碼的生活水準

十二、政府尊重並保障少數弱勢群體的權利

十三、不管一個人在社會上的地位是什麼，政府都平等的對待他

十四、政治人物做決策以前，要考慮人民的意見

十五、讓人民有更多參與公共決策的機會

十六、反對政府的施政作為時，公民可以不服從、不合作

十七、和第一次見面的人，用行動或口頭表示您尊重他們

豪與廖培珊（2006: 15, table 2），這六個測量項目的「平均數」分別為6.35, 6.32, 6.55, 6.44, 6.12, 4.93，而其「標準差」則各為1.01, 1.08, 0.90, 0.99, 1.16, 1.76。然而，徐火炎教授對於同樣的資料，卻有不同的敘述。依據徐火炎（2006b: 6, table 1），這六個測量項目的「平均數」分別為6.36, 6.34, 6.58, 6.47, 6.15, 4.93，而其與「標準差」則各為0.970, 1.060, 0.867, 0.948, 1.133, 1.735。此外，「台灣公民權調查小組」成員蔡佳泓教授（2006: 18）則將杜、廖兩位教授所謂「公民權態度題組」的六個測量項目，稱為「民主權利」。

十八、碰到意見和您不一樣的人，用行動或口頭表示您
　　　容忍他們

　　徐教授分別在台灣研究與跨國研究的論文中，運用相同的「因素分析」技術（正交轉軸），解析這十八個測量項目的調查資料，從而分別推得「公民權」的五個向度（或因素）與四個向度（或因素）。按照徐教授2006b的論文，這十八個測量項目構成下述五個向度：前四個測量項目構成「政治義務」的向度，第五個至第十個測量項目（共計六個測量項目）構成「愛國與人道義務」的向度，第十一個至第十三個測量項目（共計三個測量項目）構成「社會經濟權利」的向度，第十四至第十六個測量項目（共計三個測量項目）構成「政治參與權利」的向度，最後兩個測量項目構成「公民禮儀」的向度（2006b: 6-7; table 2）。

　　依據徐教授2006a的論文，這十八個測量項目，構成下述四個向度：第一、第二、第三、第四、及第十個測量項目（共計五個測量項目）構成「政治義務」的向度，第五個至第九個測量項目（共計五個測量項目）構成「市民義務」的向度，第十一至第十六個測量項目（共計六個測量項目）構成「公民權利」的向度，第十七與第十八兩個測量項目構成「公民禮儀」的向度。

　　不論徐教授所謂的「公民權」究竟應該包含幾個向度，對於測量citizenship的量表與測量項目，除了應該區別「公民特有的權利義務」與「國民共有的權利義務」之間的差異外，筆者的淺見如下。

　　第一，即使僅是「狹義的公民權」，測量項目就多達十八個。一旦論及「廣義的公民權」，則至少需要再加上政治容忍、政治功效感、政治信任、政治參與行動取向、民主實施評估、政治興趣、

媒體接觸與使用等七種心理特徵量表（共計二十六個測量項目），[13]
從而使得測量項目高達四十四個。

　　第二，當運用正交轉軸的「因素分析」去簡化十八個測量項
目時，推得的向度（或因素）就多達四個或五個。研究者雖然可以
進一步分別探究這四個或五個向度，但卻喪失探討整個citizenship
的原意。例如，在擬訂台灣公民權的研究計畫時，原本旨在探究台
灣的「公民權」，但在實際進行分析時，卻只能分別描述「愛國與
人道義務」、「政治義務」、「社會經濟權利」、「政治參與權
利」、及「公民禮儀」等五個向度，而難以敘述「整個」公民權。
進一步說，一旦測量項目高達四十四個，研究者就更難完成「以簡
御繁」的分析目標了。

　　第三，在「因素分析」的運用上，使用「正交轉軸」技術去
推得的各個向度，例如上述的四個或五個向度，乃是彼此「無關
的」（亦即「正交的」）向度，從而意涵「公民權利」、「市民義
務」、「政治義務」、「公民禮儀」等四個向度之間毫無關係，或
「愛國與人道義務」、「政治義務」、「社會經濟權利」、「政治
參與權利」、及「公民禮儀」等五個向度之間毫無關係。這樣的意
涵，似乎迥異於徐教授原先所介紹之各種著名的citizenship理論，
至少有別於「權利與義務乃是互為表裡」的見解。

　　第四，依據徐教授的說明（2006a: 4-5），「政治參與行動的
取向」量表乃是一種「政治心理的特徵」，但按照此一量表的測量
項目內容與徐教授的資料分析（2006a: 22），它卻是一種「行為」
或「活動」的量表。根據徐教授的說明（2006a: 5），這個量表包
含下述八個測量項目：

---

[13] 政治容忍、政治功效感、政治信任、政治參與行動取向、民主實施評估、政
　　治興趣、媒體接觸與使用等七種心理特徵量表的測量項目，分別包含3, 4, 2,
　　8, 3, 2, 4個，總共二十六個測量項目（2006a: 4-5）。

一、您有沒有做過請願（簽名）連署

二、您有沒有因為政治、倫理（道德）、或是環保的理
　　由拒絕購買或是特別去購買某些產品

三、您有沒有參加示威遊行

四、您有沒有參加政治集會或造勢活動

五、您有沒有找過政治人物或公務人員表達您的看法

六、您有沒有捐錢給某個社會或政治活動，或者幫他們
　　募款

七、您有沒有透過媒體去表達您的看法

八、您有沒有參加網路上的政治論壇或討論群組

這八個測量項目中的第二項目，重複「狹義的公民權」中的第七
個測量項目。不過，值得注意的是，不是第二項目的「重複」，
而是整個量表的內容。從這八個測量項目看來，整個量表所在測
量的內容，都是調查對象的「實際行為」，而非調查對象的「心
理特徵」。因此，徐教授才會說：「政治參與行動的測量，如上
述，包括投票以外而企圖影響政治過程的各種慣例性與非慣例性的
活動」，並且才會在其大作之表四的名稱上標示『政治參與行動
的因素分析』（2006a: 22）（引句中的粗體字型乃筆者為求醒目而添
加），而不標示『政治參與行動取向的因素分析』」。總之，「廣
義的公民權」中的政治參與，有時意指「行為取向」或「心理特
徵」，有時則指「行為」或「行動」。

　　第五，在測量「狹義的公民權」的十八個項目中，最後兩個
項目，乃是徐教授所謂的「公民禮儀」（civility）（2006b: 5）或
「文明程度或公民禮儀」（civility）（2006a: 3; 2006b: 5）。徐教
授將英文「civility」字彙，有時翻譯成「公民禮儀」，有時則翻
譯成「文明程度或公民禮儀」。不盡相同的中文翻譯，意謂這兩個
測量項目確有商榷的餘地。事實上，徐教授本人也曾指出，這兩個
測量項目，不但是「一個可以爭論的議題」，而且「國際社會調查

合作計畫」三十三個國家中的一些國家也沒將它們列入施測題目
（2006a: 14, n.4）。依據筆者的淺見，這兩個測量項目所在測量的
「禮儀」，雖是公民應有的一種心理特徵，但也是國民該有的一種
心理特徵，甚至是「子民」、「臣民」、「皇民」、「不文明」社
會之居民等都應該具有的心理特徵。例如，對威權時代的台灣「子
民」來說、或對日據時代的台灣「皇民」而言、甚至對清朝帝國的
台灣「臣民」來講，「和第一次見面的人，用行動或口頭表示您尊
重他們」與「碰到意見和您不一樣的人，用行動或口頭表示您容忍
他們」，不是如同中國傳統上的三達德、四維、五倫、八德，也都
是好「子民」、好「皇民」、好「臣民」應有的德性嗎？簡單說，
這兩個測量項目所在測量的內容，雖然也是公民應有的德性，但不
是「公民專有」的德性。[14]

（三）公民意識的測量項目

總括上述，在公民議題的實證研究上，Pattie等學者不但運
用了十八個量表、五十個測量項目來測量citizenship的「態度向
度」，而且使用了兩個量表、三十四個測量項目來測量citizenship

---

[14] 根據Kymlicka（2001: 298-300）的見解，「civility」成為自由主義之
citizenship概念的一個元素，主要由於種族歧視的法令與實踐之間的差異。
Kymlicka指出，當西方民主國家逐漸廢除種族歧視法令時，一般市民社會的
日常活動與私人公司行號的經營管理，依然歧視有色人種；不是不屑服務黑
人顧客、就是拒絕僱用黑人從業員，使得不應歧視的法律禁令，形同具文。
因此，自由主義者方才主張，除了法令規章的規定之外，在實際的日常生活
中，公民相互之間，尤其是白人與黑人之間，應該彼此以「禮」平等對待。
Kymlicka（2001: 298-299）說：「civility指涉面對面打交道的待人方式……
公司行號應使黑人感受歡迎，正如白人一樣。簡單說，應以civility對待黑
人。這種彼此對待的方式，同樣應用到學校、或娛樂社團、甚至私人俱樂部
中。」Benjamin Barber（1999: 39）則說，「civility」乃指良好審議者的談論
品質。關於「civility」的討論，參見Kymlicka（2001: chapter 16）、Spinner
（1994: 46, 95-99）。

的「行為向度」。據此而言，在測量citizenship上，Pattie等學者總共動用了二十個量表、八十四個測量項目。測量項目之多，直追「恆河沙數」。「台灣公民權調查小組」運用了十八個測量項目來測量「狹義的公民權」。除此之外，他們至少還使用了七個量表、二十六個測量項目來測量「廣義的公民權」中的七種心理特徵。因此，在測量citizenship上，「台灣公民權調查小組」至少動用了八個量表、四十四個測量項目；測量項目的之多，也是令人側目。

　　林林總總的量表與測量項目，正好印證了新共和主義者Herman van Gunsteren（1998: 14）的評論：「當citizenship概念也變成無所不包時，它就喪失了所有的意義。」有鑑於此，筆者大膽建議，與其迷失在citizenship概念之龐雜的測量項目中，不如將研究焦點集中在下述四個測量「公民意識」的項目上：[15]

---

[15] 筆者曾經使用八個測量項目來測量「公民意識」，此處改成這四個測量項目，完全是「台灣公民意識研究團隊」一系列研討會的討論成果；謹向與會的專家學者，敬表十二萬分的謝忱。「台灣公民意識研究團隊」的成員，包括政治大學選舉研究中心、中央研究院政治思想研究專題中心、台灣大學政治系等學者。在本文的初稿中，筆者所用的八個測量項目如下：一、唯有依賴我們所信任的政治人物，才能妥善處理複雜的政治事物；二、公開批評和自己不同想法的政治人物，是一件十分不對的事；三、政治領袖在決定重大政策時，會把「民眾福利」放在第一優先考慮的地位；四、相信政府首長在電視或報紙上所說的話；五、自掃門前雪莫管他人瓦上霜，不是一種適當的行為方式；六、對於公眾的事物，每一個人都應該有公開發表自己意見的權利；七、對於別人公開表達的不同意見，每一個人都應該注意聽並尊重別人的想法；八、當不同自己見解的政策獲得一定程度的公開支持時，我們應該改變自己的立場。八個測量項目中的第三、第四、第六、第七個測量項目，摘自「台灣公民意識研究團隊」2006年的問卷題目；第一個與第二個測量項目，則取自測量「權威人格」的D-10 scale，但稍做文字修改；第五與第八兩個測量項目則是筆者自行設計。著名的D-10 scale的測量項目如下：一、當著許多人的面前批評不同想法之人，是一件十分不對的事；二、在沒有聽到我們所尊敬的人的意見之前，對於正在發生的事情，最好不要隨便表示意見；三、我們生存的這個世界，根本就是一個相當寂寞的地方；四、在人類歷史

一、有人說：「政治的事情交給政治人物處理就好」，
　　請問您同不同意這種說法？

二、有人說：「當政治人物的意見與我們不一樣的時
　　候，我們應該公開表達自己的意見」，請問您同不
　　同意這種說法？

三、有人說：「只要做好自己的事，不要過問公眾事
　　物」，請問您同不同意這種說法？

四、有人說：「對於公眾的事務，我們都應該主動發表
　　自己的意見」，請問您同不同意這種說法？

前兩個測量項目用來測量「公民意識」之公開質疑政治權威的意
願，後兩個測量項目則用來測量「公民意識」之公開論述政策良窳
的意願。

五　結語

　　至少自二十世紀中葉以降，citizenship的概念製作與測量項
目，就隨著「古羅馬的神話」與「古希臘的神話」的交替風行，不
斷地急遽增加擴展，終而涵蓋一個龐雜混亂的廣泛範圍。依據筆者
的淺見，這種不斷的擴增現象，如同新鈔票的不斷印製，已經造成

上，真正偉大的思想家可能不多；五、我總覺得最好的生活方式，就是和自
己想法相同、趣味相投的人一塊做事；六、大多數人的確不知道那些事對他
們有益的；七、如果我們一旦與別人發生爭論，我們就要爭論到底才算數；
八、在這個複雜的世界裡，我們只有依賴所信任的領袖與專家，才能夠瞭解
所發生的各種事情；九、一個人只顧到自己的快樂，是很可恥的；十、有時
我曾經想過，我將來要做一個偉大人物，可是我不喜歡承認這一事實，即使
對我自己也是如此。

citizenship內涵的急遽膨脹，從而使得公民議題的實證研究，陷入一個不易收拾的困境。有鑑於此，筆者不揣簡陋地斗膽建議，與其迷失在citizenship的龐雜而混亂的涵蓋範圍中，不如專注於「公民意識」的探究。

為了佐證筆者的淺見，本文分從「三個神話」、「數個概念製作」、及「一串測量項目」等三個主要部分逐一進行分析。大體而言，本文的分析，達成下述三個敝帚自珍的論點。

第一，在citizenship的概念製作上，規範性的與實證性的政治研究者，都傳承Marshall的見解，首將citizenship視同於三組或四組「權利」，隨後添加一些「義務」，最後再增加許多的「德性」與不少的「行為項目」。然而，當運用權利義務來界定citizenship時，由於不區分「公民特有」的權利義務與「人民共有」（或「國民共有」）的權利義務，因而不但使得citizenship概念，涵蓋著十分龐雜的範圍，並且常將其原有的「權利義務」涵義，轉成「對於權利義務的態度」。當添加「德性」時，所要包含的優良德性竟然高達三十幾種，形同無所不包。這種幾乎無所不包的德性要求，無異於要求每位公民皆須成為「聖人」。當添加「行為項目」時，則常混淆「獨立變項」與「依賴變項」之間的區別，從而不易設定一個適當的「因果模型」。

第二，在公民議題的調查研究上，Pattie等學者不但運用了十八個量表、五十個測量項目來測量citizenship的「態度向度」，而且使用了兩個量表、三十四個測量項目來測量citizenship的「行為向度」。因此，在測量citizenship上，Pattie等學者總共動用了二十個量表、八十四個測量項目。測量項目之多，直追「恆河沙數」。「台灣公民權調查小組」運用了十八個測量項目來測量「狹義的公民權」。除此之外，他們至少還使用了七個量表、二十六個測量項目來測量「廣義的公民權」中的七種心理特徵。因此，在測量citizenship上，「台灣公民權調查小組」至少動用了八個量表、四十四個測量項目；測量項目之多，也令人側目。這些直追「恆河

沙數」或「令人側目」的測量項目，確實造成了實證研究上許多不易克服的分析難題。

　　第三，就心理意識來說，民主國家的「公民」不同於威權國家的「子民」（或專制帝國的「臣民」）之處，端在於「公民意識」。這種意識包含「公開質疑政治權威」與「公開論述政策良窳」的兩大意願，從而只包括四個測量項目。比起當前盛行的無數測量項目來，這四個測量項目，應該可以避免既有的分析難題，而有助於台灣公民議題的實證研究。

參考書目

王鼎銘

2006　〈成本效益、公民責任與政治參與：2004年參與公民投票的分析〉，
　　　　「公民權：台灣社會變遷基本調查第八次研討會」，中研院政治所籌
　　　　備處與社會所共同主辦。

江宜樺

1995　〈政治社群與生命共同體：亞里斯多德城邦理論的若干啓示〉，陳秀
　　　　容與江宜樺主編，《政治社群》。台北：中研院社科所。頁39-75。

杜素豪與廖培珊

2006　〈探索公民權態度的回答模式〉，「公民權：台灣社會變遷基本調查
　　　　第八次研討會」，中研院政治所籌備處與社會所共同主辦。

李建良

2006　〈國籍與公民權：人民與國家「身分連結」的法治溯源語法裡分
　　　　析〉，「公民權：台灣社會變遷基本調查第八次研討會」，中研院政
　　　　治所籌備處與社會所共同主辦。

林火旺

1995　〈自由主義社會與公民道德〉，《哲學與文化》，第二十二卷，第
　　　　十二期，頁1071-1084。

1998　〈公民身分〉，蕭高彥與蘇文流主編，《多元主義》。台北：中研院
　　　　社科所。頁379-409。

林紀東

1990　《中華民國憲法釋論》，五十三版。台北：大中國圖書公司。

1978　《中華民國憲法逐條釋義》，第一冊。台北：三民書局。

徐火炎

2006a　〈從跨國比較的觀點看公民權的經驗內涵〉，「公民權：台灣社會
　　　　變遷基本調查第八次研討會」，中研院政治所籌備處與社會所共同
　　　　主辦。

2006b　〈台灣的公民權：經驗內涵的初探〉，「公民權：台灣社會變遷基

本調查第八次研討會」，中研院政治所籌備處與社會所共同主辦。

郭秋永

　　1999　〈強勢民主：新時代的政治參與〉，《問題與研究》，第三十八卷，第六期，頁63-94。

　　2001　《當代三大民主理論》。台北：聯經。

　　2009　〈改造運動：政治哲學與政治科學〉，《東吳政治學報》，第二十七卷，第三期，頁1-64。

陳治世

　　1971　〈公民資格〉，《雲五社會科學大辭典》，第三冊，《政治學》。台北：商務。頁40。

陳秀容

　　1999　〈族裔社群權利理論：Vernon Van Dyke的理論建構〉，《政治科學論叢》，第十期，頁131-170。

許國賢

　　1997　《倫理政治論》。台北：揚智。

張福建

　　2006　〈公民權與正義社會：羅爾斯公民觀念的分析〉，「公民權：台灣社會變遷基本調查第八次研討會」，中研院政治所籌備處與社會所共同主辦。

張靜

　　2006　〈身份：公民權利的社會配置與認同〉，張靜主編，《身份認同研究：觀念、態度、理據》。上海：人民出版社。頁3-23。

鄧紅風

　　2004　《少數群體的權利：民族主義、多元文化主義和公民權》。台北：左岸。翻譯自Kymlicka, 2001。

　　2005　《少數的權利：民族主義、多元文化主義和公民》。上海：譯文。翻譯自Kymlicka, 2001。

蔡佳泓

　　2006　〈初探影響台灣2004年公民投票參與的因素〉，「公民權：台灣社會

變遷基本調查第八次研討會」，中研院政治所籌備處與社會所共同主
辦。

蔡英文

　1999　〈公民德性、市民社會與主權國家〉，《政治科學論叢》，第十期，
　　　　頁83-112。

劉莘

　2003　《當代政治哲學導論》。台北：聯經。翻譯自Kymlicka, 2002。

蕭高彥

　2002　〈共和主義與現代政治〉，《政治與社會哲學》，創刊號，頁
　　　　85-116。

薩孟武

　1973　《公民》（下冊）。台北：三民。

Almond, Gabriel, and Sidney Verba

　1963　*The Civic Culture: Political Attitudes and Democracy in Five Nations*
　　　　(Princeton: Princeton University Press).

Axtmann, Roland

　2003　"Democratic Citizenship in the Age of Globalization," Roland Axtmann,
　　　　Ed., *Understanding Democratic Politics* (London: Sage), pp. 217-228.

Barbalet, J. M.

　1988　*Citizenship: Rights, Struggle and Class Inequality* (Minneapolis: University
　　　　of Minnesota Press).

Barber, Benjamin,

　1999　"The Discourse of Civility," Stephen Elkin and Karol Soltan, Eds. *Citizen
　　　　Competence and Democratic Institution* (Pennsylvania: The Pennsylvania
　　　　State University), pp. 39-47.

Beiner, Ronald,

　1995　"Introduction: Why Citizenship Constitutes a Theoretical Problem in the
　　　　Last Decade of the Twentieth Century," Ronald Beiner, Ed., *Theorizing
　　　　Citizenship* (New York: State University of New York Press), pp. 1-28.

2006　"Multiculturalism and Citizenship: A Critical Response to Iris Marion Young," Mitja Sardo? Ed., *Citizenship, Inclusion and Democracy: A Symposium on Iris Marion Young* (Oxford: Blackwell), pp. 23-35.

Benhabib, Seyla

2005　"Borders, Boundaries, and Citizenship," *Political Science and Politics*, Volume xxxviii, No. 4, pp. 673-677.

Berelson, B., P. Lazarsfeld, and W. McPhee

1971　'Democratic Practice and Democratic Theory,' Peter Bachrach, Ed., *Political Elites in a Democracy* (New York: Atherton Press), pp. 27-48.

Bohman, James, and William Rehg

1997　'Introduction,' James Bohman and William Rehg, Eds. *Deliberation Democracy: Essays on Reason and Politics* (Cambridge: MIT Press), pp. ix-xxx.

Castles, Stephen

2005　"Hierarchical Citizenship in a World of Unequal Nation-States," *Political Science and Politics*, Volume xxxviii, No. 4, pp. 689-692.

Dalton, Russell

2004　*Democratic Challenges, Democratic Choices: The Erosion of Support in Advanced Industrial Democracies* (Oxford: Oxford University Press).

Dagger, Richard

1997　*Civic Virtues: Rights, Citizenship, and Republican Liberalism* (Oxford: Oxford University Press).

Erman, Eva

2005　*Human Rights and Democracy: Discourse Theory and Global Rights Institutions* (Burlington: Ashgate).

Faulks, Keith,

2000　*Citizenship* (London and New York: Routledge).

2002　'Citizenship,' Georgina Blakeley and Valerie Bryson, Eds. *Contemporary Political Concepts: A Critical Introduction* (London: Pluto Press), pp.

73-89.

Galston, William,

　　1991　*Liberal Purposes: Goods, Virtues, and Diversity in the Liberal State* (Cambridge: Cambridge University Press).

　　2005　*The Practice of Liberal Pluralism* (Cambridge: Cambridge University Press).

Heater, Derek

　　1999　*What is Citizenship?* (UK: Polity Press).

Heisler, Martin

　　2005　"Introduction-Changing Citizenship Theory and Practice: Comparative Perspectives in a Democratic Framework," *Political Science and Politics*, Volume xxxviii, No. 4, pp. 667-670.

Ignatieff, Michael

　　1995　"The Myth of Citizenship," Ronald Beiner. Ed., *Theorizing Citizenship* (New York: State University of New York Press), pp. 53-77.

Isin, Engin, and Bryan Turner

　　2002　"Citizenship Studies: An Introduction," Engin Isin and Bryan Turner, Eds. *Handbook of Citizenship Studies* (London: Sage Publication), pp. 1-10.

Janoski, Thomas

　　1998　*Citizenship and Civil Society: A Framework of Rights and Obligations in Liberal, Traditional, and Social Democratic Regimes* (Cambridge: Cambridge University Press).

Kastoryano, Riva

　　2005　"Citizenship, Nationhood, and Non-territoriality: Transnational Participation in Europe," *Political Science and Politics*, Volume xxxviii, No. 4, pp. 693-696.

Kymlicka, Will

　　2002　*Contemporary Political Philosophy,* 2nd edition (Oxford: Oxford University Press).

2001　*Politics in the Vernacular: Nationalism, Multiculturalism, and Citizenship* (Oxford: Oxford University Press).

1995　*Multicultural Citizenship: A Liberal Theory of Minority Rights* (Oxford: Clarendon Press).

Kymlicka, Will, and Wayne Norman,

2000　"Citizenship Education and Religious Diversity," in Will Kymlicka and Wayne Norman. Eds., *Citizenship in Diversities* (Oxford: Oxford University Press), pp. 1-41.

1994　"Return of the Citizen: A Survey of Recent Work on Citizenship Theory," *Ethics*, 104/2, pp. 352-381.

Macedo, Stephen

1990　*Liberal Virtues: Citizenship, Virtue, and Community in Liberal Constitutionalism* (Oxford: Clarendon Press).

Marshall, Tomas

1965　*Class, Citizenship, and Social Development* (New York: Anchor).

1992　"Citizenship and Social Class," Tomas Marshall and Tom Bottomore, *Citizenship and Social Class* (London: Pluto), pp. 3-51.

Pattie, Charles, Patrick Seyd, and Paul Whiteley

2004　*Citizenship in Britain: Values, Participation and Democracy* (Cambridge: Cambridge University Press).

Pocock, J. G. A.

1995　"The Ideal of Citizenship since Classical Times," Ronald Beiner, Ed., *Theorizing Citizenship* (New York Press), pp. 29-52.

Putnam, Robert

1993　*Making Democracy Work: Civic Traditions in Modern Italy* (Princeton: Princeton University Press).

2000　*Bowling Alone* (New York: Simon and Schuster).

Soltan, Karol

1999a　"Civic Competence, Attractiveness, and Maturity," Stephen Klkin and

Karol Soltan, Eds. *Citizen Competence and Democratic Institutions* (Pennsylvania: The Pennsylvania State University Press), pp. 17-37.

1999b "Introduction: Civic Competence, Democracy, and Good Society," Stephen Klkin and Karol Soltan, Eds. *Citizen Competence and Democratic Institutions* (Pennsylvania: The Pennsylvania State University Press), pp. 1-13.

Spinner, Jeff,

1994 *The Boundaries of Citizenship: Race, Ethnicity, and Nationality in the Liberal State* (Baltimore: The Johns Hopkins University Press).

Van Gunsteren, Herman

1998 *A Theory of Citizenship: Organizing Plurality in Contemporary Democracies* (Colorado: Westview Press).

Van Steenbergen, Bart

1994 "The Condition of Citizenship: an Introduction," Bart van Steenbergen, Ed., *The Condition of Citizenship* (London: Sage), pp. 1-9.

國家圖書館出版品預行編目資料

社會科學方法論／郭秋永著. －－初版.－－
臺北市：五南, 2010.06
　面；　公分
ISBN 978-957-11-6003-0 (平裝)
1.社會科學　2.方法論
501.2　　　　　　　　　　99009178

1JCS

社會科學方法論

作　　者 ― 郭秋永(244.5)

發 行 人 ― 楊榮川

總 編 輯 ― 龐君豪

主　　編 ― 陳念祖

責任編輯 ― 李敏華

封面設計 ― 童安安

出 版 者 ― 五南圖書出版股份有限公司

地　　址：106台北市大安區和平東路二段339號4樓

電　　話：(02)2705-5066　傳　　真：(02)2706-6100

網　　址：http://www.wunan.com.tw

電子郵件：wunan@wunan.com.tw

劃撥帳號：01068953

戶　　名：五南圖書出版股份有限公司

台中市駐區辦公室/台中市中區中山路6號

電　　話：(04)2223-0891　傳　　真：(04)2223-3549

高雄市駐區辦公室/高雄市新興區中山一路290號

電　　話：(07)2358-702　傳　　真：(07)2350-236

法律顧問　元貞聯合法律事務所　張澤平律師

出版日期　2010 年 6 月初版一刷

定　　價　新臺幣650元